Kartenverzeichnis

Badefreuden an der Costa dei Cedri (Cirella)

Neu entdecktes Italien: Basilikata und Kalabrien

Schon Johann Wolfgang von Goethe umschiffte sie auf seiner "Italienischen Reise", und auch die meisten anderen mitteleuropäischen Aristokraten und Bildungsbürger, die im Verlauf des 18., 19. und beginnenden 20. Jh. zu den Wiegen der klassischen Kultur der Griechen und Römer nach Rom, Neapel, Pompeji und sogar ins ferne Sizilien aufbrachen, mieden sie.

Nur wenige der frühen Bildungsreisenden, darunter der deutsche Historiker Theodor Mommsen (1817–1903), der englische Maler und Dichter Edward Lear (1812–1888) und sein Landsmann Normann Douglas (1867–1950), wagten sich in die unwegsamen und wegen der dort lauernden Wegelagerer und Banditen als äußerst gefährlich geltenden Berge und Wälder der beiden südlichsten Regionen des italienischen Stiefels. Ihre Reiseberichte transportierten mehrheitlich das Bild einer faszinierenden Naturlandschaft, in der jedoch zumeist ungehobelte und oft verbrecherisch veranlagte Kreaturen unter elenden Verhältnissen vor sich hin vegetierten.

Derart stereotype Vorstellungen vom südlichen Mezzogiorno überdauerten die Wende zum 20. Jh. und – zeitgemäß modifiziert – auch das Aufkommen des Massentourismus in den 1950er Jahren. Als im Zuge des Wirtschaftswunders die jahrhundertalte Italiensehnsucht breitere Volksschichten ergriff, bewegte sich die inzwischen motorisierte Touristenkarawane Richtung Adria oder Gardasee, zur Amalfiküste, gen Sizilien und in die Toskana. Die beiden südlichsten Festlandsregionen des "Bel Paese" blieben wegen ihrer Armut, Rückständigkeit und mangel-

Reiseziel Basilikata ... 40

Zeichenerklärung für die Karten und Pläne

- Autobahn
- asphaltierte Verbindungsstraße
- asphaltierte Straße
- Grünanlage
- Berggipfel
- allg. Sehenswürdigkeit
- antike Sehenswürdigkeit
- Museum
- Kirche
- Information
- Post
- Parkplatz
- ärztliche Versorgung

Hinter diesen Türen lagert der rubinrote Aglianico (Barile)

haften (touristischen) Infrastruktur und der hartnäckig gepflegten Vorurteile über die kleinkriminelle und mafiöse Energie der Kalabresen vom internationalen Tourismus bis zum ausgehenden 20. Jh. weitgehend ausgespart.

Nachdem ihnen in der deutschsprachigen Reiseliteratur bis dahin allenfalls kurze Kapitel in allgemeinen (Süd-)Italienführern zugestanden worden waren, war der vorliegende Reiseführer in der Auflage von 2001 der zweite, der sich speziell mit Kalabrien beschäftigte, und der erste, der sich der Basilikata widmete.

Inzwischen haben weitere Verlage das "neu entdeckte Italien" ins Programm genommen, empfehlen Artikel, Reportagen und Werbespots in Zeitungen, Zeitschriften, Funk und Fernsehen einen Pauschal- oder Individualurlaub im südlichen Mezzogiorno und bauen namhafte Reiseveranstalter ihre Kapazitäten am "Ende Italiens" kontinuierlich aus.

Sie alle haben unterdessen entdeckt, was wir damals noch gleichsam als "Geheimbotschaft" verkündeten:

In der Basilikata und in Kalabrien kommen Badefreudige, Sonnenanbeter und Gourmets ebenso auf ihre Kosten wie Wandervögel, Kunst- und Kulturbegeisterte oder gar Wintersportler mit einem etwas ausgefallenen Geschmack. Beide Regionen können sowohl mit unberührten Naturlandschaften, abgeschiedenen Bergdörfern und einsamen Meeresbuchten als auch mit quirligen Badeorten, archäologischen Ausgrabungsstätten sowie kunst- und kulturgeschichtlich bedeutenden Monumenten und Museen aufwarten. Zentren moderner Urbanität oder mondäne Seebäder sucht man im äußersten Mezzogiorno allerdings vergebens, auch wenn die sieben Provinzhauptstädte – Potenza und Matera in der Basilikata sowie Cosenza, Catanzaro, Vibo Valentia, Crotone und Reggio Calabria in Kalabrien – etwa durch die Gründung moderner Universitäten den Anschluss an das "andere", sprich nördliche Italien anstreben.

Hier macht der Aspromonte (rauer Berg) seinem Namen alle Ehre

Unter den wenigen lukanischen und den zahlreichen kalabrischen Küstenorten bestechen einige durch ihre reizvolle Lage oder den Charme alter Fischerdörfer. Andere wirken dagegen wie "Versorgungsstationen" der sie umgebenden, vor Jahren ungeplant und unkontrolliert an den Strand geworfenen Hotelbauten und privaten Feriendomizile. Dass oft wenige Kilometer entfernt auf der nächsten Erhebung der alte Stadtkern mit seiner ursprünglichen Atmosphäre erhalten geblieben ist, sich dahinter faszinierende Berglandschaften auftun und vielerorts vor langweiligen Neustädten überraschend schöne Strände locken, versöhnt jedoch wieder mit dem tristen Anblick streckenweise wild verbauter Küsten und verwitterter Betonskelette. Desgleichen die kulinarischen Offenbarungen der regionalen Land- und Meeresküchen, die hervorragenden Weine und die unvergleichliche Gastfreundschaft der Lukanier und Kalabresen, die eine Reise ans "Ende Italiens" zum unvergesslichen Erlebnis machen.

Da die (Ur-)Einwohner der Basilikata Lukanier sind, hat sich im alltäglichen italienischen Sprachgebrauch das Adjektiv *lucano* bzw. *lucana* erhalten. Wir schließen uns dem an und verwenden in diesem Buch das entsprechende deutsche Wort *lukanisch*.

Natur- und Kulturlandschaften

Der erloschene **Vulkan Monte Vulture** im Nordwesten der Basilikata dominiert eine weiche Hügellandschaft mit Kraterseen und ausgedehnten Laubwäldern, auf deren fruchtbarem Boden mit dem "Aglianico del Vulture" einer der besten Weine Süditaliens reift. Die nackten Gipfel der **Lukanischen Dolomiten** erinnern dagegen an die Alpen und einige Landstriche entlang des Flusses Agri mit ihren sonnenverbrannten Faltengebirgen an das türkische Kappadokien. Unweit der lukanischen Regional- und Provinzhauptstadt Potenza erheben sich mit der **Montagna Potentina,** dem **Monte Volturino,** dem **Monte Viaggiano** und dem **Sirino-Massiv** teilweise von dichten Eichen- und Buchenwäldern bestandene Gebirgszüge. Alle drei Gebiete sind sowohl für die Sommerfrische als auch für den Wintersport erschlossen, wobei man im letztgenannten nur 15 km vom Meer entfernt (!) die Piste hinuntersausen kann.

Im **Pollino-Gebirge,** das sich die Basilikata und Kalabrien miteinander teilen, oder im **Aspromonte** am südlichen Rand des europäischen Festlandes wechseln karge

Imposantes Schauspiel: abendliche Rückkehr der Schwertfischer von Scilla

oder mit mediterraner Macchia bewachsene Felsformationen, in die sich tiefe, im Sommer ausgetrocknete und im Winter von reißenden Wasserläufen durchflutete Schluchten ("fiumare") graben, mit dichten Nadel- und Laubwäldern. In der zentralkalabrischen **Sila,** einem von Wäldern und Seen bedeckten Hochplateau, wo man sich eher in der Schweiz oder im Schwarzwald als in Süditalien wähnt, kann man – ebenso wie bei Gambarie im Aspromonte – im Winter die Bretter anschnallen und im Sommer der zeitweise unerträglichen Hitze an den Küsten entfliehen. Eine frische Brise weht schließlich auch in den üppigen Buchen-, Kastanien- und Tannenwäldern des Berglandes zwischen Sila und Aspromonte, das **Serre** genannt wird.

Ebenso abwechslungsreich wie die Gebirgszüge des Inlandes sind die Landschaften, die die knapp 100 lukanischen und fast achthundert kalabrischen Küstenkilometer am **Tyrrhenischen und Ionischen Meer** säumen. Felsen stürzen sich geradewegs ins Meer, etwa in der Nähe von Maratea, wo sich ein winziges Stück lukanischer Küste zwischen die Strände Kampaniens und Kalabriens drängt, oder bei Bagnara und Scilla im Südwesten der kalabrischen Provinz Reggio Calabria. Während sich dort die Häuser und Straßen gleichermaßen zwischen das Meer und die Ausläufer des westlichen Aspromonte schieben, ist das Hinterland des wegen seiner traumhaften Strände zum Touristenmekka avancierten Capo Vaticano von sanften, mit Zwiebelfeldern, Olivenbäumen, Palmen, Feigen und Kakteen dekorierten Hügeln überzogen. Ganz flach präsentieren sich die ionischen Küstenabschnitte in den **Ebenen um Metaponto und Sibari,** die von riesigen Obstplantagen bedeckt werden. Etwas weiter unten, an der Isola Capo Rizzuto zwischen Crotone und Le Castella, reichen die Getreide- und Gemüsefelder, Oliven und Weinkulturen des **Marchesato** fast bis zum Meer, und der südlichste Zipfel der kalabrischen Halbinsel ist in den Duft der in Europa ausschließlich dort kultivierten zitronenähnlichen Bergamottefrüchte eingehüllt.

Der kalabrische Winter leuchtet orange!

Überall verstreut auf und zwischen den Bergen, in und hinter den Wäldern, an und sogar in den Meeren erzählen Spuren prähistorischer Besiedlung, antike Ausgrabungsstätten und Funde aus griechischer und römischer Zeit, mittelalterliche Burgen, Klöster und Kirchen, Sarazenentürme und barocke Adelspaläste sowie eine Reihe von Museen von der (Kultur-)Geschichte des südlichen Mezzogiorno in voritalienischer Zeit. Einige verlassene Häuser oder gar Dörfer, manchmal erst halbfertige oder nur zur Ferienzeit bewohnte Neubauten von (zurückgekehrten) Emigranten am Rande alter Ortskerne, dem Verfall preisgegebene, nie in Betrieb genommene Industrieanlagen und eine mehr oder minder harmonisch in die Landschaft eingefügte touristische Infrastruktur dokumentieren die historische Entwicklung der letzten 150 Jahre. Sie verweisen auf die ökonomischen und sozialen Probleme, aber auch auf die Hoffnungen der Menschen in den beiden wirtschaftlich ärmsten, aber landschaftlich und kulturell überaus reichen Regionen Italiens.

Flora und Fauna

Der südliche Mezzogiorno ist ein riesiger Mittelmeergarten, in dem von Zitronen und Orangen, Pfirsichen und Aprikosen, Mandeln und Feigen über Oliven und Wein, Oleander und Oregano, Palmen und Pinien alles wächst, was uns Mitteleuropäer an der mediterranen Vegetation immer wieder aufs Neue entzückt.

Doch präsentiert sich Italien an seinem äußersten Ende nicht nur als "Land, wo die Zitronen blühen", sondern als Anbaugebiet für Zedrat- und Bergamottefrüchte, die es sonst nirgendwo in Europa gibt. Dennoch sind es weniger die von Menschen kultivierten Pflanzen und domestizierten Tiere, die die Flora und Fauna der beiden Regionen so bemerkenswert machen. Angesichts der Tatsache, dass so gut wie keine Industrieanlagen ihre schädlichen Emissionen in den Himmel schicken, ist die wild wuchernde und frei lebende Pflanzen- und Tierwelt in den lukanischen und kalabrischen Bergen noch vergleichsweise heil. Je nach Höhenlage, Jahreszeit und klimatischen Gegebenheiten gedeihen dort Bäume, Sträucher, Pilze, Kräuter und Blumen, schleichen, kriechen und fliegen dazwischen und darüber Raub- und Nagetiere, Kleinreptilien, Schlangen, (Greif-)Vögel und Insekten, die anderswo in Europa äußerst selten geworden oder längst verschwunden sind. Eine Besonderheit im Baumbestand beider Regionen ist z. B. die im Pollino beheimatete Panzerföhre "Pino Loricato". Der mächtige Baum, der wegen der spezifischen Struktur seiner Rinde auch "lebendes Fossil" genannt wird, ist sonst nur noch auf dem Balkan anzutreffen. Ein entsprechendes zoologisches Kleinod ist die "Bramea europea", eine Nachtfalterart, die außer in dem eigens für sie abgesteckten einzigen Insektenschutzgebiet Italiens im lukanischen Vulture-Gebiet lediglich in Asien und Afrika vorkommt. Außergewöhnlich ist auch, dass in fast allen lukanischen und kalabrischen Gebirgslandschaften vom Pollino-Massiv über die lukanischen Dolomiten bis hin zur Sila und zum Aspromonte neben Füchsen, Wildkatzen, Wildschweinen, Rehen und Hirschen noch heute Wölfe heimisch sind.

Klima und Reisezeit

So abwechslungsreich wie die Landschaften des südlichen Mezzogiorno, so variabel sind auch die klimatischen Verhältnisse. Selbst im Juli und August, wenn die Quecksilbersäule an den Küsten bisweilen die 40-Grad-Marke erreicht, ist es in den Bergen und Wäldern wesentlich angenehmer, sprich ca. 10 Grad kühler. Umgekehrt wird es im Winter in den Bergen schon einmal bitterkalt, während in Meeresnähe selten weniger als 10 Grad, manchmal sogar deutlich höhere, eher frühlingshafte Temperaturen gemessen werden.

Für diejenigen, die es ruhiger, beschaulicher und ursprünglicher mögen, ist die beste Reisezeit die Periode von April bis Mitte Juni: nicht nur wegen des tagsüber in der Regel angenehm warmen (20–25 Grad) Klimas, sondern auch wegen der grünenden und blühenden Wiesen, Bäume, Sträucher und Blumen, der vergleichsweise günstigen Übernachtungskosten und der relativ menschenleeren Strände. Wenn man dagegen garantiert heiße Temperaturen wünscht und auch noch die Nächte dünn geschürzt verbringen möchte, sollte man etwa bis Mitte Juni warten. Wer sich gern in den hochsommerlichen Trubel überfüllter Strände, Plätze, Straßen, Bars und Restaurants stürzt, einigermaßen hitzeunempfindlich und dafür etwas zahlungsfreudiger ist, geselle sich zu den norditalienischen Reisenden, einheimischen Badegästen und Flaneuren, die ihren Jahresurlaub mehrheitlich im August anmelden.

Mit den Ferien der Italiener versiegen am Ende des Monats nicht nur die großen Urlauberströme, sondern werden auch die Temperaturen und Preise wieder moderater. So sind der September mit immer noch sommerlichen Temperaturen und der Oktober, der oft ebenfalls noch zum (Sonnen-)Baden einlädt, eine alternative, bei Mitteleuropäern zunehmend beliebte Reisezeit.

In den übrigen Monaten (von Ende Oktober/November bis März) bekommt man – außer in den auf Herbstwanderer und Winterurlauber eingestellten Bergregionen und neuerdings auch in touristisch hochfrequentierten Badeorten wie Tropea – unter Umständen gewisse Schwierigkeiten hinsichtlich der Übernachtungsmöglichkeiten. Viele Hotels und erst recht Campingplätze haben nämlich nur während der Urlaubssaison geöffnet bzw. sind nicht beheizt, sodass ein Urlaub im mediterranen Winter etwas Vorbereitung und Information erfordert. Allerdings geht der Trend derzeit dahin, die Saison zu verlängern, sodass sich eine wachsende Anzahl von Hoteliers und Pensionswirten rund ums Jahr auf Gäste einstellt.

Das Mittelalter lässt allerorts grüßen, z. B. in Cirella

Geschichte des südlichen Mezzogiorno

Die Geschichte der Basilikata und Kalabriens, auf deren Territorium sich im Laufe der Jahrhunderte viele verschiedene Völker ein Stelldichein gegeben und ihre architektonischen Fußabdrücke hinterlassen haben, ist hinsichtlich ihrer wirtschaftlichen, politischen und geistig-kulturellen Entwicklung strukturell gleich.

Spuren prähistorischer Besiedlung in beiden Regionen, z. B. in der Grotta dei Pipistrelli bei Matera oder der Grotta del Romito nahe dem nordkalabrischen Papasidero, belegen die Existenz menschlichen Lebens in der Stein- und Bronzezeit. Die eigentliche Geschichtsschreibung des südlichen Mezzogiorno beginnt aber in der Regel erst mit der Nennung der "Ureinwohner" Kalabriens und der Basilikata. Dabei gilt als sicher, dass in vorhellenistischer Zeit auf dem Territorium beider Regionen neben Önotriern und Italikern die ca. 1300 v. Chr. aus Kleinasien zugewanderten Lukanier ("Lyki") in der heutigen Basilikata bzw. die Bruttier ("Bruzi") – möglicherweise eine Abspaltung der Lukanier – in Kalabrien lebten.

Antike

Mit der Ankunft der griechischen Kolonisatoren avancierten beide Regionen zwischen dem 8. und 3. Jh. v. Chr. zu wirtschaftlich und kulturell florierenden Zentren der "Magna Graecia" (Großgriechenland). Die vielerorts, insbesondere aber entlang ihrer ionischen Küstenabschnitte verteilten Zeugnisse der griechischen Kolonisation, z. B. bei Metaponto in der Basilikata oder Locri in Kalabrien, lassen diese Blütezeit süditalienischer Geschichte erahnen. Die Zugehörigkeit zur Magna Graecia, an die man sich im Mezzogiorno wehmütig bis stolz erinnert, hat die kulturelle Identität von Lukaniern und Kalabresen bis heute geprägt, auch wenn den griechischen Eroberern noch viele fremde Mächte und Schutz suchende Volksgruppen folgen sollten. So wurde das Gebiet beider Regionen Ende des 3. Jh. v. Chr. weitgehend dem Römischen Reich angegliedert, was beispielsweise die Ruinen von Grumentum in der Provinz Potenza oder die Reste eines römischen Theaters bei Sibari in Kalabrien dokumentieren.

Mittelalter

Nach dem Verfall des Imperium Romanum wurde Süditalien von der Invasion der Goten erschüttert. Ab dem 5. Jh. – nachdem der Gotenkönig Alarich, wie in der Ballade August von Platens pathetisch besungen, "tief im Grabe des Busento" seine letzte Ruhe gefunden hatte – folgte eine lange Periode byzantinischer Herrschaft. Letztere hat in beiden Regionen deutliche architektonische und geistig-kulturelle Spuren hinterlassen und der Basilikata auch zu ihrem aktuellen Namen verholfen: Einer ihrer Exponenten, ein Mann namens Basilikos, taufte das bis dahin Lukanien genannte Gebiet in Basilikata um. Obgleich auch die parallel stattfindenden Gastspiele der Langobarden und die wiederholten Einfälle der Sarazenen ihren Einfluss geltend machten, vermochten sie die byzantinische Vorherrschaft längerfristig nicht zu brechen.

Ab Mitte des 11. Jh. eroberten die Normannen den Süden Italiens und drückten ihm mit mächtigen Befestigungsanlagen, Burgen und Kathedralen ihren architektonischen Stempel auf. Außerdem installierten sie ein von relativ starker staatlicher Macht kontrolliertes Feudalsystem und inspirierten natürlich auch das geistig-religiöse Leben der Zeit. Unter ihrer Hoheit erlebte der äußerste Zipfel des heutigen Italien eine Blüteperiode, die unter der Ägide der Staufer (Friedrich II.), die vom Ende des 12. bis zur Mitte des 13. Jh. die Geschicke des italienischen Südens lenkten, anhalten sollte. Die Staufer verfolgten einen ähnlichen politischen Ansatz wie die Normannen, indem sie die Machtausübung der lokalen Eliten einschränkten. Infolgedessen wurden die überregionalen Handelsbeziehungen belebt und ausgeweitet, wovon auch die breiteren Bevölkerungsschichten profitierten, bis mit dem Machtantritt der Dynastie der Anjou der Feudalismus triumphierte.

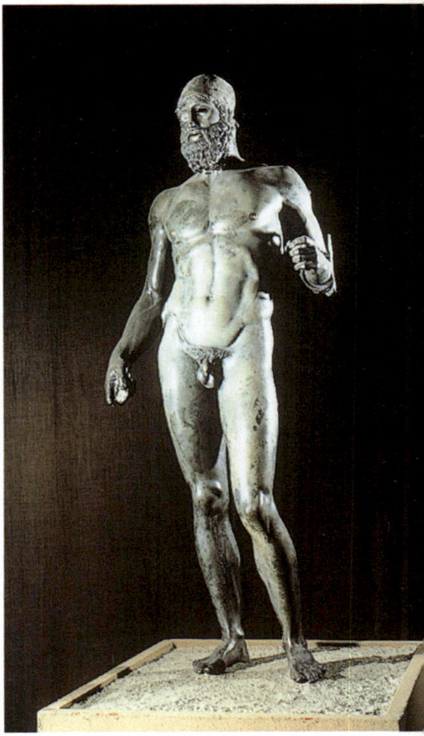

Man sieht ihm sein hohes Alter nicht an (5. Jh. v. Chr.)

Praktische "Hängewiege": Bauernmuseum Aliano

Neuzeit

Die den Baronen des Südens seither übertragene nahezu uneingeschränkte Verfügungsgewalt über ihre Untertanen sollte auch unter den nachfolgenden, untereinander rivalisierenden Herrscherdynastien der Aragonier (15. Jh.), Spanier (16. u. 17. Jh.), Österreicher und Bourbonen (18. Jh.) fortbestehen. Sie verhinderte eine moderne Entwicklung der wirtschaftlichen und politischen Strukturen und verschärfte das soziale Elend der abhängigen unteren Bevölkerungsschichten. Dennoch traf deren wachsender Unmut weniger die örtlichen Feudalherren, sondern vielmehr die schwachen Zentralregierungen in Neapel, die auch den ärmsten Einwohnern der Basilikata und Kalabriens immense Steuerlasten aufbürdeten. Als er sich Mitte des 16. Jh. erstmals in einzelnen Aufständen entlud, wurden diese blutig niedergeschlagen. Die Leidtragenden der gewaltsamen staatlichen Gegenwehr waren nicht selten die Bevölkerungsminderheiten, v. a. Juden oder die zu Beginn des 13. Jh. im heutigen Guardia Piemontese an der cosentinischen Küste der Inquisition entgangenen Waldenser aus dem Piemont.

Als knapp zwei Jahrhunderte später einige vom Gedankengut der Aufklärung geleitete süditalienische Intellektuelle die Gründe für die Not der breiten Bevölkerung analysierten und die Missstände anprangerten, reagierte die nunmehr bourbonische Regierung lediglich mit einigen halbherzigen Reformen. An den grundlegenden Machtverhältnissen änderte sich nichts, zumal die Allianz von Adel und Kirche nicht selten von den ungebildeten unteren Bevölkerungsschichten gestützt wurde.

Erst nachdem 1764 eine große Hungersnot und 1783 ein desaströses Erdbeben im Süden Kalabriens der ohnehin schwachen Wirtschaft einen weiteren Stoß versetzt hatten, versuchten die Herrschenden mit dem Verkauf und der Verteilung von Kirchengütern ("Cassa Sacra", 1784) das soziale Elend der Bevölkerung zu mildern.

Von der Realisierung des Programms profitierten jedoch faktisch der wohlhabende Adel und das Großbürgertum. Sie waren letztlich auch die Nutznießer eines 1806 erlassenen napoleonischen Gesetzes, das dem Adel seine Standesprivilegien entriss und eine Landverteilung in großem Stil anordnete. Von der Abgabenlast ihres neuen Besitzes in die Knie gezwungen, mussten nämlich viele kleine Bauern das ihnen zugeteilte Land bald wieder veräußern, wobei sich als Käufer erneut die finanzstarken Adels- und Bürgerfamilien anboten. Damit verschoben sich auch infolge dieser im Kern antifeudalen Maßnahmen die Besitzverhältnisse nur unwesentlich, sodass der landwirtschaftliche Großgrundbesitz und die Ausbeutung der mehrheitlich als saisonale Landarbeiter und Tagelöhner tätigen Unterschichten bis weit über die Nationalstaatbildung (Risorgimento) hinaus dominierend blieben.

Das vereinigte Italien (Risorgimento)

Nachdem sich auch im Süden der italienischen Halbinsel, v. a. in der Basilikata, liberal gesinnte Gesellschaftskreise in Erwartung der Verbesserung der Lebensbedingungen den relativ reformfreudigen Franzosen angeschlossen hatten, verschrieben sie sich danach mit derselben Hoffnung der italienischen Einigungsbewegung. Doch schon bald nachdem Garibaldis "Mille" (Tausend) in Sizilien gelandet waren und – unterstützt von den lokalen Mitstreitern – von Kalabrien aus den Marsch zur Vereinigung Italiens vollendet hatten, wurde der neu gegründete Staat sowohl in der Basilikata als auch in Kalabrien ebenso als fremde Macht empfunden wie alle Eroberer zuvor.

Zwischen 1860 und 1870 rebellierten in den Wäldern beider Regionen bewaffnete "Briganten" (Angehörige der ländlichen Unterschichten und desertierte Soldaten, zu denen sich bisweilen auch Kriminelle gesellten) gegen die elenden Lebensverhältnisse und den neuen Staat. Getragen wurden sie von der Solidarität der "Massen", aber auch von der Kirche sowie dem entthronten Bourbonenkönig. Die beiden Letzteren lieferten der widersprüchlichen Brigantenbewegung das ideologische Fundament, indem sie die liberale Regierung als Wurzel aller Übel und Feindin des rechten Glaubens anprangerten. Die Briganten plünderten die Güter staatsfreundlicher örtlicher Herren und ermordeten Hunderte von Repräsentanten und Sympathisanten des neuen Italien. Dass der Staat seinerseits mit der gleichen brutalen Gewalt zurückschlug und Tausende von Menschen liquidierte, verstärkte die Tendenz zur Verklärung der Exponenten des "Brigantaggio" zu Volkshelden und legte den Grundstein für ein bis heute gehegtes Misstrauen gegenüber dem italienischen Staat.

Dessen Maßnahmen konzentrierten sich in den ersten zwei Jahrzehnten seines Bestehens in Kalabrien und der Basilikata ausschließlich auf die Entwicklung der Landwirtschaft (Enteignung von Kirchengütern, Trockenlegung von Sümpfen) und den Ausbau der Infrastruktur (Bau von Straßen- und Eisenbahnstrecken, vornehmlich an den Küsten). Zu Beginn waren die staatlichen Interventionen sogar von bescheidenem Erfolg gekrönt, aber bereits mit der Agrar(absatz)krise des Jahres 1880 stießen sie an ihre Grenzen.

Verschärft durch den Umstand, dass wichtige Protoindustrien des Südens, v. a. die der kalabrischen Seidenraupenzucht, kurz zuvor zusammengebrochen waren und Parasitenplagen bei Wein- und Olivenkulturen die Produktion dezimierten, kehrten in den folgenden Jahrzehnten Hunderttausende von Lukaniern und Kalabresen ihrer Heimat den Rücken, um in Argentinien, Brasilien und Nordamerika ihr Glück zu suchen. Das von den Emigranten geschickte Geld ermöglichte zwar den in der

Heimat verbliebenen Verwandten den Kauf von Land und Häusern, belebte den lokalen Handel und führte kurzfristig zu einer Verbesserung der materiellen Lebensverhältnisse. Die Kehrseite der Emigrationswelle, der Wegfall von jungem und innovativem Arbeitskräfte- und Unternehmerpotenzial, verhinderte jedoch die Weiterentwicklung der vorhandenen Protoindustrien. Da sich der Norden währenddessen rasant industrialisierte, vollzog sich zur Zeit der vorletzten Jahrhundertwende die sozioökonomische Teilung Italiens in einen reichen Norden und einen agrarisch geprägten, rückständigen Süden.

Auch in den Jahren 1904 für Kalabrien bzw. 1906 für die Basilikata erlassene strukturfördernde Sondergesetze, die u. a. Steuererleichterungen für den Süden vorsahen, schafften keinen wirtschaftlichen Ausgleich, zumal ihre Umsetzung durch ein zerstörerisches Erdbeben in Kalabrien im Jahre 1908 und den Ausbruch des Ersten Weltkriegs gebremst wurde. Ebenso wenig erfolgreich waren letztlich die sog. "Meridionalisten", darunter die Lukanier Giustino Fortunato und Francesco Saverio Nitti, die sich in jenen Jahren auf der Grundlage sozialwissenschaftlicher Analysen mit dem Nord-Süd-Gefälle befassten und Lösungsvorschläge zu dessen Bereinigung präsentierten.

Obgleich sich die ländlichen Unterschichten unter ihrem Einfluss erstmals politisch artikulierten und organisierten, sollte sich zunächst nichts Grundsätzliches ändern, zumal die Interessensvertreter der expandierenden nördlichen Industrie inzwischen auch die politische Sphäre dominierten. Die Folge war, dass die Emigration "nelle Americhe" (nach Nord- und Südamerika) bis zur Machtübernahme der Faschisten im Jahre 1922 unvermindert anhielt.

Faschismus

Auch die Anstrengungen des faschistischen Regimes um eine Modernisierung des Südens blieben letztlich bei einigen, wenn auch grundlegenden infrastrukturellen Maßnahmen stecken. Die Trockenlegung von Sümpfen und die damit einhergehende Ausrottung der Malariamücke, die Kanalisierung von Flüssen und der Ausbau der Elektrizitätsversorgung, z. B. durch die Anlage künstlicher Seen im kalabrischen Sila-Gebirge, verbesserten die landwirtschaftlichen Produktionsverhältnisse und kurzfristig auch den Lebensstandard der Menschen. Die faschistischen Machthaber, die im Mezzogiorno übrigens keineswegs allerorts aktiv unterstützt wurden, schafften es aber ebenfalls nicht, die Grundlagen für eine flächendeckende Industrialisierung zu legen, sodass die im Verlauf der 1920er Jahre im kalabrischen Crotone angesiedelte Chemieindustrie eine Ausnahme blieb. Abgesehen davon belastete die – infolge der Weltwirtschaftskrise und entsprechender Verfügungen der Regierung – deutlich rückläufige Emigrationsrate die sozioökonomische Situation des Südens, zumal sie mit einem gleichzeitigen Geburtenzuwachs in den Jahren 1921–1951 einherging. Auf diese Weise kam es zu einer Verknappung der Ressourcen, die sich mit dem Ausbruch des Zweiten Weltkriegs weiter verschärfte. Zudem wurde insbesondere die Basilikata, die von den für Kalabrien skizzierten Strukturförderprogrammen der Faschisten weitgehend ausgespart geblieben war, von häufigen und heftigen Bombenangriffen zermürbt. Aufgrund ihrer deshalb ohnehin kritischen Haltung gegenüber dem Faschismus beteiligten sich relativ viele Lukanier 1943 am Widerstand gegen die Deutschen, die, von Sizilien kommend, das süditalienische Festland durchquerten, Matera besetzten und – u. a. in Rionero in Vulture – mit brutaler Gewalt gegen ihre Gegner vorgingen.

Vom Ende des Zweiten Weltkriegs bis heute

Mahnmal an das Massaker der Deutschen in Rionero del Vulture

Kurz nach Ende des Zweiten Weltkriegs erzwangen die Kleinbauern und ländlichen Unterschichten des Mezzogiorno mittels vielerorts aufflammender Revolten und Landbesetzungen die längst überfällige Agrarreform und die Abschaffung des Latifundiums.

Im Mittelpunkt der erstmals gewerkschaftlich organisierten und von kommunistischen, sozialistischen und radikalen christdemokratischen Mitgliedern der von 1944 bis 1947 amtierenden Koalitionsregierung unterstützten sozialen Auseinandersetzungen stand der kalabrische Marchesato in der heutigen Provinz Crotone. Die schließlich am 12. Mai 1950 für Kalabrien verabschiedete und im Oktober desselben Jahres auf die übrigen Regionen ausgedehnte "legge Sila" (Sila-Gesetz) verfügte dann die Enteignung und Verteilung des Großgrundbesitzes. So gelangten zwischen 1950 und 1960 417.000 Hektar Land in die Hände von Bauern und Tagelöhnern, womit die meridionale Frage jedoch nicht gelöst und das italienische Nord-Süd-Gefälle nicht aufgehoben war. Abgesehen davon, dass faktisch nur 60 % des Landes eine Existenzgründung erlaubten, während der Rest unzugänglich und kaum zu kultivieren war und schon bald wieder verlassen wurde, war die parallel zur Agrarreform im August 1950 zum Zwecke des (industriellen) Strukturwandels des Südens gegründete "Cassa per il Mezzogiorno" ebenso wenig von flächendeckendem Erfolg gekrönt wie frühere staatliche Entwicklungsprogramme.

Wieder wurde ein großer Teil des Geldes in die Durchführung infrastruktureller Maßnahmen wie den Ausbau des Straßennetzes oder den Bau von Kläranlagen investiert. Wieder galt die Aufmerksamkeit in Kalabrien und der Basilikata in erster Linie der Modernisierung der Landwirtschaft an den Küstenstreifen, während sich die Ansiedlung von Industrie auf wenige Gebiete in Apulien, Sizilien, Kampanien und Sardinien konzentrierte. Wieder mündeten die strukturellen Fehlplanungen in Auswanderung, da die Modernisierung der landwirtschaftlichen Produktionsmethoden massenhaft Arbeitskräfte freigesetzt hatte. Das Gros der Emigranten überquerte jedoch nun nicht mehr den Ozean, sondern zog – teilweise nur temporär – in das Industriedreieck Mailand, Turin, Venedig, in die Schweiz, nach Frankreich, Belgien und Deutschland. Die, die blieben, sind bis heute mit einer enorm hohen Arbeitslosigkeit konfrontiert. Viele leben, häufig ohne Arbeitsverträge und soziale

Absicherung, von Gelegenheitsjobs und saisonaler Beschäftigung, und die Infrastruktur beider Regionen, z. B. die Ausstattung mit Krankenhäusern, Schulen oder öffentlichen Verkehrsmitteln, ist nach wie vor erheblich schlechter als im Landesdurchschnitt.

Dadurch dass der südliche Mezzogiorno seit Ende des Zweiten Weltkriegs weiterhin am Tropf des Staates hing und dieser über Jahrzehnte mit der "Democrazia Cristiana" faktisch von nur einer Partei dominiert war, bildeten sich dort hochgradig verfilzte politische und administrative Strukturen heraus. So entscheiden bis heute letztlich die "conoscenze" (Beziehungen) und gegenseitig erfüllte "favori" (Gefallen) und nicht Qualifikationen und ein offener Wettbewerb über die Einrichtung und Besetzung von Stellen oder die Vergabe öffentlicher Aufträge. Daneben und teilweise wohl auch eng verquickt mit der politischen Sphäre macht in Kalabrien die regionale Mafiavariante Ndrangheta, oft mit brutaler Gewalt, ihren wirtschaftlichen Einfluss geltend.

Bauen auf die glanzvolle Vergangenheit

Vor dem Hintergrund der jahrhundertelangen Fremdbestimmung durch auswärtige Mächte, wiederholter staatlicher Fehlplanungen, wegen des politischen Filzes und gebietsweise verbreiteter Einschüchterung durch die organisierte Kriminalität verwundert es kaum, dass ein demokratischer Bürgersinn und der Glaube an die Entwicklung eigener kreativer Potenziale im südlichen Mezzogiorno noch in den Kinderschuhen steckt. Gleichwohl hat die steigende in- und ausländische Urlaubernachfrage Lukanier und Kalabresen darin bestärkt, dass ihre geschichtsträchtige, mit faszinierenden Natur- und Kulturlandschaften gesegnete Heimat zukunftsträchtige (tourismus)wirtschaftliche Entwicklungschancen bietet. So sind in allerjüngster Vergangenheit etliche Bauernhöfe in gastliche Agriturismi verwandelt worden, und so manche lukanische oder kalabrische Familie lädt nun zu Bed & Breakfast ein. Eine wachsende Zahl von lokalen Kooperativen und privatwirtschaftlich organisierten Agenturen hat von Emigranten verlassene alte Häuser zu attraktiven Ferienwohnungen umgebaut, verstaubte Ortsmuseen wieder aufgemöbelt, lokaltypische Handwerkstraditionen touristenwirksam wiederbelebt und organisiert historische Stadtrundgänge oder Wandertouren. Ihre Aktivisten sind häufig junge Leute, die nach einem mehrjährigen Studien- oder Arbeitsaufenthalt in Norditalien, Deutschland oder der Schweiz ihren Lebensmittelpunkt wieder in die Heimat ihrer Eltern verlegt haben, sodass man in den klassischen italienischen Auswanderungsregionen neuerlich sogar von einem "periodo del ritorno", einer Zeit der Rückkehr, spricht.

Im Aspromonte-Dorf Bova ist die Lokomotive nur Dekoration

Anreise

Mit dem Flugzeug

Da die **Basilikata** keinen Flughafen besitzt, muss man schon etwas weiter nördlich landen, entweder in Neapel in der Nachbarregion Kampanien oder in Bari bzw. Brindisi (Apulien). Neapel und Bari werden täglich und direkt von der Lufthansa (ab München) und – besonders preisgünstig – von Hapag Lloyd Express angeflogen, Neapel darüber hinaus auch von den Austrian Airlines und der Swiss. Die Strecke nach Brindisi wird ab Sommer 2004 u. a. von der Hapag Lloyd bedient.

Kalabrien verfügt derzeit über die Flughäfen Lamezia Terme und Reggio Calabria, ein dritter, allerdings nur auf kleinere Maschinen ausgelegter Flughafen entsteht gerade im nordkalabrischen Scalea. Lamezia Terme und Reggio Calabria werden von der Alitalia angeflogen, und zwar von allen großen Flughäfen in Deutschland, Österreich und der Schweiz. Während die Linienfluganreise mit Alitalia ganzjährig mit einer Zwischenlandung in Rom oder Mailand verbunden ist, kann man Lamezia Terme von Mai bis Ende Oktober und neuerdings sogar in den Wintermonaten mit weniger kostenträchtigen Charterflügen auch nonstop erreichen (z. B. mit Condor bzw. Thomas Cook Airlines, Hapag Lloyd oder Fly FTI/Hola Airlines). Die Flugpreise nach Lamezia Terme variieren je nach Anbieter, Saison und Buchungstermin zwischen ca. 130 und 480 €. Nach Neapel und Bari kommt man ganzjährig schon ab ca. 60 €, sodass sich beide Städte auch als Etappenziel für Kalabrienreisende anbieten, die von dort mit dem Zug (regelmäßige Busverbindungen zwischen den Flughäfen und den Hauptbahnhöfen) oder Mietwagen die gut 200 km bis zur kalabrischen Grenze weiterfahren können.

Um Näheres zu erfahren, sind die folgenden (Internet-)Adressen hilfreich:

• *Flughäfen* **Aeroporto S. Eufemia, Lamezia Terme,** ✆ 0968/414111, www.lameziatermeairport.it.

Aeroporto Capodichino Neapel, ✆ 081/7515371, www.gesac.it.

Aeroporto Bari-Palese, ✆ 080/5835200, www.seap-puglia.it.

• *Information/Buchung* www.opodo.de, www.reisegeier.de, www.LCC24.com.

• *Fluggesellschaften* www.hlf.de, www.condor.de, www.hlx.com, www.fti.de.

Mit dem Auto oder Motorrad

Zwei Hauptstrecken über die Alpen bieten sich an: aus dem Osten Deutschlands über die Brenner-Autobahn, aus dem Westen über die Gotthard-Autobahn. Bezahlen muss man die Autobahnnutzung hier wie dort, wobei man in Österreich (Brenner) zwischen 10-Tages-, Zweimonats- und ganzjährig gültigen Vignetten wählen kann , in der Schweiz (Gotthard) dagegen pauschal für ein Jahr bezahlen muss . Die Vignetten sind entweder vor der Abfahrt bei Automobilclubs oder direkt an der Grenze zu erwerben. In Italien angekommen, geht es gebührenpflichtig weiter. Bei der Auffahrt auf die Autobahn zieht man zunächst eine Karte und zahlt später die gefahrenen Kilometer an den Mautstellen der Ausfahrten (Autostazione Alt) bar, mit einer Autobahnkarte (Viacard), die bei Automobilclubs, am Grenzübergang oder auf Raststätten zu erwerben ist, oder mit der Kreditkarte, was allerdings noch nicht an allen Mautstellen möglich ist.

Spätestens in Bologna ist dann zu entscheiden, auf welcher Route man der Sonne entgegenfahren möchte: auf der Adria-Autobahn A 14 (Adriatica) via Apulien oder auf der von Mailand kommenden "Autostrada del Sole" (A 1), von der man bei Rom auf die A 2 Richtung Neapel und von dort bzw. östlich daran vorbei (A 30) auf die gebührenfreie A 3 Salerno – Reggio Calabria wechselt. Wer sich die lange Anfahrt mit dem eigenen Auto ersparen will, findet an allen Flughäfen, in größeren Städten und Touristenzentren die gängigen internationalen und/oder italienischen Autovermieter, die selbstverständlich schon von zu Hause aus kontaktiert werden können.

Mit der Bahn

Auch auf dem Schienenweg geht es – je nach Wohnort in Deutschland – entweder über Österreich oder die Schweiz im Schlaf- oder Liegewagen, saisonal und streckenweise auch mit dem Autoreisezug (z. B. von Mai bis September auf der Strecke München–Neapel) in Italiens Süden. Nord- und Mitteldeutsche müssen sich dann in Mailand oder Bologna, Süddeutsche, Schweizer und Österreicher erst in Rom, Florenz oder Neapel entscheiden, ob sie sich entlang der Westküste oder parallel zum Ionischen Meer über Apulien den Zielregionen nähern. Kalabrienreisende können auf der erstgenannten Strecke bis Reggio Calabria durchfahren, wähyrend sie auf der zweiten in Taranto umsteigen müssen.

Seit die deutschen Sparpreise für Italien abgeschafft und durch einen nahezu undurchdringlichen "Tarifdschungel" in allen beteiligten (Durchreise-)Ländern ersetzt worden sind, sind allgemeine Preisauskünfte nicht mehr zu erteilen, sodass man sich direkt bei der Bahn oder im Reisebüro über die preisgünstigsten und/oder schnellsten Verbindungen informieren sollte.

Deutschland: ✆ 0190/507090 (allgemein), ✆ 01805/141514 (Nachtzüge), ✆ 01805/241224 (Autoreisezüge); www.bahn.de, www.db-autozug.de

Österreich: ✆ 05/1717; www.oebb.at

Schweiz: ✆ 900/300300; www.sbb.ch

Italien: www.fs-on-line.it

Mit dem Bus

Mit den Europabussen der Deutschen Touring GmbH gelangt man recht preisgünstig, dafür aber auch mit den meisten Strapazen in Italiens Süden. So zahlt man z. B. für die Strecke vom Ruhrgebiet bis Pizzo Calabro (in der Nähe von Tropea) einfach ca. 110 €, für die Hin- und Rückfahrt ca. 190 €.

Informationen über Abfahrts- und Zielorte, Termine und Preise erteilt die **Deutsche Touring GmbH**, Am Römerhof 17, Postfach 900244, 60486 Frankfurt, ✆ 069/790350, www.deutsche-touring.com.

Unterwegs im südlichen Mezzogiorno

Wenn man mit dem Zeitbudget eines normalen Jahresurlaubs eine Rundreise durch die Basilikata oder Kalabrien unternehmen oder gar beide Regionen flächendeckend kennen lernen möchte, empfiehlt es sich, mit dem Auto oder Motorrad zu reisen, da die Fortbewegungsmöglichkeiten mit öffentlichen Verkehrsmitteln gebiets- und saisonweise recht eingeschränkt, zeitaufwendig oder schwer zu durchschauen sind. Sofern man seinen Urlaub jedoch nur in Küstenorten und Touristenzentren oder im Umfeld der Provinzhauptstädte verbringen möchte oder über sehr viel Zeit verfügt, kommt man auch mit Bus und Bahn ganz gut und preisgünstig voran. Grundsätzlich sollte man sich jedoch darauf einstellen, dass im vornehmlich bergigen und infrastrukturell nach wie vor schlechter ausgestatteten südlichen Mezzogiorno alles etwas langsamer geht.

Blöken statt hupen: Verkehrsstau alla calabrese

Mit dem Auto oder Motorrad

Während motorisierte **Kalabrienreisende** die Region zumindest von Norden nach Süden via Autobahn (A 3) durchqueren können, müssen sich eilige **Basilikataurlauber** mit Schnell- und Staatsstraßen begnügen, die aber meist recht passabel sind. So ist das Vulture-Gebiet im Norden der Basilikata über die SS 93 mit der Regional- und Provinzmetropole Potenza verbunden. Von dort gelangt man über die Schnellstraße 94 auf die A 3 bzw. die SS 585 und darüber an die Strände von Maratea. Über die größtenteils vierspurige Superstrada Basentana (SS 407) kommt man von Potenza relativ zügig in die zweite Provinzhauptstadt Matera und ans Ionische Meer. Weitere Querverbindungen zwischen der westlichen und östlichen Basilikata sind die durch das Flusstal des Agri gezogene SS 598 sowie die weiter südlich verlaufende SS 653, die den Fluss Sinni entlang durch das Pollino-Gebirge führt und ebenfalls auf die Küstenstraße SS 106 Bari – Reggio Calabria trifft.

Das richtige Transportmittel für enge Gassen

In Kalabrien kann man sich über die erwähnte A 3 Salerno – Reggio Calabria oder direkt an den Küsten auf der SS 18 im Westen oder der SS 106 im Osten in Nord-Süd-Richtung bewegen. Asphaltierte Direktverbindungen zwischen den beiden Meeren schaffen die vierspurige Superstrada SS 280, die die Regionalmetropole Catanzaro an die (internationale) Flughafenstadt Lamezia Terme anbindet, die weiter südlich verlaufende SS 281 zwischen Rosarno und Gioiosa Ionica sowie die SS 111 zwischen Locri und der Hafenstadt Gioia Tauro in der Provinz Reggio Calabria. Recht zügig kommt man schließlich auch auf der SS 107 zwischen Cosenza und Crotone von West nach Ost und retour.

Alle nicht an diesen relativ großen und bequem befahrbaren Verkehrsadern gelegenen Orte und Landschaften müssen in beiden Regionen über ein Netz von in gebirgigen Zonen recht kurvenreichen Nationalstraßen angesteuert werden. Wenn die Karte nur noch kleine Landstraßen verzeichnet, sollte man sich besser vor Ort über deren Qualität informieren. Während einige von ihnen zwar nur langsam und vorsichtig, aber durchaus mit einem normalen PKW zu bewältigen sind, kommt man in manchen Gebirgsregionen des Pollino oder des Aspromonte nur mit einem Geländewagen weiter, sodass man dort besser auf eine Weiterfahrt verzichtet oder einen Umweg in Kauf nimmt.

Beim **Abstellen seines Fahrzeugs** in mittleren und größeren Städten ist gegebenenfalls auf blaue bzw. gelbe Markierungen am Straßenrand zu achten. Während man bei den blauen nach einem Parkscheinautomaten, dem nächsten Tabacchi mit Parkscheinverkauf oder einem kassierenden Parkwächter Ausschau halten sollte, erlauben die gelben nur kurzfristiges Halten, aber kein Parken. Zum wirklichen Problem wird die Parkplatzsuche allerdings nur in den Provinzhauptstädten, v. a. in Potenza, Catanzaro, Reggio Calabria und Vibo Valentia, sowie während der Hauptsaison in einigen Touristenzentren, wie z. B. Tropea, Maratea oder Soverato. Deshalb sollte man hier möglichst außerhalb des Zentrums parken bzw. größere bewachte (!) Parkplätze ansteuern.

Sehr schwierig ist das **Rangieren** in den nicht selten engen und steilen Gassen vieler Dörfer und Städte des südlichen Mezzogiorno. Weil das ein wenig Geschick, vor allem aber gute Nerven erfordert, sollte man manches Centro Storico besser zu Fuß erkunden, obgleich die an derartige städtebaulich bedingten Verzögerungen sowie kunstvolle Dreh- und Wendemanöver gewöhnten Süditaliener entgegen der ihnen oft nachgesagten Hitzigkeit in solchen Situationen in der Regel mit Geduld und Hilfsbereitschaft reagieren.

Mit der Bahn

Während sowohl die Küstenorte der Basilikata als auch diejenigen Kalabriens fast ausnahmslos an das Schienennetz der im Sommer 2000 in eine Aktiengesellschaft umgewandelten *Italienischen Staatsbahnen* (www.fs-on-line.it) angeschlossen sind, sind die Bahnverbindungen im bergigen Landesinneren in beiden Regionen etwas rarer, obwohl hier die Privatbahnen der *Ferrovie Appulo-Lucane* (www.fal-srl.it) bzw. der *Ferrovie della Calabria* (www.ferroviedellacalabria.it) das Angebot ergänzen.

Da die Fernzüge von Nord- nach Süditalien und retour vornehmlich die Westküste der Halbinsel passieren und dort an nahezu allen wichtigen Badeorten halten, ist die Fortbewegung per Bahn an der ionischen Küste weitaus eingeschränkter und unbequemer, denn man ist hier fast ausschließlich auf die Regionalzüge angewiesen.

Im **Landesinneren der Basilikata** hat die Staatsbahn zwischen Potenza und Foggia in Apulien Schienen verlegt, wobei die darauf fahrenden Züge u. a. in Lagopesole und den wichtigsten Orten des Vulture-Gebietes halten. Die Linie Salerno–Taranto über Potenza, das Basentotal und Metaponto schafft eine Querverbindung zur ionischen Küste. Die Privatgesellschaft "Ferrovie Appulo-Lucane" bedient die Strecke zwischen Potenza und Altamura in Apulien, an der die nordlukanischen Gemeinden Acerenza, Genzano und Irsina liegen, und bietet die Fahrt von Matera nach Bari an.

In **Kalabriens Inland** kann man sich auf den Strecken Paola–Cosenza, Lamezia-Terme – Catanzaro und Cosenza–Sibari mit der italienischen Staatsbahn und zwischen Cosenza und Camigliatello (Sila Grande) mit der "Ferrovie della Calabria" fortbewegen. Darüber hinaus unterhält Letztere Strecken zwischen Cosenza und Catanzaro Città und Catanzaro-Lido sowie einen gruppenweise zu buchenden historischen Dampfzug durchs Sila-Gebirge (www.railtouritalia.com).

Da die Bahnhöfe in beiden Regionen nicht immer im Stadt- oder Ortszentrum gelegen sind, muss man gegebenenfalls einen mehr oder weniger langen Fußmarsch in Kauf nehmen, in Bus und Taxi umsteigen oder sich vom Hotel-, Pensions- oder Privatzimmerwirt abholen lassen. Weiterhin ist zu beachten, dass in den vergangenen zwei Jahren die Fahrkartenschalter vieler kleinerer und mittlerer Bahnhöfe geschlossen worden sind, sodass man die Tickets (die übrigens vor Fahrtantritt in den gelben Automaten auf dem Bahnsteig entwertet werden müssen) in Reisebüros mit FS-Zeichen kaufen muss.

Mit dem Bus

Grundsätzlich sind fast alle Orte des südlichen Mezzogiorno – auch die kleinsten Bergnester – mit Bussen zu erreichen, da alle Provinzhauptstädte mit den einzelnen Städten und Dörfern ihres Verwaltungsgebietes durch mindestens eine, manchmal sogar mehrere Buslinien verbunden sind. Allerdings ist das Erforschen von Abfahrtszeiten, Haltestellen und Zahlungsmodi – entweder direkt im Bus oder per Fahrkartenverkauf in bestimmten Bars oder Kiosken der Busgesellschaften – eine Wissenschaft für sich. Während es in größeren Städten oft zentrale Busbahnhöfe (Autostazioni) gibt, was die ganze Angelegenheit etwas erleichtert, muss man sich sonst nicht selten mühselig durchfragen, wobei selbst Touristeninformationsbüros leider allzu häufig passen müssen. Erschwerend kommt hinzu, dass die Busse – mit Ausnahme der intraurbanen Verbindungen in größeren Städten oder während der Saison eingerichteter Busshuttles in und um Touristenzentren – mit recht niedriger Frequenz verkehren, sodass der ausschließlich mit Bus und Bahn reisende Süditalienurlauber schon ein wenig im Voraus planen muss, wenn er nicht unfreiwillig bis zum folgenden Tag etwa in einem kleinen Ort ohne Übernachtungsmöglichkeiten festsitzen möchte. Auch sind Sonn- und Feiertage manchen Busgesellschaften so heilig, dass sie ihren Verkehr vollkommen einstellen, und manche Linien bieten ihre Dienste gar ausschließlich saisonweise (in oder außerhalb der Sommersaison) an.

Mit dem Fahrrad

Angesichts der zu 90 % hügeligen und bergigen Landschaften am südlichen Ende des klassischen Radsportlandes Italien lohnt es sich nur für Durchtrainierte, den Drahtesel dabeizuhaben oder sich – was allerdings nur an wenigen Orten möglich ist – ein Rad auszuleihen. Wer sich entsprechend fit fühlt, findet hier zwar (noch) keine ausgewiesenen Radwege vor, aber eine große Auswahl an recht wenig vom Autoverkehr frequentierten, landschaftlich und kulturell äußerst reizvollen Strecken. Einige von ihnen hat das Transportministerium der Region Kalabrien eigens für Radfahrer begutachtet und in einem Faltblatt mit dem Titel "Biciclando. Piste ciclabili in Calabria: forme alternative di mobilità e di turismo" hinsichtlich des Schwierigkeitsgrads, der Straßenbeschaffenheit, der Anbindung an öffentliche Verkehrsmittel, der Übernachtungsmöglichkeiten etc. kommentiert. In naher Zukunft sollen diese Strecken mit Unterstützung der EU in markierte Radwanderwege umgewandelt werden. Anders als ein ähnlich konzipierter Führer über "Radwandern in der Basilikata" (Cicloturismo in Basilicata) ist er bislang nur in italienischer Sprache publiziert worden, wegen der Kartenausschnitte, Kilometer- und Steigungsangaben aber dennoch von Nutzen. Wer ihn haben möchte, kann ihn beim Transportministerium anfordern (Regione Calabria, Dipartimento Trasporti, Via Milano 28, 88100 Catanzaro, ✆ 0961/857926, 📠 0961/857921, v.bova@regcal.it). Die Broschüre über die Basilikata erhält man in örtlichen Tourismusbüros oder bei der APT (Adressen siehe S. 37).

Zu Fuß

Seit auch die (Süd-)Italiener, obwohl ihre Sprache über keine Vokabel verfügt, mit der man das deutsche Wort "wandern" adäquat übersetzen könnte, in den letzten Jahren den wandertouristischen Wert ihrer Landschaften erkannt haben, sind die Basilikata und Kalabrien für Wandervögel ein wahres Paradies. Mit Broschüren und Wanderkarten unterbreiten Regionen, Provinzen und Gemeinden – leider mehrheitlich noch ausschließlich in Italienisch – Tourenvorschläge und informieren über Dauer, Schwierigkeitsgrad, notwendige Ausrüstung und Versorgungsmöglichkeiten entlang der Wege, die zunehmend markiert sind. Eine wachsende Zahl von lokalen Kooperativen und Mitarbeitern der Nationalparks, deren Adressen und Telefonnummern ebenso wie das Informations- und Kartenmaterial in den Touristenbüros, Hotels und Pensionen der Hauptwandergebiete erhältlich sind und/oder in den Ortskapiteln dieses Bandes aufgeführt werden, stehen wanderfreudigen Urlaubern – in der Regel in der Zeit von Mai bis Oktober – mit ihrer fach- und ortskundigen Hilfe zur Seite. Sie bieten die Teilnahme an bereits terminierten ein- oder mehrtägigen naturkundlichen Exkursionen und Trekkingtouren an und stellen sich auf Absprache als Führer für Einzelreisende und Kleingruppen zur Verfügung. Während einige Landschaften – etwa rund um den Monte Vulture in der nördlichen Basilikata oder in Teilen der kalabrischen Sila – durchaus auf eigene Faust erwandert werden können, sollten größere Ausflüge ins lukanisch-kalabrische Pollino-Gebirge oder den Aspromonte ausschließlich mit ortskundiger Beratung und/oder Begleitung unternommen werden.

Abbiegen ins albanische Kalabrien

Mit der siebenteiligen Kartenreihe "Carta Escursionistica della Calabria" sind die wichtigsten Wandergebiete Kalabriens im Maßstab 1:50.000 kartographiert. Man erhält sie in Buchhandlungen, in manchen Touristeninformationsbüros oder direkt bei den Produzenten: Teknomatika Service c/o Pierluigi Mancuso, Piazza S. Nicola 1, 881000 Catanzaro; plmancuso@abramo.it. Eine entsprechende Karte für den lukanischen Pollino gibt es gratis bei der APT (italienischsprachige Wanderführer siehe S. 38).

Wer keine Lust hat, seinen Wanderurlaub in Süditalien allein und vor Ort zu organisieren, kann auch die Angebote deutscher Reiseveranstalter in Anspruch nehmen. Wikinger-Reisen, Studien Kontakt Reisen oder Studiosus (www.wikinger-reisen.de, www.skr.de, www.studiosus.com) etc. organisieren Wanderreisen in den Pollino und Aspromonte, teilweise in Zusammenarbeit mit den Kooperativen vor Ort.

Mit dem Schiff

Entlang der Küsten der Basilikata und Kalabriens selbst kann man sich – mit Ausnahme kleinerer Ausflüge in die Umgebung des einen oder anderen Küstenortes – nicht mit dem Schiff fortbewegen. Wohl aber besteht ganzjährig die Möglichkeit, von den kalabrischen Häfen Villa San Giovanni und Reggio Calabria mit der Fähre oder dem Tragflügelboot (Aliscafo) nach Messina überzusetzen. Von Reggio Calabria gelangt man in den Sommermonaten außerdem auf die Äolischen (Liparischen) Inseln Lipari, Vulcano und Stromboli, die rund ums Jahr vom sizilianischen Hafen Milazzo und von Juni bis September auch per Ausflugsschiff vom Capo Vaticano, Tropea, Scilla, Briatico, Vibo Marina und Cetraro angesteuert werden.

Übernachten

Wie überall im Mittelmeerraum ist die Auswahl an Übernachtungsmöglichkeiten von Hotels, Pensionen und Ferienclubs über Ferienwohnungen und Campingplätze bis hin zu Agriturismi und Bed & Breakfast an den Küsten am größten.

Während die meisten Häuser am Meer und erst recht die Campingplätze nur in der Urlaubssaison (von April/Mai bis September/Oktober) ihre Pforten öffnen, bieten die Unterkünfte in den Bergregionen Pollino, Sila und Aspromonte sowie in den Provinzhauptstädten in der Regel ganzjährig Tisch und Bett. Letzteres gilt auch für viele Agriturismi, die sowohl in der Basilikata als auch in Kalabrien in den vergangenen Jahren wie Pilze aus dem Boden geschossen sind und insbesondere im Inland bis dahin klaffende Unterkunftslücken geschlossen haben. Da einige große Hotels in und um das kalabrische Touristenmekka Tropea neuerlich winterliche Pauschalarrangements zu Dumpingpreisen anbieten, stellen sich auch immer mehr kleinere Häuser und private Vermieter in der kalten Jahreszeit auf Übernachtungsgäste ein. Der aktuelle Trend zur Saisonverlängerung eröffnet Liebhabern des relativ milden mediterranen Winters die Möglichkeit, einen entspannenden und preisgünstigen Urlaub am "Ende Italiens" zu verbringen. Von Ende Juli bis Ende August steigen Nachfrage und Preise für alle Unterkunftstypen dagegen astronomisch an, und in der kalabrisch-lukanischen Bergwelt ist auch an Weihnachten und Silvester Hochsaison, sodass in diesen Perioden eine rechtzeitige Buchung dringend angeraten ist.

Einen mit Adressen, Kategorie- und Preisangaben versehenen **Überblick über die Unterkünfte in der Basilikata und Kalabrien** bieten jährlich aktualisierte, von den Tourismusministerien der Regionen publizierte Broschüren, die in vielen Touristenbüros ausliegen oder über die auf S. 37 unter dem Stichwort "Information" angegebenen Adressen schon vor Antritt der Reise zu beziehen sind.

Hotels und Pensionen: Mit historischem Flair und gediegenem Ambiente und/oder in traumhafter Lage, modern und luxuriös, architektonisch gesichtslos, aber funktional und komfortabel, einfach, gemütlich und familiär, mit oder ohne Clubatmosphäre und hochsommerliche Animation, individuell oder pauschal gebucht – in beiden Regionen gibt es inzwischen Hotels, Ferienclubs und Pensionen für jeden Geschmack und Geldbeutel. Im Juli und August belegen die meisten Hotels ihre Gäste mit Halb- oder Vollpensionspflicht, was freilich nicht für diejenigen der Provinzmetropolen gilt. Dass dann auch die Preise ansteigen, wurde oben schon betont, sodass die in den Ortskapiteln ausgewiesenen Preisspannen (Einzelangaben meinen den Maximalpreis) in der Regel saisonal bedingt und nur in Ausnahmefällen auf unterschiedliche Größen und Standards der Zimmer bezogen sind. Wenn nicht anders angegeben, umfasst der angegebene Preis eine Übernachtung mit Frühstück. Auf eine durchgängige Angabe der Halb- und Vollpensionspreise musste dagegen aus Platzgründen verzichtet werden. Zur groben Orientierung mag genügen, dass sich die durchschnittliche, ebenfalls saisonal bedingte Preisspanne etwa zwischen 30 und 60 € für Halb- und 50 und 100 € für Vollpension bewegt.

Agriturismi: Nicht zuletzt weil die Eröffnung von Agriturismi in den vergangenen Jahren u. a. mit EU-Mitteln großzügig öffentlich gefördert worden ist, haben Ferien in um- und ausgebauten alten Ställen und Olivenmühlen oder auf um Ferienwohnungen erweiterten Bauernhöfen in beiden Regionen Konjunktur. Dem Vernehmen nach erfüllen jedoch längst nicht alle sog. Agriturismi die strenge Auflage, dass 60% der aufgetisch-

Frühstück unterm Maulbeerbaum (Agriturismo im Aspromonte)

ten Speisen von der eigenen Scholle stammen müssen. Während manche Agriturismi an Luxushotels erinnern, mit edel ausgestatteten Zimmern, großzügigen Speisesälen, Tennisplatz oder Pool aufwarten, sind andere klein und gemütlich oder recht spartanisch eingerichtet. Die meisten bestechen vor allem durch ihre ruhige Lage inmitten von Feldern, Weinstöcken, Orangen- oder Olivenhainen. Deshalb kommen sie allerdings vornehmlich für motorisierte Urlauber in Frage, weil sich der nächste Ort oft nicht in fußläufiger Nähe befindet und eine Anbindung an öffentliche Verkehrsmittel meistens fehlt.

Ferienwohnungen/Privatzimmer: Wer mit Kind und Kegel reist, gern selber kocht, aber (im Sommer) laut beschallte Urlaubsanlagen lieber meidet, möge sich für eine private Ferienwohnung entscheiden, die es inzwischen in allen Größen und Standards, in separaten, modernen Feriensiedlungen, aber auch mitten in historischen Ortskernen zu mieten gibt. Letztere firmieren unter "Albergo Paese", wenn – wie im kalabrischen Badolato oder Riace – ganze, von Emigranten verlassene Häusergruppen restauriert und zu Ferienwohnungen umgewandelt worden sind.

Bed & Breakfast: Nach angelsächsischem Vorbild und unter demselben Label haben neuerdings auch einige wenige lukanische und kalabrische Familien das eine oder andere Zimmer frei geräumt, um auswärtigen Gästen ein Bett aufzuschlagen und ein Frühstück zu servieren. Die Zimmer sind mal in separaten Gebäudetrakten eingerichtet, mal mitten in der Wohnung der Gastfamilie platziert, das Frühstück wird direkt an deren Tisch oder in einem eigenen Gästespeisezimmer eingenommen.

Camping: Während sich die wenigen Campingplätze der Basilikata an ihrem ionischen Küstenabschnitt zwischen Metaponto und Nova Siri konzentrieren, ist die gesamte kalabrische Halbinsel in mehr oder minder großen Abständen von Campingplätzen gesäumt. In beiden Regionen sind sie mehrheitlich nur zwischen Juni und September geöffnet und bieten neben Stellplätzen für Zelt und Wohnwagen in der Regel kleine Bungalows und Ferienwohnungen an. Im Landesinneren sind Campingplätze hier wie dort eher dünn gesät, wobei manche Agriturismi mit Stromanschlüssen versehene Stellplätze zur Verfügung stellen.

Die größten und schönsten "campeggi-villagi" sind in Kalabrien zwischen Tropea und dem Capo Vaticano aufgereiht. Die wegen ihrer oft nicht sonderlich attraktiven Lage am wenigsten empfehlenswerten Anlagen findet man zwischen Amantea und Pizzo an der Westküste und in der Provinz Reggio Calabria. Recht passabel sind dagegen die Campingplätze auf der Isola Capo Rizzuto bei Crotone und die eine oder andere Anlage südlich der Regionalmetropole Catanzaro.

Die Preise sind ebenso wie die Hotelpreise saisonabhängig und unterscheiden sich von Platz zu Platz nur geringfügig. Deswegen sind sie im Reiseteil nicht für jeden Platz eigens verzeichnet. Zur Orientierung (jeweils pro Tag): Person ca. 4–10 €, Zelt 5–15 €, Auto/Motorrad 3–5 €, Wohnwagenstellplatz 5–10 €, Stromanschluss 3–4 €. Die Preise für Zwei-Bett-Bungalows variieren sehr stark und liegen bei 200–1000 € pro Woche.

Essen und Trinken

Wer angesichts der in Süditalien auf der Basis lokaler Produkte meist nach traditionellen Rezepten zubereiteten oder in manchen Nobelrestaurants verfeinerten "Cucina Povera" (etwa "Arme-Leute-Küche") an Darben und Fasten denkt, hat weit gefehlt. Die Früchte der lukanischen und kalabrischen Felder und Wälder sowie das Fleisch und die Milch der dort noch glücklich und in guter Luft weidenden Schweine, Ziegen, Schafe und Rinder bürgen für den Geschmack und die Qualität einer einfachen und schnörkellosen Bauernküche, die lediglich in den Küstenorten um Fischgerichte erweitert wird.

Die Essentials: Aus dem Mehl des Hartweizens (grano duro) – z. B. vom oberen Flusslauf des Bradano und den Hügeln um Matera in der Basilikata oder den Getreidefeldern des kalabrischen Marchesato – entsteht unter Zugabe von Wasser und Salz der Nudelteig, aus dem anschließend die Pastavarianten "strascinati", "orecchiette", "cavatelli", "fusilli", "filej", "lagane" oder "menate" geformt werden. Außerdem wird aus Hartweizenmehl das goldgelbe, im Holzofen gebackene Brot (pane casareccio) geknetet, das bei keiner Mahlzeit fehlen darf.

Gemüse, Kräuter & Co: Die Zutaten für die gedünsteten, gebratenen oder in Öl eingelegten vegetarischen Vorspeisen (antipasti), die Nudelsoße (sugo) und die Beilagen (contorni) zum Hauptgericht (secondo) liefert das reiche Angebot an kultivierten oder wild wachsenden Gemüsesorten, Hülsenfrüchten, Pilzen und Kräutern. Außer den obligatorischen Tomaten (pomodori), dicken Bohnen (fave), Kichererbsen (ceci) und Auberginen (melanzane) sind die in der Basilikata oft und gern gegessene Zichorie, (cicoria), der in beiden Regionen beliebte grüne Spargel (asparago verde), wilde Artischocken oder die milden roten Zwiebeln von Tropea und der für die süditalienische Küche unerlässliche Peperoni (peperoncino) besonders hervorzuheben. Gemüsepflanzen gedeihen besonders gut und großflächig in den Ebenen am Ionischen Meer, im lukanischen Agrital oder auf den sanften Hügeln am kalabrischen Capo Vaticano, während die teilweise üppig bewaldeten Gebirgslandschaften von Pollino, Sila, Aspromonte und Serre aromatische (Stein-)Pilze (funghi porcini) und Kräuter wie Rosmarin oder Minze beisteuern.

Fleisch und Wurst: Außer Gemüse, Nudeln und Brot charakterisieren Fleisch und Wurst die lukanische und kalabrische Küche. Sie verleihen vielen Nudelsoßen ihren kräftigen Geschmack und behaupten in der Regel einen herausragenden Platz auf dem Vorspeisenteller. Dort findet sich neben einer Scheibe Schinken meistens ein Stück luftgetrockneter oder in Öl eingelegter Schweinewurst, die aus groben Fleisch- und Fettstücken hergestellt wird und in der Basilikata bisweilen unter "luganega" firmiert (Dialekt für "aus Lukanien"). Ansonsten ist sie als "salsiccia" oder "soppressata" bekannt. Rund ums Capo Vaticano (Kalabrien) wird außerdem eine von der Konsistenz her weiche, sehr pikant gewürzte Wurstvariante namens "nduja" serviert.

Außer in den Restaurants der Küstenorte, in denen häufig Fisch und Schalentiere aufgetischt werden (s. u.), besteht auch das Hauptgericht (secondo) meistens aus einem kräftigen Stück Fleisch, für das vornehmlich Schweine, Ziegen, Schafe und Hühner, seltener auch Rinder, Wildschweine oder Kaninchen ihr artgerecht verbrachtes Leben lassen müssen. Das mit Kräutern (meistens Rosmarin) aromatisierte Fleisch wird gebraten, geschmort, gegrillt oder in einer Soße gekocht ("in umido").

Raffinierte lukanische Bauernküche in gediegenem Ambiente

Fisch und Schalentiere: Es versteht sich von selbst, dass in den Küstenorten beider Regionen Fisch und Schalentiere die Speisekarte dominieren. Wegen seiner knapp 800 Küstenkilometer hat Kalabrien natürlich in dieser Hinsicht die Nase vorn, zumal der Thunfischfang von Pizzo und die Schwertfischjagd von Scilla und Bagnara eine jahrhundertealte Tradition haben. Infolgedessen kommen dort zahlreiche kulinarische Variationen der schmackhaften, weißfleischigen Meeresbewohner auf den Tisch. Nicht zu vergessen schließlich der "Fisch der Berge", womit der sowohl in der Basilikata als auch in Kalabrien äußerst beliebte, aus Nordeuropa importierte "baccalà" (Stockfisch) gemeint ist, der ebenfalls auf viele Arten zubereitet wird, z. B. mit sonnengetrocknetem, krossem Paprika (pepe crusco) verfeinert oder in Tomatensoße geschmort.

Käse: Auf einer von Bauern und Hirten geprägten Speisekarte darf der Käse (formaggio) natürlich nicht fehlen. Neben dem in beiden Regionen entweder frisch als Tafel- oder gereift als Reibkäse gereichten "pecorino" (zu besonderem Ansehen brachte es der aus 70 % Kuh- und 30 % Schafsmilch bestehende lukanische "pecorino Moliterno") ist der aus Kuhmilch hergestellte "caciocavallo", manchmal mit einem Butterkern gefüllt, ebenso beliebt wie lokale Varianten der Frischkäsesorten "ricotta und "mozzarella".

Olivenöl und Wein: Wie in großen Teilen Italiens ist das Olivenöl auch für die meisten Gerichte der lukanischen und kalabrischen Küche eine der wichtigsten Zutaten und ein guter Wein ein würdiger Begleiter für ihren genüsslichen Verzehr. So wird eigentlich überall Öl gepresst und Wein gekeltert, wobei sich die ertragreichsten Olivenhaine und bedeutendsten Ölmühlen für die Produktion des kaltgepressten "olio extra vergine" in der Basilikata auf das Basentotal, den unteren Flusslauf des Agri, das Umland von Matera und die Gegend um den Monte Vulture verteilen. In Kalabrien sind v. a. die Olivenkulturen rund um Rossano wegen ihres uralten Ölbaumbestandes über die Regionsgrenzen hinaus bekannt.

Auf den fruchtbaren vulkanischen Böden des lukanischen Vulture-Gebietes reifen jedoch nicht nur die Früchte für die in Rapolla und Barile produzierten hochwertigsten Olivenöle der Region, sondern auch die Trauben für ihren besten Tropfen, den 1971 zum D.O.C.-Wein (Denominazione di origine controllata) gekürten "Aglianico del Vulture", dem Weinpapst Johnson drei von vier möglichen Sternen verleiht und damit außergewöhnliche Qualität attestiert. Neben

Frittiert eine Delikatesse: Zucchiniblüten

dem rubinroten "Aglianico del Vulture" lagern in den privaten Kellereien und kooperativ geführten "Cantine Sociali" der Vulture-Orte, aber auch denjenigen Materas, Ferrandinas, Acerenzas, Viggianos und Metapontos diverse andere Rot-, Weiß- und Dessertweine. Darunter sind der äußerst trockene "Aglianico di Ferrandina", die hervorragend mit Fischgerichten harmonierenden Sorten "Vulcanello Bianco" aus Rionero in Vulture oder "Bianco Malvasia" aus Metaponto sowie der süße und goldgelbe "Moscato" aus Barile.

Unter Kalabriens Weinen sind die rund um Cirò und Melissa oder die bei Lamezia Terme gereiften und abgefüllten Rot- und Weißweine von herausragender Qualität. Das D.O.C.-Siegel dekoriert außerdem einige gute Tropfen aus den Weinstädten Castrovillari, Frascineto und Verbicaro am Fuße des Pollino, den schweren Likörwein "Greco Bianco" aus dem tiefen Süden der Halbinsel sowie den Rebensaft aus Bivongi in der Provinz Catanzaro und den "Sant'Anna di Isola Capo Rizzuto".

Obst und Süßes: Zur Abrundung der drei herzhaften Gänge (antipasto, primo und secondo) werden wie überall in Italien wahlweise "frutta" (Obst) oder "dolci" (Kuchen und Desserts) angeboten. Dafür bedienen sich private Gastgeber und Restaurantköche – je nach Jahreszeit – z. B. des übervollen Obstkorbs der ionischen Küstenebenen, wo riesige Plantagen mit Orangen, Zitronen, Pfirsichen, Aprikosen und Erdbeeren das Land überziehen. Dazu kommen duftende Honig- und erfrischende Wassermelonen, süße Feigen und feine Waldfrüchte wie Walderdbeeren oder Himbeeren.

Zu den klassischen Süßigkeiten zählen aromatisches Mandelgebäck in vielen ortstypischen Varianten, getrocknete, mit Nüssen und Mandeln gefüllte Feigen oder der aus Schweineblut, Schokolade, Rosinen, Zitronenschale, Zimt und Zucker zusammengerührte "sangiunaccio". An der nordkalabrischen Westküste, der Costa dei Cedri, werden Süßspeisen mit dem Aroma der nur dort gedeihenden Zedratfrüchte aromatisiert, während Konfekt und Kuchen in der Provinz Reggio Calabria nach Bergamotte schmecken und duften. Nicht zu vergessen das berühmte Tartufo-Eis aus Pizzo, gegen das seit einigen Jahren der Inhaber des Caffè Ninì, Antonio Belcastro, seinen urheberrechtlich geschützten und nicht minder verführerischen "Tartufo Diamante" ins süße Rennen schickt. Schließlich sei noch der "Torrone" (Mandelkrokant) aus dem südkalabrischen Bagnara empfohlen, der sich keineswegs hinter seinen norditalienischen Konkurrenten zu verstecken braucht.

Caffè, Grappa & Co: Mit einem am Familientisch, im Restaurant oder in der Bar an der Ecke genossenen Tässchen "caffè" und/oder einem Gläschen (bicchierino) "Amaro Lucano" aus Pisticci oder "Vecchio Amaro del Capo" aus Tropea, um nur zwei der zahlreichen aromatischen Kräuterliköre des südlichen Mezzogiorno zu nennen, einem Grappa – besonders mild und gaumenschmeichelnd übrigens der aus den Aglianicotrauben des Vulture – oder einer Kostprobe der oft hausgemachten Walderdbeer-, Zitronen- oder Nussliköre klingt das Mittag- oder Abendessen schließlich aus.

Preiswert essen: Wer nicht so opulent speisen möchte oder kann, findet in beiden Regionen fast überall eine akzeptable Pizzeria, eine Bäckerei, die Pizza vom Blech und gemüsebelegte "foccaccia" (Pizzabrot) verkauft. Bleiben schließlich noch die Bars, in denen man belegte Brötchen (panini) bekommt.

Auszüge aus den regionalen Festkalendern

Wie in jedem südeuropäischen und katholischen Land werden auch in der Basilikata und in Kalabrien in jeder Stadt und in jedem Dorf neben den großen christlichen Festen Ostern und Weihnachten die diversen Ortsheiligen gefeiert (meist mit Prozessionen und Feuerwerken). Daneben oder mit diesen verquickt haben sich einige Festgewohnheiten heidnischen Ursprungs gehalten. In einer Reihe von Gemeinden wird dem einen oder anderen landwirtschaftlichen Erzeugnis bzw. lokalen Produkt ein oft mit Märkten und kollektiven "Fressgelagen" verbundenes Fest gewidmet, eine sog. "sagra". Weitere Anlässe für Feierlichkeiten, speziell in Form kostümierter Umzüge (sfilata), bilden der Karneval und die Erinnerung an historische Ereignisse oder Persönlichkeiten. Mit Ausnahme der terminlich fixierten Heiligenverehrung ist häufig nur der Festmonat im Voraus festgelegt, während das konkrete Datum von Jahr zu Jahr variiert. Die folgenden Auszüge aus den regionalen Festkalendern liefern Beispiele dafür, wo, was, wann gefeiert wird.

Basilikata

Potenza: Jedes Jahr am 29. und 30. Mai wird in der Regionalmetropole mit der *Sfilata dei Turchi* (Türkenumzug) das wohl größte und bekannteste Volksfest der Basilikata begangen. Das Fest mit einem farbenprächtigen Umzug basiert auf einer Legende über den Einfall der Sarazenen, von dem die Bewohner derartig überrascht wurden, dass sie sich zunächst nicht verteidigen konnten. Dann aber habe sich der Himmel erhellt und eine dort erscheinende Schar von Engeln die Feinde so irritiert, dass die Potentini genug Zeit fanden, ihre Gegenwehr zu organisieren. Diese glückliche Fügung schrieben sie der wohlwollenden Initiative des hl. Gerardo zu, sodass der Umzug und die damit zusammenhängenden Feierlichkeiten an dessen Namenstag veranstaltet werden und gleichzeitig Patronatsfest sind.

Barile (Provinz Potenza): Die Karfreitagsprozession ist in der gesamten Region von Bedeutung, wobei die von Barile noch nach Originalbräuchen aus dem 17. Jh. gestaltet wird und besonders eindrucksvoll ist.
Dem besten Tropfen der Region wird auf der *Sagra "Cantine del Aglianico D.O.C."* gehuldigt.

Viggiano (Provinz Potenza): Am ersten Maisonntag wird in Viggiano die "Königin Lukaniens" geehrt.

Zu Ehren der Ortsheiligen spielt die Banda auf

Accettura, Castelmezzano und Pietrapertosa (Provinz Potenza): In Accettura zu Pfingsten (Mai/Juni), in Pietrapertosa im Juni und in Castelmezzanao Anfang September wird (wie in einigen anderen Gemeinden) der heidnisch begründete *Maggio* (Lukanische Baumhochzeit) ausgerichtet. In seinem Verlauf wird ein großer, alter Baum ins Dorf getragen und dort mit einem jüngeren, der auf seine Spitze gesetzt wird, "verheiratet", um die Fruchtbarkeit des Bodens und der Menschen zu beschwören.

Maratea (Provinz Potenza): Ein weiterer Höhepunkt des lukanischen Festkalenders sind die Feierlichkeiten für den hl. Blasius (Biagio), die hier in der ersten Maiwoche stattfinden.

Castel Lagopesole (Provinz Potenza): Hier werden in Gedenken an Friedrich II. im August *Le Notti di Federico II di Svevia* veranstaltet.

Melfi (Provinz Potenza): Ebenfalls zu Ehren des großen Staufers und ebenfalls im August richtet Melfi das *Festival Omaggio a Federico II di Svevia* aus. Zu Pfingsten veranstaltet Melfi mit Festumzügen und Turnieren in historischen Kostümen die *Festa Sacro-Folkloristica dello Spirito Santo*, die an die Zerstörung der Stadt durch die Franzosen im Jahre 1528 erinnert.

Rionero in Vulture (Provinz Potenza): Den als Robin Hoods der lukanischen Wälder verehrten Briganten gilt der Festumzug *Sfilata dei Briganti del Vulture*.

Moliterno (Provinz Potenza): Ebenfalls im August findet der *Mercato del Formaggio Canestrato di Moliterno* (Schafskäsefest) statt.

Matera: Das größte Fest der Provinzhauptstadt sind die Feierlichkeiten zu Ehren der *Madonna della Bruna*, die am 2. Juli begangen werden.

Aliano (Provinz Matera): Auf dem Programm stehen Karnevalsumzüge mit als Eseln und Pferden kostümierten Jugendlichen und die sog. *Frase* (Satz), bei der auf der zentralen Piazza die lokalpolitischen Ereignisse und Persönlichkeiten des Jahres sarkastisch aufs Korn genommen werden. Ähnliche Karnevalsbräuche werden in Montescaglioso, Matera und Pisticci gepflegt.

Kalabrien

Cívita (Provinz Cosenza): *Le Vallje*, albanische Osterfeierlichkeiten mit besonderen Tänzen.

Santa Sofia d'Epiro (Provinz Cosenza): *Feste arberesh*, albanische Festtage mit Kostümierung, Tanzveranstaltungen etc. (um Pfingsten herum).

Diamante: Am ersten Septemberwochenende huldigt Diamante mit einer pikanten "Fressmeile", Musik-und Theaterdarbietungen dem Peperoncino (Peperoni).

Catanzaro: *La Naca*, große Karfreitagsprozession in historischen Kostümen über den Corso Mazzini.

Isola di Capo Rizzuto (Provinz Crotone): *Madonna Greca*, Prozessionen zu Ehren der Madonna am zweiten Montag im Mai und am 5. August.

Crotone: *Madonna di Capocolonna*, am dritten Maisonntag zelebrierte Prozession von der Kathedrale zum Capo Colonna, von wo die Madonnenstatue dann per Fischerboot in die Stadt zurückgebracht wird.

Krotoniadi, in der Zeit von Mai bis September an verschiedenen Plätzen Crotones stattfindender Veranstaltungsreigen mit Musik-, Theater- und Sportdarbietungen in Erinnerung an die großgriechische Vergangenheit.

Palmi (Provinz Reggio Calabria): Alljährlich am 16. August kleiden sich die Einwohner von Palmi in Umhänge aus Dornenginster und ziehen zu Ehren des hl. Rocco barfüßig durch die Stadt (*Processione dei flagellanti*).

Bagnara (Provinz Reggio Calabria): Mit wechselnden Terminen während der Fangzeit im Mai und Juni huldigt Bagnara mit der *Sagra del Pesce Spada* dem Schwertfisch; natürlich steht das Verspeisen seines nach traditionellen Rezepten zubereiteten Fleisches im Mittelpunkt des Festes.

Reggio Calabria: In der zweiten Septemberwoche feiert die Stadt die *Madonna della Consolazione*, zunächst mit einer Prozession und einer dreitägigen Huldigung der Madonnenstatue in der Kathedrale, dann profaner mit Folkloredarbietungen, modernen Konzerten und Kunstausstellungen.

Bova (Provinz Reggio Calabria): Alljährlich zwischen Juli und August finden v. a. in Bova, aber auch in den benachbarten griechischen Gemeinden die griechischen Kulturtage *Festivale Palearizza* statt.

Stilo (Provinz Reggio Calabria): Jedes Jahr (meist Anfang August) lädt Stilo zum *Palio di Ribusa*, einem Turnier in historischen Kostümen ein.

Klein, aber gut sortiert: Alimentari in Tropea

Wissenswertes von A bis Z

Ärztliche Hilfe

Mitglieder einer gesetzlichen Krankenkasse sollten sich vor Reiseantritt den **Anspruchsschein E 111** besorgen. Im Bedarfsfall können sie diesen dann in der Basilikata und in Kalabrien bei einer **Azienda Sanitaria Locale (A.S.L.),** einer Niederlassung des staatlichen Gesundheitsdienstes, die es in jedem etwas größeren Ort gibt, gegen entsprechende italienische Formulare eintauschen und damit einen Arzt oder ein Krankenhaus aufsuchen (für österreichische Reisende gilt dasselbe Verfahren, während Schweizer als nicht EU-Bürger generell bar bezahlen müssen). Bei kleineren Gebrechen werden Touristen bei der **Guardia Medica Turistica** der Gemeinden oder Krankenhäuser kostenlos versorgt.

Falls der von der A.S.L. ausgestellte Krankenschein von einzelnen Ärzten oder Krankenhäusern nicht akzeptiert wird und man bar bezahlen muss, ist eine detaillierte Rechnung (ricevuta fiscale) zu verlangen und später bei der heimischen Krankenkasse geltend zu machen. Da Letztere nicht immer den vollen Betrag erstattet, empfiehlt es sich, eine – meistens recht preiswerte – **private Reisekrankenversicherung** abzuschließen.

Die **Notrufnummer** lautet in ganz Italien **112.** .

Apotheken

Bei den Apotheken (farmacia), in denen man eine Reihe von Medikamenten, darunter auch einige Antibiotika, rezeptfrei erhält, gilt in Italien dasselbe wie bei uns. Außerhalb der regulären Öffnungszeiten von 9–12.30 und 15.30–19.30 Uhr haben einzelne Apotheken Not- und Wochenenddienste, wobei die jeweiligen Adressen an den Türen angeschlagen sind.

Autofahren

Neben Fahrzeug- und Führerschein wird immer noch die Mitnahme der grünen Versicherungskarte angeraten. Obwohl sie offiziell nicht mehr verbindlich ist, erleichtert sie die Schadensregulierung.

Die **zugelassene Höchstgeschwindigkeit** beträgt auf Landstraßen 90 km/h, auf Autobahnen zwischen 90 und 130 km/h, die Promillegrenze liegt bei 0,5. Seit Sommer 2002 müssen Autofahrer auch tagsüber auf

Die Ortsheiligen werden überall hochgehalten

Schnellstraßen und Autobahnen, Motorradfahrer auf allen Straßen das Abblendlicht einschalten.

Tankstellen bieten nur an Autobahnen rund um die Uhr ihre Dienste an, sonst sind sie über Mittag (12.30–15 Uhr), ab 19 Uhr und an Sonn- und Feiertagen – bis auf wenige Ausnahmen – geschlossen. Manchmal gibt es Tankautomaten mit Bargeldbetrieb, die unzerknitterte 5-, 10- und 20-Euro-Scheine schlucken.

Diplomatische Vertretungen

In den Zielregionen selbst gibt es keine diplomatischen Vertretungen, die nächstgelegenen befinden sich in Neapel:

Deutsches Generalkonsulat, Via Crispi 69, 80121 Napoli, ✆ 081/2488511, 📠 081/7614687, mail@deutschesgeneralkonsulat-neapel.it.

Österreichisches Honorarkonsulat, 80138 Napoli, Corso Umberto I 275, ✆/📠 081/287724.

Schweizer Generalkonsulat, 80122 Napoli, Via Pergolesi 1, ✆ 081/7614390, 📠 081/7611750.

Einkaufen

Um sich mit **Lebensmitteln** zu versorgen, gibt es in kleineren Orten den "alimentari" (Lebensmittelladen), manchmal auch einen "panificio" (Bäckerei), eine "macelleria" (Metzgerei) und eine "pescheria" (Fischgeschäft), in etwas größeren Orten ergänzen "supermercati" und (lokale) Spezialitätengeschäfte und in Städten Kaufhäuser, z. B. Standa oder UPIM, die Angebotspalette.

Den größten Erlebniswert hat natürlich der Einkauf auf einem **Markt,** der in größeren Städten und Touristenzentren täglich, sonst wöchentlich stattfindet.

Zigaretten gibt es ausschließlich in Tabakgeschäften (tabacchi).

Regionstypische Mitbringsel aus der Basilikata und Kalabrien sind neben kulinarischen Reiseerinnerungen wie eingelegtem Gemüse (sottolio), Thunfischkonserven aus Pizzo, gebietstypischen Süßigkeiten und Likören, z. B. aus Zedern oder Bergamotte, u. a. kalabrische Parfüms, wie etwa "Zagara" (Orangenblüten), sowie die Produkte des lokalen Kunsthandwerks, v. a. Keramik, Korbwaren und Textilien.

Die meisten Geschäfte sind von 9–13 und von 16–20 Uhr, im Sommer manchmal auch länger geöffnet.

Feiertage

Gesetzliche Feiertage sind Weihnachten, Neujahr und Dreikönigstag (6. Januar), Ostersonntag, der 25. April (Tag der Befreiung), der 1. Mai, Pfingstsonntag, der 15. August (Ferragosto, Maria Himmelfahrt, der Feiertag schlechthin, alle sind unterwegs ins Grüne, alles hat geschlossen), der 1. November und der 8. Dezember (Maria Empfängnis). Zu den regionsspezifischen Festen siehe die entsprechenden Rubriken auf S. 33 (Basilikata) bzw. S. 34 (Kalabrien).

Finanzen

Vorab sei betont, dass die Einführung des Euro auch in Süditalien zu spürbaren Preissteigerungen geführt hat.

Die **Banken** sind täglich von 8–13 Uhr geöffnet, wobei es oft unverhältnismäßig lange dauert, Bargeld zu wechseln oder einen Scheck einzulösen.

Die bequemste und schnellste Art, gegen eine Gebühr von 2-4 € an Geld zu kommen, sind **EC-Geldautomaten (Bancomat),** die es inzwischen so gut wie überall gibt. Beim Verlust der EC-Karte wende man sich zwecks Sperrung an die Zentrale in Frankfurt (von Italien ✆ 0049/069/740987).

Kreditkarten werden in den meisten größeren Geschäften, Restaurants und Hotels akzeptiert, am beliebtesten sind Eurocard und Visa, während die American Express Card sehr häufig abgelehnt wird.

Information

Reisevorbereitendes Informationsmaterial erhält man beim **Staatlichen Italienischen Fremdenverkehrsamt ENIT (Ente Nazionale Italiano per il Turismo),** das Filialen in Deutschland, Österreich und der Schweiz unterhält und in allen drei Ländern unter einer kostenlosen Servicenummer (✆ 0080000 482542) sowie online (www.enit.it) erreichbar ist. Außerdem kann man sich bei den regionalen Tourismusministerien beider Regionen **(Assessorato Regionale al Turismo)** sowie bei den Provinzinformationsbüros **APT (Azienda Provinciale per il Turismo)** vorab oder direkt vor Ort mit Material eindecken (aktuelle, Unterkunftsverzeichnisse, Karten etc.). Dort informiert zudem und fast überall die sog. **Pro Loco** sowie manchmal ein Büro der **IAT (Informazione Assistenza Turistica).** Obwohl diese Einrichtungen in Einzelfällen gut funktionieren, sind die jeweiligen Angaben in den Ortskapiteln leider letztlich "ohne Gewähr": Oft sind sie nämlich nur im Sommer oder sehr unregelmäßig geöffnet, manchmal existieren sie sogar nur auf dem Papier oder in Gestalt einer einzelnen, oft auch noch privat aufzusuchenden Person.

Erfreulicherweise haben in einigen Orten **Kooperativen und private Reiseagenturen** die Informationslücken gefüllt, und auch die meisten Passanten helfen in beiden Regionen – "l'ospitalità è sacra!" (Gastfreundschaft ist heilig) – gern weiter.

Hier die sicheren Informationsquellen auf einen Blick:

ENIT, Friedrichstr. 187, 10117 Berlin, ✆ 030/ 2478398, ✆ 030/2478399, enit-berlin@t-online.de.

ENIT, Kaiserstr. 65, 60329 Frankfurt, ✆ 069/ 237434, ✆ 069/232894, enitffm@t-online.de.

ENIT, Goethestr. 20, 80336 München, ✆ 089/ 531317, ✆ 089/534527, enit-muenchen@ t-online.de.

ENIT, Kärntnerring 4, 1010 Wien, ✆ 01/ 5051630, ✆ 01/5050248, delegation.wien@enit.at.

ENIT, Urianastr. 32, 8001 Zürich, ✆ 01/ 2113031, ✆ 01/2113885, enit@bluewin.ch.

Assessorato Regionale al Turismo, Via Anzio, 85100 Potenza, ✆ 0971/448643, ✆ 0971/448630.

Assessorato Regionale al Turismo, Via S. Nicola 8, 88100 Catanzaro, ✆ 0961/8511, ✆ 0961/741431.

Nicht überall leicht zu finden: die Touristeninformation (hier Rossano)

APT, 85100 Potenza, Via del Gallitello 89, ✆ 0971/1507611, ✆ 0971/507601, infopotenza@aptbasilicata.it.

APT, 75100 Matera, Via De Viti De Marco 9, ✆ 083/5331983, ✆ 0835/333452, infomatera@ aptbasilicata.it.

APT, 85046 Maratea, Piazza del Gesù 32, ✆ 097/3876908, ✆ 0973/877454, infomaratea@ aptbasilicata.it.

APT, 88100 Catanzaro, Via Spasari 3-Galleria Mancuso, ✆ 0961/743901, ✆ 0961/727973, apt. catanzaro@tiscalinet.it.

APT, 87100 Cosenza, Corso Mazzini 92, ✆ 0984/27485, ✆ 0984/27304, aptcosenza@ virgilio.it.

APT, 89100 Reggio Calabria, Via Roma 3, ✆ 0965/21171, ✆ 0965/890947.

APT, 88900 Crotone, Via Torino 148, ✆ 0962/23185, ✆ 0962/26700.

APT, 89900 Vibo Valentia, Via Forgiari 20, ✆ 0963/42008, ✆ 0963/44318, aptvv@costadei. net.

IAT, 88100 Catanzaro, Via Spasari 3 –Galleria Mancuso, ✆ 0961/741764; 89100 Reggio Calabria, Corso Garibaldi 329, ✆ 0965/892012;

Soverato, Via S. Giovanni Bosco 1, ✆ 0967/25432 sowie an den Flughäfen von Lamezia Terme und Reggio Calabria.

Kirchen

Ebenso wie die Geschäfte sind auch die meisten Kirchen zwischen 13 und 16 oder 17 Uhr geschlossen, um dann bis ca. 20 Uhr geöffnet zu bleiben. Es versteht sich von selbst, dass man sie nicht gerade während der Messe oder in Bade- und Strandkleidung besichtigen sollte.

Kriminalität

Meiner Erfahrung nach gilt diesbezüglich in den beiden südlichsten Regionen Italiens dasselbe wie für den Rest des Landes oder auch unsere Breiten. In größeren, stadtteilweise von Armut gekennzeichneten Städten wie z. B. Reggio Calabria und in Touristenzentren, an Flughäfen und an Bahnhöfen sollte man seine Wertsachen im Auge oder im Griff behalten, sie nicht im Auto lassen und Letzteres am besten auf einem bewachten Parkplatz abstellen.

Die Machenschaften der kalabrischen Mafia "Ndrangheta" betreffen Reisende in der Regel nicht (s. dazu auch S. 226f.).

Literatur

- Norman Douglas, *Old Calabria*. Deutsche Übersetzung unter dem Titel *Reisen in Süditalien*.
- Homer, *Odyssee*.
- Carlo Levi, *Christus kam nur bis Eboli*.
- Raffaele Nigro, *Die Feuer am Basento*.
- Carmine Abate, *Der Geschmack wilder Feigen; Ballo Tondo – Der Reigen; Der Hochzeitstanz*. Alle drei Bücher entführen in Geschichte und Gegenwart der albanischen Bevölkerungsminderheit in Kalabrien.
- Corrado Alvaro, *Gente in Aspromonte*, Garzanti (Geschichten aus dem Leben der Menschen im Aspromonte).
- Teodoro Scamardi, *Viaggiatori tedeschi in Calabria. Dal Grand tour al turismo di massa*, Rubbettino Editore. Thematisiert das Bild Kalabriens in den Reisebeschreibungen deutscher Bildungsreisender des vorigen Jahrhunderts bis hin zu modernen Reiseführern.
- Armin u. Hans-Helmut Wolf, *Die wirkliche Reise des Odysseus*.

CDs: Il Canto di Malavita; Omertà, onuri e sangu. La Musica della Mafia Volume I und II (Pias Recordings Hamburg, 2000 und 2002).

Italienischsprachige Wanderführer

Francesco Bevilacqua, *Il Parco Nazionale della Sila; Il Parco Nazionale D'Aspromonte; Il Parco delle Serre*, Rubbettino Editore.

Emanuele Pisarra, *A Piedi sul Pollino*, Edizioni Prometeo.

Museen

Während die großen (archäologischen) Museen inzwischen meistens zwischen 9 und 19 und Ausgrabungsgelände bis eine Stunde vor Sonnenuntergang geöffnet sind (montags haben manche geschlossen), muss man bei kleineren Häusern bzw. Orten mit einer Mittagspause oder auf bestimmte Tage eingeschränkten Öffnungszeiten rechnen. Einige kleine Spezialmuseen sind sogar nur auf Anfrage zu besuchen. Für Kinder und Jugendliche unter 18 und Senioren über 60 J. gibt es vielerorts Ermäßigungen auf die in der Regel recht moderaten Eintrittspreise (3–5 €).

Nachtleben

Eine Kneipen- und Diskoszene mit ganzjährigem Betrieb, wie wir es aus nördlicheren Breiten kennen, sucht man in beiden Regionen – ungeachtet einiger weniger Lokale in den Provinzhauptstädten – vergeblich. Denn eigentlich wird im äußersten Mezzogiorno nur in der Sommersaison die Nacht zum Tag gemacht. Dann allerdings ist überall und besonders in den Küstenorten etwas los: Neben den Tanz- und Diskoveranstaltungen auf Campingplätzen und in größeren Hotelanlagen eröffnen in den Touristenzentren saisonweise Freiluftdiskos oder werden die örtlichen Strandbars und -promenaden zur Bühne für Konzerte, Kirmes-, Theater- und Tanzveranstaltungen aller Art.

Notrufe

Pannenhilfe ist für Mitglieder von Automobilclubs kostenlos und kann unter folgenden Nummern angefordert werden:

ACI (Automobil-Club d'Italia) ✆ 116 oder Handy 800/116800, eine deutschsprachige Notrufstation des ADAC erreicht man in Mailand unter ✆ 02/661591.

Polizeinotruf bzw. Unfallrettung landesweit unter ✆ 112.

Anweisung zum selbstverantwortlichen Tourismus

Post

Die Post ist montags bis freitags von 8.30–14 Uhr und samstags von 8.30–12 Uhr geöffnet und nimmt auch postlagernde Sendungen an, die man gegen Personalausweis und eine kleine Gebühr abholen kann. Sollte einem das Geld ausgehen, ist eine telegrafische Postanweisung (vallido telegrafico) die schnellste Lösung der Finanzmisere. Gegen eine Gebühr von ca. 15 € (vom Absender zu zahlen) kann man dann die Summe in der Regel innerhalb von 48 Stunden abholen.

Briefmarken (francobolli) gibt es in Tabakläden. Wenn man die Ansichtskarte in einen Briefumschlag steckt, wird sie in der Regel schneller transportiert. Das gilt erst recht – allerdings zum doppelten Preis – für Sendungen mit der *Posta prioritaria*, die man in blaue Briefkästen steckt. Ansonsten sind Letztere in Italien rot.

Rechnungen

Egal was und wo man etwas kauft oder konsumiert, man bekommt in Italien immer eine Rechnung (ricevuta fiscale), die man auch nach Verlassen des Geschäfts oder der Bar noch einige Zeit behalten sollte, weil zwar äußerst selten, aber eben doch gelegentlich kontrolliert wird. Sowohl dem Gast als auch dem Wirt drohen bei Fehlen der Quittung Bußgelder.

Strom

Da die deutschen Schukostecker in Italien nicht passen, sollte man sich einen Adapterstecker mitnehmen. Wenn man ihn vergisst, kann man ihn allerdings auch vor Ort im Elektrofachhandel kaufen (spina di adattamento) und manchmal auch im Hotel ausleihen. Die Netzspannung beträgt 220 Volt.

Telefonieren

In Telefonzellen braucht man eine Telefonkarte (scheda telefonica), die man – ebenso wie Karten fürs Handy - in Tabakgeschäften, manchmal auch auf Campingplätzen und in Hotels bekommt.

Um nach Deutschland zu telefonieren, muss man 0049, nach Österreich 0043 und in die Schweiz 0041 vorwählen; die Landesvorwahl von Italien lautet für alle drei Länder 0039. Bei italienischen Rufnummern ist grundsätzlich – auch innerhalb eines Ortes – die mit Null versehene Ortsvorwahl vorzuschalten.

Zeitungen und Zeitschriften

Nur in den Provinzhauptstädten und Touristenzentren sind die größten Zeitungen und Zeitschriften Deutschlands, Österreichs und der Schweiz erhältlich. Allerdings ist man in der Regel nicht ganz auf dem neusten Stand, da die entsprechenden Blätter mit ein- oder zweitägiger Verspätung eintreffen.

Auch die Basilikata hat ihre (Lukanischen) Dolomiten

Reiseziel Basilikata

Zwischen Kampanien, Apulien und Kalabrien eingeklemmt und nur über eine Länge von ca. 20 km zum Tyrrhenischen und 30 km zum Ionischen Meer geöffnet, ist die Basilikata mit einer Fläche von 9992 qkm und 617.000 Einwohnern nicht nur eine der kleinsten und am dünnsten besiedelten, sondern auch eine der wirtschaftlich ärmsten Regionen Italiens.

Ihr Territorium, das zu mehr als 90 % von Bergen und Hügeln bedeckt ist und in den vergangenen Jahrhunderten immer wieder von Erdbeben und -rutschen erschüttert und Waldbränden heimgesucht worden ist, wird in erster Linie für die Land- und Viehwirtschaft genutzt. Aufgrund der sozioökonomischen Entwicklung des südlichen Mezzogiorno sind deren Erträge jedoch kaum existenzsichernd. Eine Industrialisierung ist weitgehend ausgeblieben, zumal die Basilikata infolge eines relativ schlecht ausgebauten Straßen- und Schienennetzes sowie des Fehlens von (Flug-)Häfen noch isolierter ist als die südliche Nachbarregion Kalabrien. Zu erwähnen sind lediglich die Förderung und der Export von Erdöl sowie Methangasvorkommen in den Flusstälern von Agri und Basento und ihre Nutzung in einzelnen Plastik- und Kunstfaserfabriken, eine bescheidene Lebensmittelindustrie um Potenza, Matera und Metaponto und das Fiat-Werk bei Melfi. Doch die Arbeitsplätze an diesen wenigen Standorten reichen bei weitem nicht aus, sodass die Region bis heute eine weit überdurchschnittliche Arbeitslosenquote zu verzeichnen hat.

Nachdem die schlechte verkehrstechnische Anbindung der Basilikata lange Zeit nicht nur die industrielle, sondern – wenn man von dem kurzen Küstenstreifen bei Maratea absieht – auch ihre touristische Erschließung gehemmt hat, zeichnet sich seit Anfang der 1990er Jahre eine Trendwende ab, indem man begann, die beträchtlichen natürlichen Ressourcen der Region für die Entwicklung des Wirtschaftsfaktors Tourismus zu nutzen: die nahezu unberührte und von einer in Europa einzigartigen Pflanzen- und Tierwelt belebte Landschaft des lukanisch-kalabrischen Pollino-Gebirges, die bizarren Felsformationen der Lukanischen Dolomiten, die fruchtbaren, von Olivenhainen und Weinstöcken überzogenen, teilweise üppig bewaldeten Hügellandschaften am Fuße des erloschenen Vulkans Monte Vulture, der spröde Charme der sonnenverbrannten "Calanchi" (Faltengebirge) oder die endlosen Strände am Ionischen Meer in der Provinz Matera. Mit maßgeblicher Unterstützung der Europäischen Union sind mittlerweile nationale und regionale Naturparks abgesteckt, archäologische Ausgrabungen forciert und entsprechende Museen eröffnet worden. Mittelalterliche Kastelle, Kirchen und Klöster wurden restauriert, barocke Adelspaläste herausgeputzt und neuen Nutzungen zugeführt, sodass Region, Provinzen, einzelne Gemeinden, Kooperativen und Privatpersonen nunmehr mit wachsendem Selbstbewusstsein und mehrsprachigen Hochglanzprospekten für die landschaftlichen, kulturellen und kulinarischen Vorzüge der Basilikata werben.

Provinz Potenza

Die größere lukanische Provinz begrüßt den von Norden kommenden Reisenden mit den von Wein-, Oliven und Gemüsekulturen übersäten Hügeln um den erloschenen Vulkan Monte Vulture.

An seinem Fuße liegen – eingerahmt von ausgedehnten Laubwäldern – zwei Kraterseen, und von seinem Gipfel schaut man auf so geschichtsträchtige Orte wie **Melfi** und **Venosa.** Südöstlich des Vulture-Gebiets sind das "kleine lukanische Assisi" ("Piccola Assisi Lucana"), sprich die von außen unauffällige, innen jedoch mit einem spektakulären Freskenzyklus aus dem 15. Jh. dekorierte **Chiesa di San Donato in Ripacandida** und der **Bischofssitz Acerenza** mit seiner stimmungsvollen romanisch-gotischen Kathedrale einen Ausflug wert. Südwestlich des Vulture-Gebiets dominiert das **Schloss von Lagopesole** die umliegende Landschaft. Es erhebt sich unweit der Regional- und Provinzhauptstadt, auf deren Flaniermeile Via Pretoria man durchaus ein wenig Großstadtluft schnuppern kann, um anschließend mit einem Abstecher zum archäologischen **Ausgrabungsgelände bei Váglio Basilicata** in die prähistorische Vergangenheit der Region einzutauchen.

Südöstlich von Potenza ragen hinter den beschaulichen Dörfern Castelmezzano und Pietrapertosa mit den **Lukanischen Dolomiten** wahre Naturmonumente in den Himmel, während über das obere Flusstal des Agri das **Schloss von Moliterno** und die Schwarze Madonna von Viggiano, die wichtigste Schutzheilige der Region, wachen. An den Ufern des Agri errichteten die Römer einst die Stadt **Grumentum,** deren steinerne Spuren bis heute Archäologen aus aller Welt in die Basilikata locken.

Botanisch und zoologisch Interessierte, Wandervögel und Extremsportler kommen in der unberührten Natur des **Pollino-Gebirges** auf ihre Kosten. Die mit einer variationsreichen Pflanzen- und Tierwelt gesegnete lukanisch-kalabrische Bergwelt lädt nicht nur zum entspannenden Wandern oder zu schweißtreibenden Kletter- und Mountainbike-Exkursionen ein, sondern ist auch für Liebhaber einer rustikalen, naturbelassenen Küche eine Offenbarung.

Schließlich präsentiert die Provinz Potenza mit ihrem kleinen, aber feinen Küstenstreifen am **Golf von Policastro** und der wunderschönen Altstadt von **Maratea** ein Stück mediterraner Bilderbuchwelt.

Landhausidylle im fruchtbaren Vulture-Gebiet

Vulture-Gebiet

Stünden mehr Zypressen hier, könnte man die fruchtbare, sanfte Hügellandschaft um den erloschenen Vulkan Monte Vulture die "Toskana der Basilikata" nennen, zumal das regionale Hauptanbaugebiet für Wein und Oliven vor geschichtsträchtigen Orten strotzt und dem Reisenden vielfältige Natur-, Kultur- und kulinarische Erlebnisse offeriert.

Der an seiner höchsten Stelle 1326 m in den Himmel ragende, einst Feuer speiende Berg hat sieben Gipfel, die sich im Halbkreis um die beiden Kraterseen von Monticchio gruppieren. Er wacht über ein nach ihm benanntes Territorium, das sich vom äußersten Nordwesten der Basilikata bis zu der Ebene von Atella im Süden und Palazzo Gervasio im Osten der Region erstreckt. Während im Vulture-Gebiet bis zu einer Höhe von 600 m zu üppigen Laubwäldern formierte Kastanien, Buchen und Zerreichen den Farbton angeben, haben weiter unten die Menschen die landschaftsgestalterische Regie übernommen und die sanften und fruchtbaren Hügel mit satt- bis silbriggrün schimmernden Weinstöcken und Olivenhainen koloriert.

Zwischen Eichen, Buchen, Kastanien und Pappeln wachsen Haselnusssträucher und wilde Rosen, schleichen Füchse, Steinmarder und Wildkatzen, springen Rehe und ruhen Siebenschläfer. An ihre Stämme klopfen Rotspechte, in ihren Ästen rufen Käuzchen und über ihren Baumkronen kreisen Gabelweihen und Bussarde. Schleien, Aale, Karpfen und Flussbarsche tummeln sich in den Kraterseen, an deren feuchten Ufern Blässhühner und Teichrohrsänger nisten, Frösche quaken und Feuerkröten kriechen. Schließlich flattert im Südwesten des Vulture-Massivs mit der "Bramea Europea di Hartig" eine seltene und sonst nur noch in Asien beheimatete Nachtfalterart, der man hier 1971 mit dem **Naturreservat Grotticelle** das erste und einzige Insektenschutzgebiet Italiens gewidmet hat.

Viele der Städte und Dörfer, die sich um den Monte Vulture gruppieren, warten mit bisweilen weltbewegender, durch Kastelle, Kirchen und Klöster steinern dokumentierter Geschichte auf, rühmen sich großer Söhne und/oder haben sich mit hervorragenden Weinen, Ölen, einem Mineralwasser namens "Gaudianello" (Monticchio Bagni) und einer ausgezeichneten Küche einen Namen gemacht.

Anfahrt/Verbindungen Das Vulture-Gebiet erreicht man über die A 16 Napoli–Bari (Ausfahrt Candela), die A 14 (Ausfahrt Cerignola Est) oder die A 3 (Ausfahrt Sicignano-Potenza).

Laghi di Monticchio

Die von dichten Laubwäldern eingerahmten Kraterseen am Fuße des Monte Vulture und die ansprechenden Unterkünfte in Seenähe sind alles in allem eine Oase der Ruhe. Nur an Sommerwochenenden, wenn sie von Sonntagsausflüglern aus der Umgebung "heimgesucht" werden, mutiert die von Bars und Verkaufsbuden flankierte Uferstraße zwischenzeitlich zum Picknickplatz mit Kirmesatmosphäre.

Die beiden nur durch einen schmalen Landstreifen voneinander getrennten Kraterseen werden schlicht "Lago Grande" und "Lago Piccolo" genannt und sind für motorisierte und wanderfreudige Urlauber ein idealer Ausgangspunkt für die Erkundung des Vulture-Gebiets. Über den kleineren wacht, dekorativ eingebettet in einen ufersäumenden Steineichenwald, die strahlend weiß getünchte **Abtei San Michele,** deren Entstehungsgeschichte bis ins 8. Jh. zurückreicht. Weil der Erzengel Michael der Legende nach über dem Lago Piccolo mehrmals der Bevölkerung

Die Madonna ist allgegenwärtig (Laghi di Monticchio)

erschienen war, weihte man ihm seinerzeit eine dort befindliche Erdgrotte. Angezogen von der Faszination des Ortes, begaben sich Gemeinschaften basilianischer Eremiten in die Wälder über dem Kratersee und gründeten dort eine Gebetsstätte orthodoxer Prägung. Da dies der römischen Kirche ein Dorn im Auge war, regte sie an, an gleicher Stelle Benediktinermönche anzusiedeln. Darauf verweisen auch die Ruinen eines anderen, dem hl. Hippolyt geweihten Klosters (Ruderi S. Ippolito) unweit der Abtei, das zwischen dem 11. und 12. Jh. nachweislich von Benediktinern bewohnt war. Die jetzige Abtei wurde allerdings erst im 18. Jh. erbaut, etwa 100 Jahre nachdem Kapuzinermönche die geistliche Führung des heiligen Ortes übernommen hatten. In Innern des zweistöckigen Konvents, der 1866 in Staatsbesitz kam, in den 1990er Jahren zum wiederholten Male restauriert und seit seiner Wiedereröffnung im Dezember 2000 wieder von Mönchen bewohnt wird, erinnern byzantinische Fresken und andere mittelalterliche Stilelemente an die Ursprünge von Kloster und Kirche. Letztere ist gleichsam an die erwähnte Erdgrotte angelehnt, in der eine detailliert modellierte, der Seenlandschaft des Vulture nachempfundene Krippe die Blicke auf sich zieht, während man aus den Kirchenfenstern einen beeindruckenden Panoramablick auf das Original (die Seen) genießt.

Verbindungen/Übernachten/Essen und Trinken

• *Anfahrt/Verbindungen* Mit dem **Auto** von Candela auf die SS 401 oder über die SS 93 bis Rionero in Vulture und weiter auf der SS 167 Richtung Monticchio Bagni. Mit dem **Zug** bis Rionero in Vulture oder Melfi, von dort weiter mit **Moretti-Bussen.**

• *Abbazia S.Michele* Di–Fr 9.30–12.30 und 16–19 Uhr, Sa 9.30–12.30 u. 15.30–20 Uhr, So 9.30–13 u. 16–20 Uhr.

• *Übernachten* *** **Villa Maria,** in jeglicher Hinsicht erfreuliches Haus, das einen wirklich angenehmen Aufenthalt garantiert. Es liegt in der Nähe der Seen im Wald, verfügt über mehrere Terrassen, Garten und Pool, ist mit Materialien der Gegend (Vulkanstein und Kastanienholz) minimalistisch-modern renoviert, die Zimmer sind groß und hell und mit einem komfortablen Bad ausgestattet. Zum geschmackvollen Ambiente kommt die Offenheit und Freundlichkeit des Inhaberehepaares Angelo und Concetta. Empfehlenswert auch das angeschlossene Restaurant, für das Angelo in seiner perfekt ausgestatteten Küche in der Regel selbst kocht, und die Bar, in der selbst gemachte Liköre ausgeschenkt werden. DZ 55 €, EZ 34 €. Via Belvedere, ✆ 0972/731025, 📠 0972/731900, www.hotelvillamaria.it.

S. Michele (Agriturismo), ein Agriturismo, der seinen Namen verdient: mitten im Grünen, nahe den Seen, vier schlicht eingerichtete Zimmer, Fleisch und Gemüse aus eigener Produktion, Reitmöglichkeiten. DZ 40–50 €, EZ 20–25 €, HP 31–39 €. Via Badia S. Michele, ✆ 0972/731077.

Il Casale dell'Acqua Rossa (Agriturismo), einige Kilometer von den Seen entfernt, inmitten von Feldern am Fuße des Monte Vulture. Größer und luxuriöser, dafür aber auch deutlich teurer als S. Michele. DZ 88 €, EZ 44 €, HP 70 €. Frazione di Monticchio Bagni (von der SS 167 Abzweig nach Monticchio Sgarroni), ✆/℻ 0972/731072, leo.telesca@libero.it.

Camping Parco Naturale Europa, einfacher, kleiner Platz am Ufer der Seen, der am Wochenende auch von Tagesbesuchern mit Picknickkorb genutzt wird. Bar, kleines Fährboot zur Überquerung des Sees und Bootsverleih. März–November geöffnet. Via Lago Grande 26 ✆ 0972/731008 u. 0972/724091 (Winter), www.campingeuropa.net.

• *Essen und Trinken* Neben dem hervorragenden Restaurant der Villa Maria und dem Agriturismo, der auf Vorbestellung und am Wochenende (Mo Ruhetag) die bodenständige lukanische Küche serviert, gibt es mehrere (allerdings nicht immer geöffnete) kleine Restaurants, Pizzerien, Bars und Imbissbuden an der erwähnten Vergnügungsmeile. Etwas abseits des Trubels (in der Nähe der Ruinen von S. Ippolito) befindet sich das Restaurant **Il Pescatore,** in dem (außer mittwochs) vornehmlich Seefische auf den Tisch kommen. ✆ 0972/731036.

Wandern rund um den Monte Vulture

Ausgehend von den Monticchio-Seen findet man einige **markierte Wanderwege,** die durch waldreiche Landschaften zu aussichtsreichen und geschichtsträchtigen Plätzen (z. B. einer Höhle, in der sich der berühmte Brigant Crocco versteckt haben soll) führen. Sie sind neben einem Dutzend weiterer maximal 12 km langer Wanderungen und Mountainbike-Touren in dem handlichen, mit Wanderkarte angereicherten Wanderführer "Streifzüge im Gebiet des Vulture" kommentiert und bei der APT Potenza kostenlos erhältlich (Adresse siehe S. 37). Hilfreich ist ferner die ebenfalls gratis verteilte "Carta Turistica Monticchio. Itinerari ed Escursioni", die von der ASPAM (Azienda Spezcale per lo Sviluppo e la Promozione dell'Area di Monticchio, Monticchio Bagni, ✆ 0972/731306) publiziert wurde und in Hotels und Touristenbüros ausliegt, sowie ein Klick auf www.monticchiolaghi.it.

Rionero in Vulture

ca. 13.000 Einwohner

Quirliges Landwirtschafts- und Handelszentrum im Südosten des Vulture-Massivs, in dem Carmine Donatelli Crocco (1830–1905), der berüchtigtste Brigant der Basilikata, und der Politiker und "Meridionalist" Giustino Fortunato geboren wurden.

Wahrscheinlich schon von den Römern besiedelt, 1152 erstmals urkundlich erwähnt, zwischenzeitlich jedoch wieder entvölkert, wurde der Ort 1533 von zunächst nach Melfi geflüchteten albanischen Bauern wiederbelebt. Seither wurde er mehrmals von Erdbeben geschüttelt (zuletzt 1980), sodass es hier zwar nur wenige historische Gebäude zu besichtigen, dafür aber viel freundlich-spritzige süditalienische Kleinstadtluft zu atmen und den hervorragenden lokalen Wein zu goutieren gibt. Das dunkelste Kapitel der jüngeren Vergangenheit schrieben hier allerdings nicht Naturgewalten, sondern deutsche Soldaten, die im September 1943 aus nichtigem Anlass – es soll um ein gestohlenes Huhn gegangen sein – ein Blutbad anrichteten, dem sechzehn Bürger der Stadt zum Opfer fielen. Ein **schlichtes Mahnmal** am nördlichen Ortsausgang erinnert daran.

Die **Casa di Giustino Fortunato,** das Haus des berühmtesten Sohnes der Stadt, des Politikers und Intellektuellen Giustino Fortunato (1848–1932), steht an der gleichnamigen großzügigen Piazza im Herzen Rioneros. Fortunato gilt als einer der ersten "Meriodionalisten" (s. Geschichte, S. 18), die sich auf der Basis sozialwissenschaftlicher Analysen mit der wirtschaftlichen Unterentwicklung des italienischen Südens befasst und – z. B. fiskalische – Lösungsmöglichkeiten aufgezeigt haben.

Heute beherbergt der respektable Palazzo aus dem 19. Jh. eine umfangreiche Bibliothek mit vornehmlich regionalgeschichtlicher Literatur, zu der auch das Original der Autobiografie des bis heute verehrten Briganten Crocco gehört. (täglich 9.30–12 Uhr, dienstags und donnerstags 15.30–17.30, ✆ 0972/729261.)

• *Anfahrt/Verbindungen* Mit dem **Auto** über die SS 401 bzw. die SS 93. Bahnhof der FS mit regelmäßigen **Zugverbindungen** nach Potenza bzw. über Barile und Melfi nach Foggia. **Busse** der SITA über Rapolla und Barile nach Melfi, Potenza und Venosa.

• *Information* **Pro Loco,** Piazza Giustino Fortunato.

• *Einkaufen* Die guten Tropfen gibt es bei **Basilisco,** Via Umberto I 129, ✆ 0972/720032; **D'Angelo,** Via Roma 209, ✆ 0972/723574; **Cantine del Notaio,** Via Roma 159, ✆ 0972/717111.

• *Ausflüge ins Vulture-Gebiet* Rionero in Vulture eignet sich als Ausgangspunkt für Ausflüge ins Vulture-Gebiet, da von hier nicht nur der kürzeste (Fahr-)Weg zum höchsten Gipfel des Vulture-Massivs abzweigt, sondern auch relativ oft Busse und Bahnen starten und "landen". Ausgeschildert ist der asphaltierte Weg zum Monte Vulture in der Nähe des städtischen Friedhofs. Der höchste Punkt des Berges (1326 m) kann wegen seiner Nutzung als militärisches Sperrgebiet jedoch nicht erklommen werden. Die ca. 7 km lange, steil ansteigende Landstraße führt vorbei am einstigen Vulkankrater Toppa del Capraro (1073 m) und einer allmählich verrottenden Bergstation einer alten Seilbahn durch dichte Wälder auf eine natürliche Aussichtsplattform auf dem zweithöchsten Gipfel des Berges (1250 m). Von dort genießt man bei günstigen Wetterverhältnissen einen bis zur apulischen Küste reichenden Panoramablick und erkennt fast immer die Vulture-Gemeinden Barile, Rapolla und Melfi.

• *Übernachten* *** **La Pergola,** modern eingerichtetes, unlängst renoviertes Hotel mit Dachterrasse, Fitnessraum und Garage am Rande der Altstadt. Auch von vielen Einheimischen frequentiert, die beruflich in der Gegend zu tun haben. Nette, heitere Atmosphäre. DZ 65 €, EZ 60 €. Via Lavista 27, ✆ 0972/721179, ℻ 0972/721819.

• *Essen und Trinken* In dem recht lebendigen Städtchen gibt es eine ganze Reihe von Bars, Restaurants und Pizzerien, z. B.:

Taverna Paradiso, typische lukanische Küche im alten Stadtzentrum, Mo Ruhetag. Via Roma 180, ✆ 0972/721620.

La Pergola, Restaurant im gleichnamigen Hotel, in dem man ein von einem üppigen, gemüseorientierten Vorspeisenbüffet eingeleitetes Menü genießen kann. Fr Ruhetag.

Pizzeria La Grotta, gut besucht von Jung und Alt, lockere Atmosphäre, wirklich leckere Pizza und mehrere deutsche Biersorten. Der sympathische, stets im Eiltempo durch den Laden wuselnde Wirt spricht perfekt Deutsch. Mo Ruhetag. Via N.Sauro 20, ✆ 0972/720841.

Barile

ca. 3.300 Einwohner

Barile muss man gewissermaßen mit allen Sinnen besichtigen, weil hier mit dem "Aglianico del Vulture" ein hervorragender Wein und das hochwertige Olivenöl "Ogliarola" produziert werden. So sind die "Viale del Vino" mit ihren in Erdgrotten untergebrachten Aglianico-Kellereien und die schon von weitem riechbaren Ölmühlen die eigentlichen Sehenswürdigkeiten des albanischen Dorfes im Herzen des Vulture.

In den wie auf einer bunten Perlenschnur aufgereihten Tuffsteingrotten mit ihren blauen, grünen und roten Türen, deren klimatische Verhältnisse dem 1971 als Qualitätswein anerkannten rubinroten "Aglianico" optimale Lagerungsbedingungen garantieren, ließen sich im 15. Jh. die Vorfahren der heutigen Dorfbewohner nieder. Ob Temperatur und Luftfeuchtigkeit der Höhlen auch der Gesundheit dieser vor den Türken nach Süditalien geflüchteten albanischen Siedler zuträglich war, sei dahingestellt. Jedenfalls bauten sie sich allmählich feste Behausungen, Brunnen und Kirchen und bestellten das umliegende Land mit ausgedehnten Wein- und Olivenkulturen. Obwohl auch sie sich in der Mitte des 17. Jh. dem Bischof von Melfi beugen und dem griechisch-orthodoxen Ritus zugunsten des lateinischen abschwören mussten, ist der albanische Ursprung Bariles – z. B. angesichts der traditionellen Karfreitagsprozession – bis heute präsent (zur albanischen Bevölkerungsminderheit siehe Kasten auf S. 151).

Außer Wein und Öl hat der Ort dem Besucher noch einige mit imposanten Portalen versehene **barocke Palazzi**, den ebenfalls im Stile des Barock gestalteten Brunnen **Fontana dello Steccato** am zentralen Largo Garibaldi und die etwas außerhalb gelegene, vermutlich im 15. Jh. erbaute **Wallfahrtskirche Santuario della Madonna di Costantinopoli** zu bieten. Für Cineasten sei angemerkt, dass Barile im Jahre 1964 – neben Matera – die Kulisse für den Film "Das Evangelium nach Matthäus" von Kultregisseur Pier Paolo Pasolini abgab.

• *Anfahrt/Verbindungen* Wie Rionero del Vulture (s. o.).

• *Information* **Pro Loco,** Via V. Emanuele 26, ✆ 0972/770244.

• *Einkaufen* Ein Muss für Weinfreunde: **Cantina Paternoster** (Via Nazionale 23, ✆ 0972/770224) und das **Consorzio Viticoltori Associati del Vulture S.c.a.r.l.** (SS 93, ✆ 0972/770386). Bei Letzterem bekommt man außer einem guten "Aglianico" auch einen Spitzengrappa, den milden und goldgelben "Grappa di Aglianico del Vulture".

• *Übernachten/Essen* **** **La Locanda del Palazzo,** wer sich einmal etwas Gutes gönnen möchte, möge in der geschmackvoll restaurierten alten Weinkellerei luxuriös logieren oder zumindest die raffinierte lukanische Küche im stilvoll eingerichteten hauseigenen Restaurant (Mo geschlossen) genießen. Dass es dazu den guten Aglianico-Wein aus dem ebenso sehenswerten Weinkeller gibt, versteht sich von selbst, zumal die überaus freundlichen Inhaber mit denen der Cantina Paternoster verwandt sind. DZ 93 €, EZ 67 €, Menü (ohne Wein) 42 €. Piazza Caracciolo 7, ✆/📠 0972/771051.

Melfi

ca. 15.500 Einwohner

Von Melfi aus wurden im Mittelalter nicht nur die Geschicke des gesamten Mezzogiorno gelenkt, sondern auch einige Kapitel Weltgeschichte geschrieben. Der Besuch der auch architektonisch erlebenswerten Stadt, deren bekanntester Sohn der Politiker und Wissenschaftler Francesco Saverio Nitti ist, zählt deswegen zweifellos zu den Höhepunkten einer kulturgeschichtlich orientierten Basilikatareise.

Während sich die Historiker über die Ursprünge der Stadt noch im Unklaren sind und ihre Gründung mal den Griechen, mal den Römern zuschreiben, gilt als gesichert, dass sie im frühen Mittelalter unter langobardischer und byzantinischer Herrschaft stand. Ihre große Stunde kam jedoch erst, als die normannischen Eroberer im Jahre 1041 ihre günstige strategische Position erkannten und sie 1059 zur Hauptstadt ihres süditalienischen Reiches machten. Seither reisten mehrere Päpste in Melfi an und trafen auf drei Konzilen einige folgenschwere Entscheidungen. So wurden hier im Jahre 1089 unter der Ägide von Papst Urban II. der erste Kreuzzug ins Heilige Land geplant und die Ehelosigkeit der katholischen Priester besiegelt.

Nachdem die exponierte Stellung der Stadt in den folgenden Jahrzehnten immer wieder zur Disposition stand, gelangte Melfi mit der Ankunft Friedrichs II. erneut zu Ruhm und Ehre und sorgte ein weiteres Mal für weltpolitische Schlagzeilen. Mit der Proklamation der "Konstitutionen von Melfi" im August 1231 präsentierte der Stauferkaiser ein neues Gesetzbuch, das römisches, normannisches und päpstliches Recht sowie die Satzungen der lombardischen Städte miteinander harmonisierte und damit gewissermaßen die Grundlagen einer modernen Staatsverfassung formulierte.

Mit der Ablösung der Staufer durch das Herrschergeschlecht der Anjou begann die wirtschaftliche und politische Talfahrt der süditalienischen Metropole, die von nun

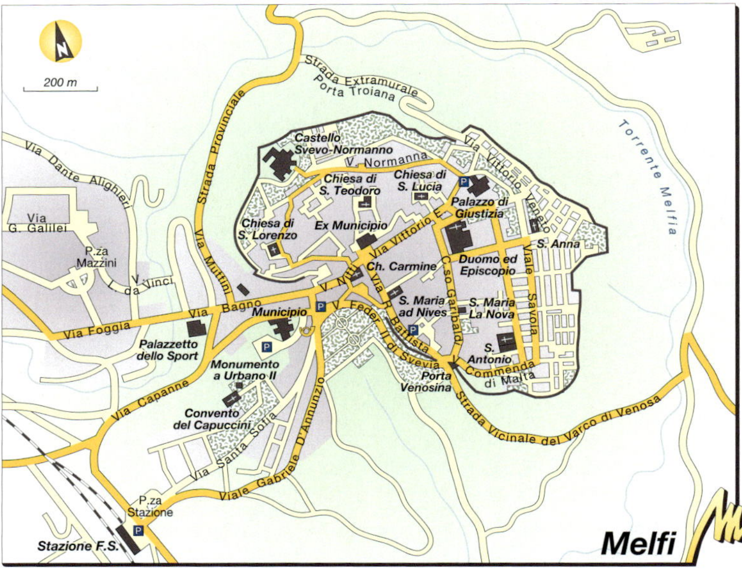

an das Schicksal des übrigen Mezzogiorno teilte und bis zur napoleonischen Ära in die Abhängigkeit einer Reihe von Feudalherren geriet. Gegen die fatalen sozioökonomischen Folgen dieser Entwicklung erhob an der Wende zum 20. Jh. der Melfeser Bürger Francesco Saverio Nitti (1868–1953) die Stimme und den Stift und unterbreitete Vorschläge zur Behebung der wirtschaftlichen Misere Süditaliens, etwa in seiner 1900 veröffentlichten Studie "Nord e Sud" (Nord und Süd). Die ist jedoch in der vornehmlich von der Landwirtschaft (Wein, Oliven, Kastanien) lebenden Stadt trotz der Ansiedlung eines Fiat-Werks bis heute genauso wenig behoben wie andernorts in der Basilikata.

• *Anfahrt/Verbindungen* Die gleichen Verbindungen wie in Barile, **Bahnhof** im neuen Teil der Stadt.

• *Information* **Pro Loco Federico II,** Piazza Umberto I 4, ✆ 0972/239751, ℻ 0972/238347. Mo–Fr 9.30–12.30 u. 16–19 Uhr. Die hier recht rührigen Mitarbeiter, allen voran der Präsident Franco Cacciatore, sind auch mobil und online zu erreichen, zumal sie die Schlüsselgewalt für die unten erwähnten Felsenkirchen innehaben: ✆ 328/9488479, ✆ 333/3880339, ✆ 339/7332309, ✆ 339/7101687, prolocofederico2@tiscali.it.

• *Übernachten* * **Il Tetto,** mitten in der schönen Altstadt, dennoch ruhig im Gebäudekomplex des erzbischöflichen Seminars gelegen und von einer Kooperative betrieben. Die Räume sind entsprechend asketisch möbliert, aber sauber und funktional und auf Wunsch auch zu viert zu belegen. DZ 40 €, EZ 25 €, Drei- und Vierbettzimmer 54 € bzw. 65 €. Piazza IV Novembre, ✆ 0972/236837, ℻ 0972/252555, hoteltetto@tiscalinet.it, www.hoteliltetto.com.

** **Farese,** frisch renoviertes, freundliches Familienhotel, 7 km außerhalb von Melfi an der SS 401 Richtung Monticchio Bagni. DZ 53 €, EZ 43 €. Via Foggianello, ✆/℻ 0972/236478.

**** **Relais La Fattoria,** groß, modern und komfortabel, im Ortsteil Cavallerizza einige Kilometer nördlich des Melfeser Stadtzentrums. DZ 140 €, EZ 104 €. SS 303, ✆ 0972/24776, ℻ 0972/239121, www.relaisfattoria.it.

• *Essen und Trinken* Mitten im prallen Altstadtleben isst man ganz gut im **Ristorante Lucano,** in dem es z. B. hausgemachte Pasta, regionaltypische Fleisch-, aber auch Fischgerichte und Pizza gibt. Via Floriano del Zio 29 ✆ 0972/23739. Fr Ruhetag.

Pizza bekommt man am Abend auch im

Restaurant **Delle Rose,** das ansonsten solide Lokalküche serviert und mit einem begrünten Gastgarten aufwartet. Mo Ruhetag. Via V. Emanuele 29, ✆ 0972/21682.

Eine weitere Adresse für den Genuss regionstypischer Spezialitäten ist die **Grotta Azzurra** (Fr Ruhetag) in der Via Carmine 13.

Pizza und Focacce auf die Hand bekommt man im **Punto Pizza** vis-à-vis der Kathedrale, und Einheimische empfehlen das außerhalb der Stadt in der Contrada Abbruzzese gelegene Restaurant **Vaddone** (So-abend geschlossen, ✆ 0972/24323), das ebenso wie die Agriturismi **La Villa** (Contrada Cavallerizza, ✆ 0972/236008, So-abend und Mo geschlossen), **Sant'Agata** (Contrada Toppo Sant'Agata, ✆ 0972/238294) und **Il Tratturo Regio** (Contrada Casonetto, ✆/📠 0972/239295) einfache, aber schmackhafte lukanische Gerichte serviert. In Letzterem kann man übrigens auch übernachten (DZ 50 €, EZ 25 €).

Rundgang durch die Altstadt

Nicht zuletzt, weil sich dort ein bewachter Parkplatz befindet, empfiehlt es sich, die Zeitreise in die ruhmreichen Phasen der Melfeser Geschichte am Largo Abele Mancini (Piazza Mercato) zu beginnen und von dort – vorbei an der **Villa Comunale** (Stadtpark) – der von Teilen des einst 4 km langen Mauergürtels flankierten Via Federico II zu folgen. An deren Ende erreicht man durch das Respekt einflößende staufische Stadttor **Porta Venosina** den eigentlichen Ortskern.

Eingang ins Mittelalter: die Porta Venosina in Melfi

Weiter über die rechts des Tores verlaufende Via Commenda di Malta bzw. die nach einigen Schritten links abzweigende Via San Francesco trifft man auf die **Chiesa di S. Antonio** aus dem 16. Jh. Interessant ist die Farbgebung des Gotteshauses, dessen Fassade und Glockenturm in düsterem Schwarz und Grau gehalten, während Portal und Fensterrose rosafarben abgesetzt sind.

Nach weiteren 300 m auf der Via San Francesco trifft man auf die Einmündung des steil ansteigenden Corso Garibaldi, der von dem verbliebenen Portal der langobardischen **Kirche Santa Maria la Nova** und mehreren luxuriös wirkenden Adels- und Großbürgerhäusern gesäumt wird und über den Largo Marconi direkt zum Domplatz führt. Hier erheben sich ein trotz des Zusammenbruchs des dritten Stockwerks infolge eines Erdbebens von 1851 immer noch riesiger **normannischer Glockenturm,** die dazugehörige, seit 1723 barock gekleidete **Kathedrale** und der ebenfalls noch zu normannischer Zeit hinzugefügte Bischofssitz, in dessen Innenhof Wasser aus einem Brunnen aus dem 18. Jh. plätschert. Von dem aus betritt man den sakralen Palazzo, der seit Sommer 2002 im Rahmen von individuell gebuchten Führungen und am Wochenende öffentlich zugänglich ist und ein Museum (Museo Diocesano) sowie eine Bibliothek und eine Pinakothek birgt (Sa/So 9–13 und 15–19 Uhr, Eintritt frei).

Vom Domplatz geht es durch die Via Vittorio Emanuele mit dem Justizpalast zur Rechten in die Via Normanna zum **Geburtshaus Francesco Saverio Nittis,** das heute eine seinem berühmten Bewohner gewidmete Bibliothek beherbergt.

Von der **Biblioteca Nitti** führt die Via Normanna steil bergauf und geradewegs ins Mittelalter, denn die Straße endet direkt am **normannisch-staufischen Kastell** auf dem höchsten Punkt der Stadt. Die mächtige, von acht vier- bzw. fünfeckigen Türmen eingerahmte Burganlage wurde im 11. Jh. von den Normannen erbaut, später von Staufern, Anjouinern und Aragoniern erweitert und war zuletzt im Besitz der Familie Doria. Die übergab sie 1954 mit der Auflage, dort ein Museum einzurichten, dem italienischen Staat, der dieser Verpflichtung mit der Eröffnung des **Museo Archeologico Nazionale** im Jahre 1976 nachkam. Das Museum zeigt archäologische Fundstücke aus dem Vulture-Gebiet, unter denen der im Uhrenturm ausgestellte, Mitte des 19. Jh. bei Rapolla gefundene römische Sarkophag aus dem 2. Jh. n. Chr. das spektakulärste ist. Seit 2003 sind neben dem Museum (zumindest theoretisch, denn de facto standen viele vor verschlossenen Türen!) auch die übrigen Trakte der imposanten Trutzburg zu besichtigen (Mo 14–20, Di–So 9–20 Uhr, Eintritt 2,50 €, ✆ 0972/238726).

Mit dem Abstieg über die Via San Lorenzo mit ihren rechts und links abzweigenden Gässchen kehrt man in die Gegenwart der Stadt zurück, um nach einigen hundert Metern erneut mit der Vergangenheit in Gestalt der **Chiesa di San Lorenzo** konfrontiert zu werden. Obwohl der aktuelle Korpus der Kirche aus der Zeit des ausgehenden 14. Jh. stammt, wurde hier schon zu normannischer Zeit gebetet, worauf u. a. der achteckige Turm aus dem 12. Jh. verweist.

Am Ende der Via San Lorenzo schafft die Via Nitti die Verbindung zur Via Carmine, auf der man, vorbei an der barocken **Chiesa del Carmine,** zum Ausgangspunkt des Rundgangs zurückkehrt.

Außerhalb der Stadt harren noch die Felsenkirchen **Chiesa rupestre di S. Lucia** und **Chiesa rupestre di S. Margherita** der Bewunderung. Beide datieren aus dem 12. Jh. und wurden im 13. Jh. mit Wandmalereien kunstvoll dekoriert. Das kunsthistorisch spektakulärste Fresko ziert die Chiesa S. Margherita, heißt "Monito dei Morti" (Mahnung der Toten) und zeigt u. a. Friedrich II. in Falknertracht (zwecks Besichtigung muss man sich an die Pro Loco wenden, s. o.).

Venosa

ca. 12.000 Einwohner

Die Stadt des Horaz liegt am Rande des Vulture-Gebiets inmitten einer relativ flachen, von ausgedehnten Weizenfeldern überzogenen und mit Weinstöcken und Olivenbäumen grün getupften Landschaft.

Venosa gehört ebenso wie Melfi zum Pflichtprogramm einer Kulturreise durch die Basilikata, da hier ein archäologischer Park, mittelalterliche Kirchen, ein frühneuzeitliches Kastell und einige urban anmutende Plätze die geschichtsträchtige Kulisse für das beschauliche bis verschlafene Kleinstadtmilieu abgeben.

Das Territorium von Venosa, das schon in vorgeschichtlicher Zeit bewohnt war, wurde 291 v. Chr. von den Römern erobert. An der damaligen Hauptverkehrsader Via Appia gelegen, erlebte die nunmehr römische Kolonie, in der gut 100 Jahre später (65 v. Chr.) der postum zu Weltruhm gelangte Dichter Horaz das Licht der Welt erblicken sollte, einen beträchtlichen wirtschaftlichen und kulturellen Aufschwung. Zu verdanken war dies nicht zuletzt der Ansiedlung einer blühenden jüdischen Gemeinde während der späten römischen Republik.

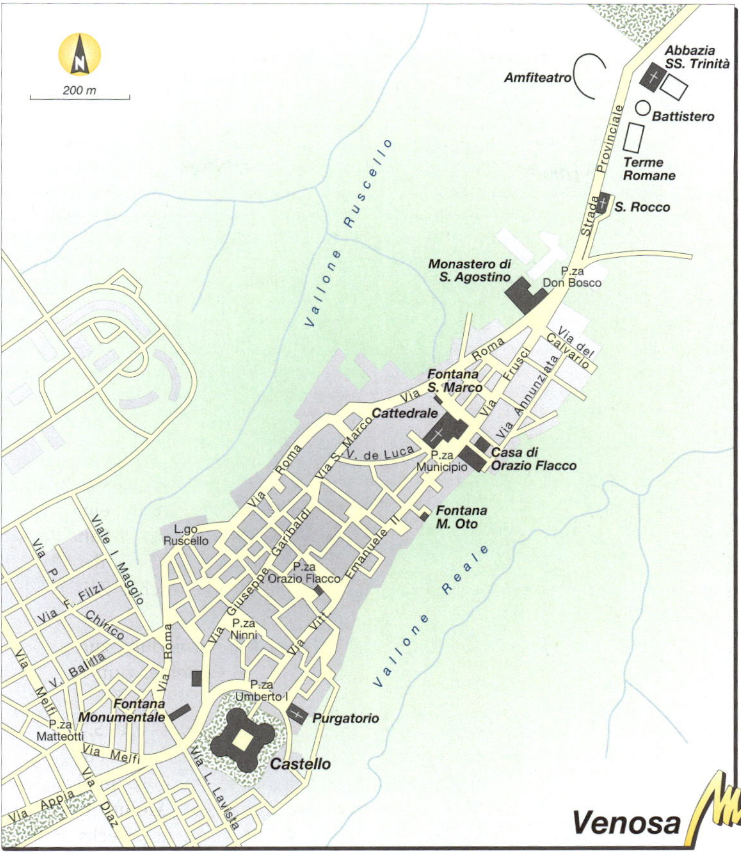

Nachdem die Stadt 662 langobardische Festung geworden war, wurde sie von den Byzantinern besetzt, von den Sarazenen bezwungen, von den Langobarden zurückerobert und kam dann erneut unter byzantinische und seit 1041 unter normannische Herrschaft. Anschließend regierten sie Friedrich II., Karl von Anjou und diverse Adelsgeschlechter. Nachdem Venosa 1459 von Giovanni Antonio Orsinis Getreuen sowie einem Erdbeben weitgehend zerstört worden war, übernahm der Aragonier Pirro Del Balzo den Wiederaufbau der Stadt und schmückte sie mit einem Schloss und einer neuen Kathedrale.

• *Anfahrt/Verbindungen* Über die SS 93. Parkplätze am Kastell und am Archäologischen Park. Der **Bahnhof** Venosa-Maschito liegt ca. 3,5 km außerhalb des Ortszentrums, von dort Züge nach Rocchetta bzw. Altamura in Apulien und zum lukanischen Bahnhof Rapolla-Lavello. **Busverbindungen** zwischen Bahnhof und Ortszentrum, zu den Nachbarorten Palazzo San Gervasio, Rapolla und Lavello, nach Rionero, Melfi und Potenza.

• *Information* Neben der **Pro Loco** (Corso V. Emanuele) informiert der **Punto Informazioni Turistiche** (Via Frusci 7, Verlängerung des Corso V. Emanuele ✆/℻ 0972/36542), wo ein sehr hilfsbereitesTeam berät, z. B. Sonia Mollica, die auf Wunsch auch durch die Stadt führt und mobil unter ✆ 333/

6120016 zu erreichen ist. Dasselbe gilt für die englischsprachige Maria Minutiello (✆ 0972/36284 oder 0333/91559547), die auch über das Reise- und Informationsbüro ihrer Schwester (**Minutiello Viaggi**, Largo Bagliaccio 5, Mo–Fr 9–13, 16.30–20 Uhr, Sa 9–13 Uhr, ✆ 0972/37885, www.lucaniatours.it) zu kontaktieren ist. Das bietet ebenso wie die Agentur **Sara Suntour** von Maddalena Spinelli und die Kooperative **Torre di Graffiti** Tipps und Touren für Venosa und die Basilikata an (Vico I San Biagio 7, ✆ 0972/374766, ℻ 0972/375000, www.basilicatatours.it).

• *Einkaufen* Mit dem D.O.C.-Siegel dekorierten Wein gibt es bei der genossenschaftlich geführten **Cantina di Venosa,** Contrada Vignali (Via Appia), ✆ 0972/36702, ℻ 0972/35891, www.cantinadivenosa.it. Eine Auswahl verschiedener lokaler Produkte verkostet und verkauft die Kooperative Torre dei Graffiti in ihrer rosagetünchten **Taverna dei Sapori** (Vico San Domenico, ✆ 0972/374741, www.torredeigraffiti.it).

• *Übernachten* *** **Il Guiscardo,** altstadtnahes, modernes 36-Zimmer-Haus mit Garten. DZ 65 €, EZ 45 €. Via Accademia dei Rinascenti 106, ✆ 0972/32362, ℻ 0972/32916, hotelguiscardo@tiscalinet.it.

** **Orazio,** mitten im alten Stadtzentrum in einem stilvoll eingerichteten Palazzo aus dem 18. Jh., dessen üppig freskenverzierte Säle zum Recherchezeitpunkt restauriert wurden und demnächst als Frühstückszimmer genutzt werden sollen. Wunderschöne Bäder und Balkone mit Panoramablick. Unter charmanter familiärer Leitung einer sympathischen Damenriege zweier Generationen. Die Familie betreibt außerdem den Music Pub im selben Gebäude, der quasi als Hotelbar fungiert. DZ 56 €, EZ 39 €. Corso V. Emanuele 142, ✆/℻ 0972/35081, ✆ 0972/31135.

La Maddalena (Agriturismo), gepflegte Zimmer in frisch umgebauten Ställen und Futtersilos, leckeres Essen aus dem eigenen Garten und Stall, ein Pool zur Erfrischung und aufmerksamer Service. Das Ganze inmitten von Weinreben und Olivenhainen und nur gut 2 km von Venosas Altstadt entfernt an der Straße nach Cerignola. DZ 50 €, EZ 25 €, HP 40 €. ✆ 0972/32735, ℻ 0972/374000, www.agrimaddalena.it, info@agrimaddalena.it.

• *Essen und Trinken* **Il Grifo,** in der Nähe des Kastells. Restaurant-Pizzeria mit lukanischer Küche, abends Pizza. Via Fornaci 21, ✆ 0972/35188. Di Ruhetag.

Amarcord, akzeptable lokale Küche und Pizza, ebenfalls im Stadtzentrum, Via Roma 37, ✆ 0972/37099. Mo Ruhetag.

Antica Caffetteria Ducale, Bar und Restaurant in einem Kellergewölbe an der wunderschönen Piazza Municipio. Traditionelle lukanische Küche, guter Hauswein, gepflegter Service. Mi Ruhetag. ✆ 0972/37100.

Al Frantoio, relativ neuer Gourmettempel für den etwas teureren, dem Vernehmen nach aber äußerst lohnenswerten Genuss einer raffinierten lukanischen Küche im schicken Ambiente. Via Roma 211, ✆ 0972/36925.

La Maddalena, wegen der oben schon geschilderten Vorzüge empfehlenswertes Restaurant des gleichnamigen Agriturismo.

Sehenswertes

Wer die Sightseeing-Tour mit dem Aragonierkastell an der von Arkaden eingefassten und durch einige Bars belebten Piazza Umberto I beginnt und von dort der Geschäfts- und Hauptstraße Via Vittorio Emanuele folgt, kann die weiteren Sehenswürdigkeiten der Stadt gar nicht verfehlen. Durch den einen oder anderen aufmerksamen Blick in die gut einsehbaren Seitenstraßen gewinnt man so gleichzeitig einen Eindruck vom Alltagsleben ihrer Bewohner, unter die sich in jüngster Vergangenheit in zunehmendem Maße auch Touristen mischen. Hier nur eine Auswahl der wichtigsten "Objekte der Begierde", die noch durch eine Reihe städtebaulicher Details, darunter z. B. einige außergewöhnliche Brunnen wie die löwenbewachte **Fontana di Messer Oto** von 1313, erweitert werden könnte:

Castello del Balzo: Der Bau des rechteckigen, von einem weiten Graben umgebenen und zylindrischen Ecktürmen eingefriedeten Schlosses wurde 1470 während der Regentschaft des Herzogs Pirro del Balzo begonnen. Als Standort für seine steinerne Machtdemonstration wählte Del Balzo das Gelände, auf dem die 1059 von Papst Nikolaus II. errichtete Kathedrale stand. Seit seiner vollständigen Restaurierung in den 1980er Jahren fungiert das Gebäude als Archäologisches Nationalmuseum, Gemeindebibliothek sowie als Veranstaltungs- und Tagungsort für kulturelle Ereignisse bzw. wissenschaftliche Kongresse. Zu erreichen ist es über eine von zwei römischen Löwenköpfen bewachte Brücke.

Die Exponate des **Museo Archeologico Nazionale,** darunter Grabbeilagen, Mosaiken, Wandmalereien, Keramik- und Münzkollektionen sowie Zeugnisse frühchristlicher Kunst, spannen den historischen Bogen von vorgeschichtlicher Zeit über die römische Periode bis zum Normannenstaat. ⌚ täglich 9–19 Uhr, Di 14–20 Uhr, Eintritt 2,50 € (inkl. Archäologischer Park), ✆ 0972/ 36095.

Wasser holen hinter dem Rücken von Horaz (Venosa)

Kathedrale Sant'Andrea: Auch für die gleichzeitig mit dem Schloss im Zeitraum zwischen 1470 und 1502 unter Verwendung antiker Materialien errichtete Kathedrale an der Piazza Municipio zeichnet Pirro del Balzo verantwortlich. Am schlichten Marmorportal der dreischiffigen Kirche hat der seinerzeit renommierte Baumeister Cola di Conza 1512 seine Initialen hinterlassen. Das Mauerwerk des dazugehörigen massiven Glockenturms integriert zum Teil mit antiken Inschriften versehene römische Marmorelemente.

Geburtshaus des Horaz: Unweit der dem römischen Dichter Horaz gewidmeten großzügigen Piazza Quinto Orazio Flacco, in deren Zentrum der 1898 von Achille d'Orsi in Bronze gegossene berühmteste Sohn Venosas von einem riesigen Sockel auf seine Heimatstadt blickt, liegt, in einer Seitenstraße versteckt, ein Patrizierhaus aus dem 2. Jh. In seinem Innern sind zwei Teile zweier noch älterer Räume freigelegt worden, in denen manche Gelehrte die Reste des Geburtshauses der antiken Stadtgröße erkennen, allerdings bis dato ohne jeglichen wissenschaftlichen Beweis.

Archäologischer Park: Wo die Wohnbebauung aufhört, erstreckt sich – hinter der Kirche S. Rocco – die touristische Hauptattraktion Venosas. Neben den beachtlichen Überresten eines römischen Thermalbades, deren Böden mit Mosaiken mit Meeresmotiven dekoriert sind, befinden sich hier ein vorchristliches Taufbecken und vor allen Dingen die "Abbazia della Trinità". Das ebenfalls gut erhaltene römische Amphitheater liegt nicht unmittelbar auf dem Gelände des Parks, sondern wenige Hundert Meter von dort entfernt auf der gegenüberliegenden Straßenseite. Geöffnet ist das Gelände täglich von 9 bis 19 Uhr, Eintritt 1,25 € bzw. 2,50 € (inkl. Archäologisches Museum).

Abbazia della Trinità (Abtei der Dreifaltigkeit): Der dreiteilige, aus der "chiesa vecchia" (alte Kirche), der "chiesa nuova" bzw. "incompiuta" (neu/unvollendet) und dem "sede abbaziale" (Abteisitz) zusammengesetzte Gebäudekomplex zählt zweifellos zu den faszinierendsten Sakralbauten Süditaliens. Bei genauerer Betrachtung erweist er sich gleichsam als steinerne Chronik der abendländischen Religionsgeschichte: Die "chiesa vecchia" wurde aller Wahrscheinlichkeit nach noch vor Ankunft der Normannen von Benediktinern auf den Ruinen einer frühchristlichen Kirche errichtet. Die wiederum stand an einem Ort, wo einst die Römer in einem Tempel ihren Göttern huldigten. Im Jahre 1059 weihte Papst Nikolaus II. die Kirche, in der fortan namhafte Normannen nebst Anhang, darunter angeblich sogar der süditalienische Normannenfürst Robert Giuscard selbst sowie dessen erste Frau Aberalda, ihre letzte Ruhe fanden.

1135 begannen die Benediktiner mit dem Bau der direkt angrenzenden "chiesa nuova", der jedoch nie vollendet worden ist, sodass sich bis heute lediglich die mit römischen und hebräischen Fragmenten versehenen Außenmauern des geplanten Gotteshauses gen Himmel strecken und im Ensemble mit den benachbarten römischen Thermen eine fast mystische Atmosphäre verströmen. Nicht minder beeindruckend ist die nur von wenigen natürlichen Lichtquellen beleuchtete alte Kirche, die durch ihre schlichte Schönheit besticht und eine auch für Nicht-Religiöse spürbare meditative Ruhe ausstrahlt.

⌚ Die Kirche ist auf Anfrage von Mo–Fr von 9–13 und 16–19 Uhr zu besichtigen. ✆ 0972/36095.

Acerenza

ca. 3.000 Einwohner

Die Altstadt von Acerenza ist vor allem wegen ihrer in normannischer Zeit errichteten Kathedrale die kurvige, steil ansteigende Anfahrt wert. Sie erhebt sich fernab der großen Verkehrsströme auf einem 833 m hohen Berg, wodurch sie sich den nostalgischen Charme vergangener Zeiten bewahrt hat und einen weit reichenden Blick in die mit Weizen- und Weinkulturen überzogene Landschaft eröffnet.

Dass die 1042 dort angekommenen normannischen Herrscher den bereits um 600 v. Chr. besiedelten, Ende des 4.vorchristlichen Jahrhunderts von den Römern, später von Ostgoten, Langobarden und Byzantinern eingenommenen Ort im ausgehenden11. Jh. zum Bischofssitz auserkoren, soll auf die Entdeckung der Leiche des hl. Canio im Jahre 1080 zurückzuführen sein.

Jedenfalls begann man wahrscheinlich unter der Ägide von Erzbischof Arnald (1066–1101) mit dem Bau der dreischiffigen, dem Grundriss eines römischen Kreuzes folgenden Basilika. Fertig gestellt war sie um 1120, als Acerenza den Rang des bedeutendsten Bistums der Region bekleidete. 1281, knapp 80 Jahre nachdem Acerenza diese exponierte geistliche Position an Matera verloren hatte, wurde der später noch mehrfach modifizierte und schließlich barockisierte Dom erstmals im römisch-gotischen Stil umgebaut. Im Zuge erdbebenbedingter Reparaturarbeiten ab 1950 wieder von seinem barocken Stuck befreit und in den romanischen Urzustand zurückversetzt, besticht er heute wieder durch seine schlichte innere und äußere Schönheit, die durch einige künstlerisch wertvolle Skulpturen, Reliefe und Gemälde, darunter z. B. ein Triptychon der Brüder Stabile von 1583 im rechten Querhaus, akzentuiert wird.

• *Information* Zwecks Infos und Führung durch die Kathedrale wende man sich an: **Presidio Turistico**, Largo Diaz 4, ✆/℻ 0971/741021.

• *Anfahrt/Verbindungen* Der **Bahnhof** liegt im Tal (Acerenza-Scalo) und ist an die Bahnlinie Salerno–Bari der Ferrovia Appulo-Lucane angebunden. Vom Bahnhof auch **Busse** nach Potenza und Cancellara.

• *Übernachten/Essen* *****Il Casone,** modernes Hotel mit empfehlenswertem Restaurant einige Kilometer außerhalb des Ortes in einem Eichenwald. DZ 70 €, EZ 32 €. Via Bosco S. Giuliano, ✆ 0971/1741039, ℻ 0971/741141.

Sanfte Hügel am Fuße des erloschenen Vulkans

Al Duomo, stimmungsvoll postierte Restaurant-Pizzeria mit angeschlossener Bar-Pasticceria in einem ehemaligen Kerker direkt am Dom (in den ersten Septemberwochen Betriebsferien). Largo Glinni 13, ✆ 0971/741402. Di Ruhetag.

Castel Lagopesole

Auf halber Strecke zwischen dem Vulture und der Provinz- und Regionalhauptstadt Potenza zieht das auf einer Anhöhe weithin sichtbare normannisch-staufische Kastell Lagopesole die Aufmerksamkeit der Vorbeifahrenden auf sich und animiert förmlich dazu, es aus der Nähe zu betrachten.

Angesichts seiner gigantischen Ausmaße wirken die Häuser des gleichnamigen, zu Avigliano gehörenden Dorfes, über dessen stetig ansteigende Hauptstraße man das architektonisch schlichte Bauwerk erreicht, fast wie Miniaturen. Das mächtige Monument süditalienischer Geschichte wurde bereits von den Normannen errichtet und gut hundert Jahre nach seiner ersten urkundlichen Erwähnung (1117) von Friedrich II. erweitert und zu einem seiner Jagdschlösser auserkoren. Seine letzten Besitzer, die Dorias, übergaben es dem italienischen Staat; heute fungiert es als Museum. Die Südseite der imposanten rechteckig konstruierten Anlage mit angeschlossener Kapelle diente militärischen Zwecken, der Nordflügel als Residenz. Unter den vielen innenarchitektonischen Details von Burg und Kapelle seien hier nur die figürlichen "Kragen-Kapitelle" in den Sälen des Schlosses und die Fresken aus dem 13. Jh. im Innern der Kirche hervorgehoben.

• *Anfahrt/Verbindungen* Mit dem **Auto** von der SS 93 zu erreichen. Castel Lagopesole ist an die **Bahnlinie** Potenza–Foggia und einige **Buslinien** zu den Gemeinden der näheren Umgebung angebunden. Vom Dorf aus fährt (auf Anfrage) ein Kleinbus zum Kastell (Noleggio Bus G.T., Viale A. Doria 34, ✆ 0971/86016 u. 0971/86000).

• *Öffnungszeiten* November–März 9–13 und 15–17 Uhr, Mai–Oktober 9.30–13 und 16–19 Uhr. Führungen der vor Ort residierenden Cooperativa Castello, ✆ 0971/86083 u. 0971/86194.

Potenza

ca. 80.000 Einwohner

Die Besichtigung der Sehenswürdigkeiten ist in relativ kurzer Zeit erledigt und das Ambiente ungeachtet der Anwesenheit von Regionalregierung und Universität alles in allem recht provinziell.

Dennoch lohnt sich ein Abstecher in Italiens höchstgelegene (819 m), durch umfangreiche Neubebauung im Talbereich inzwischen "mehrstöckige" Provinzhauptstadt mit ihrer von einigen hübschen Plätzen, Geschäften, Bars und Cafés flankierten Einkaufsstraße Via Pretoria, die die freundliche kleine Altstadt auf der ersten Etage der Stadt durchzieht.

Durch mehrere Erdbeben (zuletzt 1980) sowie ihre Bombardierung im Zweiten Weltkrieg stark beschädigt, wurde die Stadt mehrmals wieder aufgebaut und um neue Stadtteile erweitert. Deswegen sieht man ihr ihre bis ins 4. Jh. v. Chr. zurückreichende Geschichte auf den ersten Blick gar nicht an. Seit Ende des dritten vorchristlichen Jahrhunderts wurde "Potentia" auf der Liste der römischen Provinzen geführt, im 5. Jh. von den Goten bedrängt, zwischen 568 und 1066 von den Langobarden regiert und dem Herzogtum Benevent bzw. später dem Fürstentum Salerno zugeschlagen. In dieser Zeit verfestigte die Stadt ihren möglicherweise schon seit Ende des 5. Jh. bestehenden Status als einflussreicher Bischofssitz und setzte sich (10. Jh.) gegen die Einfälle der Sarazenen zur Wehr, woran der alljährlich am 29./30. Mai im Zusammenhang mit dem Patronatsfest für den hl. Gerardo veranstaltete farbenprächtige "Umzug der Türken" (Sfilata dei Turchi) noch heute erinnert.

Den Langobarden folgten die Normannen, die Staufer und – kurz bevor 1273 ein Erdbeben die Stadt dem Erdboden gleichmachte – 1269 Karl I. von Anjou. Seit 1435 von den Aragoniern regiert, wurde die Stadt 1694 erneut von einem Erdbeben heimgesucht. Nachdem die Schäden beseitigt waren, mauserte sie sich zu einem Zentrum der Textilproduktion, der Eisenbearbeitung, der Kunst und – politisch gesehen – der liberalen Bewegung an der Wende zum 19. Jh. Wohl deswegen avancierte sie 1806 unter napoleonischer Protektion zur Hauptstadt der Basilikata und bekannte sich als eine der ersten Städte der Appeninhalbinsel zur Einheit Italiens. Im Faschismus fiel Potenza jedoch in die wirtschaftliche und regionalpolitische Bedeutungslosigkeit zurück und wurde im September 1943 heftig bombardiert. Trotz einer gezielten Industrieansiedlung (Möbel- und Plastikfabriken) seit Ende der 1960er Jahre und der Gründung einer Universität im Jahre 1982 hat die Stadt bis heute mit erheblichen sozioökonomischen Problemen zu kämpfen.

Information/Verbindungen/Diverses

• *Information* **APT,** siehe "Wissenswertes von A bis Z", S. 37.

Informazioni Turistiche, Infopunkt im Fahrstuhlgebäude auf der Ebene der Altstadt, Piazza XVIII Agosto 46, ✆ 0971/274480. Mo–Fr 8.30–13.30 Uhr, Di u. Do 16–19 Uhr.

• *Anfahrt/Verbindungen* Mit dem **Auto** auf der A 3 Salerno–Reggio Calabria (Ausfahrt Sicignano-Potenza) über die Schnellstraßen SS 93 (Vulture/Apulien) und SS 407 (Basentana nach Matera und zur ionischen Küste). Parkmöglichkeiten befinden sich am Viale G. Marconi in der Nähe des Sportplatzes, von wo man mit der Rolltreppe in die Altstadt hinauffahren kann.

Es gibt zwei außerhalb des Stadtzentrums gelegene Bahnhöfe der FS: im oberen und unteren Teil der Stadt an der Via Sicilia (Potenza Superiore) bzw. am Viale Marconi (Potenza Inferiore). Von beiden Bahnhöfen

stündlich **Züge** über das Vulture-Gebiet nach Foggia (Apulien), nur von Potenza Inferiore im Ein- bis Zweistundentakt nach Salerno/Napoli bzw. Taranto.

Vom Zentralbahnhof der Privatbahn Appulo-Lucano am Corso Garibaldi und ihrem in der Oberstadt befindlichen Nebenbahnhof St. Maria weitere Verbindungen nach Apulien.

Haltestelle mehrerer **Buslinien** im Stadtzentrum (Via Crispi). Außerdem Busverbindungen nach Matera, Pisticci und Policoro sowie Fernverbindungen nach Neapel, Salerno, Pisa und Florenz (vom Busterminal am Ospedale S. Carlo).

- *Krankenhaus* **Ospedale S. Carlo,** Contrada Macchia Romana; pronto soccorso ✆ 0971/612694.
- *Mietwagen* **Hertz,** Via P. Grippo 23, ✆ 0971/473258; **Avis,** Via Appia 283, ✆ 0971/471040.
- *Taxi* an der Piazza Marco Pagano, ✆ 0971/37038.

Übernachten/Essen und Trinken/Nachtleben (siehe Karte S. 57)

• *Übernachten* ****** Grande Albergo (5),** hier logiert man nobel. DZ 100 €, EZ 73 €. Corso 18 Agosto 46, ✆/℻ 0971/410220, www.grandealbergo.interfree.it.

Pretoria (4), sehr schönes und gepflegtes, erst 2003 eröffnetes kleines Haus im Herzen der Altstadt, das seinen Gästen Halb- und Vollpension im Restaurant Due Torri offeriert, das nur einen Katzensprung vom Hotel entfernt ist. DZ (je nach Ausstattung) 70–100 €, EZ 85 € (ohne Frühstück).Via XX Settembre 4, ✆ 0971/37100, www.pretoriahotel.it, info@pretoriahotel.it.

**** Hotel Miramonti (3),** etwas billiger, noch zentral, wenn auch nicht besonders schön gelegen. DZ 47 €, EZ 36 €. Via Caserma Lucania 30, ✆ 0971/22987, ℻ 0971/411623.

*** Pensione Europa (6),** in dem kleinen, sehr einfachen, aber sympathischen Haus erlebt man Potenza mit Familienanschluss. DZ 26–37 € (ohne/mit Bad), EZ 16 € (ohne Bad). Via Giacinto Albini 3, ✆ 0971/34014.

• *Essen und Trinken* Es gibt zahlreiche über die Stadt verteilte Restaurants und Pizzerien. In der touristisch interessanten Altstadt sind die folgenden die empfehlenswertesten:

Due Torri (2), in schönem Ambiente in einem Kellergewölbe mit eigenen (abstrakten) Gemälden der Frau des Inhabers an den Wänden lernt man zu moderaten Preisen (Menü ca. 25 €) eine verfeinerte, saisonale lukanische Küche kennen und (lieben). Dazu und danach serviert der persönlich um das Wohl seiner Gäste bemühte Chef Donato Buchicchio erlesene Aglianico-Weine bzw. eine reichhaltige Auswahl an Desserts. Via 2 Torri 6/8, ✆ 0971/411661. So Ruhetag.

Trattoria al Duomo (1), auch hier kann man in etwas rustikalerer, aber gleichwohl stilvoller Atmosphäre die lukanische Küche genießen. Largo Serrao (direkt am Dom), ✆ 0971/24848. So Ruhetag.

Antica Osteria Marconi (7), Traditionsrestaurant, das als bestes Haus am Platz gilt. Geboten wird gehobene lukanische Küche. Nach Auskunft von Einheimischen zwar gut und teuer, aber auch nicht deutlich besser als andere Restaurants. Viale Marconi 233, ✆ 0971/56900. Mo Ruhetag.

• *Bars* Entlang der Via Pretoria laden einige Bars zur Kaffeepause ein, worunter die namenlose **Bar-Gelateria** auf der kleinen Piazza Emilio Maffei (bei gutem Wetter) und das modern-gediegene **Gran Caffè Italia** an der Piazza Pagano die nettesten sind.

Rundgang

Um die wichtigsten historischen Monumente und Plätze der Stadt kennen zu lernen, reicht es eigentlich, der über ein Rolltreppenlabyrinth mit der im Tal gelegenen Neustadt verbundenen **Via Pretoria** zu folgen und ab und zu in die umliegenden Straßen und Gassen auszuscheren.

Beschreitet man die Flaniermeile in West-Ost-Richtung, führt der erste Abstecher in die Via San Michele Arcangelo mit der gleichnamigen romanischen **Chiesa San Michele** aus dem 12. Jh. Das dreischiffige, dem Erzengel Michael geweihte Gotteshaus beherbergt neben sakralen Gemälden aus dem 16.–18. Jh. u. a. ein hölzernes Standbild des Hausheiligen aus dem 18. Jh. sowie ein mehrfarbiges, ebenfalls aus Holz gefertigtes Kruzifix aus dem 16. Jh.

Auf die Hauptstraße zurückgekehrt, erreicht man nach ein paar Schritten die großzügige **Piazza Pagano,** die – nicht nur weil sie 1994 über eine Rolltreppe an die Neustadt angebunden wurde – urbanes Flair verströmt. Hier befindet sich neben dem **Palazzo del Governo** aus dem 19. Jh., in dem die Regionalregierung residiert, das nach dem potentinischen Musiker Francesco Stabile (1802–1861) benannte **Teatro Stabile,** das 1881 fertig gestellt wurde. Seit das Gebäude 1990 zum letzten Mal aufwendig renoviert worden ist, erhebt sich hier von Dezember bis April der Vorhang für zeitgenössische Theatergastspiele vornehmlich süditalienischer Bühnen.

Vom Teatro Stabile schaut man auf den ehemaligen Justizpalast und die **Kirche San Francesco d'Assisi,** die 1274 erbaut und seither mehrmals restauriert wurde. Durch eine von einem örtlichen Künstler 1499 geschnitzte, von einem steinernen Torbogen eingefasste Holztür gelangt man in den einschiffigen Innenraum. Zu bestaunen sind dort die Reste eines Freskos mit dem Bildnis des hl. Sebastian und das Grabmal von Donato de Grasis (beide aus dem 16. Jh.) sowie eine im byzantinischen Stil gestaltete Ikone aus dem 13. Jh., die den Namen "Madonna del Terremoto" (Erdbeben) trägt.

Unweit der Franziskuskirche, unmittelbar an der Via Pretoria, liegt die **Chiesa della Trinità** aus dem 13. Jh., die 1857 nach einem Erdbeben erstmals erneuert und 1975 im neoklassizistischen Stil renoviert worden ist. Ihre Altäre stammen aus dem 18. Jh., und ihre einzige künstlerische Attraktion ist ein Fresco von Mario Prayer aus dem Jahr 1937.

Straße mit urbanem Flair: die Via Pretoria

Vorbei an der **Piazza Matteotti** mit dem Rathaus nähert man sich dem Domplatz, der von der **Cattedrale di San Gerardo,** dem dahinter liegenden Bischofspalast aus dem beginnenden 17. Jh. und dem imposanten **Palazzo Loffredo** flankiert wird. Die im Zeitraum zwischen 1197 und 1200 erbaute Kathedrale würdigt den Schutzpatron der Stadt, den heiligen Gerardo von Piacenza, der zwischen 1111 und 1119 Bischof von Potenza war und im Jahre 1120 selig gesprochen wurde. Wie die meisten historischen Gebäude der erdbebengeschüttelten und bombengeschädigten Stadt hat auch der altehrwürdige Dom diverse Veränderungen über sich ergehen lassen müssen. Im Zuge der jüngsten Restaurierungsarbeiten Ende der 1970er Jahre wurden Spuren der ursprünglichen Konstruktion und Einrichtung freigelegt, darunter die Fundamente der primitiven Apsis und ein unterirdischer Raum mit Resten eines Mosaikfußbodens.

An das mittelalterliche Potenza erinnern schließlich auch das **Castello** am östlichen Ende der Via Pretoria oder besser ein von ihm verbliebener zylindrischer Turm, der **Torre Langobarda,** sowie die drei Stadttore San Luca, San Gerardo und San Giovanni am Rande der Altstadt.

Wer noch tiefer in die Vergangenheit von Stadt und Provinz eintauchen möchte, findet im **Museo Archeologico Provinciale** im Stadtteil Santa Maria noch weiteres Anschauungsmaterial. Es präsentiert Exponate aus der lukanischen, griechischen und römischen Epoche, darunter Fundstücke aus Váglio Basilicata, eine in Alabaster gearbeitete Persophenesstatue aus dem 6./5. vorchristlichen Jahrhundert oder die weiße Marmorweihstätte "Tempietto di Garguso" gleichen Datums.

Täglich außer Mo 9–13 Uhr, dienstags auch 16–19 Uhr, Via Ciccotti, 0971/444833.

Váglio Basilicata

ca. 2.000 Einwohner

Der Weg ins prähistorische Lukanien führt durch das eher unscheinbare Dorf Váglio di Basilicata auf den 1095 m hohen Berg Serra San Bernardo, auf dem ein weitläufiges archäologisches Ausgrabungsgelände namens "Serra di Váglio" abgesteckt ist.

Dort wurden die Reste einer im 3. Jh. v. Chr. aus unbekannten Motiven verlassenen, zwischen dem 8. und 4. vorchristlichen Jahrhundert errichteten, von einer Mauer eingefassten Ansiedlung zu Tage gefördert. Deren rechteckige Gebäude, von denen eines (casa dei pithoi) in zeitgenössischer Bauweise rekonstruiert wurde, säumten einst eine Haupt- und mehrere davon abzweigende Nebenstraßen und bedeckten eine Fläche von ca. 24 ha.

Im Nordosten von Váglio ist im Ortsteil Macchia di Rossano mit dem **Mefitis-Heiligtum (Santuario della dea Mefitis)** eine weitere archäologische Ausgrabungszone in Augenschein zu nehmen. Es handelt sich um einen zwischen dem 4. vor- und dem 1. nachchristlichen Jahrhundert von Pilgern frequentierten, um einen zentralen Altar angelegten Wallfahrtsort zu Ehren der lukanischen Fruchtbarkeitsgöttin Mefitis. Freigelegt wurden die Grundmauern des einst von Säulenhallen eingerahmten und noch heute von Wasserabflussrinnen umflossenen Altars.

- *Verbindungen* SS 407, **Busverbindungen** nach Potenza und Cancellara.
- *Öffnungszeiten* **Serra di Váglio** und **Santuario della dea Mefitis** täglich 9 Uhr bis eine Stunde vor Sonnenuntergang, Eintritt frei.
- *Übernachten/Essen* ** **Locanda di Eolo,** Familienbetrieb, der in einem äußerlich wenig einladenden Gebäude durchaus akzeptable Zimmer bereithält und (auch für Nichthotelgäste) gute lokaltypische Gerichte auftischt. DZ 58 €, EZ 38 €. Località Rubavento 16, ✆/℡ 0971/481110. So Ruhetag.

La Dimora dei Cavalieri (Agriturismo), 2002 in restaurierten alten Häusern eröffneter Agriturismo, der seinen Gästen außer schmackhafter Lokalküche (Restaurant montags geschlossen) die Übernachtung in 5 Zimmern und einem Appartement sowie die Mithilfe bei der Landarbeit und Mountainbikes offeriert. Übernachtung mit Frühstück 26–30 € pro Person. Contrada Tataseppe, ✆ 340/3745730, www.dimoracavalieri.it.

Lukanische Dolomiten

Die nackten Felswände, die sich südwestlich von Potenza abrupt aus einer mit Laubwäldern und Olivenhainen bedeckten Mittelgebirgslandschaft in den Himmel emporstrecken, sind Naturmonumente, deren faszinierenden Anblick sich Basilikatareisende auf keinen Fall entgehen lassen sollten.

Sie sind die Attraktionen des regionalen Naturparks "Parco Naturale Regionale di Gallipoli Cognato e delle Dolomiti Lucane", dessen gut 27.000 ha großes, von 198 auf 1367 m ansteigendes und teilweise dicht bewaldetes Territorium die Provinzgrenzen überwindet und die von Matera verwalteten Gemeinden Accettura, Calciano und Oliveto Lucano mit einschließt. Der Park ist ein Dorado für Wanderer, Kletterer und Mountainbiker, die hier landschaftlich reizvolle Kilo- und Höhenmeter zurücklegen können. Diverse Laubbäume, darunter Buchen, Eichen, Kastanien und Linden, bilden – je nach Höhenlage auf weite Flächen ausgedehnt oder lokal konzentriert – Schatten spendende Dächer, unter denen jahrezeitabhängig Pilze, Farne, Weißdorn oder Lorbeer gedeihen bzw. Erika, Veilchen, Anemonen und Gänseblümchen blühen. Zu den tierischen Bewohnern zählen Rehe, Hasen, Füchse, Wiesel, Marder und Stachelschweine. Während die sich meistens verstecken, ist

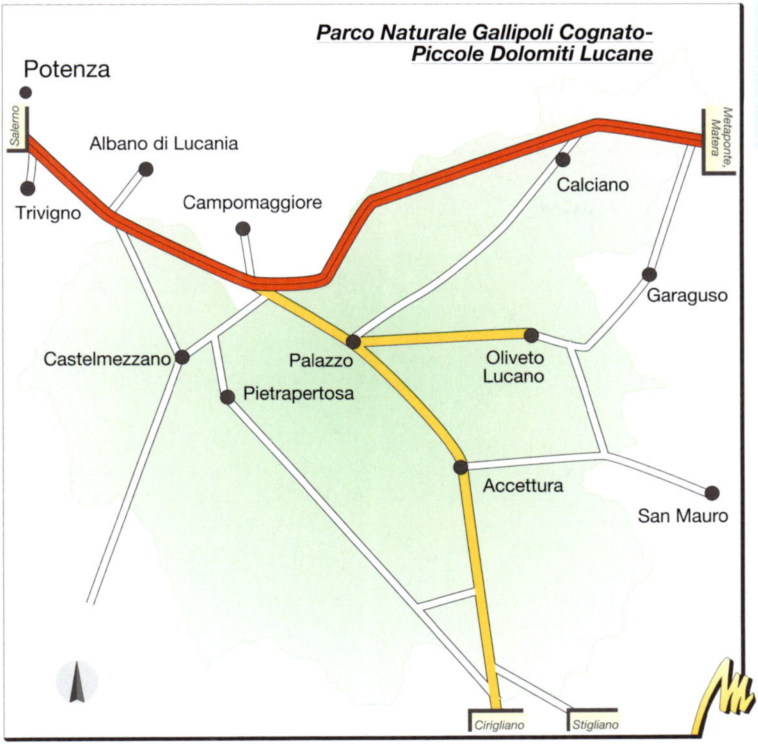

die Artenvielfalt der Vogelwelt des regionalen Naturparks augenscheinlich und unüberhörbar. Mit dem Genuss der lokalen Küche, der Besichtigung einiger architektonischer Kleinode oder der Teilnahme an den traditionellen "Lukanischen Baumhochzeiten" in den Dörfern Castelmezzano, Pietrapertosa und Accettura wird das Landschafts- und Naturerlebnis der Lukanischen Dolomiten abgerundet.

▶ **Castelmezzano:** Das beschauliche 1000-Einwohner-Dörfchen liegt in 890 m Höhe vor der imposanten Kulisse der Lukanischen Dolomiten. Wenn man einmal von der **Chiesa Madre di S. Maria** aus dem 13. Jh., den Resten des Mauergürtels eines alten Schlosses und den charakteristischen mit Sandsteinplatten gedeckten Dächern absieht, gibt es in dem um das Jahr 1000 von Langobarden gegründeten Ort nichts Besonderes zu besichtigen. Doch nicht nur mangels anderer Sehenswürdigkeiten streben die meisten Besucher geradewegs zu den mächtigen Felswänden im Rücken des Dorfes, die von der zentralen Piazza aus in einem ca. viertelstündigen Spaziergang durch die steilen Gassen des Ortes zu erreichen sind. In manche Felsabschnitte eingelassene, mehr angedeutete und mit normalem Schuhwerk keinesfalls zu betretende Stufen lassen bereits erahnen, dass die schroffen Wände grundsätzlich zu besteigen sind. Für diejenigen, die über genügend Mut, die richtige Ausrüstung und Klettererfahrung verfügen, ist das auf vier markierten Routen auch praktisch möglich. Alle anderen müssen sich mit dem herrlichen Blick oder Wanderungen in die nähere Umgebung begnügen, wobei gekennzeichnete Waldwege die Orientierung erleichtern.

- **Pietrapertosa**: Das 2000 Einwohner zählende Nachbardorf von Castelmezzano ist der höchstgelegene Ort (1088 m) der Basilikata. Er ist mit mehr Kulturdenkmälern gesegnet und atmosphärisch etwas lebendiger als die kleine Schwester. Doch ist auch Pietrapertosas größter Trumpf seine pittoreske Lage inmitten der wunderschönen Landschaft, sodass es allemal eine Stippvisite, für Wanderer und Naturliebhaber sogar einen längeren Aufenthalt wert ist. Pietrapertosas Lokalgeschichte lässt sich an den Resten einer langobardischen Schutzmauer, den Ruinen einer alten **Sarazenen-Festung**, einigen Kirchen, Klöstern und Adelspalästen ablesen. Besonders bemerkenswert sind ein auf dem Boden der ehemaligen Festung 1474 von Minoriten erbautes Kloster, die Hauptkirche **San Giacomo** mit Gemälden und Fresken aus dem 15. und 16. Jh., eine Reihe kunstvoll gestalteter Portale und Hauseingänge oder die kleine und schlichte **Cappella del Rosario** in der Via Garibaldi, deren Altar nach New York emigrierte Dorfbewohner den Daheimgebliebenen spendeten.
- **Accettura:** Besonders zu Pfingsten, wenn die Bewohner von Accettura den uralten heidnischen Brauch des sog. "Maggio" begehen, den sie im Laufe der Jahrhunderte mit den christlichen Feierlichkeiten zu Ehren des hl. Giuliano harmonisiert haben, rückt die Gemeinde byzantinischen Ursprungs ins Licht der (über-)regionalen Öffentlichkeit. Der **"Maggio"** bezeichnet die auch in den Nachbargemeinden Castelmezzano (September), Pietrapertosa (Juni) und Oliveto Lucano (August) alljährlich begangene **"Lukanische Baumhochzeit"**, bei der ein großer alter Baum mit einem jüngeren, der auf seine Spitze gesetzt wird, "verheiratet" wird, um die Fruchtbarkeit des Bodens und der Menschen zu beschwören. Die Bäume – in Accettura eine Eiche und eine Stechpalme – werden vorher von kräftigen Männern in den umliegenden Wäldern gefällt und dann – begleitet von stärkenden Fress- und Trinkgelagen – ins Dorf getragen. Dort findet dann auf dem Largo S. Vito unter dem Jubel zahlreicher "Hochzeitsgäste" aus nah und fern die mit halsbrecherischen Aktionen inszenierte "Vermählung" statt.

  Ganzjährig zu bestaunen sind das neu eröffnete **Museo dei Culti Arborei** (Museum der Baumkulte) am Ortsausgang in Richtung Montepiano, einige ansehnliche alte Herrenhäuser aus dem 17. und 18. Jh., die barocke, auf den Ruinen eines mittelalterlichen Gotteshauses erbaute **Chiesa dell'Annunziata** und der üppige Grüngürtel aus Bosco di Gallipoli Cognato und Bosco di Montepiano, der den auf 799 Höhenmetern exponierten Ort umschlingt. In den zogen sich jahrhundertelang gottesfürchtige Männer und Frauen, darunter basilianische Mönche, Benediktinerinnen und Klarissen, zum stillen Gebet zurück. In die restaurierte, Anfang des 12. Jh. gegründete, sukzessive ausgebaute und 1867 in Staatsbesitz überführte **Abtei** in der Località Palazzo sind inzwischen die Forstverwaltung, ein Naturkundemuseum und ein Besucherzentrum eingezogen. Drum herum grünt und blüht ein botanischer Garten und darüber erhebt sich der 1149 m hohe **Monte Croccia,** auf dessen Gipfel die Reste einer lukanischen Festung ausgegraben wurden, die aus dem 6. bis 4. vorchristlichen Jahrhundert datieren. Nur wenige Hundert Meter von der Abtei entfernt befindet sich ein weiteres Besucherzentrum namens **Pian di Giglio.** Es beherbergt die Kooperative "Nuova Atlantide", die dort mit gedrucktem Informations- und Kartenmaterial, verschiedenen Seminarangeboten und geführten Wanderungen das Ökosystem des Bosco di Gallipoli Cognato vorstellt.

• *Wanderführer* Ein von der Region Basilikata herausgegebener Wanderführer (Parco Naturale di Gallipoli Cognato e delle Dolomiti Lucane, Guida Escursionista) enthält neben allgemeinen Informationen über den Naturpark eine Reihe von detailliert beschriebenen Tourenvorschlägen für Mountainbiker, Wanderer und Kletterer sowie dazugehörige Skizzen und Wanderkarten. Wegen Letzterer ist die Broschüre, die bisher leider nur in italienischer Sprache vorliegt, auch für anderssprachige "Dolomitenwanderer" hilfreich. Weitere Anregungen zur Erkundung des regionalen Naturparks finden sich in dem auch ins Deutsche übersetzten Heft "Radwandern in der Basilikata" (siehe S. 26).

• *Anfahrt/Verbindungen* Alle drei Orte sind von der SS 407 (Basentana) zu erreichen.

Von Castelmezzano bestehen **Busverbindungen** nach Potenza und Laurenzana, von Pietrapertosa ebenfalls nach Potenza und nach Campomaggiore, wo sich der **nächstgelegene Bahnhof** (Linie Potenza–Foggia) befindet.

• *Information* **Pro Loco (Castelmezzano),** Piazza Rivelli, Mo–Sa 9.30–12.30, 16,30–19.30 Uhr, ✆ 0971/986020, www.castelmezzano.it.

Le Macine (Accettura), private Gesellschaft, die mit (gedruckten) Informationen über den gesamten Naturpark und lokalen Produkten aufwartet. Mo–Fr 8–14 Uhr, Di u. Do 15–17 Uhr. Via del Maggio 6, ✆ 0835/675270, www.lemacine.it.

Bramea (Consorzio Operatori Turistici, Accettura), ebenfalls private Gesellschaft mit vergleichbarem Angebot. Via Roma 21, ✆ 0835/675008.

Nuova Atlantide (Accettura), von April bis Aug. Di–So 10–16 Uhr (außer im Juni), sonst nur So 10–16 Uhr. Località Palazzo, ✆ 0835/675077 und 328/7338268, www.parcogallipolicognato.org.

• *Übernachten/Essen in Castelmezzano* ** **Hotel Dolomiti,** Hotel im alpenländischen Stil mit einfach ausgestatteten, etwas düsteren Zimmern und rittersaalähnlichem, kamingewärmtem Restaurant (Mo Ruhetag), in dem Fleisch, Wurst und Schinken von schmeckbar glücklichen Schweinen aufgetischt werden. DZ 41 €, EZ 26 €. Via M. Violini 19, ✆ 0971/986075.

Grotta dell'Eremita (Agriturismo), 11 Betten in drei schlichten Zimmern, Stellplätze für Zelte, ehrliche Landküche auch für auswärtige Gäste (außer montags). Übernachtung/Frühstück 20 € pro Person. Contrada Calcescia, ✆ 0971/986314, und 0347/1664925.

Rohstofflieferanten für den leckeren Pecorino von Pietrapertosa

Al Becco della Civetta, nach einem der Gipfel der Lukanischen Dolomiten (Käuzchenschnabel) benanntes Restaurant mit lukanischer Küche, das u. a. wegen der hausgemachten Pasta und der außergewöhnlich herzlichen Inhaberin quasi in der gesamten Basilikata geschätzt wird. Daneben steht ein nagelneues Hotel unter derselben Regie, das jedoch entgegen der für 2003 angekündigten Eröffnung im Spätherbst des Jahres noch nicht in Betrieb war. Vico 1 Maglietta, ✆ 0971/986249. Di Ruhetag.

• *Übernachten/Essen in Pietrapertosa* ** **Il Frantoio,** in einer umgebauten Olivenmühle untergebrachtes 12-Zimmer-Hotel mit Restaurant, in dem es samstags und sonntags auch Pizza gibt. Der sympathische Inhaber Nicola Perticara, als lukanisches Emigrantenkind in der Schweiz geboren, spricht perfekt Deutsch und zeigt sehr viel Engagement für das Wohl seiner Gäste und die Entwicklung eines "sanften Tourismus". DZ 39 €, EZ 28 €. Im Juli/August wird ein Mindestaufenthalt von drei Tagen bei Halb- oder Vollpension (34 bzw. 40 €) erwartet. Via M. Torraca 15/17, ✆/℡ 0971/983190, alb.frantoio@tiscalinet.it.

La Casa di Penelope & Cirene (Bed& Breakfast), Penelope und Cirene sind die Vornamen von Mutter und Tante von Teresa Colucci, die auf die Idee kam, das hübsche, kleine, familieneigene Haus am zentralen und dennoch ruhigen Corso des Centro Storico in ein adrettes, mit alten Möbeln eingerichtetes und Familienfotos dekoriertes Bed & Breakfast zu verwandeln. 4 Zimmer mit ebenso schönen wie bequemen Betten, gepflegte Bäder und eine kleine Wohnküche schaffen eine gemütliche Atmosphäre. (Übernachtung/Frühstück 20 € pro Person). Familien und Kleingruppen bietet die freundliche und hilfsbereite Teresa außerdem einen umgebauten alten Weinkeller mit Terrasse an (35 € pro Tag). Via Garibaldi 32, ✆ 0971/983013 und 338/ 3132196, teresa.colucci@tiscalinet.it.

Essen kann man im Restaurant des Hotels **Il Frantoio** (Di Ruhetag) oder im **Le Rocce** (Restaurant-Pizzeria, Mo Ruhetag) in der Via Garibaldi 107, ✆ 0971/983260.

In der Via M. Torraca 47 findet man **Da Nino,** eine nette "Rentnerbar" mit Panoramablick in die fast unberührte Natur.

• _Übernachten/Essen in Accettura_ *** **San Giuliano,** Familienhotel nebst Restaurant (Mo Ruhetag) im Zentrum von Accettura. DZ 42 €, EZ 25 €. Piazza P. Cartoscelli 7, ✆ 0835/675747, ℡ 0835/381986, sangiulianohotel@libero.it.

* **Loccanda Pezzola,** kleine, freundliche Pension mit kulinarisch überzeugender Trattoria (Fr Ruhetag). DZ 39 €, EZ 24 €. Via Roma 21, ✆/℡ 0835/675008, ristpezzola@libero.it.

Garden, Waldgasthaus im Bosco Montepiano, auch hier (außer montags) schmackhaft-deftige Lokalküche. Contrada Montepiano, ✆ 0835/675417.

• _Übernachten/Essen in der Umgebung_ **Forestiera San Leo (Agriturismo),** unser Leser Peter Hofmeister aus München hat sich in den frisch restaurierten Natursteinhäusern mit Ausblick auf die Lukanischen Dolomiten in jeglicher Hinsicht wohl gefühlt: er lobt die nette Gastfamilie und das gute Essen mit Erzeugnissen aus eigener Produktion. Übernachtung/Frühstück 28–34 € pro Person. Trivigno (am nordwestlichen Rand des Naturparks, von der 407 Abfahrt Albano di Lucania), Contrada San Leo, ✆ 0971/981157 und 335/6452487. Restaurant Mo und Di geschlossen.

Das obere Agrital

Zwischen den römischen Ausgrabungsstätten von Grumentum sowie den Gemeinden Montemurro und Spinoso zum Lago Pertusillo gestaut, durchfließt der Agri ein im Frühling von blühenden Wiesen und rot leuchtenden Mohnfeldern natürlich dekoriertes hügeliges Tal. Es wird von stattlichen, teilweise dicht bewaldeten und gebietsweise mit Skipisten und Langlaufloipen für den Wintersport erschlossenen Gebirgszügen wie Volturino und Sirino begrenzt.

Die exponiert gelegenen Bergstädtchen **Mársico Nuovo, Mársico Vetere, Viggiano, Moliterno und Grumento Nova bewachen** diese landschaftliche Idylle, die allein durch seit den 1980er Jahren dort installierte Erdölförderanlagen gestört wird. Gleichwohl wurde 1998 der amtliche Beschluss gefasst, auf dem gesamten Territorium bis 2004 den **Parco Nazionale della Val d'Agri Lagonegrese** abzustecken. Wirklich realisiert ist das von Umweltorganisationen gegen das Expansionsstreben der Erdölindustrie vehement verteidigte Vorhaben freilich noch nicht.

Mársico Nuovo, ein geschichts- und aussichtsträchtiges Landwirtschaftsstädtchen (836 m), wurde nachweislich seit dem 7. Jh. von ehemaligen Bewohnern von **Mársico Vetere** – nach Pietrapertosa auf 1037 m der zweithöchste Ort der Basilikata –, vielleicht sogar schon in der Antike besiedelt. Im 8. Jh. wurde es eine Festung der Langobarden und avancierte noch unter deren Herrschaft (um 1000) anstelle des von den Sarazenen bedrängten Grumentum zum Bischofssitz. Ab Ende des 11. Jh.

normannisch, geriet es danach unter die Fuchtel diverser Adelsgeschlechter, bis die Feudalherrschaft 1806 abgeschafft wurde, worauf sich die Stadt zunächst als Zentrum der antibourbonischen Bewegung profilierte, nach der Einigung Italiens jedoch mit den Briganten sympathisierte. Unter den steinernen Spuren dieser wechselvollen Vergangenheit sind die **Chiesa di S. Gianuario,** die **Chiesa S. Michele Arcangelo** und die **Kathedrale** besonders hervorzuheben. Die Erste, dem im Jahre 305 wegen seiner christlichen Mission enthaupteten Ortspatron geweiht, wurde im 11. Jh. gegründet und mehrfach umgebaut. Sie besticht besonders durch ihr kunstvoll gestaltetes Portal aus dem 13. Jh., das – ebenso wie das ähnlich gearbeitete Eingangstor der Zweiten – als Werk des berühmten zeitgenössischen Bildhauers Melchior von Montalbano gilt. Die Kathedrale, in ihrer ursprünglichen Form 1131 fertig gestellt, wurde Anfang des 17. Jh. erneuert und nach einem zerstörerischen Feuerschaden im Jahre 1818 gänzlich neu aufgebaut. Mársico Nuovos ehemaliger Vorort **Villa d'Agri** wurde 1955 selbständig und mauserte sich seither zu einem lebendigen Wirtschafts- und Verwaltungszentrum.

Viggiano beherbergt die meistverehrte Marienfigur der Basilikata und ist deshalb mehrmals im Jahr Ziel Tausender Pilger aus der gesamten Region. Höhepunkt der religiösen Feierlichkeiten ist der erste Maisonntag, an dem die "Königin Lukaniens" in einer ca. vierstündigen Prozession von unzähligen Gläubigen auf den Monte Viggiano geleitet wird.

Moliterno war einst Standort einer in ganz Süditalien geschätzten Medizinschule. In der Altstadt ziehen respektable Adels- und Bürgerhäuser mit eindrucksvollen Portalen und Loggien die Aufmerksamkeit auf sich. Die Gründungsväter des Ortes waren die überlebenden Einwohner von Grumentum, die sich nach der Zerstörung ihrer Stadt durch die Sarazenen im 11. Jh. hierher flüchteten und unterhalb einer entweder von Langobarden oder Normannen errichteten Festung in 879 m Höhe ihre Häuser erbauten.

• *Anfahrt/Verbindungen* Ins obere Agrital kommt man über die A 3 (Ausfahrten Atena Lucano oder Padula), dann geht es auf der SS 598 parallel zum Fluss weiter. **Busverbindungen** nach Potenza und zwischen den o. g. Orten. Von Moliterno fahren Busse nach Lagonegro, Montesano und Policoro.

• *Information* **Pro Loco (Moliterno),** Piazza Vittorio Veneto.

Kulinarischer Tipp: Mit dem berühmten "Pecorino Moliterno" oder den schmackhaften Bohnen von Sarconi präsentiert die berggesäumte Flusslandschaft des oberen Agritals einige Highlights der regionalen Lebensmittelproduktion.

• *Essen in Villa d'Agri* **Osteria del Gallo,** ein wegen der ausgezeichneten "neulukanischen" Küche, die Traditionsgerichte etwas leichter und kreativer serviert, in der gesamten Umgebung beliebtes Restaurant. Via Nazionale 2, ✆ 0975/352045. Di Ruhetag.

• *Übernachten/Essen in Viggiano* ** **Theotokos,** 2 km außerhalb des Ortes am Fuße eines Berges. Modern gestylt und vornehmlich als Pilgerhotel genutzt (Träger ist die katholische Kirche). Komfortable Zimmer und großes, helles Restaurant. DZ 58 €, EZ 45 €. Piazza Papa Giovanni XXIII, ✆/℻ 0975/61409.

Pizzeria Tre Torri, von Einheimischen empfohlene Pizzeria im Stadtzentrum. Viale Vittorio Emanuele 26, ✆ 0975/311256. Fr Ruhetag.

La Soppressata, typische lukanische Küche serviert dieses nach der gern gegessenen Wurstspezialität benannte Restaurant. Es liegt 2 km außerhalb des Zentrums (unweit des o. g. christlichen Hotels). Via Lago Totaro 10, ✆ 0975/61520. Mo Ruhetag.

• *Übernachten/Essen in Moliterno* **** **Minerva,** ganzjährig geöffnetes Hotel mit Garten und Tennisplatz. DZ 77 €, EZ 67 €. Via Valinoti Latorraca 11, ✆ 0975/67900, ℻ 0975/67901.

Grumentum/Grumento Nova

ca. 2.000 Einwohner

Wenn man, eingetaucht in das Licht und die Luft eines lauen Frühsommerabends und von einem wohlklingenden Vogelorchester akustisch begleitet, vom Forum des antiken Grumentum den Blick in die umliegende Landschaft schweifen lässt, glaubt man zu wissen, warum die Römer just an dieser Stelle eine Stadt errichteten.

Das römische Grumentum wurde in der ersten Hälfte des dritten vorchristlichen Jahrhunderts gegründet und entwickelte sich u. a. wegen seiner verkehrsgünstigen Lage in der Folgezeit zur wirtschaftlich blühenden Stadt. Infolge des Bundesgenossenkrieges von 91 bis 89 v. Chr., mit dem die Lukanier bzw. die italischen Völker insgesamt von den römischen Machthabern vehement Bürgerrechte einforderten, geriet Grumentum in eine Krise. Die Stadt erholte sich erst wieder mit dem Beginn der Ära des Kaisers Augustus (42 v. Chr.), in der das Stadtgebiet sogar um neue Gebäude und Anlagen, darunter das Theater und die Thermen, erweitert wurde und ein erneuter wirtschaftlicher Aufschwung einsetzte. Danach wurde Grumentum mit fortschreitender Christianisierung 370 Bischofssitz, bis dieser um 1000 nach Marsico Nuovo verlegt wurde. Allerdings war die Stadt schon vorher aus bis heute ungeklärten Gründen von einem Großteil ihrer Bewohner verlassen worden. Die letzten folgten dann um die erste Jahrtausendwende, nachdem die ehemalige römische Kolonie von den Sarazenen zerstört worden war.

Die Geflüchteten brachten sich fortan auf den Höhen über dem Agrital in Sicherheit, so auch ca. 771 m bzw. 5 km höher im heutigen **Grumento Nova,** das bis 1932 noch Saponara hieß. In dem sympathischen 2000-Seelen-Ort gibt es abgesehen von einigen barocken Steintoren und Kapellen keine nennenswerten Besichtigungsobjekte.

• *Anfahrt/Verbindungen* Über die SS 103 bzw. die SS 598. **Busse** nach Potenza, S. Arcangelo, Moliterno, Policoro.

• *Übernachten* * **Hotel Grumentum,** einfach eingerichtetes, familiengeführtes Haus am Ortsrand von Grumento Nova mit schönen Balkonzimmern und Restaurant mit Außenterrasse (Mi Ruhetag). DZ 29 €, EZ 15 €. Corso V. Emanuele 11, ✆ 0975/65029.

*** **Park Grumentum,** recht großes, komfortables, etwas nüchtern geführtes Hotel mit Bar, Restaurant und Pool. Einige Kilometer außerhalb des Ortes auf freiem Feld gelegen. DZ 52 €, EZ 31 €. Contrada Traversiti, ✆ 0975/65592 u. 0975/65641, ✆ 0975/65592.

Parco Verde (Agriturismo), in fußläufiger Entfernung zum Ausgrabungsgelände und mitten im Grünen gelegenes Restaurant mit Picknickplatz und einigen Übernachtungsmöglichkeiten in neu angebauten Zimmern. Angeschlossen ist ein kleiner **Agricampeggio** für Zelte und Wohnwagen (Stromanschlüsse und Sanitäranlagen vorhanden). Ganzjährig geöffnet. Ein-, Zwei- und Dreibettzimmer zu 16 € (pro Person). Contrada da Spineta, ✆ 0975/65590.

• *Essen und Trinken* **La Cascina,** am Ortsausgang gelegene einzige Pizzeria von Grumento Nova, wo man gemeinsam mit den Bewohnern des Ortes eine akzeptable Pizza oder ein einfaches Menü essen kann. Contrada San Biagio, ✆ 0975/65446. Do Ruhetag.

Bar Mary, vornehmlich von der Jugend des Ortes bevölkerten Lokal, in dem man noch einen späten Drink bekommt. Hauptstraße Via Roma 34.

Solarium, einen Steinwurf vom o.g. entfernt,mit einem durch eine breite Fensterfront eröffneten Blick aufs Tal.

Rundgang

Die imposanten Reste der antiken Stadt Grumentum, deren Grundriss drei Haupt- sowie mehrere Nebenstraßen aufweist, verteilen sich auf einer Fläche von etwa 1000 m Länge und 250 m Breite auf einem Hügel nahe dem Zusammenfluss von Agri und Sciaura.

Steinerne Hinterlassenschaften der Römer: Grumentum

Wenn man den archäologischen Park aus südlicher Richtung (vom Museum kommend) betritt, trifft man zunächst auf das ursprünglich 9 m hohe, in der zweiten Hälfte des 1. Jh. v. Chr. erbaute **Theater,** dessen Zuschauerraum durch eine Doppelreihe von Arkaden gestützt wird. Direkt dahinter befindet sich ein rechtwinklig konstruiertes **römisches Haus** mit farbigen Mosaikfußböden.

Nach diesem Einblick ins antike Privatleben passiert man zunächst die Reste eines Tempels, um dann mit dem fast quadratischen, 64 mal 63 m messenden **Forum** die öffentliche Sphäre im Zentrum der Stadt zu betreten. Hier wurden – unter Aufsicht der drei Hauptgötter Jupiter, Juno und Minerva, denen ein **Capitol** am Rande des Forums gewidmet war – politische, wirtschaftliche und juristische Diskussionen geführt und Entscheidungen gefällt.

Der Hauptstraße weiter folgend, gelangt man schließlich – vorbei an den **Thermen** – zum ebenfalls im 1. Jh. v. Chr. eröffneten **Amphitheater.** In dessen Sichtweite liegt die Kirche Santa Maria dell'Assunta, das einzige steinerne Zeugnis der mittelalterlichen Geschichte der Stadt.

Zum besseren Verständnis der antiken Monumente empfiehlt es sich, vor dem Rundgang durch den archäologischen Park das in einem modernen Neubau unmittelbar neben den Ausgrabungen untergebrachte **Museo Nazionale dell'Alta Val d'Agri** zu besuchen. Nachdem man in der Ausstellungshalle im Erdgeschoss zunächst erfährt, was sich in vorrömischer Zeit im Agrital tat, präsentiert das Museum in seinem unteren Stockwerk Einblicke in das Stadtleben des antiken Grumentum. Eindrucksvollstes Exponat der römischen Abteilung ist ein auf dem nahen Forum entdeckter Marmorkopf, der Livia, die Frau des Augustus, darstellt.

🕐 Das Museum ist Mo von 14 bis 20 Uhr, sonst von 9 bis 20 Uhr geöffnet, der archäologische Park schließt eine Stunde vor Sonnenuntergang. Eintritt für Museum (📞/📠 0975/65074) und Ausgrabungen 2,50 €. Deutschsprachiges Infomaterial im Museum und unter www.grumentum.org.

Pollino

Die mit viel frischer Luft gefüllte grüne Lunge des Pollino, die sich die Basilikata und Kalabrien miteinander teilen, ist ein mit einer artenreichen Pflanzen- und Tierwelt gesegnetes Paradies für ruhebedürftige Naturfreunde und Wandervögel.

Die sich auf einer Fläche von knapp 200.000 ha ausdehnende Wald- und Gebirgslandschaft mit Höhenunterschieden zwischen 130 und 2266 m wurde Ende 1993 zum "Parco Nazionale del Pollino" ernannt. Als Besonderheit ihrer vielfältigen Flora und Fauna und als Symbol des Parks gilt die in der Zone zwischen 1500 und 2000 Höhenmetern gedeihende Panzerföhre "Pino Loricato". Dass der Nadelbaum mit seiner schuppenförmigen, rüstungsähnlichen Rinde sonst nur noch auf dem Balkan wächst, verweist darauf, dass beide Gebiete in früheren Phasen der Erdgeschichte einmal miteinander verbunden gewesen sein müssen. Über die Panzerföhre hinaus präsentiert der Pollino nahezu die gesamte Palette der Laub- und Nadelbäume, aber auch mediterrane Macchia sowie Ginster, der die Wiesen am Fuße des Bergmassivs im Frühjahr in ein sattes Gelb taucht. Dazu kommen Pilze, Waldfrüchte sowie verschiedene Kräuter- und Blütenpflanzen, die nicht nur das Auge, sondern auch den Gaumen erfreuen. Unter den tierischen Bewohnern des Naturparks beeindrucken die Wölfe und Steinadler wohl am meisten.

Im lukanischen Teil des Pollino gibt es 24 Gemeinden, von denen einige, z. B. San Costatino Albanese und San Paolo Albanese, albanischen Ursprungs sind. Auf dem Speisezettel der Pollino-Bewohner rangieren hausgemachte Pastasorten und Hülsenfrüchte an erster Stelle. Der kulinarische Stolz des Pollino ist jedoch sein in vielen Varianten serviertes Schweinefleisch und insbesondere der in seiner guten Luft getrocknete rohe Schinken, dessen Qualität und Duft selbst normalerweise fleischlos lebende Zeitgenossen in Versuchung führt. Bleiben sie konsequent, können sie sich an nicht minder aromatischen Pilzgerichten oder den gebietstypischen Spielarten der Käsesorten Pecorino, Ricotta und Caciocavallo laben.

Obgleich der lukanische Pollino mit einladenden Hotels, Pensionen und Agriturismi recht gut für den Fremdenverkehr erschlossen ist, sind selbst seine touristischen Zentren Rotonda, San Severino Lucano, Viggianello und Terranova del Pollino nicht mit denen nördlicher Bergregionen zu vergleichen und wirken insgesamt eher ruhig bis verschlafen. Gleichwohl organisieren und vermitteln Gemeinden, Hoteliers, lokale Kooperativen und/oder die Verantwortlichen des Pollino-Nationalparks ortskundig und kompetent geleitete Wander-, Mountainbike- und Reitexkursionen in die faszinierende Berg-, Pflanzen- und Tierwelt des Pollino.

Rotonda

ca. 4.000 Einwohner

Die in einen alten und neuen Ortskern aufgeteilte Gemeinde liegt auf 580 m Höhe und wird von einem mittelalterlichen Kastell gekrönt.

Auf ihr Territorium flüchteten sich im 5. Jh. die Bewohner des Mercuretals vor den Goten, um in späteren Jahrhunderten unter die Herrschaft von Langobarden, Normannen und des Adelsgeschlechtes der Sanseverino zu geraten. 1799 stand man dann für die republikanische Bewegung und schließlich für die Einigung Italiens ein. Heute residiert in dem auf Obst- und Gemüseanbau spezialisierten Landwirtschaftsstädtchen, das sich als ein möglicher Ausgangspunkt für die Erkundung des Pollino anbietet, die Zentrale des Pollino-Nationalparks. Während die sich im repräsentativen Palazzo Amato aus dem 19. Jh. eingerichtet hat, wurde unlängst im frisch restaurierten Gebäude des ehemaligen Pilgerhospizes am Santuario di S. Maria della Consolazione mit einer Marmorstatue der Madonna aus dem Jahre 1512 das **Ecomuseo del Pollino** eröffnet. Es informiert über das ökologische System des Pollino-Gebirges und präsentiert u. a. das Skelett eines urzeitlichen Elefanten.

• *Anreise* A 3 (Ausfahrt Lauria-Sud oder Laino Borgo), dann Provinzstraße Richtung Viggianello oder SS 653.

• *Information/Exkursionen* **Ente Parco Nazionale del Pollino,** Mo–Sa 8–14 Uhr, Mo u. Mi auch 16–18 Uhr. Via Mordini 20, 85048 Ro-

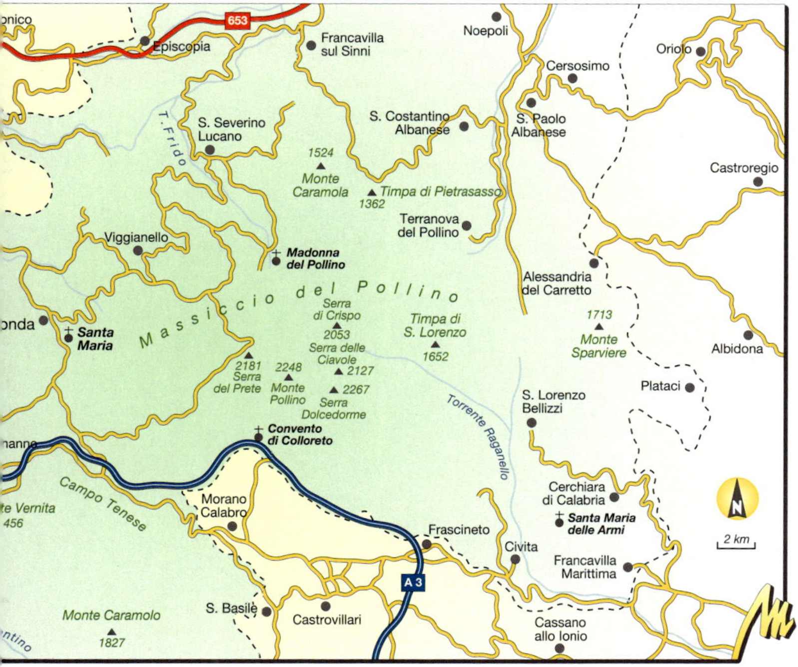

tonda (PZ), ✆ 0973/661692, ✆ 0973/667802, www.parcopollino.it.

Pro Loco, informiert im Rathaus im Sommer tägl. von 9.30 bis 12.30 Uhr und 16.30 bis 19.30, im Winter nur Sa/So. Via Roma 56, ✆ 0973/661005; www.comune.rotonda.pz.it.

Beide Stellen vermitteln ortsansässige Bergführer.

• *Übernachten/Essen* *** **Sirio,** modernes Hotel mit komfortablen Balkonzimmern am westlichen Ortsrand. DZ 65 €, EZ 40 €. Via dei Rotondesi in Argentina 1, ✆ 0973/667600, ✆ 0973/667537, www.hotelsirio-pollino.com.

Calivino (Agriturismo), kleines, hübsch restauriertes Bauernhaus inmitten von Obst-, Wein- und Olivenkulturen einige Kilometer südlich von Rotonda, in dem man übernachten, aber auch nur essen (außer Mo) kann. DZ 55 €. Contrada S. Lorenzo, ✆ 0973/661688, www.aziendacalivino.it. Nov geschlossen.

Mehrere Restaurants, Pizzerien und Pubs im Ortszentrum, das größte Renommee genießt **Da Peppe.** Geboten wird raffinierte lukanische Küche der oberen Preiskategorie, dazu ein leichter roter Hauswein oder Erleseneres aus dem hauseigenen Weinkeller. Corso Garibaldi 13, ✆ 0973/661251. Mo Ruhetag.

San Severino Lucano

ca. 2.000 Einwohner

Eingebettet in das Flusstal des Frido, von Wiesen und Wäldern umarmt und im Süden von den höchsten Gipfeln des Pollino-Massivs, dem Monte Pollino (2248 m) und der Serra Dolcedorme (2266 m), überragt, wirken das beschauliche San Severino Lucano und seine im Grünen verstreuten Ortsteile Magnano, Mezzana oder Cropani wie Baldrian auf gestresste Großstadtseelen.

Hätte man kurz nach der Einigung Italiens (1860) seinen Urlaub in der Gegend von San Severino Lucano verbracht, wäre er mit Sicherheit nicht so geruhsam verlaufen. Die Gemeinde war nämlich seinerzeit ein aktives Zentrum der Brigantenbewegung und entsprechender staatlicher Gegenwehr, die vom Kapitän der Nationalgarde, einem Mann namens Iannarelli, organisiert wurde. Das Andenken an diese Vorgänge wird in San Severino Lucano bis heute gepflegt, u. a. durch folkloristische Veranstaltungen mit als Briganten verkleideten Dorfbewohnern.

Als bemerkenswerteste architektonische Sehenswürdigkeiten der Gemeinde gelten einige wasserbetriebene Mühlen aus dem 18. und 19. Jh. Zu den besterhaltenen zählt die Fasanelli-Mühle am Zusammenfluss von Frido und Peschiera nahe Cropani, der größte historische und ethnographische Wert wird den Magnacane-Mühlen bei Mezzana attestiert, und am bekanntesten sind die Reste der Calabrese-Mühle von 1720. Letztere wird im Volksmund auch Iannarelli-Mühle genannt, weil sie in der zweiten Hälfte des 19. Jh. im Besitz des besagten Nationalgarde-Kapitäns war.

• *Anfahrt/Verbindungen* Über die A 3 (Ausfahrt Lauria-Nord), dann auf die SS 653 (Ausfahrt Valle del Frido). **Busse** fahren nach Senise (dort Anschlüsse zu vielen anderen Orten der Basilikata), Lauria, Lagonegro, Metaponto und Potenza.

• *Information* Die gut organisierte und mit reichhaltigem Informationsmaterial ausgestattete **Pro Loco del Pollino** informiert nunmehr direkt im Rathaus. (Corso Garibaldi,, ✆/✆ 0973/576332, proloco-sanseverino@pollino.net) und ist täglich von 10 bis 12.30 und von 16.30 bis 19.30 Uhr geöffnet. Sie stellt auch den Kontakt zu den örtlichen Bergführern her, die man aber auch direkt kontaktieren kann: ✆ 0973/576172, ✆ 347/8587582 (Leonardo Viceconte), ✆ 0973/576437, ✆ 347/1235081 (Giorgio Braschi), ✆ 0973/576077 u. 328/2137327 (Vincenzo Domenico Lo Duca).

• *Wandern/Exkursionen* Etwas südlich der Iannarelli-Mühle residiert auf 1537 m Höhe von Juni bis September in einer im 18. Jh. errichteten Wallfahrtskirche die allseits verehrte Madonna del Pollino, die am ersten Juliwochenende von wahren Pilgermassen besucht wird. Begleitet von deren Segen kann man den von hier aus günstigen Aufstieg zur Grande Porta del Pollino und den Gipfeln der Serra del Prete und des Monte Pollino wagen. Markierte Wanderwege geleiten außerdem zum 1157 m hohen Timpa della Guardia und in den Bosco Magnano, wo der Torrente Peschiera plätschert. Sie alle sind auf der Wanderkarte "Carta Escursionistica del Pollino" eingezeichnet.

Blühende Wiesen und schwindelnde Höhen: Pollino

• *Übernachten/Essen* *** **Hotel Paradiso,** für Pollino-Verhältnisse relativ groß (90 Betten). Landschaftlich schön gelegen (am Ortsrand), passable Zimmer, diverse Sportanlagen und Pool, allerdings etwas düsteres Interieur. DZ 72 €, EZ 49 €. Via S. Vincenzo, ✆ 0973/576586 u. 0973/576588, ℻ 0973/576587, www.hotelparadiso.info.

* **La Vecchia Cantina,** sympathische kleine Familienpension in einem hübschen zweistöckigen Haus im Zentrum. Einfache, aber ansprechende Zimmer, gemütliche (Frühstücks-)Bar und Garten. April–Dezember geöffnet. DZ 45 €, EZ 28 €. Corso Garibaldi 8, ✆/℻ 0973/576234, ℻ 0973/576234.

** **Bosco Magnano,** mitten im Wald verstecktes Hotel-Restaurant (Restaurant Mo geschlossen) mit 16 Schlafplätzen und riesigem Speisesaal. DZ 52 €, EZ 31 €. Località Bosco Magnano (Ortsteil Cropani), ✆/℻ 0973/576472, ℻ 0973/640900.

* **La Taverna del Brigante,** einfache kleine Pension und Trattoria (Di Ruhetag) unter freundlicher Leitung am Rande des Magnano-Waldes. Im angeschlossenen Restaurant wird schmackhafte lukanische Hausmannskost serviert, und die Inhaber kümmern sich auch noch um das natur- und wanderorientierte Freizeitwohl ihrer Gäste. In der Hauptsaison (Mai–Oktober) werden die Zimmer nur mit Halb- oder Vollpension vermietet, von November bis April kostet die reine Übernachtung im DZ 31 €, im EZ 21 €. Contrada Bosco Magnano (Ortsteil Cropani), ✆ 0973/576284.

Ostello Il Salice, einfache Zimmer, die sich unter einem Dach mit einer empfehlenswerten Trattoria und einem kleinen Volkskundemuseum befinden, außerdem gibt's hier Tipps für die Erkundung der Umgebung. DZ 26 €. Jan. und Feb. geschlossen. Via Mezzana-Salice, (südlich des Ortes), ✆ 0973/570005.

Camping Val Frida, etwa 9 km südlich von San Severino (im Ortsteil Mezzana-Salice) offeriert der einzige Campingplatz des lukanischen Pollino 20 Stellplätze für Zelte und Wohnwagen sowie Picknickplätze und auf knapp 100 Personen ausgelegte Versorgungseinrichtungen (neben Sanitäranlagen auch Kinderspielplatz und Sportanlagen, im Aug. eine Trattoria-Pizzeria). Mai bis Ende Okt. geöffnet, ✆ 0973/570204, ℻ 0973/570200.

Außer den Restaurants der genannten Hotels und Pensionen empfiehlt sich ein Besuch im Restaurant **La Fontana del Brigante** am Rande des Ortszentrums, das unsere Münchner Leser Gerlinde Vogl und Gerd Nies atmosphärisch und kulinarisch begeisterte: Sie lobten u. a. hausgemachte Nudeln mit Wildschwein- oder Steinpilzsoße, Zicklein- und Lammbraten sowie die Bohnensuppe. Corso Garibaldi 189, ✆ 347/8020468.

Viggianello

ca. 3.700 Einwohner

Wer Ruhe, Abgeschiedenheit und Naturberührung sucht, bei der Unterbringung dennoch nicht auf einen gewissen Stil und Komfort verzichten und das eine oder andere kulturhistorische Kleinod in Unterkunftsnähe besuchen möchte, ist in Viggianello gut aufgehoben.

Viggianello liegt zu Füßen der Serra del Prete (2180 m) und ist von Wäldern und Weiden umgeben. Das aktuelle Ortszentrum mit seinen von dichten Häuserreihen flankierten Gassen, die immer wieder von kleinen Plätzen unterbrochen werden, entwickelte sich um das unlängst aufwendig restaurierte und in ein gediegenes Hotel verwandelte Schloss, das im 16. Jh. von der Adelsfamilie Sanseverino erbaut wurde. Allerdings lebten schon lange vorher Menschen auf dem Gemeindegebiet von Viggianello, das neben dem Ortskern noch einige teilweise kilometerweit von ihm entfernte kleinere Ansiedlungen umfasst. So geht man relativ sicher davon aus, dass die auf alten Karten eingezeichnete römische Befestigung Castrum Byarelli just hier zu verorten ist.

Ebenso wie das Schloss im oberen Teil des alten Stadtzentrums dokumentieren der **Palazzo Mastropaolo** mit einem geschnitzten Holztor und der inzwischen zum Privatmuseum umfunktionierte **Palazzo Caporale** (beide aus dem 17. Jh.) den luxuriösen Lebensstil der zeitgenössischen oberen Gesellschaftsschichten. Von künstlerischem Wert sind darüber hinaus das Interieur der **Kirche S. Caterina d'Alessandria,** darunter ein Alabastertaufbecken aus dem 16. Jh., und die im romanischen Stil gehaltene **Kapelle S. Maria dell'Assunta** (16. Jh.) mit einem Portal aus Kastanien- und Eichenholz.

• *Anfahrt/Verbindungen* Über die A 3 (Ausfahrten Lauria Sud oder Laino Borgo), dann auf die SS 653 (Ausfahrt Valle Frido). Die **Busgesellschaft SAM** verbindet die einzelnen Ortsteile von Viggianello und fährt außerdem nach Rotonda, San Severino, Lauria, Lagonegro, Praia a Mare, Sibari, Metaponto und Potenza, wobei sich in den fünf letztgenannten Orten Bahnhöfe befinden.

• *Information/Exkursionen* **Pro Loco,** im Rathaus, Mo–Fr 8–14 Uhr, Mo und Mi 15–18 Uhr. Corso Senatore De Filpo 25, ✆ 0973/664311, www.prolocoviggianello.it.

Informationen über und Buchung von geführten Pollino-Exkursionen Juni–Sept. 8–20 Uhr im **Punto Parco,** Via Vittorio Emanuele, ✆ 0973/664448.

Die oben erwähnte Wanderkarte markiert mehrere Wandertouren mit Gehzeiten von 1,5 bis 9 Stunden, die in oder in der Nähe von Viaggianello starten, so z. B. auf die Serra di Mauro (1579 m), den Monte Serra (1228 m), den Aussichtspunkt Belvedere di Malvento, den Monte Pollinello (1820 m) und den Monte Pollino (2248 m).

• *Übernachten/Essen* **** **Il Castello dei Principi,** das mit edelsten Materialien restaurierte, nobel möblierte und mit erlesener Bett- und Tischwäsche dekorierte Schlosshotel wurde erst Ostern 2003 eröffnet. Weil die distinguiert-herzliche Anita Bonifacio, die es gemeinsam mit ihren Söhnen leitet, es mehr als einen Ort gepflegter Gastlichkeit denn als kommerzielles Unternehmen verstanden wissen möchte, gibt es bislang nicht einmal ein Hinweisschild zu dem auch kulinarisch herausragenden Ort, an dem ein gesundes und üppiges Frühstück kultiviert wird. DZ 100 €, EZ 53 €. Via Ponte Castello, ✆/℻ 0973/664042 und 338/9802309, castellodelprincipe@interfree.it.

*** **Parco Hotel Pollino,** modernes, komfortables Hotel mit Balkonzimmern, Sauna, Pool und Garten. DZ 70 €, EZ 38 €. Via Marcaldo, ✆/℻ 0973/664018, www.parcohtpollino.it.

** **Locanda di San Francesco,** in einem 200 Jahre alten Haus untergebrachtes, stilvolles Hotel im alten Ortskern. 20 großzügige Zimmer (z. T. mit Blick auf die höchsten Gipfel des Pollino), Garten und passabel bekochtes (auch von externen Gästen frequentiertes) Restaurant mit Kamin. DZ 68 €, EZ 38 €. Via San Francesco 4, ✆ 0973/664384, ℻ 0973/664485, www.locandapollino.it.

** **Le Ginestre,** nette, ganzjährig geöffnete Familienpension am Ortsausgang in Rich-

Landschaftlich gut situiert: Viggianello

tung Rotonda, saubere Zimmer, Aussichtsterrasse, schmackhafte Lokalküche, die auch von Nicht-Pensionsgästen goutiert werden kann. DZ 50 €, EZ 26 €. Via Carella 18, ✆/℻ 0973/664366.

Residence Le Rondine, wer lieber selber kocht und Betten macht, kann hier Ferienwohnungen mieten. Corso Senatore de Filpo 13, ✆ 0973/664101.

Rifugio De Gasperi, von einer Kooperative geleitete Berghütte auf dem 1535 m hohen Piano di Ruggio, in der man schlafen und zünftig essen kann, um so gestärkt zu Wanderungen aufzubrechen. Übernachtung und Halbpension in 3-, 4- und 7-Bett-Zimmern kostet 40 € pro Person. Località Piano di Ruggio, ✆ 0973/661080 und 347/3511571.

Il Ristoro del Carbonaio, auch hier geht es zünftig zu (ob innen oder an den Gartentischen draußen): leckere Gemüse- und Fleischgerichte, guter Wein (abends nur auf Vorbestellung) und die Möglichkeit, hinter dem Haus ein Zelt aufzuschlagen. Località Croce Pantana, ✆ 349/3514332.

Terranova del Pollino

ca. 1.800 Einwohner

Für ein wandertouristisches Zentrum präsentiert sich das Bergdorf im Herzen des Nationalparks auffällig unauffällig, sprich architektonisch unspektakulär und atmosphärisch eher verschlafen.

Zum Ausgleich liegt es jedoch auf 926 m Höhe, bietet einen phantastischen Rundblick in die Bergwelt und genießt einen ausgezeichneten Ruf hinsichtlich seiner Gastronomie. Terranova ist ein idealer Ausgangspunkt für Pollino-Exkursionen, per pedes, Mountainbike oder auf dem Rücken eines Pferdes. Sie sind in entsprechenden Wanderkarten (s. o. S. 27) eingezeichnet und führen z. B. in die südlich des Ortes gelegene Garavina-Schlucht oder auf den höchsten Pollino-Gipfel Serra Dolcedorme (2267 m).

• *Anfahrt/Verbindungen* Über die A 3 (Ausfahrt Lauria-Nord), dann auf die SS 653 (Ausfahrt Terranova) und über die SS 92 direkt ins Dorf; von der SS 106 auf die SS 653 (Ausfahrt S. Giorgio Lucano). **Busverbindungen** nach Senise, von dort Verbindungen nach Potenza, Lagonegro, Policoro/Scanzano, wo sich auch Bahnhöfe befinden

• *Information/Exkursionen* **Pro Loco,** Via Convento, ✆/℻ 0973/93489.

In Terranova bieten gleich mehrere offizielle Führer des Pollino-Nationalparks ihre Dienste an (Organisation und Leitung von Wanderungen mit verschiedenen Schwierigkeitsgraden, Mountainbike- und Skilanglauftouren, Trekking per Pferd). Nähere Informationen bekommt man von Salvatore Martorano, Via Alfieri 23, ✆/℻ 0973/93262, ✆ 347/7506851.

Mountainbikes gibt es für 15 € am Tag bei L & B Sport, Via Convento 13, ✆ 0973/93505.

• *Übernachten/Essen* *** **Hotel Picchio Nero,** familiengeführte, im Alpenstil gehaltene, gepflegte Hotelanlage mit Garten, Pool und anerkannt guter Küche. Die Spezialitäten des Restaurants – Pilzgerichte und luftgetrocknete Wurstwaren aus eigener Herstellung – genießen dank der Erwähnung in italienischen Feinschmeckerzeitschriften einen überregionalen Ruf. Der engagierte und recht gut Englisch sprechende Chef des Hauses, Pino Golia, organisiert zudem ganzjährig attraktive Wanderungen (z. B. eine "Pilzwanderwoche" im Oktober) sowie Skilanglauftouren im Winter. DZ 60 €, EZ 50 €. Via Mulino 1, ✆/℻ 0973/93170.

** **Viola,** mit dem Restaurant (Pizzeria) **La Grotta** (Mo Ruhetag) gemeinsam betriebene kleine Pension mitten im Ortszentrum. EZ 26 €, DZ 36 € (ohne Frühstück). Via Convento 6, ✆ 0973/93098 u. 0973/93165.

* **Aquila Verde,** 10 km außerhalb des Ortszentrums gelegene, von einem Bergführer des Nationalparks betriebene, bequem ausgestattete Berghütte mit 5 Zimmern und Verpflegung. DZ 31 €, EZ 16 €. Località Lavine, ✆ 347/7119708.

La Garavina (Agriturismo), wohnen und (biologisch) essen im Grünen und mit Blick auf die höchsten Pollino-Gipfel. Guter Ausgangspunkt für Exkursionen, bei deren Vorbereitung und Durchführung der Hausherr in seiner Eigenschaft als autorisierter Bergführer des Nationalparks mit Rat und Tat zur Seite steht. DZ 45 €, HP 38 € pro Person. Contrada Casa del Conte, ✆/℻ 0973/93395, ✆ 329/0661448, lagravina@tin.it.

Luna Rossa, auch hier bestimmt die traditionelle Pollino-Küche die hinsichtlich aller Gänge attraktive Speisekarte. Via Marconi 18, ✆ 0973/93254. Mi Ruhetag, Anfang Sept. geschlossen.

Tyrrhenische Küste bei Maratea

Mit ihrem zwischen die Strände Kampaniens und Kalabriens eingeklemmten, nur knapp 30 km langen Küstenstreifen unterhalb des malerischen, am Fuße des Monte San Biagio klebenden Städtchens Maratea verfügt die Basilikata über eine der schönsten Küstenlandschaften Italiens.

Über einem in allen Nuancen der grün-blauen Farbskala schimmernden Meer, das von einer wildromantischen Steilküste begrenzt wird, wachsen Pinien, Olivenbäume und Steineichen die Berge hinauf. Hier und da macht die Vegetation verstreuten Häuseransammlungen, imposanten Villen und quadratischen Wehrtürmen Platz. Da Schönheit bekanntlich ihren Preis hat, ist ein Urlaub in Maratea Borgo, seinen uferzugewandten Ortsteilen Acquafredda, Cersuta, Fiumicello, Porto, Marina und Castrocucco und den Bergdörfchen Massa und Brefaro für süditalienische Verhältnisse relativ teuer. Dass in den Cafés und Restaurants rund um den Hafen, den sich einfache Fischerboote und luxuriöse Yachten miteinander teilen, oder in einigen Lokalen der für den Fremdenverkehr herausgeputzten Altstadt ein gewisser Hauch von Exklusivität weht, sollte Reisende mit mittlerem oder kleinerem Geldbeutel freilich nicht davon abhalten, sich von diesem kleinen mediterranen Paradies am Golf von Policastro verzaubern zu lassen. Es besticht durch unzählige größere und kleinere, mit Sand- und Kieselstränden ausgefüllte Buchten, eine durch Farben und Düfte betörende Mittelmeervegetation, die stattliche Anzahl bemerkenswerter weltlicher und sakraler Baudenkmäler – darunter allein 44 Kirchen und Klöster – und eine sensibel in die Landschaft und die pittoresken Ortskerne und Gebäude eingefügte touristische Infrastruktur.

Klein, aber fein: Strand bei Maratea

Die Stadt Maratea wurde im Jahre 1079 in einer Bulle des Bischofs von Salerno zum ersten Mal urkundlich erwähnt. Dennoch gilt als gesichert, dass ihr Territorium bereits zur Zeit der griechischen Kolonisation besiedelt war. Von da an teilte es das politische Schicksal des italienischen Südens, geriet in die römische Machtsphäre und fungierte seit dem 8. Jh. als langobardische Festung, von deren Existenz die Ruinen unter dem Gipfel des Monte Biagio (Maratea Superiore) zeugen. Der in der Mitte des 13. Jh. darunter errichtete neue Ort, die heutige Altstadt (Maratea Inferiore), avancierte unter aragonesischer Herrschaft zur Königsstadt, bis er 1530 an das Adelsgeschlecht derer von Carafa verkauft wurde. Von deren Verfügungsgewalt befreit, entwickelte sich Maratea, das über den einzigen tyrrhenischen Hafen der Region verfügte, seit 1621 zu einem florierenden Handelsplatz. 1806 wurde die Stadt von napoleonischen Truppen zerstört, wovon sie sich seit 1810 allmählich wieder erholte.

Verbindungen/Information/Diverses

• *Anfahrt/Verbindungen* Über die A 3 (Ausfahrt Lagonegro-Nord), dann auf die SS 585 oder die SS 18 entlang der Küste. Am Bahnhof von Maratea halten auch die **Fernzüge** Milano–Reggio Calabria bzw. Sizilien. **Busverbindungen** bestehen von Maratea Zentrum zu den einzelnen Ortsteilen bzw. nach Lagonegro, Lauria, Potenza, Sapri und Praia a Mare. Vom 1. Juli bis zum 12. September verdichteter innerstädtischer Verkehr der Linea SITA.

• *Information* **Consorzio "Sotto il Segno del Delfino",** Via S. Nicola 43, ✆ 0973/876499, www.basilicatahotels.it (am meerzugewandten Rande des alten Ortskerns). Hier sitzt Mo–Sa von 9 bis 13 und von 16 bis 19 Uhr die hilfsbereite und perfekt Englisch parlierende Susi Travisano, die dem Reisenden mit Rat und Tat sowie umfangreichem Informations- und Kartenmaterial zur Seite steht.

A.P.T., Piazza Gesù 40 (in der Altstadt). Mo-Sa 8–14, Di u. Do auch 15–18 Uhr, Juli und Aug. Mo–Sa 8–20, So 9–13 und 16-20 Uhr. ✆ 0973/876908.

• *Einkaufen* Im Hauptort auffällig viele farbenprächtige Blumenläden, kleine, edle Geschäfte mit Kleidung, Lederwaren und Schmuck sowie eine Reihe von Anbietern ortsüblichen Kunsthandwerks (v. a. Keramik sowie bestickte Leinentischdecken und Bettwäsche).

• *Mietwagen* Über Hotels u. Touristenbüros.

Wasser- und Wandersport

In Maratea kann man an Ausflügen auf Kanus, Motor- und Segelbooten teilnehmen, die entsprechenden Boote mieten und selbst Kapitän sein sowie Segel-, Tauch-, Wasserski- und Windsurfkurse belegen. Die Ende 2002 von der **Comunità Montana Lagonegrese** publizierte Karte "Da Maratea al Parco del Pollino" weist Wanderwege in die Umgebung der Küstenstadt (Via XXV Aprile, 85044 Lauria, ✆ 0973/823909; www.lagonegrese.it).

Centro Sub Maratea, Tauchkurse, Bootsausflüge und -vermietung, ✆ 0973/870013 und 338/8777899, www.csmaratea.it.

Velieri Northstar e Samp, Tagesausflüge auf Segelyachten. Hotel Villa del Mare, Via Nazionale, Maratea Acquafredda, ✆ 0973/878009 oder 347/8021537, ℻ 0973/878102, villadelmare@tiscali.it, www.costadimaratea.com/northstar.

Übernachten

Wer sich – auch in der Hauptsaison – selbst versorgen möchte, kann in Maratea eine private **Ferienwohnung** mieten bzw. **Bed & Breakfast** buchen (z. B. **Le Chiane (4)** in Cersuta, wenige Gehminuten vom Strand entfernt, Zimmer mit eigener Terrasse, DZ 50–80 €, Via Chianelle 69, ✆ 0973/871864). Adressen und Telefonnummern der Vermieter sind bei den örtlichen Tourismusbüros zu erfragen oder der im Kapitel "Übernachten" auf S. 28 angegebenen Broschüre zu entnehmen.

**** **La Locanda delle Donne Monache (7),** in einem ehemaligen Frauenkloster untergebrachtes, bis ins kleinste Detail geschmackvoll restauriertes und eingerichtetes Haus mit Pool, Restaurant und Bar im historischen Ortskern. Der kleine Hoteltraum hat freilich auch seinen Preis: je nach Ausblick und Saison DZ 108–298 €, EZ 77–215 €, Suite (mit Frühstück ans Bett) 158–436 €. Via Carlo Mazzei 4, ✆ 0973/877487, ℻ 0973/877687, www.mondomaratea.it.

***** **Santavenere (10),** mit dem Bau dieses noblen Anwesens, das an drei Seiten vom Meer flankiert wird und von einem großen Garten umgeben ist, begann Mitte der 1950er Jahre die (edel-)touristische Entwicklung des lukanischen Küstenstädtchens. Das Urlaubsdomizil in Toplage befindet sich im Ortsteil Fiumicello. DZ 127–260 €, EZ 178–380 €. April–Nov. geöffnet. Via Santavenere, ✆ 0973/876910, ℻ 0973/877654, www.mondomaratea.it.

**** **Villa Cheta Elite (3),** in einem üppigen Garten versteckte Jugendstilvilla im Ortsteil Aquafredda. Luxuriöses, schnörkelig-romantisches Interieur und als exquisit bekannte Meeresküche. DZ 110–160 €. Via Nazionale, Acquafredda ✆ 0973/878134, ℻ 0973/878135, www.villacheta.it.

*** **Hotel Gabbiano (1),** direkt am Strand von Acquafredda. Familiengeführtes, sehr schönes kleines Hotel mit 39 Zimmern auf zwei Etagen, anerkannt gutem Restaurant (fischorientierte Speisekarte) und Pool. Alle gepflegten, mit Satellitenfernseher ausgestatteten Zimmer blicken aufs Meer. DZ 80–115 €, EZ 50–77 €. April–Okt. geöffnet. Via Luppa 24, ✆ 0973/878011, ℻ 0973/878076, hotelgabbiano@tiscalinet.it

*** **Hotel Settebello (5),** modernes, schön gelegenes Haus direkt am Strand von Fiumicello. Mit Restaurantterrasse am Meer. DZ 78–115 €, EZ 60–86 €. Via Fiumicello 52, ✆ 0973/ 876277, ℻ 0973/877204.

*** **La Dimora del Cardinale (9),** gepflegt-adrette Gastlichkeit (von März bis Okt. geöffnet) in einem vor zwei Jahren zum Hotel umgebauten historischen Palazzo in der

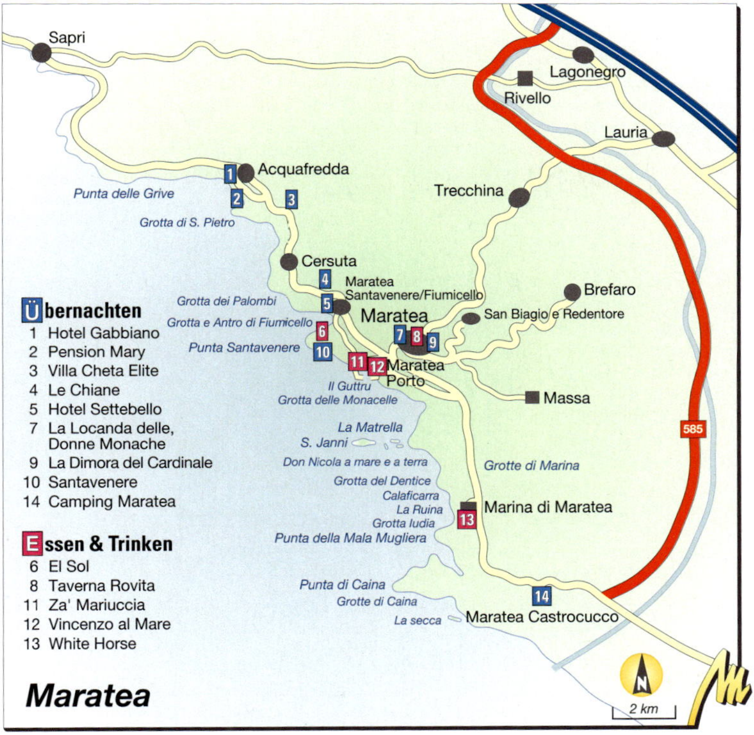

Altstadt von Maratea, von dem ein Shuttle die Gäste zum Strand transportiert. DZ 85–165 €, EZ 82 €. Via Cardinale Génnari, ✆ 0973/871119, 📠 0973/877712.

** **Pension Mary (2),** kleine, einfache Pension in Meeresnähe im Ortsteil Acquafredda, Balkonzimmer kosten etwas mehr. DZ 45–70 €. April–Okt. geöffnet. Via Luppa 26, ✆ 0973/878022, 📠 0973/878025.

Camping Maratea (14), einziger, nach zwischenzeitlicher Schließung in der Saison 2002 inzwischen neu eröffneter Campingplatz der Stadt. Südlich von Castrocucco, einen Steinwurf vom Strand entfernt. Neben Stellplätzen für Zelt und Camper werden kleine mobile Häuschen angeboten. Vom 1.6. bis 21.9 geöffnet. ✆/📠 0973/871680, maracamping@tiscalinet.it, www.costadimaratea/campeggiomaratea.

Essen und Trinken

Maratea kann neben den genannten Hotel-Restaurants mit einer großen Auswahl an Restaurants, Pizzerien und Bars aufwarten. Die höchste Konzentration von z. T. international bekannten Esslokalen findet sich rund um das kleine Hafenbecken und im historischen Stadtzentrum.

Za' Mariuccia (11), direkt über dem Hafen. Nur abends geöffnetes, in mehreren italienischen und deutschen Feinschmeckerzeitschriften vorgestelltes Fischrestaurant gehobener Preisklasse mit einem romantischen Speisebalkon. Neben den als exquisit geltenden Fischgerichten hat hier der "piatto del bel ricordo", ein lukanisches Ravioligericht, Furore gemacht. Via Grotte 2, ✆ 0973/876163. Außerhalb der Saison Do Ruhetag.

Vincenzo al Mare (12), nur wenige Meter entfernt, nicht ganz so exklusiv, dafür aber auch etwas preisgünstiger. Ebenfalls örtliche Fischspezialitäten. Via Grotte 26, ✆ 0973/876002. Mi Ruhetag.

Taverna Rovita (8), den internationalen Ruf, den das Restaurant Za' Mariuccia für seine Fischgerichte genießt, hat Francesco Gambardella ("Ciccio"), Inhaber und Koch des kleinen Restaurants im historischen Ortskern, zu Recht für seine verfeinerte lukanische Bauernküche gepachtet (besonders lecker die eingelegten und gebratenen Gemüsevorspeisen). Allerdings hat das Ganze seinen (hohen) Preis. Via Rovita 13, ✆ 0973/876588. Bis Mitte Mai und ab Oktober Di Ruhetag.

El Sol (6), von Einheimischen wegen ehrlicher Küche und angemessener Preise empfohlenes Restaurant (Pizzeria) im Ortsteil Fiumicello. Via Santavenere 151, ✆ 0973/876928. Di Ruhetag, von Nov. bis März nur am Wochenende geöffnet.

White Horse (13), riesige Pizzeria an der Hauptstraße des etwas weniger schicken Ortsteils Maratea-Marina. Gute Pizza und knackige Salate zu reisekasseschonenden Preisen. Vornehmlich von Einheimischen frequentiert. Via S. Michele (SS18), ✆ 0973/879009.

Caffè e dolcezze, nettes kleines Café mit leckerem Eis und Kuchen mitten im pulsierenden Leben des alten Maratea. Piazza Buraglia 19.

Bar Forza, eines der Straßencafés im hübschen Hafen von Maratea, von dem man das bunte Treiben beobachten kann und dabei garantiert in beschwingte Urlaubsstimmung gerät.

Jolly Caffè, den Liebhabern unverfälschter süditalienischer Lebensart empfohlen, weil es sich – in Maratea vergleichsweise selten – um eine ganz normale, vornehmlich von (männlichen) Einheimischen besuchte Bar handelt. Mitten im Ortsteil Fiumicello. Auch in der Vorsaison bis nach Mitternacht geöffnet.

La Cantinetta, musikbeschallte Wine-Bar in der Altstadt, die auch Snacks im Angebot hat. Vicolo dietro l'Annunziata 10. Mai–Sept. außer Mo täglich, im Okt. nur Sa/So.

Il Clubbino, von Ostern bis Ende Okt. Musik, Internet, Snacks und Drinks für ein junges Publikum. Piazzetta Porto 16.

Sehenswertes

Von den vielen Sehenswürdigkeiten Marateas hier nur eine kleine Auswahl, wobei die **Altstadt** am Fuße des Monte S. Biagio vorab gewissermaßen als "Gesamtkunstwerk" hervorgehoben sei: Entlang enger Gassen, Treppen- und Bogengänge, die sich hier und da zu kleinen blumengeschmückten Plätzen öffnen, erheben sich architektonisch insgesamt eher schlichte Häuser mit oft auffällig gestalteten Portalen und außergewöhnlich viele Kirchen. (Die schönsten Portale wurden 2002 von der *Associazione Amici di Maratea* im Faltplan "Portali di Maratea" kartographiert, fotografiert und kommentiert.) Diesem pittoresken städtebaulichen Ensemble wird durch edle kleine Schmuck- und Bekleidungsboutiquen, Geschäfte mit Kunsthandwerk, bunt sortierte Lebensmittellädchen, einladende Bars, Straßencafés und Restaurants – je nach Tageszeit und Saison – quirliges bis beschauliches mediterranes Leben eingehaucht.

Santa Maria Maggiore: Die die Altstadt dominierende Hauptkirche stammt aus dem 13. oder 14. Jh. und wurde seither mehrmals restauriert. In ihrem Innern präsentiert sie sich in barockem Stil, während außen der mittelalterliche Glockenturm und ein mit Engelsdarstellungen geschmücktes Marmorrelief aus dem 15. Jh. ins Auge fallen.

Convento dei Cappuccini: Das etwa 2 km außerhalb der Altstadt gelegene Kapuzinerkloster aus dem frühen 17. Jh. zählt nebst angeschlossener Kirche zu den kunstgeschichtlich wertvollsten Baudenkmälern der Gemeinde. Heute ist hier eine Zweigstelle des Ministeriums für Kunstgüter untergebracht, die archäologische Fundstücke aus der näheren Umgebung entgegennimmt, katalogisiert und ausstellt. Die Kirche ist in zwei asymmetrische, spitzbögige Schiffe unterteilt. In ihrem Innern beeindruckt das Gotteshaus mit einem Flügelaltar aus schwarzem Marmor.

Das Altarbild ist dem hl. Antonius gewidmet und erzählt auf mehreren Täfelchen Episoden aus dem Leben des Heiligen.

Ⓞ Die **Mostra reperti di archeologia terrestre e marina** ist Mo–Sa von 9.30 bis 12.30, Di, Mi und Do auch von 14.30 bis 16.30 Uhr geöffnet. Eintritt frei. ✆ 0973/877676.

Wallfahrtskirche San Biagio (hl. Blasius): Auf einer oberhalb der Altstadt über ca. 2 km ansteigenden Panoramastraße erreicht man die zwischen dem 6. und 7. Jh. von basilianischen Mönchen auf den Resten eines antiken Minerva-Tempels errichtete Wallfahrtskirche des hl. Blasius. Im 18. Jh. wurde sie renoviert und um ein dreibögiges Portal, das eine Statue des Ortsheiligen trägt, erweitert. Vor einigen Jahren hat man jedoch das dreischiffige Innere der Kirche, in dem eine Reihe sakraler Kunstwerke aus dem 14. bis 19. Jh. zu bestaunen und die Reliquien des Heiligen aufbewahrt sind, wieder in seinen schlichten Ursprungszustand zurückgeführt. In der ersten Maiwoche, wenn in Maratea mit Prozessionen, Messen und Feuerwerken die Patronatsfeierlichkeiten begangen werden, wird die unterhalb der inzwischen zum Wahrzeichen von Maratea avancierten modernen Christusstatue (Il Redentore – der Erlöser) gelegene Kirche von unzähligen Gläubigen aufgesucht.

Il Redentore (Erlöserstatue): Wenn man den Vorplatz der Wallfahrtskirche überquert, gelangt man an eine mächtige, steil ansteigende Treppe, die auf den Gipfel des Monte San Biagio führt. Dort breitet die kolossale, 22 m hohe Statue des Erlösers ihre Arme über Maratea und die umliegende Küste aus. Das im Jahre 1963 von dem Bildhauer Bruno Innocenti geschaffene, schlichte und weithin sichtbare Monument erinnert an die berühmte Christo-Redentor-Statue von Rio de Janeiro und ist allemal einen Besuch wert, weil man von dort aus einen atemberaubenden Blick auf den Golf von Policastro und die Küstenlandschaft um Maratea genießt.

Grotten: Zu den Attraktionen Materas zählen die vielen an der Küste aufgereihten Grotten, von denen einige nur mit dem Schiff zu erreichen sind. Zu den schönsten gehören die durch eine Lichtreflexion aus einer Unterwasserhöhlung bläulich gefärbte "Grotta delle Monacelle" südlich des Hafens, die direkt an der SS 18 gelegene "Grotta delle Meraviglie" und die "Grotta di Marina". Letztere besteht aus einem ca. 100 qm großen unterirdischen Saal, der mit grandiosen, teilweise blendend weißen Kalzitsäulen dekoriert ist und eine surreale Atmosphäre ausstrahlt.

Zur Besichtigung der Grotten wende man sich an eines der Touristenbüros, die über aktuelle Öffnungszeiten – die meisten sind nur zwischen Juni und September zugänglich – bzw. entsprechende Bootstouren informieren.

Ausflüge in die Umgebung von Maratea

Als Tagesausflug von Maratea oder als Stationen auf einer von dort startenden Reise ins Landesinnere der Basilikata bieten sich die Orte **Trecchina, Lauria, Lagonegro, Nemoli** und **Rivello** sowie das (im Winter als Skigebiet ausgewiesene) **Sirino-Bergmassiv** mit Monte Sirino (1907 m) und Monte del Papa (2005 m) an. Besonders Rivello ist einen Besuch wert, denn das beschauliche, zum Nationaldenkmal erklärte 3000-Einwohner-Städtchen in pittoresker Lage über dem Valle del Noce glänzt mit großen Bürgerpalazzi, einigen imposanten Sakralbauten und den Resten eines mittelalterlichen Kastells. Mehr wegen der umliegenden Landschaft als um ihrer selbst willen besuchenswert – sie sind nämlich weitaus "mickriger", als es die lukanische Fremdenverkehrwerbung erwarten lässt – sind der höchste Gletschersee Europas, der **Lago Laudemio** nahe dem Skilift am Monte del Papa, und der etwas tiefer am Fuße des Monte Sirino gelegene, von Hotels und Bars eingerahmte **Lago Sirino.**

• *Anfahrt/Verbindungen* Von Maratea über die SS 585. **Busverbindungen** von Maratea nach Rivello, Lagonegro, Nemoli und zum Lago Sirino.

• *Information* **Pro Loco Rivello,** Piazza Umberto I, ✆ 0973/46106.

• *Übernachten/Essen* **** Il Chiostro,** im Sommer 2002 eröffnetes Hotel in einem Trakt des Convento S. Antonio im unteren Teil von Rivello. Spartanisch möblierte, aber saubere und ruhige Zimmer. DZ/EZ 50–80 €. Via Monastero 73 A, ✆ 0973/428056, ✆ 0973/231084, www.ilchiostro.it.

Da Mimi, modernes Hotelrestaurant (9 Zimmer) direkt am Sirino-See. DZ 31–37 €, EZ 21–26 €. Nemoli, Località Lago Sirino, ✆/✆ 0973/40586.

**** La Panoramica,** zwar mit einem schönen Blick auf Rivello, aber direkt an der relativ stark befahrenen SS 585 gelegen. Mit externem Restaurant (Mo Ruhetag). DZ 37 €, EZ 24 €. Rivello, Contrada Capo Elce, ✆ 0973/46221.

Campo dei Monaci (Agriturismo), von der Kooperative "Val Noce" freundlich geführter, etwas abseits von der SS 585 am Waldrand gelegener Agriturismo mit 12 sauberen Zimmern. Ausgezeichnete, aus dem eigenen Garten gespeiste Küche. Übernachtung in den Ein- und Mehrbettzimmern 20 € pro Person. Juni–September geöffnet. Rivello, Contrada Campo di Monaco 37, ✆ 0973/46877.

Trattoria del Pellegrino, die (vornehmlich fleischlichen) Offenbarungen der lukanischen Küche, serviert in der sehens- und erlebenswerten Altstadt von Rivello. Corso V. Emanuele 2, ✆ 0973/46617.

Provinz Matera

Vor allem durch Carlo Levis zu literarischem Weltruhm gelangtes und 1978 von Francesco Rosi teilweise an Originalschauplätzen verfilmtes Buch "Christus kam nur bis Eboli" ist die kleinere, südwestliche Provinz Matera und insbesondere ihre von der UNESCO zum Weltkulturerbe erklärte gleichnamige Hauptstadt anders als die meisten anderen Orte der Basilikata auch im Ausland ein Begriff.

Bei Literatur- und Filmkennern wird es deshalb möglicherweise so manche bildliche Assoziation hervorrufen, wenn hier von den ebenso faszinierenden wie bedrückenden sonnenverbrannten **Calanchi** (Faltengebirge) in der Nähe von Aliano (Gagliano), den **Sassi von Matera** oder der **"Geisterstadt" Craco,** einem der Drehorte von Rosis Film, die Rede sein wird.

Für die Einheimischen ist die 31 Gemeinden umfassende Provinz dagegen eher wegen ihrer wirtschaftlichen Potenz von Bedeutung, die sie den Methangasvorkommen im Flusstal des Basento und der intensiven landwirtschaftlichen Nutzung der ionischen Küstenebenen verdankt. Reisenden hat sie die architektonisch und atmosphärisch einladenden Städtchen **Ferrandina, Pisticci** und **Bernalda** zu bieten, die allesamt hoch auf den Bergen über der stark befahrenen Basentana (SS 407) liegen. Hinzu kommen die ionischen Küstenorte **Metaponto, Scanzano, Policoro** und **Nova Siri,** die v. a. für Campingfreunde und Liebhaber langer Strände von Interesse sind. Policoro, Nova Siri und besonders Metaponto, einst Zentrum der "Magna Graecia", warten darüber hinaus mit sehenswerten antiken Ausgrabungen auf.

Aliano

ca. 1.400 Einwohner

Unter dem Pseudonym "Gagliano" avancierte das kleine Dorf durch Carlo Levis 1945 publiziertes Buch "Christus kam nur bis Eboli" zum Schauplatz der Weltliteratur.

Gäbe es den internationalen Bestseller nicht, würde sich wohl kaum jemand in diese vornehmlich durch ihre Kargheit faszinierende Landschaft der kalkig weißen Calanchi verirren.

Hier malte, schrieb und heilte Carlo Levi

Levis eindrucksvolle tagebuchartige Aufzeichnungen über den von Arbeit, Armut und Krankheit geprägten kleinbäuerlichen Alltag in der Gegend um Aliano basieren auf seinem Aufenthalt in dem kleinen lukanischen Ort in der Zeit zwischen September 1935 und Mai 1936. Der ausgebildete Arzt, der diesen Beruf nur in Aliano ausübte und ansonsten zeit seines Lebens als Maler, Journalist und Schriftsteller "praktizierte", hatte sich allerdings keineswegs freiwillig hier niedergelassen. Vielmehr war er wegen seines antifaschistischen Engagements 1935 zu drei Jahren Verbannung verurteilt worden, die er eigentlich in Grassano absitzen sollte, von wo er jedoch aus Sicherheitsgründen schon bald nach Aliano überführt wurde. Sein Verbannungstagebuch entstand erst in den Jahren 1943/44. Es wurde ein Jahr später von dem Verleger Giulio Einaudi erstmals veröffentlicht, später in 37 Sprachen übersetzt und 1978 von Francesco Rosi in Aliano und Craco mit Gian Maria Volonté in der Hauptrolle verfilmt.

Da die Menschen aus Aliano und Umgebung ihre karge Heimat, in der außer Olivenbäumen kaum etwas wächst, trotz des mühseligen Lebens liebten, waren sie zunächst erbost über Carlo Levis mitreißende Schilderung des Elends inmitten dieser unbarmherzigen Natur. Inzwischen pflegen die Alianesi jedoch das Andenken des gebürtigen Turiners, der ihr Dorf in der ganzen Welt bekannt gemacht hat und in einem schlichten Grab auf dem örtlichen Friedhof seine letzte Ruhe fand. Aktivster "literarischer Denkmalpfleger" der Gemeinde ist ihr Oberhirte Don Pierino Dilenge. Der rührige Dorfpfarrer koordiniert die vielfältigen Aktivitäten des Parco Letterario Carlo Levi (siehe Kasten unten) und hat die Schlüsselgewalt über die lokalen Museen.

• *Anfahrt/Verbindungen* A 3 Abfahrt Atena-Lucano, dann SS 598, von der SS 106 bei Scanzano auf die SS 598, dann kurvige Provinzstraßen. **Busverbindungen** nach Stigliano und S. Arcangelo, von dort nach Matera, zur ionischen Küste sowie nach Potenza.

• *Information* **Pro Loco** (Via Roma 5) bzw. **Circolo Culturale N. Panevino**, sprich Don Pierino Dilenge, Via Stella 65, ✆ 0835/568074; **Comune Parco Letterario Carlo Levi** (Rathaus), Via Martiri d'Ungheria 1, ✆ 0835/568529, 📠 0835/568900, www.parcolevi.it, www.aliano.it.

• *Übernachten* Hotels oder Pensionen gibt es in Aliano nicht. Allerdings stehen im Zusammenhang mit dem Projekt "Parco Letterario" (s. Kasten) Ferienwohnungen und -zimmer in renovierten alten Häusern zur Verfügung. Auch deren Vermittlung obliegt Don Pierino (s. o.) sowie einem Herrn De Lorenzo (✆ 339/1332234). Eine Übernachtung kostet 15 € pro Person.

• *Essen und Trinken* Auch die Restaurantauswahl beschränkt sich in Aliano auf ein einziges, aber sympathisches Lokal namens **Giordano.** Es gehört zur **Bar Centrale,** ist in der Etage darüber eingerichtet und serviert lokale Spezialitäten, die neben der hausgemachten Pasta, z. B. "frazzul con il rafano" (mit Rettich), vornehmlich aus unterschiedlich zubereiteten Lamm- und Ziegenfleischgerichten bestehen. Via Roma 13, ✆ 0835/568239.

Alianos aktivster "literarischer Denkmalpfleger": Don Pierino Dilenge

Parco Letterario Carlo Levi

Der Parco Letterario Carlo Levi ist eines von zwei ähnlich gelagerten Projekten auf lukanischem Territorium. Er verfolgt ebenso wie der Parco Letterario Isabella di Morra in Valsinni – die adelige Dichterin lebte Mitte des 16. Jh. und wurde in den Wirren einer unglücklichen Liebesgeschichte von ihren Brüdern ermordet, ihre Sonette wurden erst postum publiziert – das Ziel, die Heimat- und Aufenthaltsorte großer Autoren stärker ins Licht der Öffentlichkeit zu rücken und darüber die Entwicklung eines kulturell orientierten Tourismus zu fördern. Von der Unterbringung und Beköstigung eigens angereister auswärtiger Gäste erhofft man sich die Belebung lokaler Wirtschaftsstrukturen und letztlich die Schaffung neuer Arbeitsplätze.

Die Schirmherrschaft des Parco Letterario Carlo Levi hat die UNESCO übernommen, die Realisierung vor Ort liegt in der Hand eines Konsortiums, dem u. a. die Gemeinde Aliano und der Kulturzirkel "Panevino" angehören.

Dieses Gremium – allen voran der engagierte Don Pierino Dilenge – weist u. a. auf die Schauplätze hin, an denen sich Levi bewegt hat (etwa durch die Markierung mit Zitaten aus seinem Buch). Darüber hinaus werden Kulturfestivals, Kunst- und Literaturwettbewerbe (z. B. Premio Carlo Levi) organisiert.

Sehenswertes

Museo Carlo Levi: Im Palazzo Caporale, einer ehemaligen Polizeiwache, haben der Dorfpfarrer Don Pierino und seine Helfer auf 500 qm das Leben und Werk Carlo Levis und insbesondere seinen Aufenthalt in Aliano dokumentiert: Gezeigt werden u. a. eine Fülle von amtlichen Dokumenten, Zeitungsartikeln, Fotografien, Briefen, Reproduktionen seiner in Matera ausgestellten Gemälde und Lithographien sowie Sequenzen von den Dreharbeiten zum Film.

Museo della Civilta Contadina: In dem in einer alten Ölmühle untergebrachten volkskundlichen Museum der bäuerlichen Kultur wird der harte Alltag der Bauern, den Levi beschreibt, gegenständlich dokumentiert. Neben einer original eingerichteten Bauernwohnung vermitteln dort Ackergeräte, eine Olivenmühle und diverse Haushaltsgeräte ein anschauliches Bild von den früheren Lebensbedingungen der Mehrheit der Dorfbewohner.

Museo dei Dipinti di Carlo Levi del Confino: Im ehemaligen Rathaus der Gemeinde an der Piazza Garibaldi werden seit 2002 20 der insgesamt 36 Gemälde Carlo Levis ausgestellt, die während seines Verbannungsaufenthaltes in Aliano entstanden sind.

Museo Multimediale: Im November 2003 eröffnete Multimediashow (Computeranimationen, Diaprojektionen etc.) über Levis Aliano-Aufenthalt in dessen sonst leeren, komplett restaurierten Verbannungsdomizil (Casa di Confino).

⏲ Alle Museen sollen im Juli und August täglich von 9.30 bis 13 u. 17 bis 20 Uhr, im Winter von 10 bis 12.30 u. 16 bis 18 Uhr gegen 2 € Eintritt geöffnet sein. Falls man sie verschlossen vorfindet, wende man sich an eine der oben unter "Information" genannten Adressen. Sollte man auch dort niemanden antreffen, fragt man am besten in der nicht zu verfehlenden Bar Centrale an der Hauptstraße Via Roma 38 nach.

Matera

ca. 56.000 Einwohner

Vielleicht hat nicht zuletzt ihr literarischer Bekanntheitsgrad dazu beigetragen, dass die Stadt – obwohl kleiner als Potenza – weitaus urbaner wirkt als die Regionalmetropole. Größte Touristenattraktion Materas ist das in den 1950er und 1960er Jahren aus hygienischen Gründen geräumte, bis dahin mehrheitlich von den Ärmsten der Armen bewohnte Stadtviertel der "Sassi", das 1993 von der UNESCO zum Weltkulturerbe erhoben wurde und im Winter 2002/2003 die Kulisse für Mel Gibsons umstrittenen Film "Die Passion Christi" abgab.

Nachdem sie zwischenzeitlich zum Unterschlupf für Kleinkriminelle und Umschlagplatz für Drogen verkommen waren, ist in den vergangenen Jahren wieder Leben in die undurchsichtigen Gemäuer und Höhlenwohnungen eingekehrt. Diejenigen, die nicht öffentlich gefördert und zu günstigen Konditionen an Künstler- und Umweltinitiativen oder Mietergenossenschaften vergeben worden sind, sind nur noch für die Gutsituierten erschwinglich, sodass sich viele halbverfallene Häuser und eingebrochene Grottenwohnungen in aufwändig restaurierte und schick gestylte Büros, Softwareläden, Restaurants und Hotels verwandelt haben.

Neben dem von unzähligen Turmfalken überkreisten, zum touristenwirksam vermarkteten "In-Viertel" mutierten Monument der Armut hat Matera diverse andere weltliche und sakrale Besichtigungsobjekte sowie atmosphärisch erlebenswerte Straßen und Plätze zu bieten. Wer nicht nur die Sassi selbst, sondern auch die von Mönchen mit farbenfrohen Fresken geschmückten Höhlenkirchen an ihrem Rande

Auch Matera wurde durch Levi zum Schauplatz der Weltliteratur

(Parco della Murgia Materana) kennen lernen und das eine oder andere Museum ins Programm nehmen möchte, sollte deshalb mehr als einen Tag, angesichts der lokalen Preisexplosion allerdings auch ein paar Euro mehr einplanen.

Matera, dessen Territorium bereits seit der Jungsteinzeit besiedelt ist und deshalb als eine der ältesten Städte der Welt gilt, durchlief die bekannten Stationen der süditalienischen Geschichte. Nachdem Griechen und Römer ihren Einfluss geltend gemacht hatten, folgten langobardische und byzantinische Herrscher, bevor im Jahre 938 die Sarazenen den Ort verwüsteten und im Jahre 1043 die Normannen und später die Hohenstaufer das Regiment übernahmen. Nachdem Matera als normannische Königsstadt beachtliche Privilegien erhalten hatte und auch noch während der staufischen und anjouinischen Periode florierte, geriet es in den folgenden Jahrhunderten unter die Knute verschiedener rivalisierender Adeliger. Einer von ihnen, der von den Aragoniern protegierte Neapolitaner Giancarlo Tramontano, seit 1497 Graf von Matera, fiel wegen seiner harten Hand in einem Aufstand von 1514 dem Volkszorn zum Opfer. Sein ehrgeiziges Ziel, mit dem Castello Tramontano ein Zwillingsschloss des Castelnuovo in Neapel zu schaffen, konnte er deshalb nicht zu Ende führen.

Verwaltungsmäßig war Matera bis zum Jahre 1663 dem apulischen Otranto unterstellt, um dann zur Basilikata zu gehören, bis 1806 als deren Hauptstadt zu fungieren und sich in jener Zeit auf der Hochebene oberhalb der Sassi (Piano) weiter auszudehnen. Seit 1927 eine ihrer Provinzmetropolen, erfuhr die ehemalige Agrar- und Handelsstadt durch die Ansiedlung von Betrieben der Lebensmittel-, Ziegel- und Möbelproduktion, die Auswirkungen der Industrialisierung des nahen Basentotals und schließlich den anschwellenden Touristenstrom in den letzten Jahrzehnten einen wirtschaftlichen Strukturwandel.

Verbindungen/Information/Diverses

• *Anfahrt/Verbindungen* Von der A 3 über Potenza und die SS 407 (Basentana) bis Matera; von der A 14 (Adriatica) bei der Ausfahrt Bari-Nord abfahren, dann der Beschilderung nach Matera folgen.

Bahnhöfe der Apulisch-Lukanischen Eisenbahn befinden sich an der zentral gelegenen Piazza Matteotti (dort auch der Busbahnhof) und in den Stadtvierteln Villa Longo und La Nera. Zugverbindungen zwischen Bari und Matera.

Busverbindungen nach Taranto und Potenza sowie zu fast allen Orten der Provinz Matera.

• *Information* **APT,** Mo–Sa 9–13 Uhr, Mo u. Do 16–18.30 Uhr. Via De Viti De Marco 9, ✆ 0835/331983, ℻ 0835/333452.

• *Führungen* Autorisierte (die selbsternannten Experten lieber meiden!) Führungen durch Matera, die Sassi und die Felsenkirchen (eine Auswahl von insgesamt 16 Anbietern):

Materaturismo, Sassi-Führungen und Wanderungen im Parco della Murgia Materana. Via Annunziatella 69, ✆ 0835/334110 u. 328/4561652, ℻ 0835/333072, www.materaturismo.it.

Nuovi Amici dei Sassi, empfehlen sich durch gut 10 Jahre Erfahrung in Sachen Sassi-Führungen. Piazza Sedile 20, ✆ 0835/33101, www.isassinelmondo.too.it.

Sassi Urban Network (SUN), mehrmals täglich (an der Piazza Pascoli) startende, knapp zweistündige Sassi-Führungen inklusive der Besichtigung einiger Kirchen und der Casa Grotta (s. o.) für 8,50 € pro Person. Via Casalnuovo 15, ✆ 0835/314244, www.sassi.info.

• *Krankenhaus* **Ospedale Provinciale,** Via del Castelo, ✆ 0835/243212.

• *Mietwagen* Zum Beispiel bei **Avis** in der Via XX Settembre 8, ✆ 0835/336632.

• *Taxi* Via XX Settembre (✆ 0835/333472) oder Piazza Matteotti (✆ 0835/334348).

Übernachten/Essen und Trinken (siehe Karte S. 87)

• *Übernachten* ****** San Domenico Al Piano,** relativ frisch eröffnetes, modernes und luxuriöses Haus mittlerer Größe (72 Zimmer). DZ 120 €, EZ 90 €. Via Roma 15, ✆/℻ 0835/256309, www.hotelsandomenico.it.

***** Albergo Italia (14),** sehr schönes, in einem alten Palazzo eingerichtetes Hotel gegenüber der Chiesa del Purgatorio. Alle Zimmer, von denen einige eine beeindruckende Aussicht auf die Sassi eröffnen, sind unterschiedlich eingerichtet (von modern bis antik). Herausragend und deshalb auch etwas teurer ist die Suite 115 mit großzügiger Balkonterrasse über den Sassi. DZ 90–100 €, EZ 80 €. Via Ridola 5, ✆ 0835/333561, ℻ 0835/330087, www.albergo-italia.com.

***** Sassi Hotel (5),** ein zauberhaftes Haus unter charmanter Leitung im Sassi-Viertel. Schlicht renovierte, den ursprünglichen Stil bewahrende und dennoch komfortable Gewölbezimmer mit Balkon oder Terrasse. DZ 90 €, EZ 52 €. Via San Giovanni Vecchio 89, ✆ 0835/331009, ℻ 00835/333733.

**** Casa del Pellegrino-Monacelle (11),** anlässlich des Heiligen Jahres 2000 vom Konvent in ein Hotel verwandeltes, geschmackvoll restauriertes historisches Gebäude mit attraktiver Dachterrasse hinter dem Dom, in dem auch zwei Gruppenschlafräume eine relativ preisgünstige (19 € pro Nase) Übernachtung ermöglichen. Sonst DZ 65 €, EZ 45 €. Via Riscatto 9/10, ✆ 0835/344097, ℻ 0835/336541.

La Casa di Lucio (16), sehr schöne Apartments unterschiedlicher Größe in ansehnlich restaurierten Palazzi im Sasso Caveoso mit einem hübschen Café vor den Haustüren. Die Preise richten sich nach den Platzansprüchen. Die Übernachtung im Einpersonenapartment kostet 60 €, 2 Personen zahlen 85 € etc. Die Rezeption ist von 8.30 bis 13 u. von 15 bis 21 Uhr geöffnet. Via S. Pietro Caveoso, ✆ 0835/312798, ℻ 0835/318685, www.lacasadilucio.com.

Casa d'Imperio (Bed & Breakfast) (6), 4 Zimmer mit Küchen- und Waschmaschinennutzung sowie Internet-Anschluss in einem frei stehenden Palazzo aus dem 16. Jh. mitten im Sasso-Barisano. Da das gastliche Haus unter der Regie des Materaner Künstlers Mario d'Imperio an der Ecke zur Hauptstraße Via Fiorentini liegt, kann man mit dem Auto heranfahren. DZ 64 €, EZ 48 €, Zusatzbett 20 €. Via Addozio 39, ✆/℻ 0835/330503, ✆ 329/9511785, www.casadimperio.it.

Sax Barisano (Bed & Breakfast) (8), hier gibt es nur zwei Zimmer, die aber für

Familien mit mehreren Betten möbliert sind. Den Gästen steht eine kleine lokalgeschichtliche Bibliothek zur Verfügung. DZ 65 €. Via Fiorentini 247, ✆ 0835/337180 oder 0835/261780, www.saxbarisano.it.

* **Roma (4),** preislich günstige Unterkunft in Matera, zentral gelegen, aber recht einfach, nur zwei von zehn Zimmern verfügen über ein eigenes Bad. DZ 36 €, EZ 25 €. Via Roma 62, ✆ 0835/333912.

Sassi-Hostel (5), vermietet werden 22 Bettplätze in einem Gebäude der Sassi, verteilt auf ein 16-Bett- und ein 6-Bett-Zimmer. Bettplatz 16 €. Zu mieten an der Rezeption des Hotels Sassi (s. o.), unter dessen Regie das Hostel steht.

Torre Spagnola (Agriturismo), wer motorisiert ist und lieber außerhalb der Stadt logiert, findet mit diesem Edel-Agriturismo in historischen Gemäuern eine stilvolle Alternative. Die nackte Übernachtung in dem Anwesen nordöstlich der Murgia Materana kostet allerdings 70 € pro Nase. Wenn man in Drei- und Vierbettzimmern zusammenrückt, wird es etwas günstiger (95 bzw. 120 €). Contrada Torre Spagnola (über SS 7 Richtung Laterza), ✆ 0835/339214, www.torrespagnola.it.

• *Essen und Trinken* **Il Terrazzino (12),** sowohl kulinarisch als auch atmosphärisch ansprechendes Restaurant, in dem man unter einem hohen Deckengewölbe oder auf einer reizenden Balkonterrasse über den Sassi lukanische Küche mit vielen Gemüsegerichten genießen kann (z. B. Pasta mit Zichorie, Broccoli oder Mangold). Via S. Giuseppe 7, ✆ 0835/332503. Di Ruhetag.

Trattoria Lucana (1), sympathische Trattoria mit gepflegter Hausmannskost (z. B. lukanische Lasagne mit Auberginen). Via Lucana 48, ✆ 0835/336117. So Ruhetag.

L'Osteria (10), kleine Osteria mit saisonaler lukanischer Küche, in der sich auch die Sassi-Bewohner selbst zum Essen niederlassen. Via Fiorentini 58, ✆ 0835/333395. Mi Ruhetag.

Le Botteghe (7), köstliche Fleisch- und Gemüsegerichte drinnen oder draußen im Ambiente der Sassi. Piazza S. Pietro Barisano 22, ✆ 0835/344072. Mi Ruhetag.

Il Giardino di Crucinia (15), Philosophie des vom Verein *Club Convivio Wigwam* getragenen Restaurants in stimmungsvollen Felsengewölben des Sasso Caveoso ist es, "das Leben, die biologische Landwirtschaft und lokale Qualitätsprodukte" aufzuwerten. Also: gutes Essen zu moderaten Preisen in schöner Atmosphäre, die auch auf der aussichtsträchtigen, sommerlichen Außenterrasse herrscht. Via Madonna della Virtù 43/44, ✆ 0835/310055, www.wigwam.it.

Da Mario (2), großes Restaurant im Zentrum, in dem es neben Pasta, Fisch und Fleisch auch eine leckere Pizza gibt. Via XX Settembre 12, ✆ 0835/336491. So Ruhetag.

Rivelli, der vergleichsweise hohe Menüpreis von gut 30 € ist nach Aussage von Einheimischen sehr gut angelegt, weil auch das kulinarische Niveau entsprechend hoch sein soll. Via Casalnuovo 27, ✆ 0835/312320. Do Ruhetag.

Caffè del Cavaliere (3), Fassbier, Cocktails und Snacks – draußen und drinnen bis zum späten Abend mitten im Sasso Barisano. Via D'Addozio 140, ✆ 0835/330585. Mo Ruhetag.

La Talpa (9), vergleichbares Angebot. Via Fiorentini 167. Mo Ruhetag.

Focacceria del Sedile (13), hier kann man mit einer leckeren Focaccia in der Hand, aber auch bei Kaffee oder Granita die Atmosphäre der hübschen gleichnamigen Piazza auf sich wirken lassen. Piazza Sedile 1.

Gran Caffè, kleine Bar und Pasticceria an der Piazza V. Veneto, in der es neben leckeren Kuchenspezialitäten auch kleine (Pizza-)Snacks gibt.

Sehenswertes

Civita und Sassi: Wenn man – wie wohl die meisten Besucher – von der Piazza V. Veneto zum ersten Mal auf die Sassi schaut, bleibt der Blick unwillkürlich auf der romanischen Kathedrale haften. Der imposante Dom, der sich auf einem Felsen inmitten des berühmt-berüchtigten Stadtviertels erhebt, markiert etwa die Grenze zwischen dem Sasso Barisano im Nord- und dem Sasso Caveoso im Südosten des als "Civita" bezeichneten ursprünglichen Stadtkerns Materas oberhalb der natürlichen Tuffsteinhöhlen nahe der Ufer des Flusses Gravina. Infolge des enormen Bevölkerungszuwachses weitete sich die Besiedlung allmählich auf die beiden karstigen Flusstäler am Fuße der Stadtmauern aus. Indem zunächst die Grotten mit

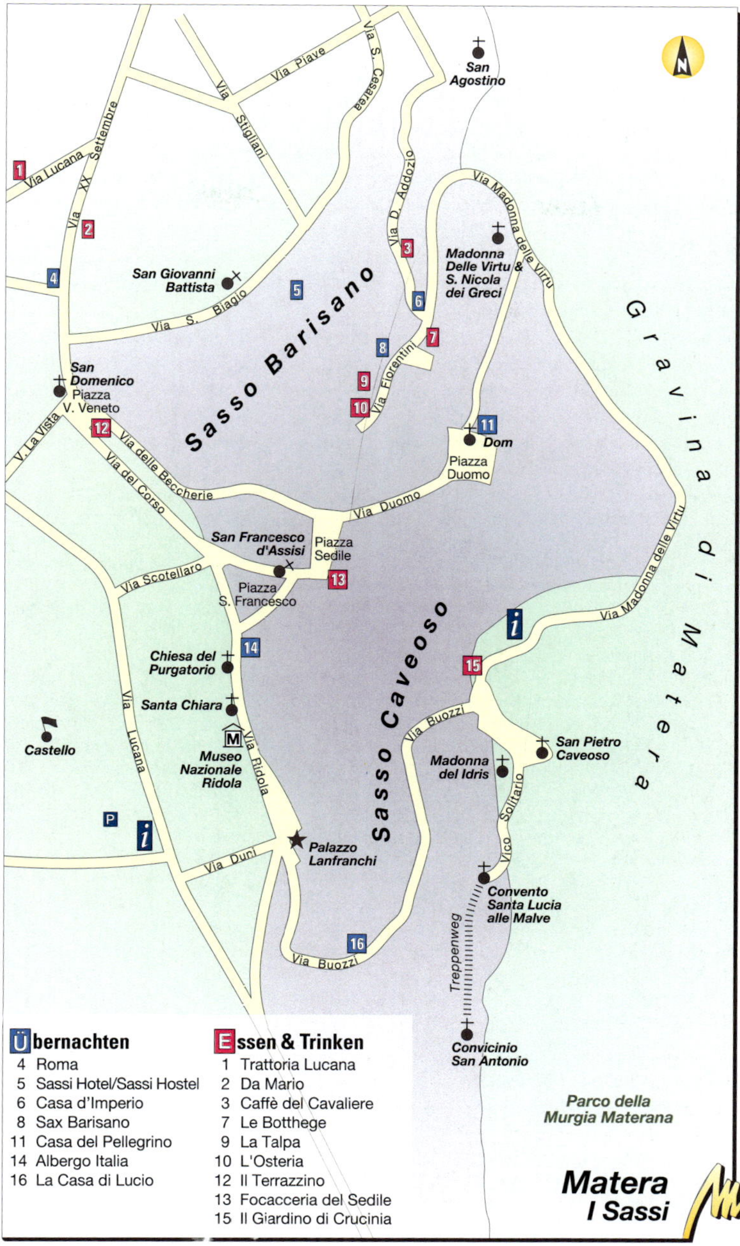
Sasso Barisano
Sasso Caveoso
Gravina di Matera
San Agostino
Via Piave
Via S. Cesarea
Via Stigliani
Via Lucana
Via XX Settembre
Via D. Addozio
Via Madonna delle Virtu
Madonna Delle Virtu & S. Nicola dei Greci
San Giovanni Battista
Via S. Biagio
Via Florentini
San Domenico
Piazza V. Veneto
V. La Vista
Via delle Beccherie
Via del Corso
Dom
Piazza Duomo
Via Duomo
San Francesco d'Assisi
Piazza Sedile
Via Scotellaro
Piazza S. Francesco
Chiesa del Purgatorio
Santa Chiara
Museo Nazionale Ridola
Via Ridola
Castello
Via Lucana
Palazzo Lanfranchi
Via Duni
Via Buozzi
Madonna del Idris
San Pietro Caveoso
Vico Solitario
Convento Santa Lucia alle Malve
Treppenweg
Convicinio San Antonio
Parco della Murgia Materana
Übernachten
4 Roma
5 Sassi Hotel/Sassi Hostel
6 Casa d'Imperio
8 Sax Barisano
11 Casa del Pellegrino
14 Albergo Italia
16 La Casa di Lucio
Essen & Trinken
1 Trattoria Lucana
2 Da Mario
3 Caffè del Cavaliere
7 Le Botthege
9 La Talpa
10 L'Osteria
12 Il Terrazzino
13 Focacceria del Sedile
15 Il Giardino di Crucinia
Matera
I Sassi

Leben erfüllt und anschließend um sie herum sukzessive feste Behausungen, einige imposante Palazzi und Kirchen gebaut wurden, formierte sich das seit dem 13. Jh. Sassi genannte Stadtviertel. Zunächst allmählich und seit dem 18. Jh. rapide entwickelte es sich zu einem Elendsviertel, in dem vornehmlich die unteren bäuerlichen Bevölkerungsschichten unter prekären hygienischen Bedingungen ihr Leben fristeten. Knapp zehn Jahre nachdem die ca. 15.000 Bewohner der Sassi durch Carlo Levis Buch traurige Berühmtheit erlangt hatten, wurden sie in zwei Aussiedlungswellen in den 1950er und 1960er Jahren – zum Teil gegen ihren Willen – in eigens für sie errichtete neue Stadtviertel umgesiedelt (z. B. Rione Spine Bianche oder Rione La Nera). Von dort sehen sie nun zu, wie die historischen Monumente ihres Stadtteils wieder herausgeputzt und die einfachen Häuser zu vornehmlich gutsituiertem neuem Leben erwachen.

Bei einem Spaziergang durch die Sassi sind Aufstieg, Niedergang und Wiederbelebung des Stadtteils an allen Ecken und Enden nachzuvollziehen. Die neuerdings markierten und auf einer Begleitkarte kommentierten "percorsi turistici" erleichtern die Orientierung. Hier nur einige Besichtigungsstationen im Stadtteil Civita, Sasso Barisano bzw. Sasso Caveoso, die man selbstverständlich auch in Begleitung autorisierter Führer ansteuern kann:

Museo della Tortura: Wer sich für historische Folterwerkzeuge und -methoden interessiert, möge diesem neuen Museum auf dem Weg vom Stadtteil Piano in die Sassi einen Besuch abstatten. Di–So 9–13 und 16–19.30 Uhr. Via S. Rocco 147/Ecke Via S. Biagio, ✆ 0835/256484.

Museo Laboratorio della Civilta Contadina: Das Museum widmet sich bäuerlichen Handwerkstraditionen. Nach Voranmeldung bzw. Sa/So 10–13 und 16–20 Uhr. Via S. Giovanni Vecchio 60, ✆ 0835/385248.

Romanische Kathedrale: Über dem Stadtviertel der Sassi und sehr gut von der zentralen Piazza V. Veneto zu erreichen, thront auf einem Felsen die dreischiffige romanische Kathedrale, die zwischen 1230 und 1270 gebaut wurde. Sie ist der Patronin der Stadt, der Madonna della Bruna, geweiht, der alljährlich am 2. Juli mit einem farbenfrohen Fest gehuldigt wird. Unter den zahlreichen Besichtigungsobjekten in ihrem teilweise nach barocken Geschmacksvorstellungen veränderten Innern seien hier nur ein im byzantinischen Stil gehaltenes Fresko der Madonna aus dem Jahre 1270 und eine im linken Querschiff postierte bunte Bauernkrippe aus dem 16. Jh. hervorgehoben.

Piazza Sedile: Eine ganz eigene, erlebenswerte Atmosphäre verbreitet die hübsche Piazza Sedile unweit der Piazza Duomo. Früher gingen hier die Silberschmiede ihrem Handwerk nach, heute wird sie bisweilen von Geigen- und Klavierklängen aus dem Musikkonservatorium beschallt.

Piazza S. Francesco: Angesichts der gleichnamigen, zwar schon im 13. Jh. gegründeten, aber später prächtig verzierten Kirche kommen die Fans üppigen Barocks auf ihre Kosten.

Madonna delle Virtù und S. Nicola dei Greci: Zu den eindrucksvollsten Zielen im nördlich des Doms gelegenen Sasso Barisano zählt dieses Höhlenkloster, dessen ältester Teil, die Kirche Madonna delle Virtù, aus dem 10. oder 11. Jh. stammt (allerdings wurde sie im 17. Jh. umgebaut). Darüber wurde später das zweite Gotteshaus errichtet, die Kirche S. Nicola dei Greci mit sehenswerten Fresken aus dem 13. und 14. Jh. Erstere ist inzwischen vollständig restauriert worden und dient von Juni bis Oktober als Veranstaltungsort von Kunstausstellungen.

Madonna de Idris: Der Via Madonna delle Virtu folgend, gelangt man vom Klosterkomplex (vorbei am S.-Lucia-Konvent) zum Sasso Caveoso und der Piazza S. Pietro Caveoso. Dort erhebt sich neben der **Kirche S. Pietro Caveoso** aus dem 17. Jh. mit der zur Hälfte in Tuffstein gehauenen Kirche Madonna de Idris eines der beeindruckendsten Bauwerke der Sassi. Allerdings präsentiert sich das ungewöhnliche Gotteshaus nach einem Einsturz des Tuffsteingewölbes in einer im 16. Jh. rekonstruierten Form.

Casa Grotta di Vico Solitario: Ganz in der Nähe der Tuffsteinkirche kann man sich in dem kleinen Museum, das aus einer original eingerichteten Grottenwohnung besteht, einen Eindruck von den bei Levi ausführlich geschilderten bäuerlichen Lebensverhältnissen in den Sassi verschaffen. Die Casa Grotta ist ganzjährig von 10 bis 17 Uhr, von Mai bis Okt. sogar bis 20 Uhr geöffnet. Eintritt 1,50 €. Vico Solitario 11, ✆ 0835/310118, www.casagrotta.it.

S. Lucia alle Malve: Von der Grottenwohnung auf den Vico Solitario zurückgekehrt und diesem in südlicher Richtung folgend, trifft man mit dieser im 9. Jh. von basilianischen Mönchen gegründeten Kirche auf ein weiteres sakrales Kleinod des Sasso Caveoso. Teile der Kirche, die in ihrem Innern mit Fresken, Gemälden und Statuen aus dem 12.–17. Jh. geschmückt ist, dienten zwischenzeitlich als Wohnraum.

Mostra della Civilta Contadina: Auch dieses Museum (im Gebiet zwischen S. Lucia alle Malve und dem Convicinio S. Antonio) widmet sich dem Alltagsleben in den Sassi und präsentiert in einer Felsenwohnung Einrichtungsgegenstände und Gerätschaften, die hier noch bis in die 1950er Jahre hinein gebräuchlich waren.

Ⓞ Das Museum ist täglich von 9.30–13.30 und von 15–19 Uhr geöffnet. Auch hier sollte man sich unter folgenden Nummern vorher der Öffnungszeiten versichern: 0835/314139 oder 0835/263259.

Convincinio di S. Antonio: Aus vier zwischen dem 14. und 15. Jh. in den Stein getriebenen Felsenkirchen zusammengesetzter Komplex am Südzipfel des geschichtsträchtigen Stadtteils, von dessen kleiner Terrasse das Panorama des Sasso Caveoso zu genießen ist.

Auch im Detail bemerkenswert: die Sassi von Matera

Parco della Murgia Materana: Die Felsenkirchen in den Sassi repräsentieren nur einen Bruchteil der insgesamt 155 Felsenkirchen und -klöster in Matera und Umgebung. Die übrigen – darunter z. B. die gut erhaltene Kirche Madonna della Croce aus dem 11. Jh. – firmieren unter "Parco Archeologico Storico Naturale delle Chiese Rupestri del Materano", kurz "Parco della Murgia Materana". Der bedeckt das 6000 ha große Territorium der geologisch für das Höhlenleben prädestinierten Tafelgebirgslandschaft zwischen Matera und Montescaglioso, die von Matera aus mit dem Auto über die SS 7 in Richtung Laterza, zu Fuß über einen Hirtenpfad unterhalb der Piazza S. Pietro Caveoso zu erreichen ist. Am Nordzipfel des Parks hat der Bildhauer Antonio Paradiso im Sommer 2002 einen ausgedienten Steinbruch in ein Freilichtmuseum für zeitgenössische Kunst namens **Parco Sculture La Palomba** verwandelt (Contrada Pedale della Palomba, Sa/So 10–20 Uhr nach Voranmeldung unter ✆ 347/8616299 oder 328/7449048; www.cinefabrica.too.it). Südöstlich davon wurde wenige Monate später in der alten Masseria Radogna ein Besucherzentrum eingerichtet, in dessen Nähe sich vom Hochplateau Murgia Timone eine atemberaubende Aussicht auf die Sassi eröffnet. Wer den Park mit oder ohne ortskundige Führer befahren oder erwandern möchte, kann sich im Besucherzentrum (9–13 und 15–18 Uhr) oder bei der Parkverwaltung im Sasso Barisano (Via Sette Dolori 10, ✆ 0835/336166, info@parcomurgia.it, www.parcomurgia.it) beraten und die (bislang nur in italienischer Sprache kommentierte) "Carta Prima Parco della Murgia Materana" aushändigen lassen.

Piazza Vittorio Veneto: Vom Rathaus, dem örtlichen Gefallenendenkmal, der im 13. Jh. erbauten Kirche S. Domenico und dem ehemaligen Kloster und heute als Kunstmuseum genutzten Convento dell'Annunziata flankierter Platz, in dessen Mitte sich das Pflaster auftut und den Blick in das unterirdische Gewölbe einer früheren Straße (Ipogei) freigibt.

Museo Nazionale Ridola: Das in dem ehemaligen Kloster Santa Chiara untergebrachte Museum wurde von dem Arzt und Archäologen Domenico Ridola (1841–1932), der dem Staat 1910 seine bahnbrechenden archäologischen Funde vermacht hatte, im Februar 1911 gegründet. Neben Ridolas Nachlass sind die in den folgenden Jahrzehnten in Matera und Umgebung zu Tage geförderte Objekte zu bewundern.
⌚ Mo 14–20 Uhr, Di–So 9–20 Uhr, Eintritt 2,50 €. Via Ridola 24, ✆ 0835/310058.

Palazzo Lanfranchi: Der Mitte des 17. Jh. errichtete und seinerzeit als Priesterseminar genutzte Gebäudekomplex an der Piazzetta G. Pascoli beherbergt das "Centro Carlo Levi", in dem die Gemälde des Künstlers ausgestellt sind. In der ebenfalls hier untergebrachten "Pinacoteca D'Errico" werden Hunderte von Gemälden aus der Neapolitanischen Schule des 17. und 18. Jh. gezeigt, der u. a. die Künstler De Mura, Rosa und Bruegheli angehörten.

Montescaglioso

ca. 9.800 Einwohner

Auch wenn die seit mehreren Jahren laufenden Restaurierungsarbeiten noch im Gange sind, lohnt sich der Besuch der geschichtsträchtigen Bendiktinerabtei am oberen Ende des steil ansteigenden Corso della Repubblica, der den schönsten und ältesten Teil der bereits in römischen Tagen besiedelten Stadt durchzieht.

1079 gegründet und in den folgenden Jahrhunderten sukzessive ausgebaut, birgt die **Abbazia S. Michele Arcangelo,** die etwa bis 1700 ihre heutigen Dimensionen angenommen hatte, 365 Zimmer und Säle. Bis sie im ausgehenden 18. Jh. von ihren gottesfürchtigen Bewohnern und Bewirtschaftern verlassen wurde, war sie ein überregional bedeutendes religiöses und ökonomisches Zentrum. Dessen Geist weht noch heute durch die faszinierenden, im gotischen Stil gehaltenen Kreuzgänge, deren Innenhöfe und teilweise freskengeschmückte Nebenräume mittlerweile für Konzerte und Ausstellungen genutzt werden (Besichtigung täglich 16–20 Uhr, Führungen: Antonio D'Elicio, ✆ 0835/207813). Wenn man den Vorplatz der Abtei, die Piazza del Popolo, durch die Porta S. Angelo verlässt, bietet sich ein postkartenreifer Panoramablick in die Murgia Materana, deren zum Natur- und Kulturpark erhobener Landschaftsausschnitt (s. o.) auch nördlich von Montescaglioso (von der SS 175) zu betreten ist.

• *Anreise/Verbindungen* SS 175; **Busverbindungen** nach Matera, Bernalda und Policoro.

• *Information* **Pro Loco**, Piazza S. Giovanni Battista 15, im Sommer 10–12 und 17–19 Uhr, ✆/℻ 0835/200630.

• *Übernachten/Essen* **Hostel Perfetta Letizia,** weil man im Heiligen Jahr 2000 daranging, ein ehemaliges Kapuzinerkonvent in eine zwar spartanische, aber durchaus akzeptable (Jugend-)Herberge zu verwandeln, kann man jetzt (außer im November) in Montescaglioso übernachten. Die Vermietung der ehemaligen Klosterzellen und Dormitorien übernimmt die Kooperative La Forestiera. DZ 35 €, EZ 22 €, Bettplatz im Schlafsaal 15 € (ohne Frühstück). Viale Belvedere, ✆ 0835/207989, perfettaletizia@tiscali.it.

In der Umgebung bieten mehrere **Agriturismi** Tisch und Bett. Der bestausgestattete und äußerst familienfreundliche heißt **L'Orto di Lucania:** Apartments mit Küche in umgebauten Landarbeiterhäuschen, Pool und Fahrradverleih, schmackhafte Küche mit Zutaten aus eigener Produktion. Die Apartments kosten zwischen 540 und 700 € pro Woche bzw. 300 und 340 € für ein Wochenende. Außerhalb der Saison wird auch tageweise (ab 80 € pro Tag) vermietet. Contrada Dogana, ✆ 0835/202195, ✆ 0835/207008, www.ortodilucania.it.

Caveosus, hübsche und nach lokaler Hausfrauenart bekochte Trattoria zwischen Altstadtcorso und spätbarocker Hauptkirche, deren Name an römische Zeiten erinnert, als die Stadt "Mons Caveosus" hieß. Via Chiesa Maggiore 1, ✆ 0835/201912. Di Ruhetag.

Ofenfrische Pizzastücke und Focacce von der Hand in den Mund serviert die **Focacceria del Corso.** Corso della Repubblica 13.

Das Basento-Tal

Durch das infolge von Metangasvorkommen für lukanische Verhältnisse relativ stark industrialisierte Basentotal verläuft mit der "Basentana" genannten SS 407 eine der wichtigsten Verkehrsadern der Basilikata.

Sie verbindet die Regionalmetropole Potenza mit Matera bzw. der ionischen Küste. Die gut ausgebaute und viel befahrene Straße ist in eine weiß-gelblich eingefärbte, nur von vereinzelten (Oliven-)Baumgruppen grün gesprenkelte Faltengebirgslandschaft eingefasst und wird von kleinen Industriezentren und einer Reihe wenig einladender (Fernfahrer-)Hotels und Restaurants gesäumt. Da sie selten einen Blick auf die umgebenden Orte freigibt, muss man schon wissen, dass sich oberhalb der touristisch betrachtet unattraktiven Piste mit Grassano, Miglionico, Ferrandina, Pisticci, Craco oder Bernalda durchaus besuchenswerte Städtchen verstecken.

▸ **Grassano:** Die phantastische Aussicht vom Vorplatz der Kirche San Giovanni Battista auf die Landschaft des Basentotals, an die sich Carlo Levi zehn Jahre nach seinem unfreiwilligen Aufenthalt in Grassano noch deutlich erinnerte, ist auch heute noch ein guter Grund, dem ansonsten unscheinbaren 6000-Einwohner-Städtchen im Nordwesten der Provinz Matera einen kurzen Besuch abzustatten. Carlo Levi beschrieb den Panoramablick in seinem ersten Verbannungsort in der lukanischen Provinz folgendermaßen: "Wie alle Orte hierzulande, liegt Grassano als weißer Fleck auf dem Gipfel eines hohen, kahlen Hügels, wie ein kleines erträumtes Jerusalem in der Einsamkeit einer Wüste. Ich ging gern zu der windumwehten Kirche oberhalb des Ortes hinauf, von wo das Auge nach allen Richtungen einen unendlich weiten Horizont umfassen kann, der in der ganzen Runde vollkommen gleich ist. Man steht mitten in einem Meer weißlicher, eintöniger und baumloser Erde: in der Ferne auf Hügelkuppen weiße Ortschaften, Irsina, Craco, Montalbano, Salandra, Pisticci, Grottole, Ferrandina; Gebiet und Schlupfwinkel der Briganten bis dorthin, wo vielleicht das Meer und Metapont und Tarent liegen" (Carlo Levi, Christus kam nur bis Eboli, München, 12. Auflage 1994, S. 7).

▸ **Miglionico:** In Levis Aufzählung der weißen Ortschaften fehlt das immerhin auf 465 Höhenmetern zwischen Basento und dem dort zum Lago di San Giuliano gestauten Brádano emporragende Miglionico, das Liebhabern mittelalterlicher Schlösser unbedingt als Ausflugstipp ans Herz gelegt sei. Das quadratisch konstruierte, mit sechs zylindrischen Türmen ausgestattete Schloss des lebhaften Landwirtschaftsstädtchen ist (vermutlich) normannisch-staufischen Ursprungs und wird in Anlehnung an ein historisches Ereignis anno 1481 "Castello del Malconsiglio" (Schloss des schlechten Rats) genannt. Am 1. Oktober jenen Jahres versammelten sich dort die Feudalherren des Königreichs von Neapel, um sich gegen den amtierenden König Ferdinand I. von Aragon zu verschwören, was sie jedoch letztlich mit ihrem Leben bezahlten. Das von außen betrachtet nach wie vor machtstrotzende, innen jedoch arg heruntergekommene Schloss ist seit geraumer Zeit "in restauro".

• *Anfahrt/Verbindungen* Jeweils Abfahrt der SS 407 od. über die nördlich parallel zur Basentana verlaufende SS 7. Der **Bahnhof** Grassano-Garaguso an der Linie Salerno–Potenza–Taranto befindet sich außerhalb des Ortes an der Basentana. **Busse** zum Bahnhof, nach Matera und Potenza.

• *Übernachten/Essen* Übernachtungs- und Beköstigungsmöglichkeiten in einigen Agriturismi der Umgebung, darunter:

San Giuliano, akzeptable Zimmer in einem gesichtslosen Neubau in (südlicher) Nähe des zum Naturschutzgebiet erklärten Lago San Giuliano, in dem überzeugend zubereitete Speisen mit Produkten aus der eigenen (biologischen) Landwirtschaft auf den Tisch kommen. DZ 50 €, EZ 25 €. Località Diga San Giuliano (Miglionico), ✆ 0835/385659 und 335/8408107, ✆ 0835/559183, www.san-giuliano.com.

▸ **Ferrandina:** Die Besonderheit der von ausgedehnten Olivenhainen umgebenen und durch die nahen Erdgasvorkommen zum wichtigen Industriestandort avancierten Kleinstadt ist die gleichmäßig-dekorative Struktur ihrer bereits seit Ende des 15. Jh. gewachsenen und dennoch fast modern anmutenden Reihenhaussiedlungen. Neben der charakteristischen architektonischen Struktur, die sich eigentlich erst erschließt, wenn man den Ort von außen bzw. von unten betrachtet, wartet die Stadt mit einer Reihe herrschaftlicher Paläste, vier ehemaligen Klöstern und drei Kirchen auf. Darunter befinden sich das im 16. Jh. gegründete Convento di San Domenico und die ihm angeschlossene, von einer Kuppel gekrönte, außen mit Terrakottaverzierungen dekorierte Kirche hoch über dem Ort und die dreischiffige Hauptkirche Santa Maria della Croce an der zentralen Piazza Plebiscito. Deren Bau wurde 1492 gleichzeitig mit dem des übrigen Ortes begonnen, weshalb sie in ihrem Innern mit zwei vergoldeten Holzstatuen von Friedrich von Aragon und dessen Ehefrau Isabella dem Stadtgründer und Namenspatron Ferrandinas Tribut zollt.
Im Schatten des imposanten Gotteshauses entwickelte sich Ferrandina im Laufe der Jahrhunderte zu einem politisch-kulturellen Zentrum der Region. Viele engagierte Söhne und Töchter der Stadt machten sich das Gedankengut der Aufklärung zu Eigen, folgten später den liberalen Strömungen des beginnenden 19. Jh., unterstützten die italienische Einigungsbewegung und opponierten im September 1943 gegen die lokalen faschistischen Machthaber.

• *Anfahrt/Verbindungen* Über die SS 407. Der **Bahnhof** der Linie Salerno–Potenza–Taranto befindet sich direkt an der Basentana. **Busverbindungen** zum Bahnhof, nach Potenza und Matera.

• *Information* **Pro Loco,** Via Borsellino 24, ✆ 0835/757382.

• *Übernachten/Essen* Die (touristische) Infrastruktur in und um Ferrandina ist bescheiden und eigentlich nicht der Rede wert. Wer dennoch dort essen und trinken möchte oder muss:

*** **Degli Ulivi,** große, moderne Hotelanlage mit Pool und Garten, etwas abseits und abgeschirmt von der Piste gelegen. DZ 67 €, EZ 47 €. SS 407 (Basentana), ✆ 0835/757020.

▸ **Pisticci:** Die recht betagte, wegen ihrer charakteristischen Wohnarchitektur städtebaulich interessante und strahlend weiß getünchte 18.000-Einwohner- Stadt verströmt schon rein äußerlich eine freundliche Atmosphäre. Dass sie auch von innen eine quirlig-fröhliche Stimmung verbreitet, mag daran liegen, dass Pisticci Industriestandort und deshalb für lukanische Verhältnisse relativ wohlhabend ist. Jedenfalls prägt eine Mischung aus geschäftiger Betriebsamkeit und mediterraner Leichtigkeit das pulsierende Leben auf der von Bars, kleinen Läden und einigen eleganten Geschäften gesäumten Hauptflaniermeile Corso Margherita und das Ambiente der öffentlichen Plätze.

Die zur Talseite stufenweise angelegte Siedlung Rione Dirupo mit ihren regelmäßig aufgereihten, einstöckigen, schneeweißen Häuschen (casedde), von denen einige mit zum Trocknen aufgehängten, leuchtend roten Peperonizöpfen bilderbuchreif

Ebenso einsam wie eindrucksvoll: "Geisterstadt" Craco

dekoriert sind, ist zweifellos das attraktivste Besichtigungsobjekt Pisticcis. Nach einem Spaziergang durch die Gassen von Rione Dirupo eröffnet sich von der am unteren Rand der Siedlung liegenden schlichten Chiesa dell'Immaculata Concezione eine weite Aussicht auf die Stadt.

• *Anfahrt/Verbindungen* Über die SS 407. Der **Bahnhof** von Pisticci liegt an der Linie Salerno–Potenza–Taranto im Tal nahe der Basentana. **Busverbindungen** zum Tal und von dort nach Matera, Potenza, Craco und Stigliano

• *Information* **Pro Loco,** Via Cialdini 18, ✆ 0835/5871.

• *Übernachten/Essen* Im attraktiven Stadtzentrum von Pisticci kann man gut essen, aber nicht übernachten. Zum Ausgleich bieten einige Agriturismi, die entlang der parallel zur Basentana verlaufenden Provinzstraße vom Hauptort zur Marina di Pisticci aufgereiht sind, Kost und/oder Logis, z. B.:

San Teodoro Nuovo (Agriturismo), das imposante Anwesen aus dem 18. Jh. inmitten biologisch bewirtschafteter Obst-, Gemüse- und Weinkulturen bietet gehobenen Übernachtungskomfort und eine erlesene lokale Küche. Das Ganze in Ruhe und Abgeschiedenheit zwischen Pisticci und dem Meer, DZ 90 €. Località Marconia, ✆ 0835/470042, ✆ 0835/416666, www.santeodoronuovo.com.

I Caselli (Agriturismo), eine kleinere, schlichtere und preisgünstigere, gleichwohl erholsame Variante der Ferien auf dem Bauernhof: Neben einem Familienapartment mit Küche und Dachterrasse im 1. Stock, gibt es drei einfache Zimmer im Erdgeschoss. DZ ab 35 €. Contrada S.Basilio, ✆ 0835/470206, ✆ 0998/277055, www.icaselli.it.

Trattoria Arco Rosso, ortstypisch gefärbte, d. h. von Gemüse- und Fischgerichten (z. B. Stockfisch mit Paprika) dominierte lukanische Küche. Via F. Palmieri, Mo Ruhetag.

L'Incontro, in einer Gasse nahe der Hauptkirche gelegenes, in einem natursteinernen Kellergewölbe eingerichtetes Restaurant mit typischer lokaler Küche, zu deren Gerichten u. a. "gnocchi con rape" (mit Rüben) oder die frühere Armenspeise "lasagne alla mollica" (mit Brotkrumen) zählen. Via Risorgimento 2/4, ✆ 0835/582467. So-abends und Ende September geschlossen.

Pizzeria L'Aurora, direkt an der Hauptflaniermeile Corso Margherita 152, ✆ 0835/583621. Di Ruhetag.

▸ **Craco:** Nicht weit von Pisticci ragt aus einer nahezu unbesiedelt gebliebenen, mit Weizenfeldern und Olivenhainen kultivierten und allein mit einzelnen historischen

Gutshöfen bebauten Landschaft die "Geisterstadt" Craco empor. Seit 1963 wiederholt von heftigen Erdrutschen geschüttelt und teilweise buchstäblich zerrissen, wurde der seit dem Mittelalter bewohnte Ort 1975 endgültig evakuiert, und seine Bewohner fanden im neu aufgebauten Craco-Peschiera eine neue Heimat. Nachdem er 1978 die Kulisse für die Außenaufnahmen von Francesco Rosis Levi-Verfilmung abgegeben hatte, darf er heute aus Sicherheitsgründen (eigentlich) nicht mehr betreten werden. Dennoch gehört ein Ausflug nach Craco, über das offenbar unberührt vom Zahn der Zeit und den Naturgewalten ein quadratischer (vermutlich) normannischer Wehrturm wacht, zu den eindringlichsten Besichtigungserlebnissen einer Basilikatareise. Nur einen Steinwurf von diesem Faszinosum entfernt liegt die ebenso eindrucksvolle, im öffentlich geförderten Restaurierungsprozess stecken gebliebene Kirchen- und Klosteranlage S. Pietro aus dem 17. Jh.

Anfahrt Craco ist von Pisticci aus über SS 103 zu erreichen.

▶ **Bernalda:** Die von einem mächtigen Kastell aus dem 15. Jh. und der gleich alten Kirche San Bernardino eingerahmte Piazza Bernardo sowie der von dort genossene Panoramablick auf das Basentotal gelten als Hauptsehenswürdigkeiten der 12.000-Einwohner-Stadt. Doch auch der palmenbeschattete, von Geschäften und Lokalen flankierte Corso Umberto, von dem rechts und links kleine Sträßchen mit einstöckigen, mit Tonnendächern versehenen, weiß getünchten Häusern abzweigen, und die zentrale Piazza Plebiscito sind städtebaulich durchaus ansehnlich und atmosphärisch erlebenswert. Sie verleihen der Stadt einen mediterranen Charme, der den des zu Bernalda gehörenden, 12 km unterhalb gelegenen Küstenorts Lido di Metaponto (s. S. 95f.) bei weitem übertrifft.

• *Anfahrt/Verbindungen* Über die SS 407. **Bahnhof** an der Linie Salerno–Potenza–Taranto. **Busverbindungen** nach Matera und zur ionischen Küste.

• *Information* **Pro Loco,** Juni–Sept. 16.30–21 Uhr. Corso Umberto I 42.

• *Übernachten* ** **Hotel I Pitagorici,** ganzjährig geöffnetes kleines Haus im Zentrum mit 11 einfachen, aber mit allem Notwendigen ausgestatteten Zimmern, die jedoch leider weder Balkon noch Terrasse haben. DZ 31–37 €, EZ 21 €, Dreibettzimmer 47 €. Via Verdi 341, ✆ 0835/543565.

• *Essen und Trinken* Mehrere sympathische Lokale am belebten Corso Umberto I, darunter **I Pitagorici,** in dem die Inhaberin des gleichnamigen Hotels (außer mittwochs) deftige lukanische Gerichte serviert (Nr. 93, ✆ 0835/543129); **Al Vecchio Frantoio,** in dem man ebenfalls in stimmungsvoller Atmosphäre ortstypisch isst (Nr. 70, ✆ 0835/543546, Mo Ruhetag); **Trattoria Fifina** (Nr 63, ✆ 0835/543134, So Ruhetag), wo die Einrichtung nichtssagend modern, aber das Essen lecker ist.

Alle Porte, die aussichtsreiche Alternative direkt an der stimmungsvollen Piazza Bernardino. Man speist hervorragend in einem Gebäude mit typischem Tonnendach oder auf einer Terrasse mit Ausblick auf das Basentotal. Via Redi 1, ✆ 0835/543666. Do Ruhetag.

Ionische Küste

Die ionische Küste wird von den größtenteils in Beton gegossenen, gleichförmigen Küstenorten Metaponto, Scanzano Ionico, Policoro und Nova Siri und ebensolchen Ferienhaussiedlungen und Hotelkomplexen sowie großzügigen, schattigen Campingplätzen gesäumt.

Die reihen sich vor dem wichtigsten Wirtschaftsfaktor der ionischen Küstenebene auf, den riesige Flächen bedeckenden Obst-, Gemüse- und Weinplantagen, in denen so mancher Agriturismo Kost und Logis offeriert. Hätte die einst zur Magna Graecia gehörige Küste nicht so viele archäologische Schätze zu bieten, wäre sie al-

Metapontos besterhaltenes Zeugnis seiner großgriechischen Geschichte

lenfalls den Liebhabern kilometerlanger, flacher Sandstrände und passionierten Campern zu empfehlen.

(Lido di) Metaponto

Der aufstrebende Badeort mit einem passablen Sandstrand, Hotels mit Meerblick und mehreren ortsnahen Campingplätzen zieht nicht nur Strandurlauber an, sondern gehört wegen der archäologischen Ausgrabungen auch zum obligatorischen Besichtigungsprogramm von Kulturreisenden.

Die Achäer, die etwa im 8. Jh. v. Chr. aus einer Gegend nördlich des Peleponnes auswanderten und sich hier niederließen, taten dies vor allem wegen der Fruchtbarkeit des Bodens, den sie seinerzeit maßgeblich zum Getreideanbau nutzten (heute liegen auf dem Gebiet riesige Obstplantagen). Ihre stetig wachsende Ansiedlung erlebte zwischen der zweiten Hälfte des 6. und der ersten Hälfte des 4. Jh. v. Chr. ihre wirtschaftliche und kulturelle Blüte; in dieser Zeit waren sie wegen der ständigen Auseinandersetzungen mit dem benachbarten Siris erfolgreich mit Sibari und Crotone verbündet. Aus der letztgenannten griechischen Kolonie kommend, hielt sich der weltbekannte Philosoph und Mathematiker Pythagoras lange in Metaponto auf und verbreitete dort seine Lehren. Aus dem hellenistischen Metaponto wurde wenige Jahrhunderte später das römisch dominierte Metapontum. Es folgten Adelsgeschlechter unterschiedlicher Herkunft, bis das ehemals florierende antike Stadtgebiet bis zum Ende des 17. Jh. infolge von verheerenden Malariaplagen vollständig entvölkert war. Erst in den 1950er Jahren wurde der verwaltungsmäßig der Gemeinde Bernalda zugeordnete Ort als moderne Gartenstadt neu angelegt. Mittlerweile dürfte er zum meistfrequentierten lukanischen Küstenort am Ionischen Meer geworden sein. Entsprechend mutiert die palmenbepflanzten Promenade im Sommer zur rummeligen Vergnügungsmeile.

Verbindungen/Information/Golf

• *Anfahrt/Verbindungen* Über die A 3 (Ausfahrt Sicignano-Potenza), dann über die SS 407 auf die SS 106. Der **Bahnhof** liegt ca. 2 km vom Strandort entfernt (nahe dem archäologischen Park); von dort Verbindungen zu den Zielen der Linie Salerno–Potenza–Taranto und der Küstenstrecke Taranto–Sibari–Catanzaro Lido. **Busverbindungen** nach Senise, Taranto, Bernalda, Matera, Scanzano,Policoro und Nova Siri.

• *Information* **Pro Loco** von Bernalda (siehe S. 94).

• *Golf* Im Sommer 2002 wurde inmitten von Orangen- und Olivenhainen nahe der SS 175 Richtung Matera der **Golf Club di Metaponto** eröffnet. Contrada Pizziche, ✆ 0998/431844, www.rivadeitessali.it.

Übernachten/Essen und Trinken

Am Lungomare (Strandpromenade) von Metaponto Lido und den nahe gelegenen Straßen gibt es einige Hotels, die alle auch einen externen Restaurantbetrieb mit fischorientierter Küche anbieten, sowie einige akzeptable, aber nicht herausragende, mehrheitlich nur während der Badesaison (Mai–September) geöffnete Restaurants und Pizzerien.

*** **Hotel Turismo,** sehr lebhaftes, weil von vielen Reisegruppen frequentiertes, für 120 Personen ausgerichtetes Hotel nahe dem Lungomare. Behindertengerecht angelegt, saisonal geöffnet, mit gepflegten, modern eingerichteten und klimatisierten Zimmern. Große Restaurant- und Barterrasse. DZ 72 €, EZ 73 €. Viale delle Ninfe 5, ✆ 0835/741918, 📠 0835/741917.

Agriturismo "La Masseria", der große Restaurantbetrieb mit gegenüberliegender kleiner Bar vermietet in einem einfachen, aber sympathischen Haus auf seinem Grundstück ganzjährig kleine Ferienwohnungen und -zimmer mit und ohne Verpflegung. Er liegt in der Nähe eines alten Bauernhofes in einem Außenbezirk von Metaponto (auf dem Land und doch nur einen Kilometer vom hauseigenen Strand "Planet Beach" entfernt). Das Restaurant ist wegen seiner frischen und kreativ servierten lukanischen Küche auch bei Einheimischen beliebt. In jedem Fall ist der von Nov. bis Feb. geschlossene Agriturismo eine wirkliche Alternative zu den langweiligen Restaurants und Hotels am Lido. DZ 55 €. Contrada da Torremare, ✆ 0835/741838 (Restaurant montags geschlossen).

Camping Internazionale, eher kleiner, direkt im Ort gelegener und mit straßenüberquerendem Zugang zum 50 m entfernten Strand ausgestatteter Campingplatz, der auch einfach eingerichtete Bungalows mit kleiner Terrasse vermietet. Via Nereidi, ✆/📠 0835/741916 u. 0835/741987, marcovallone@tiscalinet.it.

Camping Magna Grecia, etwas außerhalb des Ortes (in 300 m Entfernung zum Strand) gelegene Anlage mit Stellplätzen, Bungalows, diversen Sportangeboten (Tennis, Basketball etc.), Kinderspielplatz, Pool und Bimmelbahn zum Strand. Viel Schatten. Via Lido, ✆ 0835/543488.

Camping Riva dei Greci, sehr schöner und freundlich geführter, ca. 700 m vom Meer gelegener Campingplatz unter Bäumen. 2 km vom Ort und dem archäologischen Park entfernt. Ansprechende Holzbungalows, diverse Sportangebote, Kinderspielplatz, Diskothek, Wäscherei, Bar und Pizzeria. Juni bis Mitte Sept. geöffnet. Strada Turistica Archeologica Santa Palagina, Casella Postale 38, ✆ 0835/741818 (im Winter: 0835/543488), 📠 0835/741796, www.rivadeigreci.it.

Camping Julia (früher California), im Pinienwald direkt nebenan, ähnliche Ausstattung. Juni bis Mitte Sept. geöffnet Strada Turistica Archeologica Santa Palagina, ✆ 0835/741842, 📠 0835/741891.

Sehenswertes

Die große Vergangenheit des zwischen den Flussmündungen von Bradano und Basento gelegenen griechischen Metaponto und späteren römischen Metapontum enthüllt sich etwa 2 km außerhalb des neuen Ortes in der "Zona Archeologica", im modernen "Museo Archeologico Nazionale" in Metaponto Borgo und angesichts der sogenannten "Tavole Palatine" wenige Autominuten vom archäologischen Park entfernt (direkt an der SS 106 in Richtung Tarent).

Archäologischer Park: Hier befinden sich die Ruinen der alten Griechenstadt. Man erkennt die Agora, neben der die Reste von mehreren Tempeln zu bewundern sind. Die eindrucksvollsten Spuren hat das "Santuario di Apollo Liceo" hinterlassen, ein einst von 32 hohen Säulen formierter Apollotempel aus dem 7. Jh. v. Chr. Unweit der Tempelreste bilden Teile eines griechischen Theaters das dritte Besichtigungsobjekt des Parks, während die unter "Nekropole Crucinia" firmierenden hellenistischen Kammergräber etwas außerhalb des Geländes (unmittelbar an der SS 175) in Augenschein zu nehmen sind.

Täglich 9 Uhr bis eine Stunde vor Sonnenuntergang, Eintritt frei, ✆ 0835/745220.

Museo Archeologico Nazionale: Das lang gezogene moderne Gebäude in Metaponto Borgo präsentiert archäologische Fundstücke aus Metaponto, Pisticci und Policoro. Die Exponate, darunter Grabbeilagen, Schmuck und Keramikgegenstände, dokumentieren das Leben der Bewohner des Gebiets von der prähistorischen Zeit bis zur Spätantike. Darüber hinaus kann man sich dort – mittels Schautafeln und Luftaufnahmen – ein Bild von den Dimensionen und dem ursprünglichen Aussehen der antiken Stadt machen.

Mo 14–20, sonst 9–20 Uhr, Eintritt 2,50 €. Via Laveran, ✆ 0835/745327.

Tavole Palatine: Über einen von Oleanderbüschen eingefassten Weg erreicht man von der SS 106 die imposanten Reste des im 6. Jh. der Göttin Hera geweihten dorischen Tempels. Der vom Motorenlärm der Schnellstraße akustisch untermalte Anblick der 15 noch nahezu vollständig erhaltenen Säulen der Kultstätte (ursprünglich waren es 32) gehört zweifellos zu den tiefsten Besichtigungserlebnissen in Metaponto und Umgebung.

Weitere Küstenorte

▶ **Scanzano:** Das architektonisch und atmosphärisch nicht sonderlich attraktive Landwirtschaftsstädtchen gehörte früher zu Montalbano Ionico und ist erst seit 1974 eine eigenständige Gemeinde. Die bietet Reisenden einen langen, von einigen Restaurants und Bars gastronomisch versorgten Sandstrand in der Nähe eines aragonesischen Wehrturmes, einen einzigen, mit 10.000 qm vergleichsweise kleinen Campingplatz und überdurchschnittlich viele Agriturismi.

• *Anfahrt/Verbindungen* Wie die übrigen Orte über die Küstenstraße SS 106 sowie über die parallel zum Agri verlaufende SS 653 zu erreichen. Der **Bahnhof** von Montalbano Jonico-Scanzano liegt an der Strecke Taranto–Catanzaro. **Busverbindungen** nach Senise, zu den übrigen Küstenorten, nach Taranto, Montescaglioso und Matera.

• *Übernachten/Essen* Neben den eher urlaubsungeeigneten modernen Hotels an der SS 106 gibt es noch die riesige, ein bisschen an eine moderne Kaserne erinnernde, aber recht komfortable und gepflegte 1000-Betten-Anlage *** **Villaggio Albergo "Torre del Faro",** die direkt an der Straße zum Meer, aber noch ca. 6 km von Letzterem

Basilikata – Provinz Matera

entfernt (sozusagen auf freiem Feld) in der Urlaubssaison ihre Dienste (Pool, Tennisplatz, Restaurant etc.) anbietet. DZ 73–224 €, EZ 62–144 €. Via Torre del Faro, ✆ 0835/932111, 📠 0835/932750.

Unter den zahlreichen nicht sonderlich attraktiven **Agriturismi** sticht einer besonders positiv hervor: **Il Gazebo:** freundliche Inhaber, nette Atmosphäre, leckere hausgemachte Pasta und Fleisch aus eigener Aufzucht, aber auch Fischgerichte. Unterbringung in kleinen Apartments oder Zimmern. Übernachtung/Frühstück 30–50 € pro Nase. Via Monte Bianco 34, ✆ 0835/953351, www.paginegialle.it/ilgazebo-mt.

Camping Le Due Barche, sehr schlichte Anlage direkt am Strand, vom 15. Juni bis zum 15. September geöffnet. Via Lido Torre 33, ✆ 0835/950880.

▸ **Policoro:** Die 15.000-Einwohner-Stadt wurde auf den Ruinen des um 540 v. Chr. von den Achäern im Zusammenschluss mit Sibari und Crotone zerstörten Siris knapp 100 Jahre später als "Heraklea" neu gegründet. 280 v. Chr. war sie Schauplatz der Schlacht zwischen Römern und Griechen, aus der der berühmte Pyrrhus – noch ohne nennenswerte Verluste – siegreich hervorging, um dann doch kurz danach (272 v. Chr.) unter römische Herrschaft zu geraten. Ihren aktuellen Namen trägt sie seit dem byzantinisch geprägten Mittelalter.

In Anbetracht von so viel Geschichte verwundert es kaum, dass die heute maßgeblich von der Landwirtschaft und einem zunehmenden Badetourismus lebende Gemeinde dem Besucher außer einem von einer großzügigen Promenade gesäumten, langen und breiten Sandstrand so manche Sehenswürdigkeit offeriert. Neben einem imposanten Zeugnis aus dem Mittelalter, dem im 13. oder 14. Jh. erbauten Castello Baronale Berlingieri, rühmt sich Policoro in erster Linie der Überreste seiner ereignisreichen antiken Vergangenheit. Die befinden sich in dem aus der "Cassa per il Mezzogiorno" (staatliche Mittel zur Strukturförderung des Südens) finanzierten und bereits 1969 eröffneten "Museo Nazionale della Siritide" an der Via Colombo und dem direkt dahinter liegenden Ausgrabungsgelände, auf dem die Grundmauern Herakleas zu Tage gefördert wurden. Dokumentieren die Exponate des Museums – vornehmlich Objekte aus Siris und Heraklea – und der archäologische Park die lokale Kulturgeschichte von der vorgeschichtlichen Zeit bis zum Mittelalter, so besitzt die in ihrem modernen Zentrum freundlich-lebhafte Stadt mit dem nach ihr benannten regionalen Naturreservat "Bosco Pantano di Policoro" zudem ein naturhistorisches "Monument". Bei dem Baumbestand, der sich auf 480 ha Fläche zwischen Policoro und Rotondella ausdehnt, handelt es sich nämlich um den letzten Flachlandwald Süditaliens. Der Wald und seine Bewohner – darunter seltene Wasservogelarten und Flussotter – können unter fachkundiger Anleitung von Mitarbeitern des WWF (World Wildlife Fund) erkundet werden (Oasi WWF del Bosco Pantano, Località Idrovora, Mo–Fr 9.30–12.30 und 16.30–19.30 Uhr, Piazza Eraclea 1, ✆ 0835/981360, www.oasiwwfpolicoro.it).

• *Anfahrt/Verbindungen* Über die SS 106 oder die SS 598. **Bahnhof** Tursi-Policoro nahe der SS 106 (an der Linie Taranto–Catanzaro Lido). **Busverbindungen** zu den übrigen Küstenorten, nach Senise, Taranto, Montescaglioso und Matera.

• *Information* **Pro Loco,** Piazza Eraclea (in der Biblioteca Comunale), ✆ 0835/972091.

• *Museum/Ausgrabungen* Das Nationalmuseum ist außer Di (dann 14–20 Uhr) von 9 bis 19 Uhr für 2,50 € zu besichtigen. Die Ausgrabungsstätten kann man sich rund um die Uhr gratis anschauen.

• *Übernachten/Essen* **** **Heraclea Hotel Residence,** moderne, gepflegte Anlage mit allem Komfort nahe dem Strand von Policoro. DZ 75–92 €, EZ 51 €. Via Lido, ✆ 0835/910144, 📠 0835/910147, www.hotelheraclea.com.

*** **Hotel Callà 2,** komfortables 22-Zimmer-Haus am Stadtrand von Policoro, ca. 3 km zum Strand nebst besuchenswertem Restaurant mit lukanischer (Meeres-)Küche und vielen Gemüsespezialitäten. DZ 70–85 €, EZ 52 €. Via Lazio, ✆/📠 0835/981098.

* **Hostaria al Buco,** einfache Pension im alten Stadtkern von Policoro mit winzigem,

auch für Nicht-Pensionsgäste zugänglichem Restaurant. Im August besteht Pensionspflicht. DZ 35 €, EZ 20 €. Via Napoli 16, ✆ 0835/972373.

Camping Villaggio Heraclea, vom 15. Juni bis zum 30. September geöffneter Camping- und Bungalowplatz mit Laden, Pool und dem auf dem Gelände befindlichen Restaurant La Cascina, in dem außer der üblichen lukanischen Küche auch Pizza serviert wird. Das Ganze in nur 150 m Entfernung vom Strand. Via Lido 37, ✆ 0835/910168, 📠 0835/910191.

Caffè D'Ercole/Pizzeria Mediterranea, Kaffee und Süßes, im Nebenraum leckere Pizza und Salat. Piazza Eraclea 11, ✆ 0835/971001. Mo Ruhetag.

Time Out, Szenetreff mit Bier, Kaffee, Cocktails und Snacks, draußen und drinnen. Corso De Gasperi 67. Mi Ruhetag.

▸ **Nova Siri:** Der 6000-Einwohner-Badeort nahe der kalabrischen Grenze hat im Laufe seiner langen Geschichte mehrere Namensänderungen erfahren, bevor er 1872 in Erinnerung an das antike Siris "Nova Siri" (Neu-Siris) getauft wurde. Seine Altstadt liegt zehn Straßenkilometer über dem meerzugewandten neuen Teil auf einem Hügel. Hier stand, als der Ort noch "Bollita" hieß, die Wiege des italienischen Patrioten und Schriftstellers Luigi Settembrini (1813–1876). In Nova Siri Marina erstreckt sich hinter der 1520 erbauten Torre Bollita, die eher einem großen mediterranen Wohnhaus als einem Turm gleicht, ein weitläufiger Sandstrand, der von der schönsten Strandpromenade der lukanischen Ostküste begrenzt wird.

Für archäologisch Interessierte bietet sich auf dem Territorium von Nova Siri ein Spaziergang durch die inmitten von Orangenhainen, Feigenbäumen und einigen fruchtverarbeitenden Betrieben befindliche "Zona Archeologica" in der Contrada Cigno di Vagno an. Dort kann man die Reste spätrömischer Thermalbäder und einer Villa aus dem 2. und 3. nachchristlichen Jahrhundert bewundern.

• *Anfahrt/Verbindungen* Über die SS 106 oder die SS 653, die entlang dem Fluss Sinni von der A 3 (Abfahrt Lauria) durch den Pollino zur Ostküste führt. Der **Bahnhof** Nova Siri-Rotondella in Nova Siri Marina liegt an der Strecke Taranto–Catanzaro Lido. **Busverbindungen** zu den übrigen Küstenorten, nach Matera und Rotondella.

• *Übernachten* *** **Akiris,** durch einen Pinienwald vom Strand getrennte, architektonisch außergewöhnlich und geschmackvoll gestaltete Hotel- und Apartmentanlage, in deren modern und komfortabel eingerichteten Aufenthaltsräumen und Zimmern Pergamentdrucke mit Motiven aus der griechischen Mythologie ein durchgängiges Stilelement bilden. Im ferienclubmäßigen Akiris, dessen Innenhof von einem riesigen Pool dominiert wird, werden dem Gast alle erdenklichen Serviceleistungen und Freizeitangebote zuteil, sodass er das Hotel eigentlich gar nicht verlassen müsste. DZ 74–128 €, EZ 46–74 €. Contrada Laccata, ✆ 0835/537111, 📠 0835/537841. Nur Mai–September geöffnet.

Camping Soleado, von Mitte Mai bis Mitte September geöffneter, mittelgroßer und -luxuriöser Platz unter Bäumen und mit direktem Zugang zum Strand, auf dem man sein eigenes Equipment aufstellen oder in einem der 20 Bungalows übernachten kann. Via Lido, ✆ 0835/877019 u. 0835/877786 (Winter), 📠 0835/877855.

Campeggio Villaggio Castro Boleto, hier ist alles ein wenig größer und luxuriöser. 1.6. bis 15.9. geöffnet. Via Lungomare, ✆ 0835/877786, 📠 0835/877855.

Wer weder in einem Luxushotel – außer dem genannten gibt es noch zwei weitere – logieren noch campieren möchte, kann sich auch in Nova Siri "beim Bauern" einquartieren. Der größte **Agriturismo** mit Pool, Tennisplatz und Möglichkeit der Vollverpflegung heißt **La Colinetta** und befindet sich in der Contrada Pietra del Conte. Übernachtung/Frühstück 26–31 € pro Nase. ✆ 0835/505175, 📠 0835/505180.

• *Essen und Trinken* Unter den Restaurants von Nova Siri seien zwei hübsche Lokale am sympathischen Lungomare hervorgehoben:

La Girandola, nettes Restaurant mit Terrasse an der Strandpromenade. Außer dem normalen Menü kann man hier auch Pizza bestellen. Via Lungomare, Fr Ruhetag.

La Trappola, nicht weit vom La Girandola entfernt kann man auf einer blumengeschmückten Terrasse mit Blick aufs Meer recht stimmungsvoll speisen. Via La Strada 6, ✆ 0835/877021. Mo Ruhetag.

Nomen est omen: Diamante

Reiseziel Kalabrien

Obwohl fast gänzlich vom Meer umspült, liegt die Seele Kalabriens "oben", wie Domenico Laruffa, kalabrischer Reisebuchautor, die Topographie seiner Heimat poetisch umschreibt.

Die gut 15.000 qkm messende Fläche der südlichsten Festlandsregion Italiens ist nämlich genauso wie die Basilikata zu gut 90 % von Bergen und Hügeln bedeckt. Ihre knapp 2,1 Millionen Einwohner verteilen sich auf die Provinzen Cosenza, Catanzaro, Reggio Calabria, Vibo Valentia und Crotone. Obgleich Reggio Calabria mit 180.000 Einwohnern mit Abstand die größte Stadt auf kalabrischem Boden ist, erhielt das wesentlich kleinere Catanzaro 1971 den Zuschlag als Hauptstadt der neu formierten Region.

Das Bruttosozialprodukt Kalabriens liegt fast 50 % unter dem nationalen Durchschnitt, entsprechend hoch sind Arbeitslosen- und Auswanderungsrate. Man lebt in erster Linie vom Oliven-, Zitrusfrucht- und Weinanbau und zunehmend vom Tourismus. Die Industrie spielt(e) wie in der Basilikata kaum eine Rolle; lediglich um Crotone wurden seit den 1920er Jahren, inzwischen wieder geschlossene Chemiewerke angesiedelt. Ansonsten dokumentieren die sporadisch in der Landschaft verteilten Ruinen nie in Betrieb genommener Fabrikanlagen, dass die (vermeintlich) geplante Industrialisierung der Region fehlgeschlagen ist. Nur der im vergangenen Jahrzehnt ausgebaute Containerhafen von Gioia Tauro nährt eine gewisse Hoffnung auf die Schaffung von Arbeitsplätzen in großem Stil.

Ein Grund für das Scheitern staatlicher Entwicklungsprogramme ist der gebietsweise recht stark ausgeprägte (schatten-)wirtschaftliche Einfluss der kalabrischen

Mafiavariante Ndrangheta. Deren bisweilen gewaltsam ausgetragenen internen Konflikte und erpresserischen Einschüchterungsversuche sorgen – v. a. in der Provinz Reggio Calabria – dann und wann für Schlagzeilen und stellen für die Einheimischen mancherorts ein ernstes Problem dar. Für Touristen ist die Ndrangheta jedoch ein kaum spürbares und erst recht kein gefährliches Phänomen.

Die ökonomische Perspektive Kalabriens liegt im Tourismus, den man nun nicht länger auf die Küstenstreifen und die Sommermonate konzentriert ("non solo mare"), sondern quasi flächendeckend und saisonunabhängig zu entwickeln sucht. Mit maßgeblicher Förderung der EU besinnen sich die außergewöhnlich gastfreundlichen Kalabresen deshalb auf die natürlichen und (alltags-)kulturellen Ressourcen ihrer unmittelbaren Umgebung, die regionsweit so ziemlich jedes Urlauberbedürfnis befriedigen.

Weil auf der recht schmalen Halbinsel kein Ort mehr als 50 km vom Meer entfernt ist, archäologische Ausgrabungen, mittelalterliche Kirchen und barocke Adelspaläste in allen Teilen der Region für geistige Erbauung sorgen, kann man Wander-, Bade- und Bildungsurlaub problemlos miteinander kombinieren und dabei feststellen, dass Kalabrien auch kulinarisch durchaus mit dem Rest des Bel Paese konkurrieren kann.

Provinz Cosenza

Die größte Provinz der kalabrischen Halbinsel, deren Kapitale Cosenza sowohl wirtschaftlich als auch kulturell als "heimliche Hauptstadt" der Region gelten kann, öffnet sich zwischen Praia a Mare und Amantea im Westen und zwischen Rocca Imperiale und Cariati im Osten zum Meer. Dazwischen erheben sich die teilweise dicht bewaldeten Gebirgszüge des Pollino-Nationalparks, der Catena Costiera, Sila Greca und Sila Grande.

Neben Badevergnügen und Wanderfreuden bietet das nördliche Kalabrien allerhand kulturell Erbauliches und spirituell Bewegendes. Höhlenzeichnungen in der **Grotta del Romito** nahe Papasidero am Rande des Pollino-Nationalparks belegen die Existenz menschlichen Lebens im prähistorischen "Cosentino", die archäologischen **Ausgrabungen von Sibari** erzählen von der antiken Blüteperiode der Magna Graecia, und in **Rossano** fühlt man sich ins byzantinische Kalabrien zurückversetzt.

In der **Sila Greca** pflegen Angehörige der albanischen Bevölkerungsminderheit noch heute ihre ethnischen Traditionen, und im Dörfchen Guardia Piemontese hat sich eine okzitanische Sprachinsel erhalten, die schon lange die Aufmerksamkeit der linguistischen Forschung auf sich zieht.

Aus der Küstenstadt **Paola** im Südwesten der Provinz stammt San Francesco, der über die Region hinaus verehrte Schutzpatron Kalabriens, und in der schlichten **Kathedrale von San Giovanni in Fiore** in der Sila Grande weht noch heute der Geist des heiligen Gioachino da Fiore, der durch seine Lehren nicht nur das religiöse Denken seiner Zeitgenossen inspiriert hat.

Aber auch so manches historisch weniger spektakuläre Städtchen oder Dorf besticht durch ein charakteristisches, oft durch ein mittelalterliches Kastell bereichertes städtebauliches Profil, eine traumhafte landschaftliche Lage oder herausragende (alltags-)kulturelle Aktivitäten.

Cosenza

ca. 100.000 Einwohner

Älteren Lesern ist der Name der nördlichsten Provinzmetropole möglicherweise noch aus dem Deutschunterricht in Erinnerung, weil sie dort August von Platens schwermütige Ballade "Das Grab im Busento" auswendig rezitieren mussten. Der sehenswerte Teil Cosenzas liegt auf dem Colle Pancrazio, auf dessen Gipfel ein imposantes normannisch-staufisches Kastell über die geschichtsträchtige und gleichzeitig modernste Stadt Kalabriens wacht.

Auf dem vom Crati und Busento umflossenen Hügel liegt das alte Cosenza, das man von der Neustadt über die Piazza Campanella mit der Chiesa di San Domenico aus dem 16. Jh. und den Ponte Mario Martire über den Busento bequem zu Fuß erreicht. Während sich die Neustadt insbesondere auf dem von eleganten Geschäften, Büro- und Bankhäusern flankierten **Corso Mazzini** zwar durchaus sympathisch, modern und zukunftsorientiert, aber dennoch profillos präsentiert, offenbart die Stadt hier oben noch ihren ursprünglichen mediterranen Charme. Das ungewöhnlicherweise an der Peripherie schlagende Herz der Stadt ist charakterisiert durch enge Sträßchen und Treppenaufgänge, ärmliche Wohnhäuser, aber auch prächtige Adelspaläste mit eindrucksvollen Portalen und hübschen Balkonen sowie jahrhundertealte Kirchen, darunter die Chiesa di San Franceso d'Assisi nebst angeschlossenem Konvent. Der stetig den Hügel erklimmende **Corso Telesio,** der von Boutiquen, Bars, Galerien und Werkstätten gesäumt wird und rechts und links den Blick in das Alltagsleben der Cosentiner Gassen freigibt, durchzieht die vielerorts restaurierte und reanimierte Altstadt, die noch vor knapp 10 Jahren als schmutzig, verkommen und gefährlich galt. Er öffnet sich auf halber Strecke zur Piazza Duomo und mündet in die Piazza XV Marzo und einen dahinter liegenden großzügigen Park (Giardini Pubblici).

Unter der Bezeichnung **"Brutia"** wurde das heutige Cosenza im 4. Jh. v. Chr. zum ersten Mal erwähnt. Wie der Name erahnen lässt, lebten hier seinerzeit die Bruttier, die jedoch bereits unter griechischem Einfluss standen. Obgleich sie im Zweiten Punischen Krieg an der Seite Hannibals gegen die Römer gekämpft hatten, wurde ihre Ansiedlung 204 v. Chr. dann doch römisch, firmierte fortan als "Cosentia" und erlangte als eine wichtige Etappe der Via Popilia herausragende wirtschaftliche Bedeutung hinsichtlich der Handelsbeziehungen mit Sizilien.

Den römischen Eroberern folgten die Langobarden, allerdings erst nachdem der sagenumwobene Gotenkönig Alarich, schwer beladen mit einem dort erbeuteten Schatz von Rom kommend, in der Stadt Station gemacht hatte, im Jahre 410 dort gestorben war und angeblich nebst seinem beachtlichen Vermögen im Flussbett des Busento seine letzte Ruhe gefunden hatte. Später wurde Cosenza byzantinisch, zwischenzeitlich mit Waffengewalt von den Sarazenen begehrt und 1050 von den Normannen erobert. Unter Letzteren avancierte die Stadt zum Zentrum des nördlichen Kalabrien und behielt diese exponierte Position auch noch während der Herrschaft der Anjou, Aragonier und Spanier. Seit dem 16. Jh. machte Cosenza auf intellektuell-kulturellem Gebiet von sich reden, weil der Humanist Aulo Giano Parrasio (1470–1521) hier 1514 eine später auch von dem berühmten cosentinischen Philosophen Bernardino Telesio (1509–1588) geistig befruchtete Akademie gründete. Im 19. Jh. beteiligten sich die Cosentiner an den zeitgenössischen liberalen Bewegungen und den italienischen Einigungsbestrebungen, und noch heute rangiert Cosenza in wirtschaftlicher und kultureller Hinsicht ganz vorn auf der regionalen

Hier schlägt das Herz von Cosenza: Piazza Duomo

Rangskala. Zum einen ist die Stadt Sitz mehrerer Verlagshäuser, zum anderen hat sie beträchtliche Erfolge in der Landwirtschaft und der Lebensmittel- und Holzverarbeitung aufzuweisen. Die größten Zukunftshoffnungen setzt man allerdings auf die 1980 im Vorort Rende eröffnete Università della Calabria, an der derzeit rund 25.000 Studenten eingeschrieben sind und mittlerweile auf internationalem Niveau gelehrt und geforscht wird.

Verbindungen/Information/Diverses

• *Anfahrt/Verbindungen* A 3 bzw. SS 107 durch die Sila Grande nach Crotone.

Der moderne **Bahnhof der staatlichen Eisenbahn** liegt nördlich des neuen Stadtzentrums; von dort regelmäßige Verbindungen nach Neapel (via Paola), Catanzaro und Sibari.

Den **Bahnhof der Privatbahn Ferrovie della Calabria** findet man an der Piazza Matteotti; von dort Züge nach Camigliatello und (im Winter und nur für Touristen, siehe S. 25) San Giovanni in Fiore.

Busverbindungen zwischen den beiden Bahnhöfen, zu fast allen Orten der Provinz vom zentralen Busbahnhof (autostazione) zwischen Corso d'Italia und Via delle Medaglie. Von hier auch innerstädtischer Busverkehr.

• *Information* **APT,** Mo–Fr 7.30–13.30, Mo u. Mi auch 15–17 Uhr. Corso Mazzini 92, ☏ 0984/27271 oder 0984/27485, 📠 0984/27304.

• *Einkaufen* Viele **Edelboutiquen** am Corso Mazzini im neuen Stadtzentrum und eine große Zahl von kleinen, schon der Einrichtung wegen besuchenswerter **Lädchen mit Kleidung, Schmuck, Kunsthandwerk etc.** am Corso Telesio.

• *Krankenhaus* **Azienda Ospedaliera di Cosenza,** Via Savoia, ☏ 0984/6811.

• *Mietwagen* **Hertz** (☏/📠 0984/431081, www.hertz.it.) u. **Maggiore** (☏/📠 0984/4482144, www.maggiore.it), beide am neuen Bahnhof.

Übernachten (siehe Karte S. 105)

**** **Hotel Royal (1),** sehr gepflegtes Haus im englischen Stil mit einem eigenen Parkplatz in einer relativ ruhigen Seitenstraße des Corso Mazzini (zentral zwischen altem und neuem Stadtzentrum). DZ 88 €, EZ 78 €. Via Molinella 24/E, ✆ 0984/412165, ✆ 0984/412461, www.hotelroyalsas.it.

**** **Executive,** modernes Haus gehobenen Standards mit Pool und Garten im nördlichen Universitätsvorort Rende. DZ 105–155 €, EZ 70–115 €. Via Marconi 59, ✆ 0984/401010, ✆ 0984/402020, www.hotelexecutivecs.it

*** **Hotel Excelsior (3),** sehr schönes familiengeführtes Hotel mit viel Atmosphäre in einem hundertjährigen Bürgerpalazzo mit Stuckdecken, alten Holztüren und Mosaikböden. Die Zimmer sind modern eingerichtet, einige haben riesige Bäder. DZ 72 €, EZ 56 €. Piazza Matteotti 14, ✆/✆ 0984/74383 u. 0984/74384, www.excelsiorhotel.it.

*** **S. Agostino,** 25-Zimmer-Haus mittleren Komforts in Rende. DZ 77 €, EZ 45 €. Via A. Modigliani 49, ✆ 0984/461782, ✆ 0984/465538.

** **Hotel Grisaro (8),** ebenfalls in einer Seitenstraße des zentralen Corso Mazzini. Recht einfach und profillos, aber mit allem Nötigen ausgestattet. Zimmer mit und ohne Bad (Letztere 5 € billiger). DZ 52 €, EZ 36 €. Viale Trieste 38, ✆ 0984/27952, ✆ 0984/27838.

Essen und Trinken/Nachtleben

• *Essen und Trinken* **Cafò (8),** Restaurant-Pizzeria und Bar an der Flaniermeile des alten Stadtzentrums. Kalabrische und italienische Küche. Corso Telesio/Ecke Via Antonio Serra, ✆ 0984/72710.

Calabria Bella (6), gute Lokalküche und abends Pizza mitten im alten Cosenza. Piazza Duomo 20, ✆ 0984/793531.

L'Archo Vecchio (10), zwischen Centro Storico und dem imposanten Kastell in einem stimmungsvollen Gewölbelokal an einem ebensolchen Platz kann man sich hier mit raffinierten cosentinischen Spezialitäten verwöhnen lassen. Piazza Archi di Ciaccio 21, ✆ 0984/72564.

Hostaria La Vecchia Cucina (2), wie das Archo Vecchio unter der Regie der freundlichen Familie Costantino, aber auf edle Fischgerichte spezialisiert und im Herzen des modernen Cosenza nahe der Shoppingmeile Corso Mazzini angesiedelt. Via Miceli 21, ✆ 0984/29139. So Ruhetag.

Lo Scudo (4), kalabrische Hausmannskost, Pizza und kleine Snacks drinnen und draußen und mitten im pulsierenden Altstadtleben. Piazza Piccola/Corso Telesio, ✆ 339/4950754.

13 Canali (9), das kalabrienweit geschätzte Restaurant in einer historischen Postkutschenremise wartet mit Fischspezialitäten, guten Tropfen aus ganz Italien und allen namhaften regionalen Weinen auf. Es liegt ganz in der Nähe eines für die Abfüllung des häuslichen Tafelwassers beliebten, zudem dekorativen Brunnens, aus dem 13 Silaquellen sprudeln. Via Petrarca 8, ✆ 0984/795737. Außer im Sommer sonntagabends geschlossen.

Gran Caffè Renzelli (7), liebevoll restauriertes Traditionscafé direkt neben dem Dom, das schon im 19. Jh. als Treffpunkt für Literaten und wichtige Persönlichkeiten aus Verwaltung und Politik galt und seinerzeit nach einem Vorfahren des heutigen Inhabers "Gran Caffè Gallichio" hieß. Eine der vielen süßen Spezialitäten des Hauses sind die "costolette di capriolo" (Rehschenkel), ein Gebäck mit Mandeln und Schokolade. Piazza Duomo/Corso Telesio 46, ✆ 0984/26814.

• *Nachtleben* In der Altstadt von Cosenza gibt es inzwischen eine Reihe von Pubs und Kneipen, die vornehmlich von einem jungen Publikum frequentiert werden, darunter z. B. die kubanische Cocktailbar **Moyito** an der Piazza Valdesi, ein Pub mit dem hübschen Dialektnamen **Chini'c'è, c'è** (Corso Telesio 17), **Irish Coffee** (Corso Telesio 4), die Bar-Gelateria **Twelve Bar** (Corso Telesio 11). Eine bis spät in die Nacht angesagte Location ist:

Beat (5), in der Altstadt. Das von der Heineken-Brauerei finanzierte Lokal, das ganz in Holz eingerichtet ist, serviert Bier, Cocktails und Snacks und lockt regelmäßig mit Livekonzerten vornehmlich süditalienischer Bands. Piazza Duomo 4/8, ✆ 0984/29548.

In der **Casa delle Culture,** einer Art kommunalem Bürgerzentrum in einem restaurierten Palazzo aus dem 16. Jh., sind sporadisch (Kunst-)Ausstellungen und Filme zu sehen, werden Sprach- und Computerkurse angeboten und steht ein **Internetcafé** zur Verfügung. Corso Telesio 98, www.comune.cosenza.it/culture/.

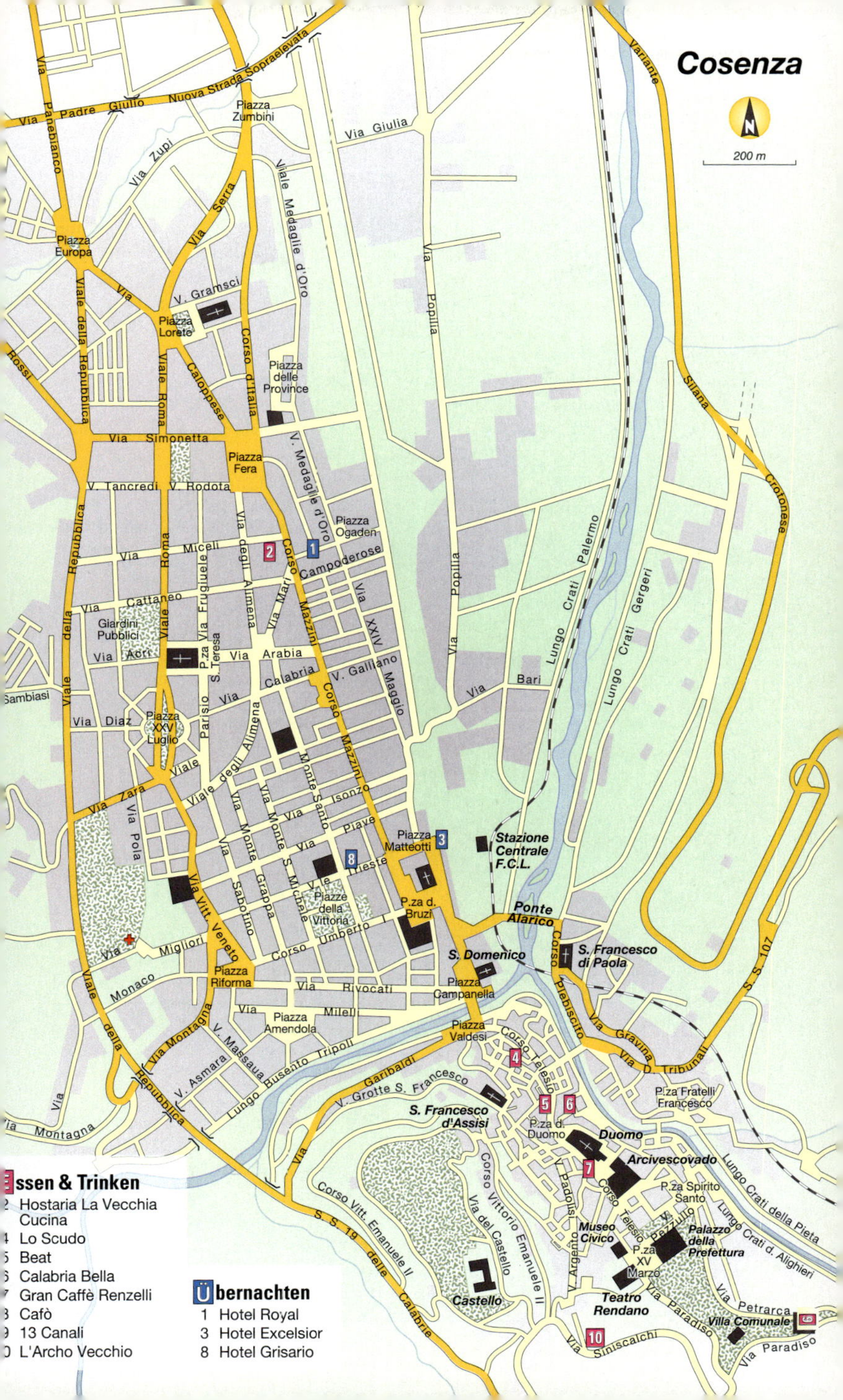

Cosenza
200 m
N
Via Padre Giulio
Nuova Strada Sopraelevata
Via Panebianco
Piazza Zumbini
Via Giulia
Via Zupi
Via Serra
Viale Medaglie d'Oro
Piazza Europa
Via Popilia
V. Gramsci
Piazza Loreto
Viale della Repubblica
Viale Roma
Corso d'Italia
Calopese
Piazza delle Province
Rossi
Variante
Silana
Crotonese
Via Simonetta
Piazza Fera
V. Tancredi
V. Rodotà
V. Medaglie d'Oro
Piazza Ogaden
Via Miceli
Via Campoderose
Via Cattaneo
Giardini Pubblici
Via Acri
Via Frugiuele
P.za S. Teresa
Via degli Alimena
Via Mari
Corso Mazzini
Via XXIV Maggio
Via Arabia
Via Calabria
V. Galliano
Via Bari
Lungo Crati Palermo
Lungo Crati Gergeri
Sambiasi
Via Diaz
Piazza XXV Luglio
Via Parisio
Viale degli Alimena
Via Zara
Via Pola
Via Monte Santo
Via Isonzo
Via Piave
Via Trieste
Piazza Matteotti
Stazione Centrale F.C.L.
Via Sabotino
Via Monte Grappa
Via S. Michele
Piazze della Vittoria
P.za d. Bruzi
Ponte Alarico
Corso Plebiscito
S. Francesco di Paola
Via Vitt. Veneto
Via Migliori
Corso Umberto I
S. Domenico
Via Monaco
Piazza Riforma
Via Rivocati
Piazza Campanella
Via Milelli
Piazza Amendola
Via Montagna
V. Massaua
V. Asmara
Lungo Busento Tripoli
Piazza Valdesi
Corso Telesio
Via Gravina
Via D. Tribunali
S. S. 107
Garibaldi
V. Grotte S. Francesco
S. Francesco d'Assisi
P.za d. Duomo
Duomo
P.za Fratelli Francesco
Arcivescovado
P.za Spirito Santo
Lungo Crati della Pieta
Lungo Crati d. Alighieri
Corso Vitt. Emanuele II
Via del Castello
Corso Vittorio Emanuele II
V. Padolisi
V. Argento
Museo Civico
Corso Telesio
V. Pezzullo
P.za XV Marzo
Palazzo della Prefettura
Castello
Teatro Rendano
Via Paradiso
Via Petrarca
Villa Comunale
Via Siniscalchi
S. S. 19 delle Calabrie
Via Montagna
Repubblica
ssen & Trinken
Hostaria La Vecchia Cucina
Lo Scudo
Beat
Calabria Bella
Gran Caffè Renzelli
Cafò
13 Canali
L'Archo Vecchio
Übernachten
1 Hotel Royal
3 Hotel Excelsior
8 Hotel Grisario

Sehenswertes

Normannischer Dom: Den Busento über die Ponte di Martiri überquerend, gelangt man über die Piazza Valdesi mit dem auffälligen Gebäude der "Akademie der Schönen Künste" auf den Corso Telesio. Ihm folgend, erreicht man nach einem kurzen Spaziergang bergauf die hübsche Piazza Duomo mit dem imposanten normannischen Dom. Nachdem er bei einem Erdbeben im Jahre 1184 stark beschädigt worden war, wurde er komplett renoviert und im Jahre 1222 von Friedrich II. wiedereröffnet. Im schlichten dreischiffigen Innern der Kathedrale befindet sich u. a. das Grab von Isabella von Aragon und ein Holzkreuz der Familie Telesio, der Cosenzas berühmter Philosophensohn Bernardino entstammte.

Piazza XV Marzo: Etwas oberhalb der Piazza Duomo mündet der Corso Telesio mit der Piazza XV Marzo gewissermaßen im "Salon" der Stadt, weil der Platz gleich von mehreren wichtigen Gebäuden eingerahmt und in seiner Mitte von einer Bronzestatue Bernardino Telesios geschmückt wird.

Nach dem Jawort im Cosentiner Dom

Im mächtigen, Mitte des 19. Jh. auf den Grundmauern des Klosters Santa Maria di Costantinopoli errichteten **Regierungspalast** wird über das Wohl und Wehe der Provinz entschieden.

Im Gebäude der ehrwürdigen **Accademia Cosentina** zeigt heute das **Museo Civico** Waffen, Vasen, Bronzestatuen und andere Objekte, die die Territorialgeschichte von der Prähistorie bis zur römischen Kaiserzeit dokumentieren. Darüber hinaus werden hier in der **Biblioteca Civica** wertvolle schriftliche Zeugnisse aus dem 13.–17. Jh. aufbewahrt. ⌚ Bibliothek und Museum Mo–Fr 9–13 Uhr, montags u. donnerstags auch 15.30–18.30.

Zum Ensemble der geschichtsträchtigen Bauwerke auf der Piazza XV Marzo zählt schließlich auch das 1909 eröffnete, dem Pianisten Alfonso Rendano gewidmete prachtvolle **Teatro Rendano** mit seinen rotsamtenen Sitzreihen und goldverzierten Logen. Das renommierte Traditionstheater mit eigenem Hausorchester namens "La Filarmonia Mediterranea" hat von Oktober bis Dezember Opern- und von Mai bis August Schauspielgastspiele in- und ausländischer Bühnen auf dem Programm (✆ 0984/813331, www.comune.cosenza.it/rendano/).

Castello Normanno-Svevo: Das hoch auf dem Pankratiushügel thronende stattliche Bauwerk mit einem achteckigen Turm, imposanten Sälen und mystisch wirkenden Innenhöfen wurde von den Normannen er-, den Staufern sowie fast allen folgenden Herrschergeschlechtern um- und ausgebaut und wird seit Jahren restauriert. Die Auffahrt durch das charakteristische, etwas heruntergekommene Altstadtviertel Porta Piana lohnt sich aber nicht nur wegen des wirklich beeindruckenden Kastells selbst (8–20, im Sommer 8–24 Uhr), sondern auch wegen des fantastischen Panoramablicks auf das alte und neue Cosenza und sein von olivenbestandenen Hügeln überzogenes Umland.

Tyrrhenische Küste

An ihrem tyrrhenischen Küstenabschnitt präsentiert die Provinz Cosenza mit der Riviera dei Cedri zwischen Tórtora und Cetraro eines der attraktivsten Reiseziele Kalabriens.

Die irreführend mit "Zedernküste" (siehe Kasten) übersetzte Costa dei Cedri wird von ausgedehnten, hellgrauen Kieselstränden vor den Ausläufern des Pollino-Gebirges und der Catena Costiera und quirligen Badeorten mit malerischen Altstadtkernen gesäumt.

Südlich der touristisch recht gut erschlossenen Riviera dei Cedri, in deren küstennahem Hinterland sich mit Tórtora, Aieta, Grisolia und Maierà pittoresk-verschlafene Bergdörfer mit Meeresblick verstecken, schmälert eine recht stillose, streckenweise geisterstadtmäßige Bebauung die Anziehungskraft der dahinter liegenden Strände. Dennoch sollte man auch hier nicht achtlos vorüberrauschen und das Waldenserdörfchen **Guardia Piemontese,** das sympathische Mittelmeerstädtchen **Amantea** sowie **Paola,** die Heimatstadt des Regionsheiligen, ins Besichtigungsprogramm aufnehmen.

Die Zedratfrucht

Bei den "cedri", denen die nordcosentinische Westküste ihren Namen verdankt, handelt es sich nicht etwa um die bei uns hauptsächlich wegen ihres edlen Holzes bekannten immergrünen Nadelbäume der Zedern, sondern um eine Zitrusfruchtvariante, deren botanischer Fachbegriff "citrus medica" lautet. Äußerlich ähneln sie Zitronen, sind aber mit einer maximalen Länge von etwa 20 cm erheblich größer als diese, obwohl sie über viel weniger Fruchtfleisch verfügen. Die Bäume werden 1,50 bis 2,50 m hoch und blühen zwischen April und Juni. Die Ernte erfolgt in der Regel im August.

Die Frucht wird schon im Alten Testament erwähnt und ist ursprünglich im ostindischen Raum beheimatet. Für die jüdische Glaubensgemeinschaft seit jeher von religiös-ritueller Bedeutung, gedeiht sie derzeit außer in Kalabrien in Israel, Kalifornien, Puerto Rico, Kuba und Griechenland. Weil die in der Provinz Cosenza schon seit den ersten vorchristlichen Jahrhunderten angebauten Früchte als die weltweit besten gelten, kommen während der Ernte Rabbiner aus aller Herren Ländern an die Riviera dei Cedri, um dort mit größter Sorgfalt die formschönsten und "reinsten" Früchte für das von ihnen im September begangene Laubhüttenfest (sukkoth) auszusuchen. Doch liefern die in den vergangenen Jahren stark dezimierten und heute in erster Linie auf dem Territorium der Gemeinde **Santa Maria del Cedro** gepflegten Plantagen Kalabriens nicht nur einen Beitrag zum Gelingen der jüdischen Zeremonie, sondern finden v. a. in der Medizin, in der Kosmetik und bei der Herstellung von Süßwaren und Spirituosen Verwendung. Fast alle typischen süditalienischen Süßigkeiten, z. B. "cassata", "torrone" oder "cannole", verströmen das Aroma der Zedratfrucht, von der übrigens hauptsächlich die dicke, aber zarte Schale und nur in geringem Maße der Saft verarbeitet wird. An der Costa dei Cedri selbst kann man ihren herb-frischen Geschmack und Duft natürlich am ausgiebigsten und variationsreichsten kennen lernen, Schnäpse, Liköre und Süßigkeiten "al cedro" vor Ort probieren und einkaufen.

Zwei Adressen in Santa Maria del Cedro: **Fabbrica Liquore al Cedro,** Mo–Sa 8–13, 16–20 Uhr, Via Nazionale 40–42, ✆ 0985/5357; **Bar Egidio,** Piazza Casale (Centro Storico), ✆ 0985/5626.

Tórtora

ca. 5.000 Einwohner

Die nördlichste Gemeinde der Riviera dei Cedri hat wie viele Küstenorte Kalabriens zwei Gesichter. Das eine bildet der jüngere, recht unspektakuläre Siedlungskern direkt am Meer, das andere der 300 m höher gelegene historische Ortskern, der den ursprünglichen Charme kalabrischer Dörfer versprüht.

Der neue Teil des Städtchens lädt nicht unbedingt zu einem längeren Aufenthalt ein, zumal auch der Freizeitwert des eher tristen Kieselstrands nicht gerade überwältigend ist. Ganz anders der historische Ortskern, wo winkelige Gassen und eine ulmenbeschattete kleine Dorfpiazza für viel Atmosphäre sorgen. Besondere Aufmerksamkeit verdienen hier die eindrucksvolle byzantinische Kuppel der Chiesa di S. Franceso d'Assisi, die Chiesa del Purgatorio mit ihrem romanischen Portal und einem vorchristlichen Marmorsarkophag oder der Palazzo Lomonaco, ein architektonisches Kleinod aus dem 18. Jh. Eine **Ausstellung im Palazzo Casapesenna** präsentiert in erster Linie Fundstücke aus römischer Zeit, und auf einem ortsnahen Ausgrabungsgelände im Flusstal des Fiumicello wurden die Ruinen einer alten lukanischen Siedlung freigelegt, auf denen später die antike Stadt Blanda aufgebaut worden war.

• *Anfahrt/Verbindungen* A 3, Ausfahrt Lagonegro-Nord, SS 585 oder SS 18. Der nächste **Bahnhof** befindet sich in Praia a Mare, wohin auch **Busse** fahren, und wird von Fernzügen aus dem Norden angesteuert.

• *Information* **Pro Loco di Tórtora,** Mo–Fr 10–12.30 und 18–20 Uhr. Corso Aldo Moro 40 (im neuen Teil der Stadt), ✆ 0985/766816.

• *Öffnungszeiten* **Palazzo Casapesenna,** 10–13 und 15–19 Uhr, im Sommer auch 17–22.30 Uhr, Eintritt frei. Corso Garibaldi, ✆ 0985/7660222.

• *Übernachten/Essen* ** **Hotel Brutium,** etwas abgelegen (ca. 2 km oberhalb des alten Ortszentrums) betreibt die sympathische Rosanna Chiappetta, Tochter eines zwischenzeitlich nach Brasilien emigrierten Kalabresen aus Tórtora und einer Japanerin, gemeinsam mit Eltern und Geschwistern das kleine, einfache, aber mit allem Nötigen ausgestattete Zehnzimmerhotel mit Garten und Swimmingpool. Rosanna setzt auf Ruhe, gutes und reichhaltiges Essen mit Zutaten aus dem eigenen Garten und persönlichen Kontakt zu ihren Gästen, die sie bei Bedarf vom Bahnhof abholt oder zum Baden nach Tórtora Lido kutschiert. Das Hotel ist von Juni bis Oktober, auf Wunsch und bei rechtzeitiger Anmeldung aber auch im Winter geöffnet. HP 40–60 €. Im Hotel Brutium wird von Juni bis September auch für auswärtige Gäste gekocht. Als Alternative tischt die Trattoria **Al Caminetto** solide Hausmannskost auf (Piazza Pio XII 14, ✆ 0985/75021. Mi Ruhetag, November geschlossen). Contrada Sarre 5, ✆ 0985/75098 und 347/8600856, rosella13@interfree.it.

Camping Tortora, ✆ 0984/73454, Loc. Lungomare Sirimarco.

Praia a Mare und Aieta

ca. 6.000 Einwohner

Oft abgelichtetes Wahrzeichen des quirligen Badeortes ist die ihm nur wenige Meter vorgelagerte Isola di Dino mit ihren per Boot zu erreichenden lichtreflektierenden Grotten, seine größte Sehenswürdigkeit die Wallfahrtskirche Santuario della Madonna della Grotta am landzugewandten Rand der Stadt.

Eine Kette von bis in den Juni hinein oft noch geschlossenen, mehr funktionalen als schönen Hotels, Ferienanlagen, Restaurants, Diskotheken und Strandbars sowie ein "Acquapark" entlang der örtlichen Sand- und Kieselstrände sorgen für das leibliche Wohl und Vergnügen der im Hochsommer massenhaft anrückenden Badegäste. Viel sympathischer als die in der Vor- und Nachsaison entsprechend triste Strandpromenade ist die Hauptstraße Viale della Libertà, eine von Platanen, Palmen und Oleander beschattete Allee, die von Geschäften, Bars und einigen Hotels gesäumt und kleinen, belebten Plätzen flankiert wird.

Das **Santuario della Madonna della Grotta** liegt östlich des freundlichen Stadtzentrums. Dort wartet in einer Felsengrotte eine Holzstatue der Madonna mit Kind aus dem 15. Jh. auf die Gläubigen, die ihr in der Zeit vom 13. bis zum 18. August gleich in Scharen ihre Aufwartung machen, da an diesen Tagen in der ganzen Stadt ein großes Fest zu ihren Ehren veranstaltet wird. Die Grotte ist jedoch nicht nur wegen ihres religiösen Stellenwerts erwähnenswert, sondern auch als Fundort diverser Zeugnisse ihrer steinzeitlichen Besiedlung, die im örtlichen Museum (Museo Civico) ausgestellt sind.

Als entspannendes Kontrastprogramm zum Saisontrubel von Praia a Mare empfiehlt sich ein Abstecher ins wenige Kilometer entfernte, auf 530 Höhenmetern exponierte **Aieta.** Auffälligstes Gebäude des hinsichtlich seiner Geschichte und aktuellen Bewohnerschaft alten, bereits im 10. Jh. gegründeten Dörfchens ist der **Palazzo Cosentini** aus der ersten Hälfte des 17. Jh. Von dessen Loggia eröffnet sich ein Millionärsblick auf den Golf von Policastro. Seinerzeit den fürstlichen Hausherren vorbehalten, ist der heute auch vom gemeinen Volk zu genießen. Desgleichen die frisch renovierten und für Kulturveranstaltungen genutzten Säle im Innern des Palazzo Nobile , von dem allein die imposante Fassade und ein Seitenflügel erhalten geblieben sind.

• *Verbindungen* Der **Bahnhof** von Praia a Mare liegt im Stadtzentrum, neben Regionalzügen halten hier auch Nord-Süd-Fernzüge. **Busverbindungen** nach Aieta sowie Maratea, Lagonegro, Trecchina und Rivello in der Basilikata (Linia Rocco, Haltestelle "Bar Centrale" auf einer Piazza an der Via della Libertà) und entlang der Küste nach Cosenza (Linea Preite, Haltestelle 'Municipio").

• *Information* **Ufficio Turistico (IAT),** Mo–Sa 8–13 Uhr. Praia a Mare, Via Amerigo Vespucci 6, ✆ 0985/72585, 📠 0985/72555.

• *Fahrradverleih* **Centro Noleggio Bici di Grosso Marisa,** Praia a Mare, Piazza Italia, ✆ 0985/72126. Fahrräder, Tandems und zweisitzige Fahrradkutschen.

• *Übernachten* In Praia a Mare gibt es zahlreiche Hotels und Pensionen aller Kategorien, hier nur eine kleine Auswahl:

*** **Hotel Branca,** nettes kleines Hotel unter familiärer Leitung direkt am Viale della Libertà. Freundliche, moderne Zimmer. Von April bis Oktober geöffnet, auch in der Hochsaison keine Pensionspflicht. DZ 52–62 €, EZ 37–46 €. Viale della Libertà 58/60, ✆/📠 0985/72220.

* **La Piedigrotta,** kleine, sympathische Pension mit Zimmern mit und ohne Bad am Rande des Ortszentrums (nahe der Mariengrotte). Wegen der Nähe zu Bahnlinie und SS 18 etwas laut. DZ 40–50 €. Via N. Maiorana, ✆ 0985/72192.

**** **Villaggio Hotel La Mantinera,** riesiger, moderner Ferienkomplex mit Hotel, Ferienwohnungen und Campingmöglichkeit, der nur durch die Straße vom Strand der Isola di Dino getrennt ist. Mit Restaurant, Bars, Diskothek, Supermarkt, Boutique, Frisör, Tennisplatz und Swimmingpool fast schon ein Ort für sich, der im August von über 2000 (professionell animierten) Urlaubern bevölkert wird. Preisbeispiel: Einraumapartment mit 2 Bettplätzen 62–135 €, Übernachtung im integrierten Drei-Sterne-Hotel im DZ 49–80 €, EZ 25–52 €. Località Mantinera, ✆ 0985/779023 u. 0985/7779223, 📠 0985/779009, www.lamantinera.it, mantiner@labnet.it.

Villaggio Turistico Internazionale, schattige Stellplätze für Zelt und Camper, Apartments, Spiel- und Sportplätze, sommerliche Animation. Mitte Mai bis Mitte Sept. Via Mantinera (Lungomare), ✆/📠 0985/72211, www.campinginternational.it.

• *Essen und Trinken* Unter den zahlreichen (Hotel-)Restaurants von Praia a Mare empfehlen Einheimische das **Ristorante Chiaia,** in dem der Fisch besonders gut zubereitet werden soll: Via Lungo Mare, ✆ 0985/72445.

Um die kalabrische Küche der Gegend kennen zu lernen, raten sie, nach Aieta zu fahren und dort im * **Hotel-Ristorante Le due Lanterne** einzukehren, das neben seiner allseits gepriesenen Küche auch 12 einfache Zimmer anbietet. DZ 42–60 €, EZ 21–30 €. Von Ende Juni bis Ende Sept. Via Cantogrande 7, ✆ 0985/71096, 📠 0985/710066, www.webtiscali.it/leduelaterne.

San Nicola Arcella

ca. 1.300 Einwohner

Das kleine Örtchen vor den Ausläufern des Pollino-Gebirges liegt 110 m über dem Meer und eröffnet einen traumhaften Panoramablick über den Golf von Policastro. Es schmückt sich mit einem zwar kleinen, aber feinen historischen Ortskern, verfügt mit der von Felsbögen und Grotten dekorierten Spiaggia Arco Magno über einen außergewöhnlichen Ortsstrand und ist dennoch die meiste Zeit des Jahres wie ausgestorben.

Allein im Hochsommer, wenn die Besitzer und Mieter der mehrheitlich stillosen Ferienhäuser und Apartmentanlagen am Ortsrand anrücken und sich die Altstadt zur Bühne des vornehmlich von freien süditalienischen bestrittenen **Theaterfestivals "Escursioni Teatrali"** verwandelt, erwacht San Nicola Arcella zum Leben. Obgleich er mit Ausnahme eines spanischen Küstenturms aus dem 16. Jh., der Reste eines Normannenkastells, des eindrucksvollen Palazzo del Principe aus dem 18. Jh. und der Kirche S. Nicola Tolentino aus dem 19. Jh. nicht mit herausragenden historischen Monumenten aufwarten kann, ist der "Ort mit Aussicht" allein wegen seiner pittoresken Lage zwischen Bergen und Meer aber auch sonst einen Besuch wert.

• *Anfahrt/Verbindungen* A 3 Lagonegro-Nord, SS 18, SS 585. San Nicola Arcella verfügt zwar über einen eigenen **Bahnhof,** doch der wird nur von insgesamt sechs Zügen am Tag angefahren (von bzw. nach Paola und Sapri). Wer den Ort besuchen will, muss deswegen meistens schon in Praia a Mare oder in Scalea aussteigen. **Busverbindungen** der Autolinea Preite (außer sonntags) nach Praia a Mare, den südlichen Küstenorten und Cosenza, im Sommer auch Busse vom Dorf zum Strand.

Vor der Kulisse des Pollino-Gebirges: San Nicola Arcella

• *Übernachten* ****** Hotel Club Bridge/ Bridge Residence,** luxuriöses Hotel, umgeben von einer bunt getünchten Apartmentanlage in Hanglage mit entsprechend schönem Blick auf den Golf von Policastro. DZ 65–100 €, 3-Raum-Apartment mit 6 Bettplätzen 210–1365 € pro Woche. Ostern bis Ende Sept. Località Vannefora, ✆ 0985/3385, 📠 0985/3930.

***** Hotel Villa Principe,** kleines, familiengeführtes, vollständig renoviertes Hotel in traumhafter Lage über dem Golf von Policastro (getrübt wird die Pracht nur von einer Bauruine vor der Haustür). Zimmer mit und ohne Balkon bzw. Meerblick, über die Inhaber Vermittlung von Ausflügen zu anderen Orten Kalabriens. DZ 46–70 €, EZ 31–40 €. Corso Umberto I 8, ✆ 0985/3125, 📠 0985/3126, www.hotelvillaprincipe.it.

*** Il Brillantino,** kleine Pension mitten im Ortszentrum. DZ 31–40 €, EZ 21 €. Corso Biagio Lo Monaco, ✆ 0985/53280.

• *Essen und Trinken* **Il Clubbino del Cancarieddu,** gelungen renovierter alter Bauernhof außerhalb des Dorfes, in dem man von Juli bis September (auf Anfrage) Fisch essen, trinken und tanzen und in drei umgebauten

Schafställen übernachten (DZ ab 30 €) kann. Das Ganze nicht ganz billig, aber mit Golfblick. Contrada Gioffa 12, ✆ 0985/3115.

Oriente, kalabrische (Meeres-)Küche im Ortszentrum. Via Amedeo Barletta 3.

Scalea

ca. 9.000 Einwohner

Lebhaftes Badestädtchen mit einer Reihe von größeren Hotelanlagen, modernen Bars, Pizzerien und Geschäften entlang der SS 18, die im Ortsbereich von Scalea "Corso Mediterraneo" heißt und parallel zu einem langen, streckenweise von Felsen gesäumten Kieselstrand verläuft.

Auf der landzugewandten Seite des Corso Mediterraneo erstreckt sich die architektonisch abschreckende Neustadt von Scalea, die im Nordwesten nahtlos in den oberhalb gelegenen mittelalterlichen Ortskern und damit gewissermaßen in eine andere Welt übergeht. Die Altstadt, die mit dem 1302 im romanischen Stil erbauten, im Sommer von den Klängen klassischer Konzerte erfüllten **Palazzo dei Principi Spinelli** beginnt und in schmalen, steilen Treppengassen Haus über Haus den Berg erklimmt, verbreitet eine fast "hörbare Stille". Nur zwei etwas größere Flächen, die **Piazza de Palma** im unteren und die **Piazza Cimalonga** im oberen Bereich des Centro Storico, schaffen etwas Luft in dem engen Gassengewirr. Letztere ist nach dem aus dem 15. Jh. stammenden Wachturm Torre Cimalonga benannt. Mit dem **Antiquarium** beherbergt er ein Museum für archäologische Fundstücke aus dem Tal des Flusses Lao (9–20 Uhr, Eintritt frei), der das Stadtgebiet Scaleas im Süden begrenzt. Die Exponate dokumentieren, dass das gesamte Gebiet, damals Laos genannt, zur griechischen Kolonie Sibaris gehörte.

Im oberen Teil der Altstadt gibt es außerdem noch die Reste eines normannischen **Kastells** und das außen unscheinbare Kirchlein **Chiesetta dello Spedale** (9. Jh.) mit byzantinischen Fresken aus dem 9. und 13. Jh. zu sehen (zwecks Besichtigung wende man sich an die Familie Grisolia in der Via Ospedale). Im Herzen des alten Ortskerns trifft man auf die Kirche **Santa Maria d'Episcopio,** und im Südwesten stößt die Altstadt mit der Kirche **San Nicola in Plateis** aus dem 14. und dem **Palazzo Palamolla** aus dem 17. Jh. nahe dem Corso Mediterraneo auf das moderne Scalea. Dort erhebt sich zwischen modernen Hotelanlagen und Strandbars mit der **Torre Talao** das Wahrzeichen Scaleas. Seit Beginn des 20. Jh. war der knapp 400 Jahre zuvor erbaute Küstenturm zeitweise der regelmäßige Treffpunkt eines Philosophenzirkels, der die Ideen des griechischen Philosophen Pythagoras diskutierte, welcher sich lange Zeit in Kalabrien aufhielt. Konzepte zur kulturellen Reanimation des Turms als archäologisches Museum blieben bislang im Planungsstadium stecken.

Verbindungen/Information/Diverses

• *Verbindungen* Der **Bahnhof** befindet sich am Viale Europa (ca. 2 km außerhalb des Stadtzentrums); von hier Anschluss an die Fernverbindungen Milano–Reggio Calabria, außerdem Haltepunkt der Regionalzüge zwischen Neapel und Paola und darüber mit den wichtigsten Küstenorten verbunden.

Busverbindungen zu den übrigen Küstenorten und der Provinzhauptstadt stellt (außer sonn- und feiertags) die Autolinee Preite zwischen Praia a Mare und Cosenza her; darüber hinaus fahren Busse des Consorzio Autolinee über einige Orte des Landesinneren (z. B. Orsomarso) nach Cosenza. Die Autolinee Sasma fährt zum Pollino-Nationalpark, u. a. nach Papasidero, Mormanno, Morano und Castrovillari. Fahrpläne sind beim Ufficio Turistico und in einigen Hotels erhältlich.

• *Information* **Ufficio Informazione Turistiche,** Juli/August 9–13 und 17.30–23 Uhr, sonst eingeschränkte Öffnungszeiten. Via Kennedy 25, ✆/℡ 0985/90679, www.scalea.it.

• *Einkaufen* Eine Augenweide ist der täglich stattfindende und montags besonders groß ausgerichtete **Obst-, Gemüse- und Fischmarkt** am Largo del Mercato im neuen Stadtzentrum. Angeboten werden Produkte aus der Umgebung Scaleas.

Von Juni bis September wird am Largo Cimalonga im alten Stadtkern an jedem zweiten Wochenende ein **Flohmarkt** veranstaltet.

• *Mietwagen* **Autonoleggio De Presbiteris G.**, Via del Mare, ✆ 0985/21672.

Übernachten

Die meisten Hotels sind mittlerer Kategorie und ebenso wie die Apartmentanlagen und Campingplätze entlang dem Corso Mediterraneo bzw. der SS 18 aufgereiht und je nach Lage der Zimmer entsprechend lärmbelastet. Während der Hochsaison im Juli und August haben fast alle Halb- bzw. Vollpensionspflicht. Daneben besteht die Möglichkeit, über eine dem Ufficio Turistico vorliegende Liste Wohnungen und Privatzimmer zu mieten.

**** **Grand Hotel de Rose,** bestes und teuerstes Haus am Platz am nord-westlichen Ortsausgang gelegen, hoch über einem der schönsten, mit Felsen dekorierten Strandabschnitte Scaleas. Mit Privatstrand, Swimmingpool, Tennisplatz, Reitmöglichkeiten, Diskothek und angeschlossenem Nobelrestaurant namens "I Faraglioni". Zimmer mit allem Komfort, DZ 90–150 €, EZ 60–90 €. Lungomare Mediterraneo 22, ✆ 0985/20273, 📠 0985/920194, www.hotelderose.it, info@hotelderose.it.

*** **Hotel Parco dei Principi,** etwas abseits des Ortszentrums an der SS 18 Richtung Reggio Calabria gelegen. Durch die Straße bzw. eine Unterführung vom Privatstrand getrennt, mit zwei Bars, Restaurant, Swimmingpool, Campingplatz, insgesamt etwas groß und anonym, die Zimmer dagegen eher klein. DZ 50–96 €, EZ 35–71 €. Corso Mediterraneo 459, ✆ 0985/20334/5, 📠 0985/20950.

*** **Hotel Talao,** für Scalea relativ kleines (48 Zimmer) Haus direkt neben dem Torre Talao. Moderne und komfortable Zimmer, von denen knapp die Hälfte Meerblick bietet. Diejenigen, die zur (Haupt-)Straße weisen, sind allerdings entsprechend laut. Privatstrand, Swimmingpool, Tennisplatz und Restaurant. Seit 1980 wird die Warmwasserversorgung von Sonnenkollektoren auf dem Dach übernommen, was für Kalabrien eher ungewöhnlich ist. Die Inhaberfamilie vermietet außerdem kleine Ferienhäuschen auf dem Hotelgelände. DZ 70–110 €, EZ 45–80 €. Corso Mediterraneo 66, ✆ 0985/520444, 📠 0985/20927, www.hoteltalao.it.

Privatzimmer, ein besonderer Tipp für kulinarisch orientierte Reisende sind die Privatzimmer mit Bad, Kochecke und Halbpension für 50–80 € im Zentrum von Scalea oder auf einem nahe gelegenen Bauernhof, die die Familie Ciriaco, Inhaber des Restaurants "La Rondinella" (s. u.), vermietet.

Villaggio Turistico La Pantera Rosa, nahe am Ortszentrum (hinter dem Corso Mediterraneo) und direkt am Meer gelegen. Hier kann man unter Weinstöcken, Feigen- und Nespolebäumen und mit dem Duft von Minze, Rosmarin, Basilikum und Lorbeer in der Nase sein Zelt aufschlagen oder eines der spartanisch eingerichteten Ferienhäuschen mit Bad und Kochecke beziehen. Obwohl oder gerade weil ohne jeglichen Schnickschnack, mit einfach ausgestatteten Sanitäranlagen, Bar (im Sommer Restaurant) und einem abgesteckten Spielfeld für Beach-Volleyball, hat der Platz durchaus Atmosphäre. April–November geöffnet. Corso Mediterraneo/Via Tirreno, ✆/📠 0985/21546, ✆ 0985/21514 u. 0337/878878, außerhalb der Saison ✆/📠 0984/413700.

Daneben gibt es noch drei weitere ortsnahe Villagi Turistici, z. B. **Il Gabbiano** in der Nähe des Felsens am Capo Scalea. Hier gibt es von Juni bis Mitte September Spiel- und Sportplätze, Minimarket und Restaurant. Variante SS 18, ✆ 0985/20563, www.campingilgabbiano.it.

Essen und Trinken

Insbesondere entlang dem Corso Mediterraneo und im Sommer auch direkt am Strand gibt es zahlreiche moderne (Snack-)Bars, Diskos, Pizzerien und Restaurants, im alten Ortszentrum ist die Auswahl dagegen etwas geringer. Dafür sind die Lokale atmosphärisch und kulinarisch attraktiver.

La Rondinella, am Eingang zum mittelalterlichen Ortskern (gegenüber dem Palazzo dei Principi). Alles, was hier auf den Tisch kommt, ist in der eigenen "azienda agricola" selbst angebaut, gezüchtet, geschlachtet, gekeltert, gepresst, gebrannt oder gebacken worden. Eine Speisekarte gibt es nicht, man isst, so viel man kann, und bestimmt entsprechend von Gang zu Gang die Größe der Portionen selbst. Wenn man das normale Menü schafft, muss man ca. 25 € zahlen (zwei Vorspeisenteller mit Wurst, Käse und Bruschetta bzw. mit verschiedenen gebackenen und eingelegten Gemüsen, zwei "primi", ein Hauptgericht, z. B. Zicklein aus dem Backofen oder unterschiedlich zubereiteter Stockfisch, sowie "dolci"; nur der Wein des Hauses und die verschiedenen Cedro-Liköre und -schnäpse müssen extra bezahlt werden. Das Essen von Küchenchef Ciriaco Russo ist so überzeugend, dass man durchaus in Versuchung gerät, einige der im Restaurant feilgebotenen Produkte seiner Azienda (Wein, Öl, eingelegtes Gemüse, Liköre ...) mit nach Hause zu nehmen. Via Vittorio Emanuele 21, ✆/℻ 0985/91360. Ganzjährig geöffnet, im Winter sonntags geschlossen. Im Sommer Reservierung angeraten.

Tarì, kleines, gemütliches Restaurant an der beschaulichen Piazza de Palma (mitten im Centro Storico), in dem der vom Inhaber selbst gefangene Fisch die Speisekarte bestimmt (es gibt aber auch Pizza). Die Preise liegen etwas höher als der Durchschnitt. Im Juli und August werden auch auf der Piazza Tische aufgestellt. ✆ 0985/91777. Mi Ruhetag.

Pizzica'ndo, von Juni bis September geöffnetes Altstadtlokal, in dem solide Hausmannskost und der passende Landwein auf den Tisch kommen. Via Gravina 5 (nahe der Piazza Cimalonga).

Cirella

ca. 1.500 Einwohner

Der kleine, atmosphärisch freundliche Ort mit Blick auf die vorgelagerte Isola di Cirella mit einem Küstenturm aus dem 16. Jh. ist normalerweise eine Oase der Ruhe. Das ändert sich nur im August, wenn die Einwohnerzahl um das Zehnfache anschwillt, Sonnenschirmkolonnen den schönen, breiten und teilweise von Felsbuchten eingefassten Kieselstrand bedecken und die Urlauber die schmale Hauptstraße Via Veneto verstopfen.

Bei einem Bummel durch den kleinen Ortskern fällt eine Serie von modernen und zum Teil recht freizügigen Wandmalereien ins Auge, die mehrheitlich von zeitgenössischen süditalienischen Künstlern stammen. Diese sog. **"murales"** kolorieren die Hauswände in der Via Diaz und wurden 1998 mit der tatkräftigen und kreativen Hilfe der Straßenanwohner aufgetragen. Als weitere Sehenswürdigkeiten im Zentrum sind die Reste griechischer Säulen im Garten der Villa Ruggieri (Hotel Ducale) und auf dem Vorplatz der Pfarrkirche Santa Maria dei Fiori zu nennen. Die lange Geschichte Cirellas lässt sich aber erst angesichts der ca. 1,5 km oberhalb des Dörfchens verbliebenen Ruinen von **Cirella Vecchia** und der Reste eines römischen Mausoleums erahnen:

Eines der schönsten Hotels der Region: Villa Ducale in Cirella

Prähistorische Funde belegen, dass das Gebiet schon vor der Ansiedlung von Enotriern, Ausonen und Focesi bewohnt war. Nachdem es im 8. Jh. v. Chr. von Sibari kolonialisiert worden war, erfuhr das antike Cerillae unter römischer Herrschaft seine Blütezeit, und cirellesische Legionäre gelangten während der Punischen Kriege in der Schlacht von Cannae zu Ruhm und Ehre. Wegen seiner Treue zu Rom wurde Cirella dann 216 v. Chr. von Hannibal dem Erdboden gleichgemacht, jedoch schon bald wieder aufgebaut und – etwa durch einen wichtigen Hafen – ökonomisch aufgewertet.

In der byzantinischen Periode war das Ortsterritorium Schauplatz von Auseinandersetzungen mit den Langobarden, um dann im Jahre 850 von den Sarazenen zerstört zu werden, worauf sich die Bewohner im 11. Jh. auf den schützenden Berg zurückzogen. Nach Jahrhunderten wachsender wirtschaftlicher und religiöser Bedeutung – z. B. bei Besichtigung des **Klosters von San Francesco** (1545) nachzuvollziehen – begann mit dem 16. Jh. der Niedergang des Ortes. Nachdem er 1567 von Berbern größtenteils zerstört, von der Pest (1656) heimgesucht und von zwei großen Erdbeben (1638 und 1783) geschüttelt worden war, kehrten die verbliebenen Bewohner des mittelalterlichen Ortskerns von Cirella nach der Besatzung durch die Franzosen 1808 endgültig ans Meer zurück und wurden 1876 unter die Verwaltung der größeren Nachbargemeinde Diamante gestellt.

Verbindungen/Information

Cirellas eigener **Bahnhof** wird äußerst selten und von Fernzügen überhaupt nicht angefahren, sodass man in der Regel im 5 km entfernten Diamante aussteigt. Zwischen Diamante und Cirella verkehren regelmäßig (allerdings nur bis zum frühen Abend) **Busse** der Autolinee Preite, die Cirella darüber hinaus mit Praia a Mare, den südlichen Küstenorten bis Paola und Cosenza verbindet.

• *Information* Siehe unter Diamante und Maierà auf S. 117.

Übernachten/Essen und Trinken

• *Übernachten* **** **Hotel Club Cirella,** auf einem 4 ha großen Gartengelände über dem Meer stehen einzelne Villen mit insgesamt 200 Bettplätzen. Der Club mit Kinderbetreuungsangebot verfügt über einen hübschen kleinen Privatstrand (gemeinsam mit dem Hotel Ducale). In der Hauptsaison Animation und eine breite Palette von Sportangeboten (von Tennis über Tauchen, Basketball, Fußball und Tischtennis bis zu Gleitschirmfliegen, Rafting und Flusskanufahren auf dem Lao; auch Verleih von Motorbooten). Nur wochenweiser Aufenthalt, 430–900 € pro Woche und Person, allerdings Ermäßigungen für Kinder. Juni bis Ende Sept. geöffnet. Via Vittorio Veneto 240, ✆ 0985/86055 oder 0985/86017 ℻ 0985/86528, hotelclubcirella@yahoo.it.

*** **Hotel Ducale,** in einer Gutsbesitzervilla aus dem 18. Jh. mit einem schönen Garten über dem Meer und für mich eine der schönsten Unterkünfte der Region. Einfache, aber mit allem Nötigen ausgestattete Zimmer zum Meer und/oder Garten, der seit der Aufgabe eines dort eingerichteten Campingplatzes inzwischen noch erweitert ist und an Sommerabenden als Freiluftrestaurant und gepflegte Piano-Bar genutzt wird. Als Aufenthaltsraum dient ein hochherrschaftlicher Salon mit antiken Möbeln und traumhaftem Blick aufs Meer. Den kleinen Privatstrand erreicht man über eine Treppe. Das 1990 zum Hotel umgewandelte Anwesen wird von der freundlichen Besitzerfamilie selbst geführt. Deren Vorfahren waren ehemals Großgrundbesitzer rund um Cirella, die vorgelagerte Insel ist noch heute in Familienbesitz. DZ 65–80, EZ 50–80 €. Übernachtung/Frühstück jetzt auch im Winter (wenn Tür verschlossen, schellen). Via Vittorio Veneto 254, ✆0985/86051, ℻ 0985/86052, hotelducale@libero.it.

*** **Hotel Guardacosta,** größeres, in zwei Blöcke aufgeteiltes Haus am südlichen

Für Badegäste gerüstet: Strandabschnitt in Cirella

Ortsausgang. Zusätzliche Zimmer in kleinen Ferienhäuschen, die unter Bäumen an einem Hang über dem Meer verteilt sind. Ausgestattet mit Swimmingpool und Tennisplatz. Die Zimmer sind modern eingerichtet und haben teilweise Meeresblick. DZ 49–90 €, EZ 35–71 €. Via Vittorio Veneto 76, ✆ 0985/86012 u. 0985/86013, 📠 0985/86227.

** **Pensione San Daniele,** kleine Pension in einem schönen Garten über dem Meer (ein paar Schritte außerhalb des Ortszentrums). Nur acht recht einfach eingerichtete Zimmer mit jeweils eigenem Eingang, das Ganze mit einem etwas verrotteten Charme. DZ 42–62 €, EZ 31–52 €. Via V. Veneto 24, ✆ 0985/86089, 📠 0985/86646. April bis Ende Sept. geöffnet.

Camping Internazionale Cirella, schattige Stellplätze mit direktem Zugang zum Strand im Norden von Cirella. Contrada Acchio, ✆/📠 0985/801003. Von Juni bis Mitte September geöffnet.

• *Essen und Trinken* **A Tartana,** großes, gut besuchtes Fischrestaurant (und Pizzeria) an der Via Veneto, das direkt von Fischern beliefert und Inhaber Donato aufmerksam geführt wird. Das, was später auf den Teller kommt, kann man teilweise in noch lebendem Zustand in großen Aquarien aussuchen. Die Küche ist offen und mitten im Restaurant. Unter den vielen fischigen Köstlichkeiten, die man hier – bei schönem Wetter bei automatisch geöffnetem Dach – zu etwas höheren, aber durchaus angemessenen Preisen bestellen kann, seien nur frittierte Algen oder Linguine mit Meeresfrüchten hervorgehoben. Via Veneto 170, ✆ 0985/86564.

A Cantinella, winzige, einfach eingerichtete und von einer sympathischen Familie geführte Osteria mit typisch kalabrischer Landküche und selbst gekelterten Weinen. Die Spezialitäten sind hausgemachte Pasta sowie Gemüse- und Fleischgerichte, darunter Steinpilze, wilder grüner Spargel und das kross gebratene Fleisch schmeckbar glücklich gewesener Schweine und Hühner. Via Diaz 101, ✆ 347/6191508.

Caffè Filò, Bar an der Via V. Veneto 182, in der es besonders gute Granite gibt.

La Cantinella di Zia Assunta, winziges Weinlokal wie anno dazumal: Roter und Weißer, als Unterlage Käse und Salami. Via Diaz 112. Mi Ruhetag.

Blick über die Schlucht von Maierà nach Grisolia

Diamante und Maierà

ca. 5.000 Einwohner

Nicht etwa wegen der malerischen Lage der Altstadt, die auf einer spitzen Landzunge ins Meer hineinragt, oder der eleganten palmenbestandenen Promenade, sondern wegen eines gleichnamigen Flusses im Ortsbereich trägt die 1638 gegründete Stadt der "murales" und der "peperoncini" ihren wohlklingenden Namen.

Wenngleich es dort außer der Chiesa dell' Immaculata Concezione aus der Mitte des 17. Jh. keine bemerkenswerten historischen Bauwerke zu besichtigen gibt, ist die Altstadt Diamantes mit ihren blumengeschmückten Treppen und Balkonen und den 130 farbenfrohen "murales" auf jeden Fall sehens- und erlebenswert. Die seit 1981 von vornehmlich süditalienischen, aber auch einigen ausländischen Künstlern an den Hauswänden der Altstadt angebrachten Wandmalereien sind seither das Aushängeschild der Stadt.

Wer Anfang September nach Diamante kommt, kann am **Festivale del Peperoncino** teilnehmen und sich entlang dem (übrigens das ganze Jahr über von pulsierendem Leben erfüllten) Lungomare pikanten kulinarischen Genüssen hingeben und ein buntes Musik- und Theaterprogramm erleben. Es wird von der bemerkenswerten **Accademia del Peperoncino** organisiert, die im Juni 2002 in einem restaurierten Adelspalazzo im wenige Kilometer entfernten Maierà das weltweit einzige **Museo del Peperoncino** eröffnet hat (s. Kasten auf S. 118).

Das auf 465 Höhenmetern aussichtssträchtig postierte und in hoffnungsvoller Erwartung von Besuchern aus nah und fern ansehnlich herausgeputzte **Maierà** ist aber auch ohne das Museum die steil ansteigende Anfahrt wert. Im 11. Jh. gegründet und an den Abgrund einer tiefen Schlucht gebaut, eröffnet das (noch) nostalgisch-verschlafene Dörfchen mit Resten eines mittelalterlichen Kastells und der

Chiesa Santa Maria del Piano mit ihrem verspielt barocken Innenleben eine atemberaubende Aussicht auf Berge und Meer.

Auf der anderen Seite der Schlucht und nur eine knapp 1000 Meter lange Luftlinie von Maierà entfernt liegt das architektonisch eher unspektakuläre **Grisolia,** dessen Ursprünge ebenfalls bis ins Mittelalter zurückreichen.

Verbindungen/Information/Diverses

• *Verbindungen* Vom **Bahnhof** Diamante Anschluss an die Fernverbindungen von Milano nach Reggio Calabria, außerdem Haltepunkt der Regionalzüge zwischen Neapel und Paola. **Busverbindungen** zu den benachbarten Küstenorten, nach Maierà und Grisolia.

• *Information* **Pro Loco Diamante-Cirella,** trotz des touristischen Aufwindes der vergangenen Jahre kein fest installiertes Touristenbüro, sondern lediglich ein mobiler Informationsstand, der im Sommer mal in Diamante, mal in Cirella postiert wird. ✆ 349/2561719, www.prolocodiamante.it, www.indiamante.it.

Neben dem Peperoncino-Museum in **Maierà** informiert ein **Punto Parco** des Pollino-Nationalparks über Wanderungen in der Umgebung von Maierà und im Herzen des Pollino.

• *Wassersport* Die **Star Line Navigazione** bietet in den Sommermonaten zweimal täglich Schiffsfahrten an, bei den 16 Passagiere in einer Kabine namens "L'occhiomarino" (Meeresauge) zwei Meter unter dem Meeresspiegel einen Fensterblick in die Unterwasserwelt genießen können. Darüber hinaus organisiert die Agentur eintägige Minikreuzfahrten durch den Golf von Policastro und bietet Tauchkurse an. Die Aktivitäten starten im Hafen von Diamante. ✆ 0368/7688164.

Wenn man ein Boot oder Taucherzubehör mieten oder (Tauch-)Ausflüge unternehmen möchte, hilft außerdem die **Cooperativa Il Diamante** am Hafen weiter. Loc. Porto, ✆ 0985/87321.

Übernachten/Essen und Trinken

• *Übernachten* *** **Hotel Diamante,** relativ große Hotel- und Ferienwohnanlage mit hellen Balkonzimmern am nördlichen Ortsausgang (nicht weit von Altstadt und Hafen). Durch die kleine Küstenstraße nach Cirella vom hoteleigenen Privatstrand getrennt. Hotelbetrieb von Ostern bis Ende Oktober (vom 10. Juni bis 15. September Pensionspflicht), die Ferienwohnungen auf dem Hotelgelände (allerdings ohne Heizung) sind ganzjährig zu mieten. Tennis, Minigolf- und Bocciaplatz. Vollpension im DZ 80 €. Ferienwohnungen z. B. mit vier Schlafplätzen in zwei Räumen 150–170 € pro Woche. Viale Glauco 15, ✆ 0985/81058, 📠 0985/81123.

*** **Hotel dei Focesi,** ebenfalls zwischen Diamante und Cirella gelegen, etwas weiter weg vom Zentrum, aber dafür unmittelbar am Strand. Großzügige, von Reisegruppen frequentierte schöne Anlage mit 120 hellen, modern ausgestatteten Zimmern auf 20.000 m^2. DZ 39–55 €, EZ 29–44 €. Contrada Monache, ✆ 0985/81515-16, 📠 0985/81333, www.hoteldeifocesi.it.

*** **Hotel Riviera Bleu,** südlich des Ortszentrums, ca. 100 m hinter dem Ende der Strandpromenade, nur durch ein schmales Sträßchen vom Strand getrennt. Akzeptable Zimmer mit Meeres- oder Bergblick, Erstere etwas teurer. DZ 50–140 €. Via Poseidone, ✆/📠 0985/81363, www.hotelrivierableu.it.

• *Essen und Trinken* Fischliebhaber kehren stilecht in zwei direkt nebeneinander am Meer gelegene Lokalen in Hafennähe (am Rande der Altstadt) ein. Da dort der jeweilige Tagesfang das Menü bestimmt, gibt es keine feste Speisekarte. Bei Unklarheiten bei der Bestellung können die Wirte jedoch mit Übersetzungslisten der wichtigsten Gerichte aufwarten:

Ristorante/Pizzeria Lo Scoglio, Via C. Colombo, ✆ 0985/81345.

Ristorante La Taverna del Pescatore, etwas edleres Ambiente, dennoch abends auch Pizza. Via C. Colombo, ✆ 0985/81482. Di Ruhetag.

La Guardiaola, auch hier (am anderen, also südlichen Ende des Lungomare) dominiert der Tagesfang des Hausherrn die Speisekarte. Damit man eine Vorstellung davon bekommt, wie der Fisch vom Meer auf den Tisch kommt, kann man den Fischer im Sommer (für ca. 25 €) begleiten. Via Lungomare Riviera Bleu, ✆ 0985/876759.

Pizzeria A Cannarutia, gut frequentierte Pizzeria direkt am Lungomare, in der man riesige, in Portionsstücke geschnittene Pizzen von der Hand (Besteck gibt es nicht!) in den Mund befördert.

Il Ristorante di Aligia, allein um die deftige kalabrische Landküche der Gegend kennen zu lernen, lohnt sich der Weg in Richtung Maierà, in dessen "Vorort" Vrasi die Brüder Maurizio und Angelo Aligia das gleichnamige Landgasthaus zwischen Bergen und Meer betreiben. Wahre Vorspeisenorgien mit unterschiedlich zubereiteten Gemüsen (darunter der "pepe crusco", sonnengetrockneter und im Backofen gerösteter Paprika, der beim Kauen knackt) sowie Wurst-, Schinken- und Käsespezialitäten eröffnen hier das Menü. Im weiteren schmackhaften Verlauf folgen einfache Pastagerichte, z. B. "lagane con ceci" (hausgemachte breite Bandnudeln mit Kichererbsen), dann wird mit einem kräftigen Secondo, etwa Wildschwein, Zicklein oder "salsiccia" (Wurst) vom Grill, der kulinarische Höhepunkt erreicht. Die von Angelo Aligia, einem in Italien recht bekannten Bildhauer, geschaffenen Skulpturen aus Stein und Olivenholz im Vorhof des Restaurants schaffen schließlich die "Harmonie von Kunst und Geschmack", die der Werbeslogan der Brüder verheißt. Località Vrasi, Maierà, ✆ 0985/876609.

Caffè Ninì, dieses Lokal ist gleich aus mehreren Gründen wärmstens zu empfehlen. Es liegt direkt am Lungomare (über dem Hafen bzw. an der ins Meer hineinragenden Spitze der Altstadt), bietet eine jährlich wachsende Zahl vom Chef persönlich kreierter Eis- und Kaffeespezialitäten (z. B. die "Klassiker" "Tartufo Diamante" in den Geschmacksrichtungen Nuss, Café und Cedro, den "Caffè alla Nocciola" oder "Afro", einen scharfen Pepperoni-Cocktail) und glänzt nicht zuletzt durch die äußerst freundliche und informative Betreuung durch den Inhaber Ninì (Antonio Belcastro). Der ist ein Original, das alles weiß, jeden kennt, in der kleinen Stadt allseits beliebt und durch mehrere Gastronomiepreise und kreative Werbemaßnahmen in ganz Italien bekannt ist. ✆ 0985/81212, www.caffenini.com.

Accademia Italiana del Peperoncino

Ein Forschungs- und Kulturinstitut ganz besonderer Art, das 1994 gegründet wurde und von dem Diamenteser Journalisten Enzo Monaco geleitet wird. Die von der Region Kalabrien und der Gemeinde Diamante öffentlich geförderte "Accademia Italiana del Peperoncino" mit Hauptsitz in Diamante beschäftigt sich u. a. mit der Geschichte, dem Anbau, der literarischen Erwähnung sowie der medizinischen, kosmetischen und erotisierenden Wirkung der neuerdings als "Viagra dei poveri" (Viagra der Armen) geschätzten kleinen, sehr scharfen Paprikaschote, die zu den wichtigsten Zutaten der kalabrischen Küche zählt. Sie organisiert wissenschaftliche Vorträge, Ausstellungen und Lesungen, betreibt einen kleinen Laden mit essbaren und dekorativen "Peperoni-Devotionalien", sammelt pikante Kochrezepte, veröffentlicht Bücher und seit September 2003 alle drei Monate ein kulturell-kulinarisches Hochglanzmagazin namens "Pic Mondo Peperoncino". Ihr bislang größtes Projekt ist das **Museo del Peperoncino** in Maierà, in dem man auf ebenso informative wie amüsante Weise anhand von Schautafeln, Gemälden, Karikaturen, Alltags- und Schmuckgegenständen alles Wissenswerte über "Sua Maestà, il peperoncino" (Seine Majestät, den Peperoni) erfährt. Festlicher Höhepunkt des Akademie-Jahres ist das **Festivale del Peperoncino** (Anfang Sept.) mit einem Peperoniwettessen, unzähligen Essensständen sowie Musik- und Theaterdarbietungen.

Accademia del Peperoncino, Via Gullo 1, Diamante, ✆ 0985/81130, 📠 0985/877721, www.peperoncino.org.

Museo del Peperoncino, Palazzo Ducale Maierà, Via Duomo (Piazza Castello), von Juni bis September 17–24 Uhr, sonst Sa/So 10–13 u. 16–19 Uhr. Individuelle Besichtigungstermine kann man aushandeln bei: Comune di Maierà, ✆ 0985/889102.

Sapore Calabria, Lungomare 131, Diamante, ✆ 0985/877840, www.saporecalabria.it.

Belvedere und Cittadella del Capo

ca. 8.900 Einwohner

Wie der Name erahnen lässt, genießt man von dem auf einer Anhöhe postierten und mit einem normannischen Kastell dekorierten Belvedere einen schönen Ausblick auf das Meer. Architektonischer Blickfang des wenige Kilometer südlich gelegenen Bonifati ist ein zur Luxusherberge umfunktionierter Adelspalast.

Das repräsentative Anwesen, das sich die Herzogsfamilie De Aloe seit Ende der 1980er Jahre mit zahlungskräftigen Hotelgästen teilt, ragt in Bonifatis Küstenquartier Cittadella del Capo dekorativ ins Meer hinein. Es wuchs zwischen dem 12. und 19. Jh., verfügt über eine hauseigene Kapelle, einen stimmungsvollen Innenhof, gepflegte Gartenanlagen und Pool und ist – abgesehen von einem verwitterten Sarazenenturm – die einzige lokale Sehenswürdigkeit. Beide Gemeinden warten mit passablen, mit Sand und feinen Kieseln ausgelegten Badestränden auf, während die Orte selbst nicht besonders einladend wirken. Allerdings behaupten Einheimische, dass das "Sabbia D'Oro" im sonst tristen Belvedere das beste und "schärfste" Fischrestaurant der Gegend ist.

• *Übernachten/Essen* ***** **Palazzo del Capo,** dass man hier gehobenen Hotelkomfort genießt, liegt angesichts des oben Gesagten auf der Hand. DZ 180–210 €, EZ 120–150 €, Suite 210–220 €. Cittadella del Capo, Via C. Colombo 5, ✆ 0982/95674, ℻ 0982/95676, www.palazzodelcapo.it.

Sabbia D'Oro, "Ein scharfes Meer" lautet der selbst verliehene Beiname für das Restaurant am Strand von Belvedere, dessen Speisen vom Antipasto bis zum Dessert mit Peperoni gewürzt werden. Von den Spezialitäten des Hauses, die von den Diamenteser "Peperoni-Akademikern" und ihren Gästen natürlich besonders geschätzt werden, seien hier nur die schon berühmten "Gnochetti Sabbia D'Oro" erwähnt: hausgemachte Kartoffelnudeln in einer Tomatensoße mit kleinen Krabben, Radicchio, Rucola und einem "pizzicho" Peperoni. Belvedere, Via Piano delle Donne, ✆ 0985/88456. Di Ruhetag, November und Dezember geschlossen.

Cetraro

ca. 10.000 Einwohner

Das freundlich-geschäftige Cetraro markiert den südlichsten Punkt der Costa dei Cedri und das Ende des badetouristisch attraktiven Teils der cosentinischen Westküste.

Es windet sich in engen Gassen von seinem kleinen Touristenhafen den Berg hinauf. Seine zentrale Piazza del Popolo im oberen Teil der Stadt wird von der Barockkirche San Benedetto flankiert und bietet ein eindrucksvolles Küstenpanorama. Das genießen auch die Gäste des Grand Hotel San Michele, das zu den ältesten und gediegensten Feriendomizilen der Region zählt und seinem Namen alle Ehre macht. Natürlich stehen auch dort "sarde alla mente" (große Sardinen mit Minze) auf der Speisekarte, die als eine der kulinarischen Offenbarungen der geschichtsträchtigen Küstengemeinde gelten. Man nimmt nämlich an, dass Cetraro der erste Hafen der Bruzi, also der kalabrischen "Ureinwohner", war. Historisch belegt ist Cetraros Stellenwert in normannischer Zeit, als der Normannenfürst Robert Guiscard es 1058 seiner zweiten Frau Sichelgaita zur Hochzeit schenkte. Die überließ es nach dem Tod des Gatten im Jahre 1086 der Benediktinerabtei von Montecassino, die dort bis 1806 das Sagen hatte.

• *Anfahrt/Verbindungen* SS 18; Haltestelle der **Buslinie** (Preite) Tortora–Paola; **Bahnhof** mit Fernzuganbindung Milano – Reggio Calabria in Cetrarro-Marina; von Juni bis September **Ausflugsschiffe** zu den Liparischen Inseln. Foderari, ✆ 0982/91219.

• *Information* **Ufficio Turistico Comune di Cetraro,** Mo–Fr 9–13 Uhr (im Sommer auch nachmittags), Piazza del Popolo 26, ✆ 0982/972751.

• *Übernachten/Essen* **** **Grand Hotel San Michele,** wunderschöne alte Villa in ebensolcher Lage, herrlicher Garten, Golfplatz, Pool, Aufzug zum Strand, hauseigener Motorsegler und Autoverleih. Auf dem großen Gelände des Hotels werden zudem Ferienhäuschen vermietet (*** **Le Casette del San Michele**). DZ 110–200 €, EZ 80–140 €; Ferienwohnung mit 2–3 Bettplätzen 672–1395 € für 14 Tage. Località Bosco, ✆ 0982/91012 oder 0982/91013, ✆ 0982/91430, www.sanmichele.it.

La Locanda, Familienbetrieb mit rustikalem Kastanienholzmobiliar nahe dem Centro Storico der Oberstadt, in dem lokale Fisch-, Wurst- und Käsespezialitäten auf den Tisch kommen. Dazu wird selbst gebackenes Brot, danach ein "liquore di cedro" gereicht. Via di Seta 77, ✆ 0982/91262.

Guardia Piemontese (Marina)

ca. 1.300 Einwohner

Wenn man außerhalb der Hochsaison und womöglich noch in der Mittagszeit in dem 515 m hoch auf einem Berg thronenden, nur noch von 300 Seelen bewohnten alten Ortskern von Guardia Piemontese ankommt, meint man, das Ende der Welt erreicht zu haben.

Dass dennoch immer wieder Besucher neugierig durch die schmalen Gässchen schlendern, verdankt der kleine Ort nicht nur seiner exponierten Lage, die einen Panoramablick auf Berglandschaften und Küste erlaubt: In Guardia Piemontese – der Name lässt es schon erahnen – lebt die kleinste Bevölkerungsminderheit Kalabriens. Es handelt sich dabei um die Nachfahren einer Gruppe von Waldensern, die sich um das 12. Jh. auf der Flucht vor der Inquisition aus dem Piemont in die kalabrischen Berge zurückzogen und dort in der Mitte des 16. Jh. erneut zum Opfer blutiger Verfolgung wurden. Da sie noch heute eine eigene Sprache, das "Occitano", sprechen und ihre überlieferte Kultur pflegen, ist die Gemeinde Forschungsgegenstand namhafter Linguisten aus dem In- und Ausland.

Schon wenn man den Ortskern durch die **Porta del Sangue** (Bluttor) an der **Piazza di Strage** (Platz des Blutbades) betritt, wird man mit der Erinnerung an das Massaker, das die Schergen des Kardinals Ghislieri im Jahre 1560 an eben dieser Stelle anrichteten, konfrontiert. Im Eingangsbereich des kleinen, in Privatinitiative aufgebauten und unterhaltenen **Museo della Civiltà Contadina,** in dem u. a. zwei der noch heute an Festtagen getragenen bunten Trachten der Waldenser ausgestellt sind, erfährt man dann Genaueres über die bis heute wach gehaltene Leidensgeschichte und das Alltagsleben der Vorfahren der heutigen Ortsbewohner.

Auf halber Höhe zwischen dem alten Ortszentrum und **Guardia Piemontese Marina,** das wohl vornehmlich als Badeort für die Einheimischen der näheren Umgebung fungiert, keinerlei Besonderheiten aufweist und insgesamt nicht allzu einladend wirkt, dampfen und stinken die seit der Antike wegen ihrer heilenden Kräfte geschätzten **Terme Luigiane,** ein in der Hochsaison recht gut besuchtes Thermalbad mit dazugehöriger Hotel- und Kuranlage (www.termelugiane.it).

• *Verbindungen* Der **Bahnhof** befindet sich in Guardia Piemontese Marina; von hier Verbindungen über die nördlichen Küstenorte nach Sapri und nach Paola. Eine Alternative ist die **Buslinie** von Praia a Mare nach Cosenza, die von der Gesellschaft Preite betrieben wird (Fahrkarten im Bus). Von Guardia P. Marina fährt die Buslinie Consorzio (Haltestelle Bahnhof) dreimal am Tag in den alten Ortskern (Fahrkarten im Tabakgeschäft).

• *Information* **Pro Loco,** Guardia Piemontese Marina, Via Kennedy.

• *Museo della Civiltà Contadina* Wenn man das zumindest in der Hochsaison eigentlich vor- und nachmittags zwischen 10 und 12 sowie 16 und 18 Uhr geöffnete Museum im alten Ortskern verschlossen vor-

Auch in Guardia Piemontese gibt es Menschen mit dem "grünen Daumen"

findet, kann man bei der nahe gelegenen **Gemeindeverwaltung (Comune)** mit der dort beschäftigten Anna Visca, neben ihrem Bruder eine der Seelen des Museumsbetriebs, einen Besichtigungstermin vereinbaren.

• *Essen und Trinken* Ganz gut essen und trinken kann man im **Ristorante Carnevale** direkt am Strand unweit eines dekorativ vorgelagerten Felsens namens La Regina (in Bahnhofsnähe). Das Restaurant wurde in der italienischen Feinschmeckerzeitschrift "Gambero Rosso" schon einmal lobend erwähnt. Ganzjährig geöffnet, Di Ruhetag. Via Andrea Doria 8.

Paola

ca. 18.000 Einwohner

Ein Besuch der Heimatstadt des wichtigsten Heiligen Kalabriens, San Francesco di Paola (1416–1507), eröffnet gewissermaßen einen Einblick in die kalabrische Seele: In der gesamten Region und über sie hinaus wird er von Alt und Jung verehrt, unzählige Kirchen und Kapellen des Mezzogiorno sind ihm gewidmet, sein Abbild ziert in jedweder Form und Farbe Wohnungen, Bars, Restaurants und Autos oder findet sich eingenäht im Futter von Mänteln und Jacken, deren Besitzer es vor Leid und Armut schützen soll.

Über die Küstenpiste SS 18 aus nördlicher Richtung per Auto oder Bus in Paola angekommen, führt ein Abzweig unmittelbar am Ortseingang ("bivio santuario") auf eine steil ansteigende Straße, die, vorbei an der "Grotta della Madonna di Lourdes", direkt zur Wallfahrtsstätte führt. Kleine Tabernakelhäuschen entlang des Weges, die "capelle dei miracoli", die die wichtigsten Stationen im Leben des Heiligen darstellen und die von ihm vollbrachten Wunder preisen, stimmen Pilger und Touristen schon während des Aufstiegs auf den heiligen Ort ein. Der liegt, selbst im Sommer von einem angenehm kühlen Lüftchen umweht, in einer üppig bewaldeten Berglandschaft in der Schlucht des Baches Isca, wo San Francesco im Jahre 1435 eine Kapelle zu Ehren seines Namensvetters Franz von Assisi errichtete. Am größten ist der Andrang hier übrigens am Patronatsfeiertag am 4. Mai, zu dem Tau-

Pilger aus ganz Kalabrien: Wallfahrtskirche in Paola

sende von Süditalienern (v. a. Kalabresen aus der näheren und weiteren Umgebung) auch heute noch zu Fuß nach Paola pilgern (weiter s. u. "Rundgang durch die Wallfahrtsstätte des heiligen Franziskus von Paola").

Wenn man das Stadtzentrum nicht von der Wallfahrtsstätte, sondern von **Marina di Paola,** dessen mäßige Sandstrände mit ihrer nicht sonderlich attraktiven Promenade vornehmlich von Bewohnern der nahen Provinzmetropole frequentiert werden, ansteuert, betritt man die Altstadt durch die **Porta di San Francesco.** Unmittelbar dahinter öffnet sich der interessanteste und lebhafteste Platz der Stadt, die von der später barock verzierten **Chiesa di Montevergine** aus dem 15. Jh., einem imposanten Adelspalast im katalanischen Stil und einem alten Uhrenturm flankierte **Piazza del Popolo,** in deren Mitte die **Fontana dei sette Canali** aus dem 17. Jh. plätschert. Oberhalb der Piazza windet sich die Altstadt von Paola in schmalen Gassen und Treppenaufgängen, die hier und da die Aussicht auf die neueren Küstenquartiere freigeben, den Berg hinauf. Beim Aufstieg bleibt der Blick immer wieder an ehemals prächtigen Adelsdomizilen mit kunstvoll verzierten Balkongittern und einer stattlichen Anzahl von Kirchen und Kapellen haften. Von Letzteren seien hier lediglich das zur Gebetsstätte umfunktionierte **Geburtshaus von San Francesco di Paola** an der Salita 4 Maggio und der Dom der Stadt, die zu Beginn des 16. Jh. auf romanisch-gotischen Fundamenten errichtete **Chiesa Matrice dell'Annunziata** in der Via Duomo, erwähnt.

Dass auch das enge Gassengewirr der Altstadt von Paola von den Resten eines normannischen Kastells dominiert wird, verweist schließlich auf die lange Geschichte der vermutlich schon in vorchristlicher Zeit von den Enotriern besiedelten Küstenstadt, die inzwischen ein wichtiger Straßen- und Eisenbahnverkehrsknotenpunkt der Region und Sitz einer Reihe provinzübergreifender oder gar staatlicher Institutionen ist. Für die Kalabresen bleibt sie jedoch in erster Linie die Heimat des in Freud und Leid angerufenen San Francesco di Paola.

• *Verbindungen* Der **Bahnhof** befindet sich in Paola Marina; von dort Anschluss an die Fernverbindungen von Milano über Reggio Calabria nach Sizilien und nach Cosenza.
Busverbindungen zu den nördlichen und südlichen Küstenorten bis Praia a Mare bzw. Amantea, nach Cosenza, Catanzaro, ins Sila-Gebirge und an die ionische Küste.

• *Information* **Ente Provinciale Turismo Paola, Ufficio Informazioni,** Piazza 4 Novembre, ✆ 0982/5583, www.comune.paola.cs.it.

• *Krankenhaus* **Ospedale Civile San Francesco,** Via Promintesta, ✆ 0982/5811.

• *Mietwagen und Taxiservice* An der Piazzale Stazione in Marina di Paola, ✆ 0982/2116.

• *Übernachten* *** **Hotel Alhambra,** mit altmodischem Mobiliar eingerichtetes Haus (mit Garten) im arabischen Baustil zwischen Wallfahrtskirche und Stadtzentrum.

Hauseigener Privatstrand im ca. 2,5 km entfernten Paola Marina. Im Juli/August Mindestaufenthalt von einer Woche erwünscht (Pensionspflicht). DZ 46–62 €, EZ 29–42 €. ✆/℻ 0982/582240 u. 0982/582790.

• *Essen und Trinken* Entsprechend seiner Größe bietet Paola und insbesondere der am Meer gelegene Teil eine recht große Auswahl an Restaurants und (Snack-)Bars. Erwartungsgemäß dominiert hier frischer Fisch die Speisekarten. An der hübschen Altstadtpiazza del Popolo ist das Restaurant **Le Arcate** zu empfehlen, wo man die Auswahl zwischen Fisch-, Fleisch- und Gemüsegerichten hat, abends gibt's zusätzlich Pizza. Via G. Valitutti 7, ✆ 0982/585377. Mo Ruhetag.

Die Wallfahrtsstätte des heiligen Franziskus von Paola

Aus der kleinen, bescheidenen Kapelle, die San Francesco einst in der Schlucht des Baches Isca erbaute, ist im Laufe der Jahrhunderte ein riesiger, noch im Jahre 2000 um eine neu eröffnete Gebetsstätte erweiterter Kirchen- und Klosterkomplex geworden. Man erreicht ihn von der **Piazzale del Santuario,** auf der aufgrund des (freitags und an Feiertagen besonders großen) Menschenandrangs fast immer Volksfeststimmung herrscht. Dazu tragen auch die bunt sortierten Verkaufsstände bei, deren Betreiber von lokalem Kunsthandwerk über Heiligenfiguren in allen Größen bis hin zu kitschigem Kinderspielzeug alles Erdenkliche anbieten. Sobald sich die per Bus und Auto oder zu Fuß angekommenen Gläubigen der Basilika am Ende des Platzes nähern, schlägt die ausgelassene Heiterkeit in devote Ehrfurcht um, die auch ausschließlich touristisch motivierte Besucher nicht gänzlich unberührt lässt. So wird man beim Betreten der Wallfahrtsstätte – wenn nicht gerade eine fröhlich plappernde Hochzeitsgesellschaft die andächtige Stille durchbricht – lediglich von einem gelegentlichen Flüstern oder einem gemurmelten Gebet akustisch begleitet.

San Francesco di Paola: Patron der Stadt, Kalabriens und der Seeleute

Die gottgeweihte Vita des am 27. März 1416 in Paola geborenen Francesco d'Alessio begann bereits im Alter von elf Jahren, als ihn seine Eltern für ein Jahr in ein Franziskanerkloster nach San Marco Argentano in der Nähe von Cosenza schickten. Von dort zurückgekehrt, unternahm er eine Pilgerreise nach Rom, wo ihn der luxuriöse Lebensstil der höchsten geistigen Würdenträger so entsetzte, dass er sich danach in die Einsamkeit der Wälder auf dem heutigen Gelände der Wallfahrtskirche zurückzog. Nachdem ihm einige Getreue dorthin gefolgt waren, baute er ein Kloster auf und gründete einen an der Lehre von Franz von Assisi orientierten, bereits im Jahre 1474 von Papst Sixtus IV. offiziell anerkannten Orden, dessen Regeln jedoch hinsichtlich des Armutsgelübdes noch wesentlich strenger waren als die des norditalienischen Vorbilds. Trotz seines weltabgeschiedenen Lebens genoss San Francesco aufgrund seiner Wundertaten einen weithin bekannten Ruf, sodass er gebeten wurde, auch in Sizilien eine Ordensgemeinschaft zu gründen. San Francesco erklärte sich einverstanden und machte sich auf den Weg. Als ihm der Fährmann eine kostenlose Überfahrt über die Meerenge von Messina verweigerte, legte San Francesco – so die Legende – seine Kutte aufs Meer und überquerte darauf das trennende Wasser. Dieses Wunder ließ den süditalienischen Volksheiligen, der übrigens immer ein Lämmchen namens Martinello mit sich führte, auf Verfügung von Papst Pius XII. 1943 auch noch zum Schutzpatron der Seeleute avancieren. Sein Gang über das Meer ist ebenso wie seine übrigen Wundertaten in einer der kleinen Kapellenhäuschen an der Auffahrtsstraße zur Wallfahrtskirche bildlich dargestellt.

San Francesco zum Mitnehmen

Erste Station ist die **Basilica di San Francesco,** die nach dem Tode des berühmten Sohnes der Stadt erbaut, 1550 erweitert, 1555 restauriert und im 18. Jh. mit Stuckelementen verziert wurde. In ihrem Innern befinden sich neben einer stattlichen Anzahl sakraler Kunstwerke unterschiedlicher Epochen, darunter ein wertvolles Gemälde des bekanntesten kalabrischen Malers Mattia Preti (1613–1699), die Reliquien des Heiligen.

Neben der Wallfahrtskirche erhebt sich das ebenso eindrucksvolle **Convento** (Kloster), dem die **Biblioteca del Monastero** angeschlossen ist. In dem Gebäudekomplex, der zu einem großen Teil wie eine Brücke den Bach Isca überspannt, gibt es – wie in der Basilika – viele (innen)architektonische und künstlerische Details zu entdecken. Im Kloster werden viele bemalte Heiligenstatuen und wertvolle Keramikobjekte aufbewahrt, während die Bibliothek durch ihre pompöse Inneneinrichtung besticht. In üppig verzierten Bücherschränken aus dem 18. Jh. mit geschnitztten Eckpfeilern und kronenförmigen Aufsätzen werden alte Handschriften und Drucke sowie seltene Bücher von unschätzbarem Wert gehütet.

Innerhalb der Klostermauern, rechts der Basilika, beginnt schließlich der **"giro dei miracoli"** (Rundgang der Wunder). In seinem Verlauf nehmen die Gläubigen zunächst einen Schluck aus der "cucchiaredda", einer Quelle, die wundersamerweise aus der Erde tritt. Anschließend überschreiten sie die **"ponte del diavolo"** (Teufelsbrücke), um das Böse zu überwinden (die Kalabresen spucken übrigens von der Brücke in den darunter fließenden Bach). An der **"grotta anacoretica"** (Einsiedlergrotte), in die sich San Francesco seinerzeit zur inneren Einkehr zurückzog, wird der innere Reinigungsprozess schließlich vollendet.

Amantea

ca. 12.000 Einwohner

Vorbei an den Badeorten San Lucido, Fiumefreddo, Longobardi und Belmonte erheischt man mit dem geschichtsträchtigen und lebhaften Städtchen mit seiner sympathischen Altstadt einen Lichtblick an der ansonsten wenig reizvollen und recht verbauten südcosentinischen Westküste.

Dass Amantea schon einige Jahrhunderte auf dem Buckel hat, erschließt sich schon von weitem, weil hoch über Stadt und Meer die Reste eines mittelalterlichen Kastells dem Zahn der Zeit trotzen. Das vermutlich im 5. Jh. erbaute und knapp 700 Jahre später zuletzt restaurierte und erweiterte Schloss, das 1807 von den Franzosen gewaltsam auf seine heutigen Ausmaße reduziert wurde, ist jedoch nicht das älteste lokalhistorische Zeugnis der Gemeinde. So gilt als relativ gesichert, dass sich auf dem heutigen Stadtgebiet zunächst eine enotrische, dann eine griechische Siedlung ausbreitete, bevor der Ort unter dem Namen "Amantia" römisch wurde. Im 10. Jh. starteten dann die Sarazenen von Amantea aus ihre Raubzüge an der kalabrischen Küste. Später spielte die Stadt in den Auseinandersetzungen der Herrschergeschlechter der Anjou und der Aragonier eine zentrale Rolle, und 1806 leisteten seine Bewohner erbitterten, wenn auch letztlich erfolglosen Widerstand gegen die napoleonischen Truppen.

Wenn man sich nicht damit zufrieden gibt, die Überreste des Kastells aus der Ferne zu betrachten, kann man sie über die ausschließlich zu Fuß zu passierende Via Cavour mit ihren engen Gässchen, Treppengängen und steinbogenüberspannten Durchgängen erreichen und auf dem Weg noch die Ruinen der **Cappella di S. Francesco d'Assisi** aus dem 14. Jh. in Augenschein nehmen.

Als bedeutendster Sakralbau Amanteas gilt die **Chiesa di San Bernardino di Siena** aus dem 15. Jh., die sich auf halber Höhe zwischen altem und neuem Stadtzentrum befindet. Der respektable Kirchen- und Klosterkomplex bietet – ähnlich wie die **Chiesa Madre San Biagio** oder die **Chiesa del Carmine** in der Altstadt – eine Reihe bemerkenswerter architektonischer und künstlerischer Details.

Die Chiesa del Carmine liegt direkt am **Corso Umberto I,** dessen gesamter Verlauf einem Aussichtsbalkon über Stadt und Meer gleicht und von dem es in einer Beschreibung aus dem Jahre 1856 heißt, dass er "den Zauber der Einheimischen" und "die Bewunderung der Fremden" hervorrufe. Kein Wunder also, dass das Traditionscafé Sicoli, dessen Spezialität seit jeher überaus schmackhafte und erfrischende, ausschließlich aus frischen Früchten hergestellte Granite sind, 1937 sein Lokal just hier eröffnet hat.

Da **Amantea Marina** nicht wie manch anderer Küstenort Kalabriens relativ schnell aus dem Boden gestampft worden ist, sondern sich seit Beginn des 19. Jh. allmählich entwickelt hat, verbreitet auch der meerzugewandte Teil der Stadt eine durchaus sympathische quirlig-mediterrane Atmosphäre. Allerdings ist der von grauen Betonwellenbrechern vor dem Meer geschützte Strand für Badefans nicht gerade eine Offenbarung.

• *Verbindungen* Zentrumsnaher **Bahnhof** an der Nord-Süd-Bahnlinie.

• *Information* **Municipio/Ufficio Turismo,** ✆ 0982/41785.

• *Übernachten/Essen* *** **Hotel Mediterraneo,** in einem hellen Mittelmeerpalazzo mit ansprechenden palmen- und oleandergeschmückten Gartenterrassen untergebrachtes Haus zwischen dem alten und neuen Stadtzentrum. Saubere, modern eingerichtete Zimmer, freundliche Atmosphäre und ein anerkannt gutes, auch externes Restaurant. DZ 57–73 €, EZ 31–47 €. Via Dogana 64, ✆ 0982/426364, ℻ 0982/426247, www.mediterraneohotel.net.

In der Umgebung von Amantea reihen sich entlang der SS 18 (manchmal direkt am Meer) einige meist recht große, komfortabel ausgestattete, aber auch anonym bis kühl gemanagte Hotel- und Apartmentanlagen auf; darunter:

*** **Casalbergo La Tonnara,** durch eine kleine Straße vom Strand getrennt. Moderne, in Blautönen gestylte Anlage mit Ferienapartments, Pool und riesigem, allseits empfohlenem (Fisch-)Restaurant. DZ 61–87 €, EZ 31–49 €. Lungomare Tonnara 13, ✆ 0982/424590, ℻ 0982/42381.

**** **Le Mandrelle,** direkt am Strand gelegener, allen Service bietender Hotelkomplex mit modern ausgestatteten, kleinen Ferienhäuschen oder Hotelzimmern im Zentralgebäude. DZ 357–684 €, Suite für 2 Personen 412–910 €, Ferienhäuschen für 2–4 Personen 459–1183 € pro Woche. Amantea, Campora San Giovanni, SS 18, ✆ 0982/46113 u. 0982/46136, ℻ 0982/46137, www.lemandrelle.it.

Im Sommer wird hier gegessen, getrunken und getanzt

Bar/Gelateria Sicoli, die freundlich geführte Bar unweit des Rathauses im Centro Storico erfreut Einheimische und Reisende schon seit 1937 mit ihren süßen und erfrischenden Eis- und Gebäckspezialitäten. Außergewöhnlich gut sind hier die ausschließlich mit Früchten und ohne künstliche Zusätze hergestellten Granite in den Geschmacksrichtungen Zitrone, Erdbeer und Melone. Corso Umberto I.

Pollino

Im Hinterland der cosentinischen Westküste erstreckt sich der kalabrische Teil des **Pollino-Nationalparks,** in dem sich dessen höchste Gipfel Monte Pollino (2248 m) und Serra Dolcedorme (2267 m) erheben und sich die Flüsse Lao, Argentino und Raganello ihren streckenweise von hohen Felswänden flankierten Weg zur tyrrhenischen bzw. ionischen Küste bahnen. Da Flora und Fauna der regionsübergreifenden Gebirgslandschaft bereits an anderer Stelle porträtiert worden sind (siehe S. 68), gilt das Augenmerk den besonders bemerkenswerten Orten unter den 32 kalabrischen Pollino-Gemeinden sowie dem Vorzeigestädtchen Altomonte am südöstlichen Rand des Nationalparks.

Papasidero

ca. 1.400 Einwohner

Touristen besuchen das kleine Dörfchen über den Ufern des Flusses Lao hauptsächlich wegen der "Grotta del Romito" mit ihren sensationellen Funden aus prähistorischer Zeit. Die liegt zwar auf dem Gemeindegebiet, ist jedoch durch eine kurvenreiche, etwa 15 km lange Landstraße vor der Kulisse der faszinierenden Bergwelt des Pollino vom Ortskern getrennt.

In dem kleinen Ort byzantinischen Ursprungs mit den Resten eines mittelalterlichen Kastells und der **Wallfahrtskirche Santuario di S. Maria di Costantinopoli** aus dem 14. Jh. mit ihren eindrucksvollen Fresken im byzantinischen Stil scheint wie in vielen Bergnestern Kalabriens die Zeit stehen geblieben zu sein. So empfiehlt sich eine kurze atmosphärische Ortserkundung, bevor oder nachdem man das obligatorische Besichtigungsobjekt Kalabrienreisender ansteuert.

Neben einer Höhlenzeichnung aus der Altsteinzeit, die einen urzeitlichen Ochsen darstellt und als eines der bemerkenswertesten Zeugnisse prähistorischer Kunst in Italien gilt, wurden in der **Grotta del Romito** bislang insgesamt sieben menschliche Skelette (das letzte im Herbst 2001) aus vorgeschichtlicher Zeit entdeckt. Die paarweise ineinander verschlungenen, weiblichen und männlichen Knochengerüste am Eingang der berühmten Grotte sind nur noch als Kopie zu bestaunen; die Originale werden zusammen mit einer Reproduktion des vor gut 11.000 Jahren in Stein geritzten Ochsen einige hundert Kilometer südlich im Nationalmuseum von Reggio Calabria aufbewahrt (siehe S. 208ff.). Detailliertere Auskünfte zur Bedeutung des prähistorischen Schauplatzes erteilen ein kleines Informationszentrum in unmittelbarer Nachbarschaft der Grotte und Antonietta Gerosimo, die dort auch eine kleine Trattoria betreibt.

Nicht nur in Papasidero wird Padre Pio verehrt

Stärker an den Monumenten moderner Baukunst und -technik Interessierten sei noch mitgeteilt, dass nahe der Grotte mit dem 145 m hohen und 1161 m langen "Viadotto Italia" eine der spektakulärsten Autobahnbrücken Europas das Tal des Flusses Lao überspannt.

- *Verbindungen* Von Papasidero **Busverbindungen** zur Küste und nach Cosenza; zur Grotta del Romito gelangt man nur mit dem eigenen Fahrzeug über die SS 504.
- *Öffnungszeiten der Grotte* Juni–September täglich 9–13 und 16–20 Uhr, Oktober–Mai 9–17 Uhr. Eintritt 2,60 €. Das **Besucherzentrum,** in das unlängst ein **Punto Parco** (Infos zum Nationalpark) integriert wurde, ist von Juni bis Sept. Mo–Sa, im Juli u. Aug. täglich 8–20 Uhr, sonst Mo–Fr 8–14 Uhr geöffnet.
- *Übernachten/Essen* **Grotta del Romito,** oben erwähnte Trattoria, in der man auf persönliche oder telefonische Anfrage solide Lokalküche serviert, Wanderinfos und -begleitung und auch einen Platz für ein Zelt bekommt. Via Romito 44, ✆ 0981/83138, 328/7616695, 328/0468213.

Laino Castello/Laino Borgo

ca. 1.000 bzw. 2.500 Einwohner

Die Doppelgemeinde liegt zwischen den Ausläufern des Pollino- und des Sirino-Massivs an der Regionsgrenze zur Basilikata. Der alte Ortskern von Laino Castello thront auf einem 400 m hohen Felsenrücken und besticht mit einem Aragonierkastell und den noch recht gut erhaltenen Teilstücken eines mittelalterlichen Mauergürtels. Laino Borgo ist gut 100 m darunter über den Ufern des Lao postiert und nicht zuletzt wegen seiner außergewöhnlichen Sportangebote ein attraktives Reiseziel. Von April bis Oktober kann man hier, ausgerüstet und fachkundig angeleitet vom ortsansässigen **Centro Canoa e Rafting,** eine Landschaftserkundung ganz besonderer Art unternehmen und entweder mit speziellen Booten oder per pedes die Flusslandschaften des Lao entdecken.

• *Anfahrt/Verbindungen* A 3, Ausfahrt Laino Borgo. **Busverbindungen** an die Westküste und nach Castrovillari und Cosenza.

• *Information* **Punto Parco di Laino Borgo** (im Museo Civico), Juli und Aug. 8–20 Uhr, sonst Mo–Fr 8–14 Uhr. Piazza Navarro 23.

Punto Parco di Laino Castello, Juli/Aug. Mo–Sa 8–19 Uhr, Ex-Casa Canonica, Centro Storico.

• *Sport/Wandern* **Canoa Club "Lao Pollino",** Contrada da Petroso, 87014 Laino Borgo (CS), ✆ 0981/85735 und 0981/85673, www.lacanoa.it, mail@lacanoa.it. Der Club vermittelt auf Wunsch auch Zimmer und Campingmöglichkeiten auf dem Vereinsgelände.

Wer lieber in die Berge als ins oder aufs Wasser geht, kann von Laino Castello und Borgo zu **Pollino-Wanderungen** starten, zumal dort ein offizieller Führer des Nationalparks Naturliebhabern mit Rat und Tat zur Seite steht. Er heißt Carmine Mario Tedesco und ist unter ✆ 0981/82858 und 347/3506963 bzw. den Punto Parco zu kontaktieren.

• *Übernachten/Essen und Trinken* *** **La Margherita,** freundliches, aber winziges modernes Hotel mit Garten, Bar und Verpflegung (7 Zimmer mit und ohne Bad) in der Nähe von Laino Borgo. DZ 53 €, EZ 42 €. Contrada S. Maria, ✆/℻ 0981/82695 u. 0981/85020.

*** **Chiar di Luna,** zum Hotel ausgebautes, großes, gut frequentiertes Ristorante am Waldesrand mit deftiger kalabrischer Landküche, leckeren Vorspeisen und hervorragenden hausgemachten Pastavariationen. DZ 60 €. Località Cappelle, ✆/℻ 0981/82550.

Orsomarso

ca. 1.700 Einwohner

Das verschlafene Nest ruht von hohen Felswänden flankiert im Flusstal des Argentino, der westlich des Ortes in den Lao mündet. Dort steht auf einem Felsvorsprung das byzantinische Kirchlein Santa Maria di Mércuri aus dem 11. Jh.

Es erinnert daran, dass auf dem heutigen Gemeindegebiet von Orsomarso schon vor dessen erster urkundlicher Erwähnung im 14. Jh. basilianische Mönche beteten. Möglicherweise taten sie das auch in der natürlichen Grotte am Rande des Dorfes, in der heute mit einer entsprechenden Marienstatue der Madonna von Lourdes gehuldigt wird. Von der Grotte führt eine steil ansteigende Straße in den historischen Ortskern mit der Hauptkirche S. Giovanni Battista, die im 17. Jh. auf den Resten eines mittelalterlichen Gotteshauses errichtet wurde und die recht stimmungsvolle zentrale Piazza dominiert.

• *Anreise/Verbindungen* SS 18, dann SS 504, auf der Höhe von S. Domenica Talao Abzweig nach Orsomarso oder Provinzstraßen ab Santa Maria del Cedro; **Busverbindungen** von und nach Scalea.

• *Übernachten/Essen* **Bonicose (Agriturismo),** die Eigentümerfamilie De Leo bietet östlich von Orsomarso im Argentinotal 8 Betten in drei Zimmern, verkauft Brot, Öl und Wurst, Gemüse und Obst und serviert solide Hausmannskost. DZ 40 €. Contrada Bonicose, ✆ 0985/29391.

Agriturismo I Cedri, etwas größerer Betrieb im selben Ortsteil, in dessen Nähe, wie der Name erahnen lässt, "cedri" kultiviert werden. Man logiert und diniert auf einem restaurierten Hof, wobei das hauseigene Restaurant auch externen Gästen zur Verfügung steht. Übernachtung/Frühstück 25–35 €. ✆/℻ 0985/29355, www.icedriagriturismo.it.

Castello di Mercuri, samstags und sonntags und von Juni bis September täglich wird in dieser Trattoria mit Ausblick auf das Lao-Tal lokaltypisch gekocht, gegrillt und abends Pizza gebacken. Dazu gibt es süffigen Wein und danach einen Cedro della Casa. Das Lokal liegt in der Nähe der erwähnten Kirche S. Maria di Mercuri im gleichnamigen Ortsteil an der Straße Richtung Santa Maria del Cedro. ✆ 0985/5728.

Argentino, in dieser Trattoria am Ende der Schotterstraße durchs Argentino-Tal wird von April bis Oktober aufgetischt, wobei abends um Reservierung gebeten wird. Contrada Povera Mosca, ✆ 0985/24278. In der Nähe beginnen markierte Wanderwege in die Umgebung.

Morano Calabro: eindrucksvolles städtebauliches Ensemble

Morano Calabro

ca. 5.000 Einwohner

Vor der Kulisse der schneebedeckten Gipfel des Monte Pollino und der Serra Dolcedorme schmiegen sich die Häuser von Morano Calabro in konzentrischen Kreisen um einen fast 700 m hohen kegelförmigen Hügel, auf dessen Spitze die Reste eines normannischen Kastells das imposante städtebauliche Ensemble krönen.

Das schon im 2. Jh. v. Chr. gegründete damalige "Muranum" ist jedoch nicht nur von außen betrachtet eine architektonische Augenweide. Der seit dem Mittelalter gewachsene Stadtkern ist in seiner Bausubstanz noch nahezu intakt und unverändert, sodass durch die Gassen und Gässchen und über die Treppen und Treppchen, die die eng übereinander geschichteten Häuserreihen voneinander trennen, noch heute der Hauch vergangener Jahrhunderte weht. Dass Morano Calabro darüber hinaus mit einigen besichtigungswürdigen Sakralbauten aufwarten kann, ist ein weiterer Grund, das ökonomisch durch Land- und Forstwirtschaft sowie lokales Handwerk geprägte Städtchen auf die Reiseroute zu setzen.

Der bedeutendste Sakralbau, die **Chiesa di S. Bernardino da Siena** nebst angeschlossenem Kloster, zieht direkt am Ortseingang die Aufmerksamkeit der Besucher auf sich (Juni–Okt. 9.30–12.30 und 16.30–20.30 Uhr). Sie wurde 1452 von Antonio Sanseverino, dem Prinzen von Bisignano, errichtet, im 17. Jh. baulich stark verändert, inzwischen aber in ihren Originalzustand zurückversetzt. Als ihr kunsthistorisch bemerkenswertester Einrichtungsgegenstand gilt der von Bartolomeo Vivarini 1477 geschaffene Flügelaltar, auf dessen Altarbild sich neben der Madonna mit Kind und dem erwachsenen Christus diverse Heilige, darunter der Namenspatron der Kirche, ein Stelldichein geben. Allerdings wird diese größte kunsthistorische Attraktion derzeit in der nahen **Collegiata della Maddalena** aufbewahrt, die als eine der prächtigsten Barockkirchen der Region gehandelt wird (9–13 und 16–20 Uhr).

Ferner sei hier noch die schlichte, nur wenige Meter unterhalb des aussichtsrächtigen Kastells gelegene **Chiesa S. Pietro und Paolo** erwähnt, in deren Nachbarschaft ein kleines naturhistorisches Museum namens **Il Nibbio** eröffnet worden ist. Der Alltagsgeschichte von Bauern und Hirten widmet sich das **Museo di Storia dell'Agricoltura e della Pastorizia,** das zum Recherchezeitpunkt unter der engagierten Regie der Kooperative "La Perla del Pollino" Gestalt annahm. Es präsentiert seine Exponate auf mehreren Etagen des Palazzo Salmena unweit der Porta S. Nicola und der gleichnamigen Kirche (15. Jh.) im ehemaligen Judenviertel Moranos (wg. Öffnungszeiten/Besichtigung bei der Kooperative nachfragen).

Bleibt zu betonen, dass sich Morano Calabro hervorragend als Ausgangspunkt für Exkursionen ins Pollino-Gebirge eignet, bei deren Organisation der örtliche Punto Parco und die rührigen Mitglieder der lokalen Kooperativen gern behilflich sind.

• *Anfahrt/Verbindungen* A 3, Ausfahrt Morano-Castrovillari; **Busverbindungen** nach Scalea, Castrovillari, Cosenza und an die ionische Küste.

• *Information* **Comune,** Piazza Maddalena, ✆ 0981/31021, www.comunemoranocalabro.it.

Cooperativa "La Perla del Pollino", Das vornehmlich weibliche Team ist während der o. g. Öffnungszeiten in der Chiesa di S. Bernardino anzutreffen und steht Besuchern mit Rat und Tat zur Seite (etwa geführten Stadtrundrundgängen, Ausflügen und Wanderungen). Die "Frontfrauen" Franca (spricht Deutsch) und Erminia sind auch telefonisch und online zu kontaktieren. ✆ 0981/30372, 0349/2130436, 340/6606620, www.perladelpollino.sitoit.com, dilorenzo.erminia@tiscalinet.it.

Gruppo Speleo del Pollino, kennen den Pollino wie ihre Westentasche und organisieren auch Wanderungen. Via Tufarello 2, ✆/℻ 0981/30738, g.filomia@tiscalinet.it.

Punto Parco, in einem Seitenflügel des Convento di S. Bernardino. Juni–Sept. 8–20 Uhr, sonst Mo–Fr 8–14 Uhr.

Associazione Guide Ufficiali Parco Nazionale del Pollino, Wanderführer. Località Campotenese, ✆ 0981/33998, guidepollino@libero.it.

Il Nibbio (Centro Studi Naturalistici del Pollino), diese Privatinitiative betreibt das o. g. naturkundliche Museum, dessen Besuch die Besichtigung alter Handwerksbetriebe in der Nachbarschaft integriert: Juni–Sept. 9.30–13 und 16–20.30 Uhr, sonst Di–So 10–13 und 15–18 Uhr. 2,60 €. Sie versteht sich aber auch als Centro Turistico. Vico II. Annunziata 11, ✆ 0981/30745, www.ilnibbio.it.

• *Übernachten/Essen und Trinken* **** **Villa San Domenico,** gepflegte Gastlichkeit und ein empfehlenswertes Restaurant in einem historischen Palazzo Nobile in einem Garten am Rande der Altstadt (in der Nähe der Chiesa di S. Bernardino). DZ 105 €, EZ 57 €. Via Sotto Gli Olmi, ✆/℻ 0981/30588, www.villasandomenico.it.

La Panoramica, eine von Christa Gretzmeier und ihrem kalabrischen Ehemann Rocco Aita geführte zitronengelbe Pension zum Wohlfühlen. Sie liegt mitten im Grünen und eröffnet einen Panoramablick auf die Altstadt von Morano. Ein Pool krönt die perfekte Gastfreundschaft der sympathischen Inhaber, die gute Betten, ein üppiges Frühstück, eine Gästeküche zur Selbstversorgung bereithalten. Roccos Bruder Carmelo Aita kann auch als Bergführer "gebucht" werden (✆ 0981/31774) und vermittelt außerdem eine Familienferienwohnung in der Altstadt. DZ 38 €, EZ 20 €. Contrada da Mangioppo (nahe der Autobahnausfahrt), ✆/℻ 0981/31043 und 340/0779910.

La Locanda del Parco (Agriturismo), 8 Zimmer, 2 Ferienwohnungen, Zelt- und Reitmöglichkeiten, ein Restaurant, das ein üppiges Essen serviert, und ein kleiner Pool. Etwa 5 km außerhalb des Ortes. Contrada Mazzicanino, ✆/℻ 0981/31304, www.lalocandadelparco.com.

** **Al Convento,** Hotel-Ristorante-Pizzeria mit guter Küche und Ausblick auf den Ort. DZ 40 €. Via N. De Cardona, ✆ 0981/31594.

Parcheggio Camper, am unteren Rand der Altstadt wurde neuerdings in der Nähe der Chiesa di S. Bernardino ein strom- und wasserversorgter Camper-Stellplatz eingerichtet.

La Cantina, bei Einheimischen und Gästen wegen seiner leckeren Lokalküche, der abendlichen Pizza und des angemessenen Preis-Leistungs-Verhältnisses beliebter, gemütlich-lebhafter Familienbetrieb im oberen Teil der Altstadt. Reservierung angeraten! Piazza Croce 21, ✆ 0981/31034 und 348/2632838. Mo Ruhetag.

L'Antico Borgo, hübsches Altstadtlokal, in dem der Fisch den kulinarischen Ton angibt. Via D. Cappelli, ✆ 0981/30002.

Pinki Pizza, Pizza ganz und in mundgerechten Stücken, Panini und Bier im neueren Teil der Stadt. Bei der Ortsjugend sehr beliebt. Via Nazionale, ✆ 347/7809562.

Antico Forno, Pizza und Focaccia frisch vom Blech und zum Mitnehmen (in der Altstadt). Via Vallone 32.

Cívita und Frascineto

ca. 1.300 bzw. 2.500 Einwohner

Wer sich für die Traditionen der albanischen Minderheit in Kalabrien interessiert, sollte die Dörfer Cívita und Frascineto besuchen, von denen das Erste zudem durch seine imposante Lage über der Raganello-Schlucht und das Zweite mit einem Qualitätswein namens "Pollino DOC" besticht.

In **Cívita** ist die Geschichte der Ende des 15. Jh. auf der Flucht vor den Türken nach Kalabrien zugewanderten Albaner (siehe Kasten, S. 151) präsenter als in den meisten anderen Gemeinden albanischen Ursprungs, weil deren Nachfahren hier stärker als anderswo nach alter Väter Sitte leben. In der wegen ihrer Ikonen sehenswerten **Chiesa S. Maria Assunta** folgen die Messen noch heute dem griechisch-byzantinischen Ritus, es erscheint eine Zeitschrift in albanischer Sprache, und im Restaurant Kamastra wird nach alten Rezepten gekocht. Am Dienstag nach Ostern tanzen Frauen und Männer in historischen Trachten die **"vallje"**, mit denen sie an das Jahr 1467 bzw. an eine siegreiche Schlacht Kastriota Skanderbegs gegen die Türken erinnern. Informationen über den Volkshelden, dessen farbenfrohes Abbild übrigens über eine Hauswand an der zentralen Piazza Municipio reitet, liefert auch das lokalgeschichtliche **Museo Etnico Albanese** (Piazza Municipio, Mo–Fr 9–13 und 16–20 Uhr). Die besondere Alltagskultur der überaus gastfreundlichen Bewohner des Ortes entfaltet sich vor und über der natürlichen Kulisse des Pollino-Gebirges und des wildromantischen Raganello-Tals, sodass Cívita auch das Wandererherz erfreut.

Das von Weinliebhabern wird in **Frascineto** höher schlagen, wo der oben erwähnte leichte Rotwein gekeltert und verkauft wird. Das örtliche **Museo del Costume Albanese** erzählt angesichts der Kleidung der historischen albanischen Einwanderer

Wilde Natur und albanische Kultur: Cívita

die Migrations- und Kulturgeschichte dieser Volksgruppe. Es ist zusammen mit einem Informationsbüro des Pollino-Nationalparks in einem Neubau am Fuße des Ortes untergebracht und wird von der Kooperative "Aquila Reale" betreut, die auch sonst auf vielfache Weise um das Touristenwohl bemüht ist.

• *Anreise/Verbindungen* A 3, Ausfahrt Frascineto-Castrovillari; **Busverbindungen** nach Castrovillari, Cosenza und Sibari (nächster Bahnhof).

• *Information* **Punto Parco Cívita,** der Gemeindeverwaltung zugeordnet, Mai–Sept. 8–20 Uhr, Okt.–April Mo–Fr 8–14 Uhr. Cívita, Piazza Municipio 34, ✆ 0981/73012.

Acalandros Tour, unter diesem Label organisiert der autorisierte Bergführer des Nationalparks Emanuele Pisarra von Cívita aus (Jeep-)Wanderungen ins Gebirge. Cívita, Via Gennaro Placco 12, ✆ 0981/73043 und 333873829, www.acalandrostour.it.

APT Frascineto, von Norden kommend, kurz vor der o. g. Ausfahrt neben einer Tankstelle. Mo–Fr 8–20, im Sommer auch Sa/So 7.30–13.30 Uhr.

Cooperativa Aquila Reale, die Kooperative unterhält ein Ladenlokal, in dem gedrucktes Informations- und -kartenmaterial sowie lokale Produkte, darunter auch der lokale Wein, erhältlich sind. In der Regel trifft man dort auf Carmela Aversa, die gut Deutsch spricht und auch für die Organisation von (Museums-)Führungen, Ausflügen etc. verantwortlich ist. Frascineto, Via della Liberazione (100 m hinter der A3-Ausfahrt Frascineto-Castrovillari), ✆/📠 0981/32549, www.aquila-reale.cjb.net.

Punto Parco Frascineto, Infos über Pollino-Exkursionen, die aber auch direkt bei dem autorisierten örtlichen Bergführer Domenico Gioia "gebucht" werden können (✆ 0981/32764 und 347/6550784).

• *Einkaufen* Den guten **Pollino-DOC** gibt es in Frascineto bei folgenden Adressen: Oleoteca Skanderbeg, Via Arcuri 24, ✆ 0981/28927; Vitivinicola Miraglia Basilio, Via Corvo 11, ✆ 0981/28927; Vitivinicola Bellusci Vincenzo, Contrada S. Leonardo, ✆ 0981/32296.

• *Übernachten/Essen* **Nido d'Aquila,** kleine, schlichte Pension im Ortszentrum von Cívita. DZ 32 €. Corso Cavalotti 21 b, ✆/📠 0981/173316.

Ostello della gioventù, der von außen betrachtet eher abschreckende Neubau gewinnt durch seine schöne Lage über der Raganello-Schlucht, mit der er durch einen Treppenweg verbunden ist. Die Herberge bietet Bar und Restaurant und funktionale 2- bis 4-Bett-Zimmer, die von Gästen jeden Alters belegt werden können. Contrada Laxa, ✆ 0981/73089 und 339/5297588, www.ostello-albergopollino.com (Cívita).

Private Ferienwohnungen, die Frau von Franceso Perone, Betreiber eines kleinen "alimentari" an der Piazza Municipio 16, vermietet Unterkünfte für 1–6 Personen, die jeweils 15 € für die Übernachtung zahlen. Entweder Signora Maria Tarantino anrufen (✆ 0981/73097) oder im Lebensmittelladen nachfragen (Cívita).

Kamastra, o. g. Traditionslokal im historischen Ambiente einer alten Wollspinnerei, in dem albanische Pasta- und Fleischspezialitäten (z. B. Zicklein) und dazu der leichte Rote aus Frascineto serviert werden. Piazza Municipio 3/6, ✆ 0981/73387. Mi Ruhetag (Cívita).

L'Antico Ulivo, die hoch gelobte kulinarische Hauptattraktion ist hier die hausgemachte Pasta mit Zicklein, die man bei schönem Wetter im Garten genießen kann. Corso Umberto I, ✆ 0981/73333 (Cívita).

** **Scanderbeg,** schlichte Unterkunft (DZ 52 €, EZ 35 €) in Frascineto, der ein überörtlich bekanntes und wegen der Offenbarungen aus Küche und Keller gelobtes Restaurant angeschlossen ist. Via Arcuri 13, ✆ 0981/32682.

Castrovillari

ca. 23.000 Einwohner

Die geschäftige Landwirtschafts- und Handelsstadt liegt inmitten einer von Weinstöcken, Orangen- und Olivenhainen überzogenen sanft-hügeligen Landschaft am Fuße des Pollino-Massivs.

Castrovillari besteht aus einer seit dem 18. Jh. kontinuierlich gewachsenen Neustadt in der Ebene und dem höher gelegenen, als "Civita" bezeichneten historischen Ortskern, über dem auf einem Hügel die 1090 errichtete, 1363 rekonstruierte und 1769 barockisierte Wallfahrtskirche **Santa Maria del Castello** wacht. Sie gehört neben der **Chiesa San Giuliano,** einer ehemaligen mittelalterlichen Synagoge im historischen Judenviertel der Altstadt (Giudeca), und dem 1220 gegründeten, im 16. und 18. Jh. um- und ausgebauten **Protoconvento di Francesco d'Assisi** zu den bedeutendsten Sakralbauten Castrovillaris. Der auffälligste Profanbau ist das um 1490 von Ferdinand von Aragon in Auftrag gegebene **Castello Aragonese.** Das raumfordernde, rechteckige, von vier zylindrischen Wachtürmen eingefasste und einem Graben umrandete Schloss ist nur wenige Gehminuten vom Corso Garibaldi entfernt, der sich vom Palazzo Cappelli (19. Jh.) am Largo Cavour am Rande der Alt- durch die Neustadt zieht. Der durchaus urban anmutende, schnurgerade Boulevard, an dem sich auch der Palazzo Gallo mit dem **Museo Civico** befindet, wird von Büros, Bars und Geschäften gesäumt und ist besonders während des vormittäglichen Gemüsemarkts von quirligem Leben erfüllt. Das Museo Civico dokumentiert die Lokalgeschichte von der Prähistorie bis zum Mittelalter und integriert die Pinakothek Andrea Alfano (Ecke Piazza V. Emanuele II, Mo, Mi, Fr 9–13 Uhr, Di/Do 9–13 u. 15.30–18 Uhr, ✆ 0981/25249). Diejenigen, denen die Urlaubsliebe hauptsächlich durch den Magen geht, sollten schließlich noch wissen, dass sich die Weinstadt Castrovillari mit der **Locanda di Alia** eines der besten, auf jeden Fall aber des berühmtesten Restaurants Kalabriens rühmt.

Stimmungsvoll: die Altstadt von Castrovillari

• *Anfahrt/Verbindungen* A 3, Ausfahrt Fracineto-Castrovillari; **Busverbindungen** nach Cosenza, Morano, Laino Borgo, Altomonte, Sibari.

• *Information* **IAT und Pro Loco,** Mo–Fr 10–12 und 16–18 Uhr. Corso Garibaldi 160, ✆ 0981/209595, 0981/27750, www.prolococastrovillari.it.

• *Einkaufen* Castrovillari ist eine der kalabrischen Weinstädte, die sich mit dem "Pollino-DOC" einen Namen gemacht haben, sodass es hier vielerorts Wein zu kaufen gibt. Direkt vom Erzeuger erhält man den **lokalen Wein** z. B. bei Cantina Sociale del vino del Pollino s.r.l., Contrada Ferrocinto, ✆ 0981/38035.

• *Übernachten/Essen* *** **Jolì,** vor zwei Jahren frisch aufgemöbeltes, komfortables 74-Betten-Haus, dessen Restaurant einen guten Ruf genießt. DZ 110 €, EZ 70 €. Corso Garibaldi 93, ✆ 0981/21122, 0981/21123, ℻ 0981/28653.

**** **La Locanda di Alia,** dem o.g. **Luxusrestaurant** unter der Leitung der Gebrüder Gaetano und Pinuccio Alia ist ein ebensolches Hotel in (modernes Design, Garten und Pool) angeschlossen. (DZ 85–120 €, EZ 70–90 €). Kulinarisches Profil des Hauses ist eine auf moderne Bedürfnisse zugeschnittene, kreativ abgewandelte kalabrische Traditionsküche, zu der eine große Auswahl erlesener Weine angeboten wird. (Menü 50 €). Via Jetticelle 55, ✆ 0981/46370. So Ruhetag. 10.–20. Aug. und 24.12.–2.1. geschlossen.

** **Tarsia,** einfaches kleines Hotel in einer Seitenstraße des Corso Garibaldi. DZ 42 €, EZ 26 € (ohne Frühstück). Via S. Giovanni Vecchio 21, ✆ u. ℻ 0981/489327, www.albergotarsia.it.

La Torre Infame, lokaltypisch bekochte Osteria in der Nähe des Kastells, abends auch Pizza. Largo Castello 16, ✆ 0981/26455. Mo Ruhetag.

Von nah und fern sympathisch: Vorzeigestädtchen Altomonte

Altomonte

ca. 5.000 Einwohner

Der pittoresk auf einer Anhöhe gelegene, fachgerecht restaurierte, gepflegte und kulturell ambitionierte mittelalterliche Ort ist eines der Schmuckstücke unter den kalabrischen Kleinstädten und rangiert sozusagen als "Gesamtkunstwerk" ganz oben auf der Liste der regionalen Sehenswürdigkeiten.

Es heißt, dass dies in erster Linie seinem damaligen und 2000 erneut gewählten Bürgermeister Costantino Belluscio zu verdanken sei, der die kleine, bis dato unbekannte Gemeinde vor etwa einem Vierteljahrhundert aus ihrem Dornröschenschlaf erweckt und ihr sogar zu einem eigenen Autobahnanschluss verholfen hat.

Im ursprünglich arabischen "Brahalla" (1065), das erst 1352 in Altomonte umbenannt wurde, erhebt sich mit der imposanten, unter der Bauherrenschaft von Filippo Sangineto im gotischen Stil errichteten und 1380 fertig gestellten **Kirche Santa Maria della Consolazione** eines der wenigen Baudenkmäler aus der Machtperiode der Anjou. Das insgesamt schlicht gehaltene Gotteshaus mit seiner auffälligen Fensterrosette erfuhr in den folgenden Jahren unter der Ägide derer von Sanseverino eine Erweiterung und wurde 1443 dominikanischen Mönchen überantwortet. Die schlossen ihm ein Kloster an, das fortan so viel Anerkennung genoss, dass es im Verlauf des 16. Jh. um eine Etage aufgestockt werden musste. Weil sich dort zwischen 1588 und 1589 auch Tommaso Campanella (siehe Kasten, S. 241) aufgehalten hat, trägt der Vorplatz von Kirche und Kloster den Namen des berühmtesten kalabrischen Philosophen. Im zwischen dem 16. und 18. Jh. erneut veränderten Innern der durch ein Hauptschiff mit abzweigenden Seitenkapellen strukturierten Kirche verblieben ein Fresko der Madonna und die in einem Sarkophag des toskanischen Bildhauers Tino da Camaino aufbewahrten sterblichen Überreste Filippo von Sanginetos und seiner beiden Söhne.

Die zahlreichen anderen Kunstschätze, die die Kirche einst schmückten, sind inzwischen im benachbarten Kloster zu bewundern, in dem 1980 das unlängst um eine weitere Ausstellungsetage vergrößerte **Museo Civico di Santa Maria della Consolazione** eröffnet worden ist (Okt.–März 10–13 und 16–19 Uhr, April–Sept. 9–13 und 15–20 Uhr, Eintritt 3 €, ✆ 0981/948041). Unter den vielen wertvollen Exponaten des innenarchitektonisch ansprechend gestalteten Museums befinden sich z. B. Werke des toskanischen Malers Daddi, eines Schülers des berühmten Giotto, und das wegen der eigenartigen Darstellung des Jesuskindes einprägsame Gemälde "Madonna delle Pere", das Paolo Ciaci zugeschrieben wird.

Zeitgenössische Kunst von Franco Azzinari (www.azzinari.it) wird in der **Torre Pallotta,** einem im Laufe der Jahrhunderte mehrfach umgebauten, ursprünglich normannischen Turm, präsentiert, von dem man eine herrliche Aussicht auf Stadt und Umgebung genießt (9–13 und 16–20 Uhr, Via G. Palladino). Von kunstgeschichtlichem Besichtigungsinteresse sind ferner die **Kirchen S. Francesco di Paola** und **S. Giacomo** sowie das zu einem gediegenen Luxushotel umfunktionierte **Castello del Principe,** von aktuellem kulturellen Erlebniswert der seit 1988 ausgerichtete sommerliche Tanz-, Musik- und Theaterevent **Festival Mediterraneo Dei Due Mari.** Das Festival wird im August in einem eigens dafür erbauten modernen Amphitheater am Rande des Zentrums veranstaltet, in dessen Mauern auch regelmäßig Kunstausstellungen und -wettbewerbe stattfinden.

• *Verbindungen* A 3, Ausfahrt Altomonte; **Busverbindungen** nach Cosenza, Castrovillari und Sibari (Bahnhof).

• *Information* **IAT,** Mai–Sept. 10–13 u. 16–19 Uhr. Piazza Campanella 13, ✆ 0981/948216.

Assessorato al Turismo del Comune di Altomonte, Mo–Fr 8–13, Mo/Mi auch 15–18 Uhr. Largo della Solidarietà 1, ✆ 0981/948041, www.comune.altomonte.c.it.

• *Übernachten/Essen* ***** **Il Castello di Altomonte,** wer sich einmal etwas Besonderes leisten möchte, dem sei dieses Hotel im hochherrschaftlichen Ambiente in dem über dem Ort thronenden Kastell des Grafen von Altomonte empfohlen. Man logiert in luxuriös mit alten Möbeln ausgestatteten Zimmern (insgesamt derzeit 11) und speist in einem eindrucksvollen Salon. DZ 110 €, EZ 75 €. Piazza Castello 6, ✆ 0981/948933, 📠 0981/948937, www.altomonte.it.

*** **Hotel Barbieri,** von der großen Aussichts- und Restaurantterrasse des im neuen Teil der Stadt befindlichen Hotels genießt man einen schönen Blick auf das gegenüberliegende mittelalterliche Altomonte. Es gibt einen Pool und einen Tennisplatz, die Zimmer sind modern und zweckmäßig eingerichtet. DZ 90–105 €, EZ 60 €. Der Inhaber des Barbieri vermietet unter dem Geschäftsnamen **Casa Barbieri** außerdem 12 komfortable Apartments in der Altstadt (ca. 65 € pro Person).

In der Umgebung von Altomonte ist das Barbieri weniger als Hotel, sondern vielmehr als hervorragendes **Restaurant** mit variationsreicher kalabrischer Küche bekannt. Die Spezialität des Hauses, das seine Menüs mit 25 (!) verschiedenen Antipasti einleitet, sind Pilzgerichte. Via S. Nicola 30, ✆ 0981/948072, 📠 0981/948073, www.casabarbieri.it.

La Quercia (Agriturismo), kleiner Betrieb mit 3 Zimmern und 12 Betten, 5 km außerhalb von Altomonte gelegen. Zwischen Mai und Oktober werden Zimmer vermietet und besteht die Möglichkeit, ein Zelt aufzustellen. DZ 40 €. Maiolino Giovanni, Contrada Boscari, ✆ 0981/946232, www.agrilaquercia.it.

La Tartaruga (Agriturismo), exponiert postierter großer Bauernhof mit Kühen, Schweinen und Pferden. Er ist 10 km vom Ort entfernt, vermietet werden Zimmer und Apartments, außerdem gibt's ein Restaurant. DZ 40 €. Contrada Montino, ✆/📠 0981/946439.

Il Ristoro del Principe, in einem stattlichen alten Palazzo stilvoll eingerichtetes Restaurant unweit der Kathedrale. Serviert werden lokale Spezialitäten. Empfehlenswert. Piazza Campanella 5, ✆ 0981/948743. Mo Ruhetag.

Gran Caffè Città del Sole, hübsches, nach dem Hauptwerk Tommaso Campanellas benanntes Café, das sehr guten Kaffee in schöner Lage mit Blick auf Kirche und Kloster offeriert. Piazza Campanella 19.

Überwiegend badefreundlich: die Strände am Alto Jonio

Ionische Küste (Alto Jonio)

In gebührlichem Abstand zu den Gipfeln des Pollino-Massivs und den Ausläufern der üppig bewaldeten Gebirgslandschaft der Sila öffnet sich die Provinz Cosenza mit weiten, von Zitrusfruchtkulturen und Olivenhainen überzogenen Ebenen zum Ionischen Meer.

Die cosentinische Ostküste oder **Costa dei Saraceni** (Sarazenenküste) wird von mal steinigen, mal feinsandigen Stränden gesäumt. Im Vergleich zu denen der Westküste sind die Strände ganz im Norden jedoch weniger einladend, weil die Küstenquartiere der mehrheitlich zweigeteilten Orte städtebaulich oft eher abschreckend sind und Autos und Züge bisweilen unmittelbar am Meer entlangrauschen. Dass die Gemeinden jeweils über einen neueren meer- und einen älteren landzugewandten Siedlungskern verfügen, hat damit zu tun, dass sich die Bewohner der ionischen Küste in den vorausgegangenen Jahrhunderten aufgrund der Bedrohung durch die Sarazenen und der in den Küstenebenen wütenden Malaria ins Landesinnere zurückgezogen hatten und erst seit Beginn des 20. Jh. allmählich wieder ans Meer zurückkehrten. Dennoch gibt es viele Gründe dafür, an der Sarazenenküste Station zu machen:

In **Rocca Imperiale** ist eine unter Friedrich II. erbaute mächtige Stauferfestung aus dem 13. Jh. in Augenschein zu nehmen, deren Einfriedungen, Gräben und zinnengekrönte Türme noch im Originalzustand erhalten sind.

Während diese Festung vom landeinwärts gelegenen alten Siedlungskern über die Küste wacht, ragt das nicht minder Respekt einflößende Kastell von **Roseto Capo Spulico** direkt ins Meer. Es gilt als eines der besterhaltenen Beispiele militärischer Architektur in Italien und nahm seine jetzige Gestalt im 16. Jh. an, wobei seine noch nicht erschöpfend erforschte Baugeschichte vermutlich bis in normannische Zeit zurückreicht.

Auch **Amendolara** wartet mit den Resten eines mittelalterlichen Kastells auf, wuchert aber vor allem mit seiner antiken Vergangenheit, die durch einige Ausgrabungen aus römischer Zeit (an der Küstenstraße) und im örtlichen Museo Archeologico (9–20 Uhr, Piazza Giovanni XIII, ✆ 0981/911329) dokumentiert ist.

Trebisacce ist von siedlungshistorischer Bedeutung, weil es sich als erste Gemeinde wieder zum Meer hin ausdehnte, und bietet durchaus badetaugliche, feinsandige Strände, von denen man allerdings den vorbeifahrenden Zügen hinterher winken kann.

Kilometerlange, breite, in der Hochsaison von Sonnenschirmkolonien und Tretbootflotten kolorierte Sandstrände sind auch das Plus von **Villapiana,** einem architektonisch unspektakulären Örtchen, dessen quirliges Küstenquartier über eine gut ausgebaute badetouristische Infrastruktur verfügt.

Hauptattraktion von **Corigliano** ist sein im 15. Jh. auf den Resten einer älteren Anlage aus dem 11./12. Jh. aufgebautes Schloss, das bis zum Ende des 19. Jh. mehrmals den Besitzer wechselte und dessen prächtige Säle seit 2003 auch von innen zu besichtigen sind (Di–So 9–13 u. 16–19 Uhr, im Winter 15–18 Uhr, Eintritt 5 €, Piazza Compagna 1, www.museocastellodicorigliano.it). Es dominiert das architektonisch durchaus imposante, jedoch "blutleere" Centro Storico der ebenfalls zweigeteilten Stadt, deren gesellschaftliches Leben sich vornehmlich in ihrem geschäftigen Küstenstadtteil Schiavonea abspielt.

Von Norden kommend, liegt Corigliano auf halbem Wege zwischen **Sibari** und **Rossano**, die wegen ihrer großen antiken bzw. byzantinischen Vergangenheit zu den kulturgeschichtlich spektakulärsten Reisezielen Kalabriens zählen und deswegen unten auch ausführlicher behandelt werden.

• *Anfahrt/Verbindungen* Die o. g. Orte sind allesamt über die SS 106 anzufahren und liegen an der **Bahnstrecke** Taranto–Catanzaro, wobei von Sibari zudem Züge über Cosenza nach Paola an der Westküste fahren. Sie unterhalten **Busverbindungen** zu den jeweils benachbarten Küstenorten, nach Cosenza, ins Pollino-Gebirge und in die Sila. Villapiana hat zwei Bahnhöfe, Villapiana-Lido und etwas südlich Villapiana-Torre Cerchiara.

• *Übernachten/Essen* ** **Parnaso,** Leserin Edith Schlaich hat sich hier sehr wohl gefühlt. Sie schwärmt vom "rührenden Wirt" und der "hervorragend kochenden Tochter". DZ 32–40 €, EZ 25–30 €. Trebisacce, Via A. Longo 3, ✆ 0981/51197.

La Botthega degli Antichi Sapori, nomen est omen: hier kommen traditionelle Speisen auf den Tisch, von denen viele – z. B. die Pastagerichte – mit hausgemachten Zutaten zubereitet werden. Trebisacce, Viale della Libertà 370, ✆ 0981/58506. Mi Ruhetag, Ende September meist Betriebsferien.

** **La Pineta,** sehr schönes, atmosphärisch angenehmes Familienhotel mit einer Dependance an der Via Lungomare 17 (**La Pineta 2**) mit freundlichen, pinienbeschatteten und blumengeschmückten Außenanlagen, an einem kleinen Platz nur 50 m vom Strand entfernt gelegen. Es ist auch hinsichtlich seiner auch für Nicht-Hotelgäste zu goutierenden Küche zu empfehlen. Die ist vornehmlich fischorientiert, wird von der ebenso sympathischen wie kulinarisch versierten Inhaberin Venia Maritata geleitet und in einem gepflegten Ambiente serviert. DZ 40–45 €. Piazza Giovanni XXIII, Villapiana Lido, ✆ 0981/56002 u. 0981/56107. Mai–Sept. geöffnet.

Torre di Albidona (Agriturismo), 2 km vom Meer entferntes Anwesen mit Pool zwischen Amendolara und Trebisacce mit 10 zu Ferienwohnungen umgebauten Landhäuschen. Man kann sich lokaltypisch bekochen lassen oder die hofeigenen Produkte selbst verarbeiten. Trebisacce, Contrada Piana della Torre, Ü/F 25 € pro Person. ✆/℻ 0981/507944, www.torredialbidona.it. Im Dezember geschlossen.

La Lista (Agriturismo), hier kann man von Mai bis Sept. in einer alten Gutsbesitzervilla oder in umgebauten kleinen Landhäuschen inmitten von Olivenhainen und in 500 m Entfernung vom Strand logieren. Es werden Bootsausflüge mit Fischern und Tauchkurse vermittelt, und es gibt einen Fahrradverleih. Im Juli und Aug. Mindestaufenthalt von einer Woche, außerdem in dieser Zeit

Restaurantbetrieb. DZ 80–100 €. Zweibetthäuschen in der Vor- und Nachsaison 240 € pro Woche. Marina di Amendolara, Contrada Lista, ✆/℻ 0981/915445, www.lalista.it.

Masseria Brica Rossa (Agriturismo), zu Feriendomizilen umgewandelte Hofanlagen nördlich von Corigliano, mit Restaurant und Pool. Jan. und Feb. geschlossen. DZ 55 €. Contrada Salice Bricarossa, ✆/℻ 0983/851000, www.bricarossa.com.

Camping/Villaggio Turistico Il Plingo, etwas nördlich von Villapiana Lido unter Pinien an einem für die Gegend ausnahmsweise mit Kies bedeckten Strand an "tiefen Wassern". Stellplätze, Bungalows, Restaurant-Pizzeria. Contrada Pantano, ✆ 0981/56452.

In **Corigliano** bzw. seinen Küstenquartieren stehen gleich vier **Villaggi-Turistici** (Campingplätze) zur Auswahl, darunter:

Onda Azzurra, nördlich von Schiavonea, direkt am Strand, mit Stellplätzen und kleinen Ferienhäuschen, Sport- und Kinderspielplätzen, Bar, Restaurant und Lebensmittelladen. Rund ums Jahr geöffnet. Contrada Foggia (an der alten SS 106), ✆/℻ 0983/851157, www.onda-azzura.it.

Il Salice, wie der o. g. ebenfalls direkt am Strand und ganzjährig geöffnet. Bungalows und Stellplätze unter Bäumen. Contrada Ricota Grande, ✆ 0983/851169, ℻ 0983/851147, www.salicevacanze.it.

Sibari

ca. 2.000 Einwohner

Die Faszination von Sibari liegt in seiner bedeutenden Vergangenheit, deren Zeugnisse auf dem von Archäologen immer noch kräftig "beackerten" Ausgrabungsgelände bis dato nur teilweise ans Licht befördert worden sind. Der aktuelle, verwaltungstechnisch zu Cassano allo Ionio gerechnete Ort besteht dagegen lediglich aus einigen Häusern in Bahnhofsnähe.

Dank recht umfangreichen und detaillierten historischen Quellenmaterials weiß man, dass auf dem fruchtbaren Boden der heute intensiv landwirtschaftlich genutzten Ebene von Sibari (Piana di Sibari) zwischen 730 und 720 v. Chr. eine Stadt namens **Sybaris** gegründet wurde, die später 100.000 Einwohner zählen sollte (auf einer Fläche von 510 ha) und damit zur größten der Magna Graecia wurde. Ihre machtpolitische Blüte erlebte sie seit der Zerstörung von Siris im Jahre 530 v. Chr., indem sie ihren Herrschaftsbereich bis zur tyrrhenischen Küste und ihre regen Handelsbeziehungen bis nach Kleinasien ausdehnte. Die Bürger der Stadt pflegten einen so opulenten und luxuriösen Lebensstil, dass der Begriff "sybaritisch" als Synonym für "genusssüchtig" in den europäischen Sprachgebrauch einging.

Macht, Wohlstand und Dolce Vita sollten jedoch nur bis zum Jahre 510 v. Chr. währen, als das seinerzeit durch innenpolitische Querelen geschwächte Sybaris von den Krotonen zerstört wurde, und die Überlebenden in andere griechische Kolonien auf süditalienischem Territorium, z. B. nach Laos, flüchteten. Nachdem diverse vorangegangene Versuche am Widerstand der Krotonen gescheitert waren, gelang 444 v. Chr. mit Unterstützung von so berühmten historischen Persönlichkeiten wie Perikles, Herodot und Hippodamus von Milet die Neugründung der Stadt, die fortan unter dem Namen **Thourioi** firmierte.

Nachdem die neue Stadt im Jahre 389 v. Chr. in Auseinandersetzungen mit Laos eine herbe Niederlage erlitten hatte und einige Jahre später (344 und 302–301 v. Chr.) wiederholt von Lukaniern und Bruttiern bedroht worden war, bat sie um den Beistand Roms, an dessen Seite sie gegen Pyrros und Hannibal kämpfte. Im Jahre 194 v. Chr. wurde sie unter dem Namen **Copia** zur römischen Kolonie. Copia wiederum, das in Anlehnung an den antiken Namen auch "Thurii" oder "Thurium" genannt wurde, existierte bis zum 4. Jh. n. Chr., als eine zunehmende Versumpfung der Landschaft und eine damit einhergehende Malariaplage seine Bewohner zum Verlassen ihrer Heimat zwang.

Dass Sibari in der Antike nachgewiesenermaßen eine so zentrale politische und kulturelle Rolle spielte und dies seinen Besuchern noch heute sinnfällig dokumentiert, mag dazu beigetragen haben, dass sich hier eine gut ausgebaute touristische Infrastruktur herausgebildet hat. Hauptgründe sind aber wohl seine von Pinienwäldern abgeschirmten, breiten, langen und größtenteils sehr gepflegten Sandstrände sowie der Umstand, dass unweit des Ausgrabungsgeländes einer der wenigen nennenswerten Touristenhäfen im südlichen Mezzogiorno errichtet worden ist. Die Anlage firmiert unter dem Namen **Villaggio Laghi Sibari,** ist architektonisch recht geschmackvoll gehalten und erinnert ein wenig an holländische Segelhäfen.

Sibari: Hier lebten die alten Griechen in Saus und Braus

• *Verbindungen* Der **Bahnhof** liegt in dem unscheinbaren neuen Ortskern von Sibari nördlich des Ausgrabungsgeländes.

• *Übernachten* *** **Hotel Oleandro,** direkt am Wasser gelegenes, sehr schönes, modernes und gepflegtes Hotel (mit Restaurant) im Touristenhafen. DZ 68 €, EZ 50 €. Via Laghi di Sibari, ✆ 0981/79141-2, ℻ 0981/79200.

*** **Bagamoyo,** recht großes (über 200 Zimmer), modernes Hotel mit Pool, Tennisplatz und Garten an der Costa Ristoro nördlich des Ausgrabungsgeländes. DZ 90–150 €. Contrada Bruscate, ✆ 0981/784253, ℻ 0981/784447.

Feriensiedlungen und Campingplätze mit Bungalows liegen an den durchaus schönen, von Pinienwäldern gesäumten Stränden nördlich des Ortes. Zu erreichen sind sie von der alten N 106, die parallel zur großen Küstenpiste SS 106 verläuft. Eine Auswahl:

*** **Sibari Residence,** etwas kleinere Anlage mit Ferienwohnungen in dreistöckigen Neubauten. Contrada Salicetta, ✆ 0981/784221.

*** **Camping Villaggio Pineta di Sibari,** sehr schöner, auch vom ADAC empfohlener Platz unter Bäumen direkt am Meer. Stellplätze und kleine, einfache Bungalows. Località Fuscolara, ✆/℻ 0981/74135, im Winter ✆/℻ 06/6580269, www.pinetadisibari.it.

*** **Camping Mille Pini,** an einem sehr schönen Strand unter Pinien untergebrachter Camping mit Bungalows. Außerdem Bar, Restaurant, Geschäfte, Disko etc. Contrada Bruscate, ✆/℻ 0981/784006, im Winter ✆/℻ 0981/21288.

Archäologische Ausgrabungen

Von der Küstenpiste SS 106 bequem zu erreichen und nicht zu übersehen, erstreckt sich rechts und links der Straße das in die Grabungszonen Stombio, Casa Bianca und Parco del Cavallo unterteilte archäologische Gelände, auf dem die bis dato zu Tage geförderten Reste der drei alten Städte zu bewundern sind. Aufgrund der immer noch auf Hochtouren laufenden archäologischen Aktivitäten sind manche Teilbereiche für den Publikumsverkehr gesperrt bzw. nur nach Voranmeldung zu besichtigen. Frei zugänglich ist der **Parco del Cavallo,** der am längsten (seit 1932) und besten erforschte Abschnitt des gesamten Geländes. Ausgegraben wurden hier vornehmlich die Gebäude der römischen Stadt Copia, darunter ein Theater, Thermalbäder und die Reste einer Reihe von Wohnhäusern und Tempeln mit teilweise recht gut erhaltenen Fußbodenmosaiken. An einigen Stellen, etwa beim römischen Theater oder im Bereich der Wohnhäuser, enthüllen sich aber auch Spuren anderer Besiedlungsphasen, denn in tieferen Schichten wurden – ebenso wie auf den Grabungsfeldern Casa Bianca und Stombio – Reste von Thourioi und Sybaris entdeckt. Das Ausgrabungsgelände ist täglich von 9 bis eine Stunde vor Sonnenuntergang geöffnet, der Eintritt ist frei.

Museo Archeologico Nazionale della Sibaritide: In dem 1996 im Nordosten des Ausgrabungsgeländes eröffneten Museum werden Objekte aus allen drei Städten präsentiert, die einen Eindruck vom Alltagsleben und Lebensstandard der früheren Bewohner von Sibari vermitteln. Darunter sind u. a. architektonische Fragmente vom Grabungsgelände, Keramikbehälter, Statuen, vergoldete Brustschilder und andere Schmuckgegenstände aus der Zeit vom 8.–1. Jh. v. Chr. Darüber hinaus werden im Kontext der noch im Aufbau befindlichen Dauerausstellung des Museums archäologische Fundstücke vom Territorium anderer kalabrischer Gemeinden, etwa Trebisacce und Francavilla Marittima, ausgestellt und Wechselausstellungen zu bestimmten thematischen Schwerpunkten gezeigt.

⌚ Das Museum ist täglich von 9 bis 18.30 Uhr geöffnet. Via Casoni, ✆ 0981/79391, Eintritt 2 €.

Rossano

ca. 34.000 Einwohner

Das "Ravenna des Südens" und einstige Zentrum des byzantinischen Kalabrien empfiehlt sich mit einem architektonisch und atmosphärisch eindrucksvollen alten Ortskern inmitten olivenbaumgetupfter Hügel, einer geschäftigen, baulich gesichtslosen Neustadt und einer im Sommer fröhlich belebten Strandpromenade namens Lido Sant'Angelo.

Die geschichtsträchtige Gemeinde geht aller Wahrscheinlichkeit nach auf eine römische Gründung um das Jahr 194 v. Chr. zurück. Später zeigte sie sich aufgrund ihrer günstigen geographischen Lage nicht nur gegen die Angriffe von Goten und Langobarden resistent, sondern blieb auch als einzige Stadt Kalabriens von der Heimsuchung durch die Sarazenen verschont. Ihre große "historische Stunde" hatte sie in der Zeit vom 6. bis zum 11. Jh.: Nicht zuletzt infolge der massenhaften und kontinuierlichen Zuwanderung orientalischer Mönche, die vor Persern und Arabern auf seinem Territorium Zuflucht suchten und hier basilianische Klostergründungen forcierten, avancierte Rossano zum militärischen, politisch-administrativen und religiös-kulturellen nördlichen Mittelpunkt des byzantinischen Kalabrien.

Die architektonischen Monumente und Kunstschätze dieser Phase der Stadtentwicklung wurden in den folgenden Jahrhunderten um weitere imposante Kirchen und Palazzi im alten Ortskern erweitert, während sich der neue, in der Ebene gewachsene Teil der Stadt namens Rossano Scalo erst formierte, nachdem nach der Einigung Italiens im letzten Drittel des 19. Jh. die Eisenbahnstrecke entlang der Küste ausgebaut worden war.

Wirtschaftsstrukturell war und ist Rossano vor allem eine Agrarstadt, wobei neben Wein und Getreide das Olivenöl an erster Stelle der Produktpalette rangiert(e). So entdeckt man rund um Rossano Olivenbäume, denen man ansieht, dass sie bereits viele Generationen mit dem kostbaren Rohstoff beliefert haben. Ihre über Jahrhunderte von Wind und Wetter zerfurchten und deformierten Stämme gleichen lebenden Skulpturen, sodass sie hier nicht nur als wichtigster Wirtschaftsfaktor aufzuführen sind, sondern durchaus einen Platz auf der Liste der lokalen Sehenswürdigkeiten verdienen. Weitere Arbeitsplätze bietet seit den 1970er Jahren ein am rossanesischen Meer installiertes Wärmekraftwerk, das zu den wichtigsten Italiens zählt und dessen rot-weiß gestreifte, abends hell erleuchtete Schornsteine sofort ins Augen fallen. Beschäftigung bietet außerdem ein kontinuierlich ausgebauter Freizeit- und Tourismussektor.

Zeugnis byzantinischer Baukunst: San Marco in Rossano

Information/Mietwagen

• *Verbindungen* Der **Bahnhof** liegt am Rande von Rossano Scalo (unweit der Küstenstraße); **Busverbindungen** in den Pollino, in die Sila, nach Cosenza und zu den Nachbarorten.

• *Information* **Pro Loco,** Piazza SS. Anargiri 22 (in der Nähe des Rathauses), ✆/℻ 0983/521137; **Cooperativa Neilos,** Adresse u. weitere Informationen s. Kasten auf S. 144.

• *Mietwagen* **Simet,** Via S. Antonio 12/14, ✆ 0983/520315, ℻ 0983/521568, www.simetspa.it, simetspa@simetspa.it. Hier auch internationale Busverbindungen, z. B. nach Deutschland.

Übernachten

** **Hotel Murano,** nur durch eine Straße von der Strandpromenade von Lido S. Angelo, dem beliebten und belebten Ortsstrand von Rossano, getrenntes familiengeführtes Hotel mit modernen Zimmern, die sich bezüglich des Komforts geringfügig voneinander unterscheiden. Einige Zimmer haben Meerblick, für alle Gäste gibt es einen Garten. DZ 80–105 €, EZ 47–78 €. Viale Mediterraneo 2, ✆ 0983/511788-9, ℻ 0983/530088.

Fellino (Agriturismo), insgesamt 10 Betten (2 DZ, 2 Ferienwohnungen) in einem renovierten alten Bauernhaus in 3 km Entfernung vom Meer. Reitmöglichkeiten und Mountainbikeverleih, Mindestaufenthalt 3 Tage. Contrada da Fellino, ✆ 0983/ 514859.

Il Giardino di Iti, wunderschönes historisches Gutsbesitzeranwesen der Baronessa Bebé Cherubini mit geschmackvoll ausgestatteten Zimmern und einem ebensolchen auch extern zu nutzenden Restaurant zwischen Oliven- und Zitronenbäumen. Das Essen mit Produkten von der eigenen Scholle ist äußerst schmackhaft und die Atmosphäre einzigartig. Die HP-Pflicht (35–50 € pro Nase) zu akzeptieren fällt hier nicht schwer. Contrada Amica, ✆ 0983/64508 und 360/ 237271, www.giardinoiti.it, info@giardinoiti.it.

Le Colline del Gelso (Agriturismo), ein Agriturismo der Luxusklasse mit angeschlossener biologischer Landwirtschaft und Reiterhof auf einem imposanten Anwesen aus dem 18. Jh. Die Unterbringung erfolgt in DZ und Apartments für 4–6 Personen, die für Halbpension jeweils 40–70 € zahlen. Contrada Gelso Mazzei (SS 106, km 327), ✆ 0983/ 569136 und 338/4289504, www.lecollinedelgelso.it.

**** **Camping Villaggio Marina di Rossano,** große, gepflegte Anlage mit allem Komfort (Bar, Restaurant, Pool etc.), direkt am Strand, von der Straße Rossano Scalo nach Lido S. Angelo anzufahren. Contrada Leuca, ✆/℻ 0983/512069.

*** **Camping Villaggio Torino,** direkt am Ende der Strandpromenade von Lido S. Angelo und nur durch die Straße vom Strand getrennt. Nette, freundliche Anlage, von der man sich abends zu Fuß ins ca. 200 m entfernte, im Sommer recht trubelige Promenadenleben stürzen kann. Lido S. Angelo, ✆/℻ 0983/510080.

*** **Pitagora Camping,** etwas außerhalb und südlich des Ortes (von der SS 106 ausgeschildert). Schöne, vergleichsweise ruhige Anlage direkt am Meer, allerdings etwas steiniger Strand. Contrada Valinella, ✆ 0983/64393.

Essen und Trinken

Am Lido S. Angelo, wo sich in den warmen Monaten das Rossaneser Freizeitleben konzentriert, gibt es eine recht große Auswahl an Restaurants, Pizzerien, Bars und Eisdielen. Ebenso reichhaltig ist das Angebot in Rossano Scalo, etwas länger suchen muss man in der schönen Altstadt.

La Bizantina (4), Trattoria mit Hausmannskost und Pizzeria direkt neben der Kirche San Marco in der Altstadt. Corso Garibaldi 246 c, ✆ 0983/525340. Mo Ruhetag.

Le Arcate (3), ebenfalls kalabrische Küche serviert diese hübsch gelegene Trattoria in der Nähe der Kathedrale. Piazza Duomo 41, ✆ 0983/520321. Mo Ruhetag.

La Villa (1), Restaurant und Pizzeria am Rande der Altstadt. Auch hier neben einer leckeren Pizza lokale Küche bzw. Fischgerichte, das Ganze bei gutem Wetter auch draußen auf einer Terrasse. Via S. Bartolomeo 8, ✆ 0983/522214. Di Ruhetag.

Il Giardino di Iti, äußerst empfehlenswertes Restaurant des o. g. Agriturismo.

Café Tagliaferri (2), ein Tipp für Süßmäuler! Das Traditionslokal, in dem es Gebäck aller Variationen und leckeres Eis, aber auch einen hervorragenden Kaffee gibt, unterhält zwei Filialen: eine in der Altstadt neben dem Rathaus an der Piazza Anargiri 6 und eine in Rossano Scalo. ✆ 0983/520220.

Freizeitangebot/Nachtleben

An warmen Sommerabenden flaniert man in Rossano gern über die **Strandpromenade von Lido S. Angelo,** an der und in deren Nähe reichlich Bars und Restaurants für Verköstigung sorgen. Im Sommer finden dort **Konzerte** aller Art, **Theatervorstellungen** und **Ausstellungen** statt.

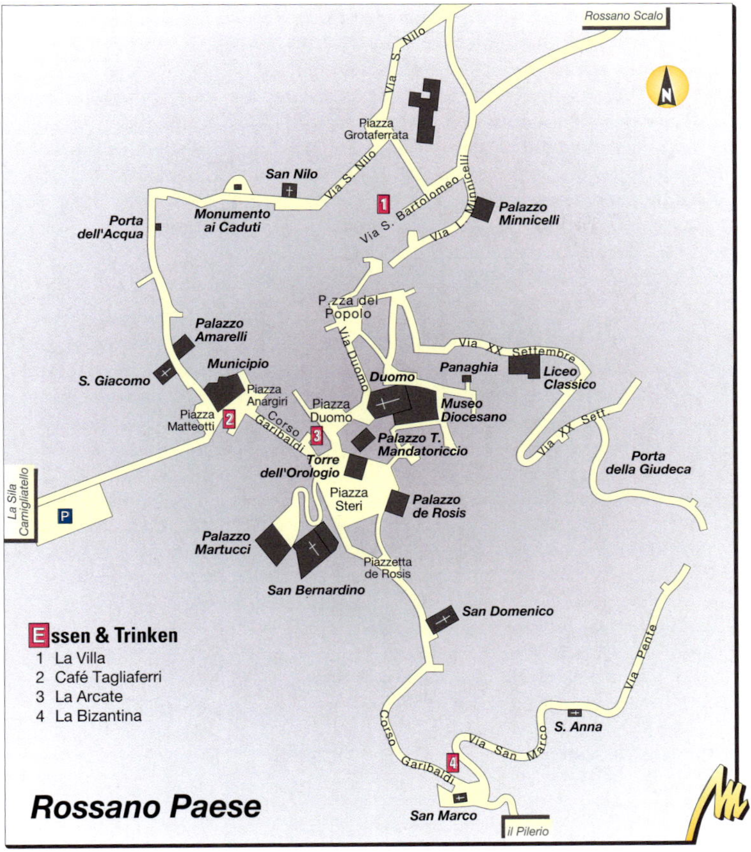

In der Localitat Zolfaro südlich des Ortes öffnet seit einigen Jahren von Juni bis September ein paar Schritte vom Strand entfernt der **Acquapark Odissea 2000** seinen kirmesähnlichen Betrieb. Es handelt sich um ein riesiges, in der Gegend sehr beliebtes Spaßbad mit allerlei Vergnügungsgeräten, diversen Pools, Restaurant, Bar etc. Wenn die lieben Kleinen im Bett sind, bietet die "Vergnügungsmaschine" (Werbeprospekt) rund um die Uhr Wassertanz, Konzerte, Kabarett etc.

Direkt neben dem Acquapark kann man in der **Freiluftdiskothek Le Sirene** von 23–5 Uhr das Tanzbein schwingen.

Sehenswertes im Centro Storico

Die meisten Besucher Rossanos zieht es direkt ins **Museo Diocesano D'Arte Sacra.** Dort wird nämlich der kunsthistorische Stolz der Stadt aufbewahrt, der **Codex Purpureus Rossanensis,** für dessen Besichtigung manche Hunderte von Kilometern anreisen und sogar den Ozean überqueren sollen. Es handelt sich dabei um 188 einer ursprünglich 376 Seiten umfassenden, mit kunstvollen farbigen Miniaturen illustrierten und Gold- und Silberbuchstaben versehenen griechischen Evangelienhandschrift aus dem 4. bis 6. Jh., die basilianische Mönche einst aus Kleinasien nach Rossano mitbrachten. Das einmalige Zeugnis frühchristlicher Kunst wurde 1846 von dem neapolitanischen Journalisten Cesare Malpica unter den Schätzen des Domes entdeckt. Seinen unermesslichen Wert erkannten aber erst die beiden deutschen Wissenschaftler Gebhard und Harnack, die es 1879 begutachteten, kunsthistorisch einordneten und datierten. Natürlich ist das kostbare Dokument aus purpurfarbenem Pergament in Gänze nur in Form einer Kopie zu betrachten. Vom Original wird jeweils nur eine Seite bzw. eine biblische Geschichte präsentiert (einmal im Jahr, meistens im August, wird umgeblättert). Neben dem Codex zeigt das Museum noch eine Reihe anderer Kunstwerke, darunter einen griechischen Spiegel aus dem 5. Jh. v. Chr.

Di–So 10.30–13 und 16–19 Uhr, Eintritt 3 €. Via Arcivescovado 5.

Die Cooperativa Neilos machte Schule

Während der Recherchen zur Erstauflage dieses Reisebuches (2000) war die sympathische Kooperative Neilos, in der sich einige junge Rossanesi zusammengetan hatten, um Besuchern mit Führungen, Stadtrundgängen und Naturexkursionen die Sehenswürdigkeiten von Stadt und Umgebung näher zu bringen, eine der Ersten dieser Art. Inzwischen wurden vielerorts in Kalabrien (und auch in der Basilikata) Kooperativen mit ähnlichen Zielsetzungen gegründet. Sie ergänzen und/oder ersetzen die Angebote kommunaler und regionaler Touristeninformationen und arbeiten nicht selten wesentlich engagierter als diese für eine nachhaltige Tourismusentwicklung der Region. Dass ihre Protagonist(-innen) anstreben, sich mit ihren Aktivitäten perspektivisch einen existenzsichernden Arbeitsplatz zu schaffen, schmälert ihre Verdienste nicht. Es ist neben der meist kompetenten und bisweilen auch mehrsprachig angebotenen Beratung und Begleitung ein weiterer guter Grund, die Dienste von *Neilos. Perla del Pollino* (Morano), *Città Futura* (Riace) oder anderer in den Ortskapiteln vorgestellten Kooperativen in Anspruch zu nehmen.

Cooperativa Neilos, Piazza Duomo 25, ☎/℻ 0983/525263, neilos@mediterranea-net.it. Di–Sa 9.30–12.30 und 16–19 Uhr, So 10–12 u. 16.30–18.30 Uhr geöffnet (im Sommer auch am Lido Sant'Angelo, ☎ 0983/290553).

Nach der Aufwartung bei Rossanos Hauptattraktion drängt sich ein Besuch der benachbarten **Kathedrale** auf, mit deren Bau vermutlich im 6. Jh. begonnen, die aber seither mehrmals stilistisch modifiziert worden ist. Sie wurde auf dem Gelände einer alten Gebetsstätte errichtet, in der ein basilianischer Mönch namens Efrem der Madonnenfigur Archiropita gehuldigt haben soll. Deren Bildnis auf einer Ikone aus dem 5. oder 6. Jh., das einen Pfeiler des Mittelschiffs ziert und von dem man sagt, dass es nicht von Menschenhand gemalt sein könne, ist das meistverehrte Objekt im Innern des Domes, das darüber hinaus noch mit einer Vielzahl anderer sakraler Kunstwerke dekoriert ist.

Neben Codex Purpureus und Kathedrale ist die **Kirche San Marco** ein Muss auf der Sightseeing-Tour durchs Centro Storico. Den äußeren Anblick und die schlicht-feierliche Atmosphäre im Innern des zwischen dem 9. und 10. Jh. erbauten byzantinischen Gotteshauses, das neben der Cattolica im südkalabrischen Stilo (siehe S. 239) als eines der besterhaltenen Monumente byzantinischer Baukunst gilt, sollte man nämlich auf jeden Fall auf sich wirken lassen. Man findet die Kirche am Ende des Corso Garibaldi, der von der zentralen Piazza Matteotti vorbei an der Piazza Duomo über die Piazza Cavour (früher Steri) mit Uhrenturm von 1836 und Palazzo de Rosis (1840) durch die gesamte Stadt führt. Seitlich der Piazza Cavour lohnt sich ein Abstecher in die Via Plebiscito, um an deren Ende einen Blick auf das größte Privathaus Rossanos, den 1838 und im Verlauf der folgenden Jahre ausgebauten **Palazzo Martucci** und das zwischen Mitte des 14. und 15. Jh. gewachsene **Kloster San Bernardino** zu werfen. Auf den Corso Garibaldi zurückgekehrt, verblüfft schließlich nach Überqueren der Piazzetta Rosis und Passieren der Kirche San Domenico aus dem 17. Jh. am Ende der Straße das imposante, auf vielen Werbeprospekten Kalabriens abgedruckte **"Kirchenbild mit Palme"** (9–12 und 16–19 Uhr, im Sommer 9–13 und 16.30–20.30 Uhr).

Sehenswertes außerhalb der Stadt

Santa Maria del Patire: Die 600 m über dem Meeresspiegel und ca. 18 kurvenreiche Straßenkilometer über Rossano in einem luftigen Steineichenwald gelegene Anlage wurde erst zu normannischer Zeit um das Jahr 1100 errichtet. Das vom griechischstämmigen Heiligen Bartholomaios von Simeri gegründete, außen- und innenarchitektonisch unverkennbar griechisch-byzantinisch gestaltete Kloster war einst eines der wichtigsten geistig-religiösen Zentren Süditaliens. Abgesehen davon, dass das dreischiffige alte Gemäuer, in dessen Innern ein Mosaikfußboden aus dem 12. Jh. auffällt, noch heute eine mystische Ausstrahlung besitzt, genießt man von seinem Standort einen weiten Blick auf die Ebene von Sibari, die Dächer von Rossano und die Erhebungen des Pollino-Massivs.

Ⓘ Besichtigung tägl. 8–18 Uhr.

Liquirizia Amarelli: Das ländliche Anwesen, das bereits im 15. Jh. erbaut und später architektonisch verändert wurde, liegt direkt an der Küstenstraße SS 106 (von Norden kommend vor dem Abzweig nach Rossano). Hier gründete 1731 die einige Jahrhunderte zuvor aus dem Norden zugewanderte Familie Amarelli die gleichnamige Lakritzfabrik, deren Produktionsstätten sich inzwischen beiderseits der Straße befinden. Dass sie das gerade hier taten, hat damit dazu tun, dass in der ionischen Küstenebene Lakritzpflanzen von bester Qualität wachsen. Die inzwischen nach ganz Europa, Nord- und Südamerika und sogar nach Australien exportierten, nach traditionellen Rezepten und Verfahren hergestellten Lakritzpastillen der Firma werden in kleine, elegante Döschen mit Bildmotiven aus italienischen Archiven verpackt und sind auch in Deutschland erhältlich. Die gehören zu den Exponaten des hübschen hauseigenen Lakritzmuseums.

Ⓘ Mo–Sa 7.30–20.30 Uhr nach Absprache zu besichtigen. Contrada Amarelli, ☎ 0983/511219, 📠 0983/510512, www.amarelli.it, www.museodellaliquirizia.it.

Sila Greca und Sila Grande

Mit der Sila Greca gleich hinter Rossano und der Sila Grande unweit ihrer Hauptstadt verfügt die Provinz Cosenza über den Löwenanteil an der hügelig bis gebirgigen, gebietsweise zum Nationalpark erklärten Wald- und Seenlandschaft der Sila, deren südliche Ausläufer, die Sila Piccola, zum Verwaltungsgebiet von Catanzaro und Crotone gehören.

Unter der Obhut des höchsten Gipfels der eher mitteleuropäisch anmutenden Landschaft, dem Monte Botte Donato (1929 m), gedeiht eine üppige und variationsreiche Vegetation mit Pinien-, Tannen-, Buchen- und Kastanienwäldern, Him-

beeren, Walderdbeeren, Pilzen und Wildkräutern sowie einer breiten Palette von Blütenpflanzen von Veilchen und Gänseblümchen über Baldrian und Malve bis zu Lilien und Orchideen. Nicht minder vielfältig ist die Tierwelt der Sila: Neben Rehen, Wildschweinen und Hirschen, diversem Kleingetier sind hier ebenso wie im Pollino noch Wölfe zu Hause, und in den mehrheitlich künstlich angelegten, jedoch harmonisch in die Landschaft eingefügten Seen tummeln sich die auf dem silanischen Speisezettel äußerst beliebten Forellen. Zu den wilden Tieren und Pflanzen gesellen sich die von Menschen domestizierten und kultivierten: Schafe, Ziegen, Kühe und Schweine, die auf saftigen Wiesen weiden, die Milch für eine Reihe von Käsespezialitäten und das schmackhafte Fleisch für Topf, Pfanne und Wurstproduktion liefern, oder Kartoffeln, deren Qualität in der Sila besonders gut sein soll.

Touristische Zentren der ganzjährig frequentierten cosentinischen Sila sind **Camigliatello** und **Lorica,** die beide auch auf Skiurlauber eingerichtet sind. Die größte kulturell-religiöse Anziehungskraft haben **San Giovanni in Fiore** und das albanische **San Demetrio Corone.** Wegen seiner pittoresken Lage, seines charakteristischen städtebaulichen Erscheinungsbildes und seines textilen Kunsthandwerks ist **Longobucco** einen Abstecher wert.

Camigliatello

ca. 1.600 Einwohner

Dort, wo sich noch vor einigen Jahrzehnten lediglich einige wenige Holzhäuser in den Wäldern versteckten, hat sich mittlerweile eine dichte touristische Infrastruktur mit Hotels, Ferienwohnungen, Restaurants, Spezialitätengeschäften, Souvenirläden, Abfahrtspisten und Langlaufloipen entwickelt.

Der zur Gemeinde Spezzano gehörende, architektonisch nichtssagende Ort liegt auf 1272 m Höhe und wird vornehmlich von italienischen Urlaubern besucht. Am 15. August, dem "Ausflugsfeiertag" Ferragosto, kommen scharenweise anrückende Tagesausflügler hinzu. Wintersportfreunden stehen hier in der entsprechenden Jahreszeit Sessellifte, Kabinenseilbahnen, eine Skischule nebst Skiverleih sowie mit Bars und Restaurants ausgestattete Berg- und Talstationen zur Verfügung. Aber auch Wanderer werden in Camigliatello und Umgebung mit Wegmarkierungen, Informations- und Kartenmaterial für die Erkundung der landschaftlichen Attraktionen gut versorgt. Zu Letzteren gehören z. B. die **Giganti della Sila,** eine Gruppe jahrhundertealter Baumriesen in der Località Fallistro wenige Kilometer östlich des Ortes und das nördlich von Camigliatello gelegene, zum Nationalpark erklärte Gebiet um den **Lago Cecita** sowie die **Fossiata,** ein Pinien- und Lärchenwald.

Dem großflächigen "Naturkundemuseum" ist ein Besucherzentrum mit Naturlehrpfad, geologischem Garten, einem Informationspunkt über Flora und Fauna der Sila, Restaurant, Bar und Picknickplätzen zugeordnet. Seit in Erinnerung an den historischen Kalabrienreisenden Norman Douglas im Sommer 2001 der **Parco Letterario Old Calabria** eröffnet worden ist, kommen in Camigliatello auch Bildungsreisende auf ihre Kosten. Das nach dem gern zitierten Hauptwerk ("Old Calabria", erschienen 1915) des englischen Adeligen benannte Kulturzentrum residiert in einem Adelspalazzo aus dem 17. Jh. namens Torre di Camigliata. Das ansehnliche Anwesen fungierte von 1920 bis 1943 als Nobelherberge und wurde danach von seinen Besitzern dem Verfall preisgegeben, bis es 1988 von der Fondazione Napoli Novantanove übernommen, aufwendig restauriert und in ein Kulturzentrum umgewandelt wurde. Das integriert eine Bibliothek zur Geschichte Kalabriens, eine Fotoausstellung von Mimmo Jodice mit Motiven der Grand Tour, einen landeskundlichen Infopoint zur Sila, eine Verkaufsschau mit kalabrischem Kunsthandwerk, einen Shop und nicht zuletzt einige geschmackvolle Gästezimmer mit Bed&Breakfast-Betrieb.

• *Anreise/Verbindungen* Über die A 3 (Ausfahrt Cosenza), von dort auf die SS 107 Richtung Spezzano; von Rossano kommend, ist Camigliatello über die SS 177 zu erreichen. Vom zentrumsnahen **Bahnhof** kommt man nach Cosenza oder (im Winter) auf einer landschaftlich reizvollen Strecke mit einem dampfbetriebenen Museumszug nach S. Giovanni in Fiore. (siehe auch S. 25). Die **Busgesellschaften** Scura und Felicetti stellen Verbindungen zu den Orten der Umgebung her.

• *Information* **Besucherzentrum Cupone,** an der SS 177 in bzw. aus Richtung Rossano. Allgemeine Informationen zum Sila-Hochplateau gibt es auch im **Parco Letterario Old Calabria** etwa 2 km vom Ortszentrum entfernt, der ebenfalls von der SS 177 angefahren wird. Ende Juni bis Ende Juli und Sept. Fr–So 10–14 u. 15.30–18.30 Uhr, Aug. (außer 15.8.) täglich, Eintritt frei. Località Camigliati, ✆ 0984/578318, www.oldcalabria.org. **IAT,** c/o Casa del Forestiero, Via Roma, ✆ 0984/578243. **Pro Loco,** Via del Turismo, ✆ 0984/578091.

• *Übernachten/Essen* In Camigliatello herrscht kein Mangel an Hotels und Pensionen, wobei die meisten Hotels auch ein externes Restaurant betreiben. In kleinen Spezialitätengeschäften bekommt man kleine Snacks, z. B. Panini mit den lokalen Wurst- und Käsespezialitäten. Darüber hinaus decken in der Umgebung, v. a. am Lago Cecita, einige Landgasthöfe den Tisch.

****** Hotel Camigliatello,** modernes und edel-geschmackvoll gestaltetes Domizil mit Garten und dem integrierten Spezialitätenrestaurant Astore. DZ 65–89 €. Via Federici, ✆ 0984/578496, 📠 0984/578628.

***** Aquila & Edelweiss,** das 2003 generalüberholte, außen moderne und innen holzverkleidete, seinem Namen entsprechend gemütlich eingerichtete Haus ist wohl das bekannteste Hotel am Platz, weil sein Restaurant wegen seiner Pilz-, Wurst- und Wildspezialitäten einen herausragenden Ruf hat. DZ 62–94 €, EZ 42–68 €. Viale Stazione 13, ✆ 0984/578044, 📠 0984/578753.

***** La Tana del Lupo,** sehr sympathisches, kleines Familienhotel mit einfachen, aber freundlichen Zimmern und kalabrisch-italienischer Küche in einem gemütlichen Restaurant. DZ 37–52 €, EZ 24 €. Via Federici, ✆ 0984/578377.

*** Hotel Miramonti,** in dieser Pension am Ortsrand, von deren 16 einfach und zweckmäßig eingerichteten Zimmern man mehrheitlich einen schönen Blick in die Berglandschaft hat, wird man bei der Ankunft im privaten Wohnzimmer empfangen. DZ 37 €, EZ 28 €. Via Forgitelle 87, ✆ 0984/579067.

La Forestiera del Parco (Bed & Breakfast), oben bereits erwähnte gepflegte Gästezimmer im schönen Domizil des Parco Letterario Old Calabria. Konditionen sind unter 081/667399 oder 081/667599 telefonisch oder über info@oldcalabria.org. online zu erfragen.

Lorica

ca. 200 Einwohner

Sommerfrische und Wanderparadies nebst Wintersportanlagen in 1314 m Höhe am Fuße des Monte Botte Donato und am nordöstlichen Ufer des Lago Arvo. Lorica besteht ebenfalls aus einer Ansammlung von Hotels und Ferienwohnungen. Weil die jedoch recht übersichtlich ist, wirkt die "Perle der Sila" verglichen mit Camigliatello (noch) recht beschaulich.

Die Umgebung von Lorica ist wandertouristisch nicht nur äußerst reizvoll, sondern auch recht gut erschlossen, sprich vom Club Alpino Italiano begutachtet und mit neun markierten Routen versehen worden. Eine davon, der sog. "Sentiero Italia", führt auf den höchsten Gipfel der Sila, andere auf den ebenso aussichtsreichen Monte Perillo (1776 m) oder die Lichtung Carlo Magno in 1670 m Höhe. Weniger ambitionierten Wanderern mag der ca. 6 km lange Wald- und Uferspaziergang rund um den See genügen, dessen Forellen eine der Hauptzutaten der lokalen Küche liefern.

• *Anreise/Verbindungen* Über die A 3 (Ausfahrt Cosenza-Sud), dann auf die SS 107. Vom **Hauptbahnhof** Cosenza mit dem Linienbus (Scura) nach Lorica, außerdem **Busverbindungen** zu den Nachbarorten.

• *Information* **Pro Loco,** Juni–September und in den Wintermonaten 9–13 und 16–20 Uhr. Via Nazionale, ✆ 0984/537069. Hier erhält man auch die ortsbezogene Wanderkarte "Sentieri naturalistici".

• *Sportangebote* Wer nicht wandern, sich aber dennoch bewegen möchte, kann in Lorica Tennis spielen, mit dem Kanu über den See fahren oder reiten (nähere Informationen in der Pro Loco).

Im Winter bietet eine **Skischule** Anfängerkurse an, und diejenigen, die es schon können, finden mehrere **Abfahrtspisten** mit den entsprechenden Liftanlagen und **Langlaufloipen.**

• *Übernachten/Essen* ***** Hotel Park 108,** modernes 48-Zimmer-Hotel mit Garten. DZ 37–52 €, EZ 18–26 €. Via Nazionale 86, ✆ 0984/537077, 📠 0984/537114, www.park108.it

***** Dei Pini,** auch von unseren Lesern Elisabeth Lauda und Michael Schrammel empfohlener, gepflegter Dreisternestandard am See. DZ 31–48 €, EZ 42–48 €. Via Nazionale, ✆ 0984/537019, 📠 0984/537242.

**** Belvedere Lucanto,** mitten im "Zentrum" von Lorica, einige Zimmer mit Seeblick, Restaurant mit typisch silanischer Küche, DZ 42 €, EZ 26 €. Via Nazionale 48/56, ✆ 0984/537876.

****** Camping Lorica,** Anlage am See mit Stellplätzen, Holzbungalows, Restaurant-Pizzeria und Kinderspielplatz. ✆ 0984/537018.

***** Camping Lago Arvo,** sehr schöner, großer und freundlich geführter Platz ca. 1 km außerhalb des Ortes mitten im Wald und direkt am Ufer des Sees gelegen. Stellplätze, einige Bungalows, Restaurant und Bar. 4 km von den Skiliften entfernt, wo auch der Bus aus Cosenza hält. Località Passo della Cornacchia. Via Nazionale, ✆ 0984/537060.

Trattoria Da Vittorio, außer den Restaurants der genannten Hotels gilt das rustikale, schlicht möblierte Lokal im Grünen (ca.

3 km außerhalb von Lorica Richtung S. Giovanni in Fiore) als eine der besten Adressen für silanische Küche. Unsichere saisonale Öffnungszeiten. Contrada Rovale 6, ✆ 0984/537233.

San Giovanni in Fiore

ca. 18.000 Einwohner

Bekannt ist die "Hauptstadt der Sila" vor allem wegen der 1189 von Giachino da Fiore gegründeten Abtei Abbazia Florense. Darüber hinaus hat sich der insgesamt gesehen eher abschreckende Ort durch sein lokales Kunsthandwerk – vor allem Webe- und Goldschmiedearbeiten – einen überregionalen Ruf erworben.

In der Umgebung des Klosters, in dessen Räumlichkeiten heute ein Volks- und Sozialkundemuseum untergebracht ist, entwickelte sich einst die mittelalterliche Stadt. Deren alles in allem recht grau und leblos wirkendes Gassen- und Häusergewirr wird in unmittelbarer Nähe der Klosterkirche durch einige kleine Lokale und Lädchen mit farbenfrohen Teppichen, Decken und Tüchern, Keramik und Holzarbeiten aufgelockert. Ansonsten spürt man hier mehr als anderswo in Kalabrien die Tristesse einer durch Emigration ausgebluteten Gemeinde. Trotz neuerlicher Versuche, alte Handwerkstraditionen aufzuwerten und modern zu vermarkten, findet der in seinen neueren Stadtteilen total verbaute und unübersichtliche Ort nur schwer den Anschluss an die Zukunft. Eine dieser Initiativen geht auf den Art-Designer Domenico Caruso zurück, der in die Fußstapfen seines Vaters getreten ist und 1985 die von viel Medieninteresse begleitete "Scuola Tappeti Caruso" aufgebaut und damit eine Reihe von Arbeitsplätzen geschaffen hat. Die Teppichwerkstatt mit angeschlossener Schule befindet sich in der Via Gramsci 195 und ist auf Anfrage zwischen 8.30 und 20 Uhr zu besichtigen (✆ 0984/992724).

• *Anfahrt/Verbindungen* SS 107; **Busse** zu den Nachbarorten, nach Catanzaro, Crotone und Cosenza. Im Winter musealer **Dampflokverkehr** von Camigliatello (siehe auch S. 25).

• *Information* **Associazione Fiorensia,** Informationen über Abtei(-gründer) und Ort sowie Führungen. Abbazia Florense, ✆ 0984/970236 und 347/7817398.

• *ÜbernachtenEssen* Wie oben signalisiert, kein Ort, um sich länger dort aufzuhalten, deshalb nur ein atmosphärisch und kulinarisch lohnenswerter Restauranttipp: **Il Ristoro del Brigante,** Restaurant-Pizzeria-Pub mit Panoramaterrasse in der Nähe der Abbazia Florense. Geboten wird die typische Silaküche, besonders lecker sind die Pilzgerichte. Gut frequentiert. Via Monastero 5, ✆ 0984/9922699.

Sehenswertes

Abbazia Florense: Da die Klostergebäude inklusive Abteikirche mehrmals renoviert und erneuert worden sind, lassen sie von ihrem ursprünglichen

Hier dachte Joachim von Fiore über Gott und die Welt nach

Aussehen kaum noch etwas erahnen und sind architektonisch gesehen nicht besonders hervorzuheben. So ist es vielmehr das Wissen um den berühmten Klostergründer und seinen enormen geistigen Einfluss, das Besucher nach S. Giovanni in Fiore lockt: Der zwischen 1130 und 1136 in Celico nahe Cosenza geborene, am Hofe des Herzogs Roger von Apulien erzogene Joachim von Fiore wurde nach einer Pilgerfahrt ins Heilige Land Zisterziensermönch und gründete mit dem silanischen Kloster den Florenserorden. Da er mit der These, dass nach dem im Alten Testament verkündeten "Reich des Vaters" und dem im Neuen Testament proklamierten "Reich des Sohnes" ein "Reich des Heiligen Geistes" folge, eine viel beachtete und lange nachwirkende theologische Geschichtstheorie formulierte, machte er sich weit über Kalabrien hinaus einen Namen und wurde sogar im Werk Dantes erwähnt. Nicht zuletzt wegen des großen Bekanntheitsgrades des Klostergründers, dessen Ideen übrigens auch in Umberto Ecos "Der Name der Rose" eine zentrale Rolle spielen, findet die zu Beginn des 13. Jh. erbaute, zwischenzeitlich aber fast gänzlich zerstörte und später rekonstruierte einschiffige Klosterkirche mit ihrem gotischen Portal so viel Beachtung, zumal in ihrer Krypta die Reliquien des 1202 verstorbenen großen Denkers aufbewahrt werden

Ⓛ Täglich 8–12 und 14.30–19 Uhr.

Museo demologico dell'economia, del lavoro e della storia sociale silana: Das Museum präsentiert auf anschauliche Weise die Alltagsgeschichte der Sila. Ausgestellt und in ihrer Funktion und wirtschaftlichen Bedeutung erläutert werden Arbeitsgeräte aus dem Bereich der Landwirtschaft und des Handwerks. Schwerpunkte bilden die örtliche Webereitradition und die Goldschmiedekunst der Familie Spadafora, die dieses Handwerk seit 1700 ausübt. (Die neuesten Stücke können in ihrem Laden in der Neustadt, Via Roma 3, bewundert werden.) Ganz besonders beeindruckend ist jedoch das in einem eigenen Saal präsentierte Fotoarchiv des örtlichen Fotografen Saverio Marra (1894–1978), das mit zahlreichen Fotografien aus dem Zeitraum zwischen 1914 und 1946 einen Einblick in alle Bereiche des Alltagslebens der Sila-Bewohner eröffnet. In einem Nebenraum erfährt man dann, welche Spuren das nach wie vor harte Leben der folgenden Jahrzehnte in ihren Gesichtern hinterlassen hat, da einige der von Marra fotografierten Frauen, Männer und Kinder von jüngeren örtlichen Fotografen im Jahre 1984 erneut abgelichtet worden sind.

Ⓛ Vom 16.9.–15.6 Mo–Sa von 8.30–18.30 Uhr, in dieser Zeit sonntags nur nach Vereinbarung geöffnet; vom 15.6.–15.9. auch sonntags von 9.30–12.30 und von 15.30–18.30. Eintritt 1 €. Allerdings muss man gegebenenfalls vorher klingeln. ✆/℻ 0984/970059.

Sila Greca

Dass die nördliche Sila "Sila Greca" heißt, beruht auf einem Missverständnis: Als nämlich die Vorfahren der Bewohner der an einer kurvenreichen Landstraße aufgereihten albanischen Gemeinden San Giorgio Albanese, Vaccarizzo Albanese, S. Cosmo Albanese, S. Demetrio Corone und S. Sofia d'Epiro Mitte des 15. Jh. auf der Flucht vor den Osmanen vom Balkan hierher kamen, dachten die Einheimischen, dass es sich bei den Fremden – wie schon viele Jahrhunderte zuvor – um Griechen handele.

Die Dörfer liegen inmitten bzw. über einer bilderbuchhaften, von ausgedehnten Oliven- und Orangenkulturen überzogenen mediterranen Mittelgebirgslandschaft. Bei den meisten von ihnen handelt es sich um kleine, verschlafene Nester, über die es nichts Herausragendes zu berichten gibt.

Die albanische Bevölkerungsminderheit in Kalabrien

Die unter der Protektion der aragonischen Herrscher in mehreren Wellen zwischen der Mitte des 15. und 16. Jh. zugewanderten Albaner gründeten knapp 30 Gemeinden auf kalabrischem Boden. Ihre Kinder und Kindeskinder sprachen weiterhin "Arberesh", praktizierten bei ihrer Religionsausübung den griechisch-orthodoxen Ritus und pflegten auch sonst ihre heimischen Sitten und Gebräuche, sodass die Albaner – wenn auch in jüngeren Generationen zunehmend italienisiert – heutzutage vor den Griechen im Aspromonte (siehe S. 221) und den Waldensern in Guardia Piemontese (siehe S. 120) die größte Bevölkerungsminderheit stellen.

Reisende erkennen die meisten Gemeinden albanischen Ursprungs schon bei der Einfahrt ins Dorf, weil dort zweisprachige Orts- und Straßenschilder auf die ethnische Herkunft ihrer Bewohner verweisen. Darüber hinaus begegnet ihnen auf so mancher kalabrischen Piazza immer wieder derselbe entschlossen dreinblickende Herr: In voller Größe in Stein gehauen, bis zum Bauchnabel oder Hals in Bronze gegossen oder einfach an eine Hauswand gepinselt, handelt es sich dabei um den albanischen Volkshelden Giorgio Castriota, dem seine osmanischen Widersacher den Beinamen "Skanderbeg" (Iskander) gaben. Nachdem der in den Jahren 1443–1461 einige herbe Niederlagen gegen deren Herrscher Murad II. und Mohamed II. hatte einstecken müssen, setzten sich – begünstigt durch die mit Skanderbeg verbündeten Aragonier – die ersten größeren Flüchtlingswellen gen Süditalien in Marsch.

Während das Skanderbeg-Denkmal in einigen stärker italienisierten Gemeinden der einzige sichtbare Hinweis auf die nationale Identität ihrer Gründerväter und -mütter ist, bestimmt sie in anderen noch heute die Alltagskultur ihrer Bürger. Dort hört man dann schon einmal Sprachfetzen, die so gar nicht Italienisch klingen, begegnet auf der Straße griechisch-orthodoxen Popen oder kommt vielleicht sogar in den Genuss, bei einer zufällig stattfindenden Hochzeit oder an einem albanischen Feiertag die traditionellen Trachten und Festbräuche der "Aberesh" kennen zu lernen (siehe auch Cívita und Frascineto, S. 134).

Ein etwas längerer Aufenthalt empfiehlt sich in **S. Demetrio Corone,** das neben Lungro am südlichen Rand des Pollino-Gebirges als eines der beiden geistig-religiösen Zentren albanischer Kultur in Kalabrien gilt. Die 5000-Seelen-Gemeinde verfügt über eine äußerst lebendige, von Bars und Geschäften eingerahmte Dorfpiazza und war einst Bischofssitz der griechisch-orthodoxen Kirche in Kalabrien. Darüber hinaus wurde hier im 19. Jh. das bis heute bestehende **Collegio Italiano-Albanese** gegründet, eine von griechisch-orthodoxen Priestern geleitete Kultur- und Bildungseinrichtung. Es wurde seinerzeit in einem Gebäude in unmittelbarer Nähe des bedeutendsten religionshistorischen Monuments S. Demetrios untergebracht. Gemeint ist die **Abteikirche S. Adriano,** die infolge einer Klostergründung durch den hl. Nilus von Rossano (955) erbaut wurde. Das imposante Gotteshaus aus dem 11. oder 12. Jh., dessen äußerer Glanz im Laufe der Jahrhunderte ein wenig verblasst ist, gilt vor allem wegen der Mosaiken und Fresken in seinem Innern als einer der bemerkenswertesten Sakralbauten Süditaliens.

• *Anreise/Verbindungen* Über die A 3 (Ausfahrt Tarsia), dann Landstraße Richtung S. Demetrio Corone. Alternative: von der SS 106 ab Corigliano über Landstraßen Richtung Acri.

Die **Busgesellschaft Scura** verbindet die albanischen Orte mit der Außenwelt, sprich Cosenza, der ionischen Küste und den entsprechenden Bahnhöfen.

• *Information* **IAT,** S. Demetrio Corone, Via Dante Alighieri 73, ✆ 0984/910093.

• *Übernachten/Essen* *** **Hotel Pettirosso,** das kleine, von seinem Inhaber Salvatore Scarpello mit Hingabe geführte Hotel liegt wenige Kilometer außerhalb von S. Demetrio in aussichtsreicher Lage und serviert in seinem Restaurant in der ganzen Gegend beliebte Spezialitäten: z. B. diverse Nudelgerichte mit Trüffeln, Steinpilzen und Ziegenfleischsoße, eingelegte wilde Zwiebelchen und lokale Würste. Es gibt aber auch eine einfache Pizza. DZ 47 €, EZ 31 €. Via Panoramica 7, ✆ 0984/956773.

Longobucco

ca. 6.000 Einwohner

Die Markenzeichen des mittelalterlichen Bergstädtchens am südöstlichen Rand der Sila Greca unweit des Sila-Nationalparks und des Lago Cecita sind der eindrucksvolle Blick auf seine Dächer und seine nach alter Väter und Mütter Sitte gefertigten farbenfrohen Teppiche, Bett- und Tischdecken im orientalischen Stil.

Weil die Seidenraupenzucht in Kalabrien noch bis zur Mitte des 18. Jh. ein bedeutender Wirtschaftszweig war, hatten sich die Textilwerkstätten von Longobucco auf die Verarbeitung von Rohseide spezialisiert. Daneben lieferten die üppigen Ginsterbüsche der Sila und die Wolle der dort weidenden Schafe die Rohstoffe für das lokale textile Kunsthandwerk, wobei die Kolorierung der Teppiche, Bettdecken und Brautausstattungen sowie die ihnen eingewebten und aufgestickten Motive von der religiösen Symbolik der byzantinischen Epoche inspiriert waren und sind.

Doch nicht nur, um sich in einem der "Ateliers" mit Tischdecken und Bettwäsche einzudecken, lohnt sich ein Bummel durch Longobucco, das architektonisch ein wenig an Alpenorte erinnert. Beim Spaziergang über die zentrale Piazza Matteotti und die von dort einen Berg erklimmende Hauptflaniermeile, die vornehmlich von alten Männern und herausgeputzten Teenagern bevölkert wird, bekommt man nämlich eine besonders gelungene Vorstellung des typisch süditalienischen "Straßentheaters" geboten.

• *Anreise/Verbindungen* Über die A 3 (Ausfahrt Cosenza-Sud), dann auf die SS 107, ab Camgliatello auf die SS 177 Richtung Rossano. Die **Busgesellschaften** Scura und Felicetti verbinden Longobucco mit der Provinzhauptstadt und der ionischen Küste.

• *Information* **Silatrekking,** alle nötigen Informationen, Wanderbegleitung und unter dem Label "Paese Albergo" auf Wunsch auch **Vermittlung von Privatunterkünften** im Ort. 9–12 Uhr. Via Mazzini 23, ✆/℻ 0983/71317, www.silatrekking.it.

• *Übernachten/Essen* * **Hotel Ristorante Stella,** das Lokal etwas außer- und unterhalb des Ortes, das von der SS 177 in Richtung Rossano anzufahren ist, ist mehr Restaurant als Hotel und tischt typische Silaküche auf. Allerdings gibt es hier auch einige schlichte Zimmer, wobei es jeweils für zwei Zimmer ein gemeinsames Bad gibt. Vom Stella – sowohl vom Restaurant als auch aus den Zimmern – hat man einen schönen Blick auf den Ort. DZ €, EZ €. Contrada S. Brigida, ✆ 0983/72082.

** **Hotel-Camping Cecita sul Lago,** gepflegtes Hotel mit integriertem Restaurant "La Taverna dei Briganti", auf dessen Grundstück man auch campieren kann. Es liegt außerhalb auf halber Strecke zwischen Longobucco und Camigliatello mitten im Grünen und in Seenähe. "Hausherr" ist die Kooperative Rinascita dell'Ambiente. DZ 50–65 €. Contrada S. Giovanni Paliatico (am Abzweig Fossiata), ✆/℻ 0984/579074 und 337/872825.

1997 Zufluchtsort für kurdische Flüchtlinge: Badolato

Provinz Catanzaro

Die Provinz Catanzaro ist seit der Verwaltungsreform von 1994 und der damit einhergehenden Ausgliederung der Provinzen Vibo Valentia und Crotone merklich geschrumpft. Ihr tyrrhenischer Küstenabschnitt beschränkt sich nunmehr auf die fruchtbare, von Weinstöcken, Orangen- und Olivenhainen überzogene Ebene am Golf von S. Eufemia bei Lamezia Terme, von der man über eine gut ausgebaute Schnellstraße den Golf von Squillace am Ionischen Meer erreicht.

Unmittelbar südlich von **Lamezia Terme** präsentiert die kalabrische Halbinsel nämlich die westliche Kontur ihrer schlanken, nur 40 km schmalen Taille, über der der asphaltierte Gürtel der SS 280 die (internationale) Flughafenstadt mit den Küstenquartieren der Provinz- und Regionalhauptstadt **Catanzaro** verbindet. Schert man etwa auf halber Strecke einige Kilometer nach Norden aus, kann man von dem hübschen Örtchen **Tiriolo** gleichzeitig beide Meere ins Visier nehmen. Während die im Westen weitgehend zubetonierte Küste mit aus dem Boden gestampften Badeorten wie Gizzeria Lido oder Falerna aus der Nähe betrachtet nicht besonders einladend wirkt, sind im Osten passable bis bilderbuchreife Badestrände aufgereiht. Gleichsam zum Ausgleich dafür, dass sie streckenweise von der Küstenstraße SS 106, den parallel verlegten Eisenbahnschienen, Hotels und Feriensiedlungen arg bedrängt werden, warten manche Seebäder mit pittoresken alten Ortskernen mit Millionärsblick auf den sagenumwobenen **Golf von Squillace** auf. Hinter denen erheben sich die dicht bewaldeten Höhen der Serre, die sich die Provinz Catanzaro ebenso wie die Sila mit ihren Nachbarprovinzen teilt. Von Letzterer gehört ihr nur der Südzipfel namens **Sila Piccola,** mit dem sie allerdings ein besonders schönes

Stück erwischt hat. Die fast alpin anmutenden Ferienparadiese **Villaggio Mancuso** und **Villaggio Racise** locken seit Jahrzehnten Winterurlauber und Sommerfrischler an. Sie gehören verwaltungstechnisch zur Gemeinde Taverna, in der Kalabriens berühmtester Maler Mattia Preti das Licht der Welt erblickte und einige besichtigungswürdige künstlerische Fußabdrücke hinterließ.

Catanzaro

ca. 97.000 Einwohner

Die meisten Besucher erreichen die 341 m hoch über zwei Flusstäler wachende, als hässlich-chaotisch geltende Regionalhauptstadt über den inzwischen zu einem ihrer Wahrzeichen avancierten Viadotto Morandi. Die 1960 über das Tal des Fiumarella gespannte Betonbrücke gilt als eine der längsten Europas. Sie reicht fast bis zur zentralen Piazza Matteotti im Norden der gleichwohl sehenswerten Altstadt, die im Süden von einem Aussichtsbalkon mit Panoramablick auf den Golf von Squillace begrenzt wird.

Bis vor 200 Jahren war die ursprünglich byzantinische und später von den Normannen eroberte Stadt ein prosperierendes Zentrum der Seidenproduktion und -verarbeitung. Das handwerkliche Know-how und die Produkte, darunter ganz besonders Samtstoffe, waren europaweit gefragt, bis eine verheerende Raupenkrankheit Mitte des 19. Jh. das endgültige Ende der Seidenraupenzucht besiegelte. Unter Spaniern, Bourbonen und Franzosen waren Catanzaro zudem wichtige administrative Funktionen übertragen worden, sodass sie bei ihrer Ernennung zur Hauptstadt Kalabriens zu Beginn der 1970er Jahre bereits auf eine gewisse Tradition als Verwaltungssitz zurückblicken konnte.

Um die mal provinziell, mal urban duftende kalabrische Hauptstadtluft zu schnuppern, empfiehlt es sich, von der **Piazza Matteotti** aus dem **Corso Mazzini** bis zu seinem Ende zu folgen und unterwegs hin und wieder über steile und schmale Gassen oder Treppenaufgänge auf diesen oder jenen kleinen Platz seitlich der Hauptflaniermeile auszuscheren. Dabei bekommt man en passant die wichtigsten Sehenswürdigkeiten der Stadt zu Gesicht und einen Einblick in die Architekturgeschichte von Catanzaro, dessen mittelalterliche Bausubstanz durch einige starke Erdbeben weitgehend zerstört worden ist, sodass das aktuelle Altstadtbild von Gebäuden aus dem 18. und 19. Jh. geprägt ist. Jüngeren Datums sind das 1923 erbaute, 1970 renovierte, innen wie außen respektable **Teatro Masciari** an der Piazza Pera und das von Stararchitekt Paolo Portoghesi einer Muschel nachempfundene **Teatro Politeama** (beide ✆ 0961/728390) an der Via Iannoni, das im November 2002 in die erste Spielzeit ging. Beide haben sowohl klassisches Schauspiel als auch Oper, Operette und Konzerte im Programm.

13 Straßenkilometer unterhalb des alten Stadtzentrums erstreckt sich vor dem nicht besonders einladend wirkenden, von hohen Neubauten geprägten Stadtteil **Catanzaro Marina** der von einer grauen Mauer abgeschirmte "Hausstrand" der Regionalmetropole. Er wird von einem im Sommer trubelig belebten "Großstadtlungomare" mit zahlreichen Restaurants, Eisdielen, Bars, Verkaufsbuden und Spielhallen gesäumt.

Verbindungen/Information/Diverses

• *Anfahrt/Verbindungen* SS 280, SS 19, SS 109. **Bahnhof** der Ferrovie della Calabria, von dort Zugverbindungen nach Catanzaro Lido und Cosenza. Bahnhof der FS, von dort Verbindungen nach Lamezia Terme und Catanzaro Lido, wo Züge in nördlicher

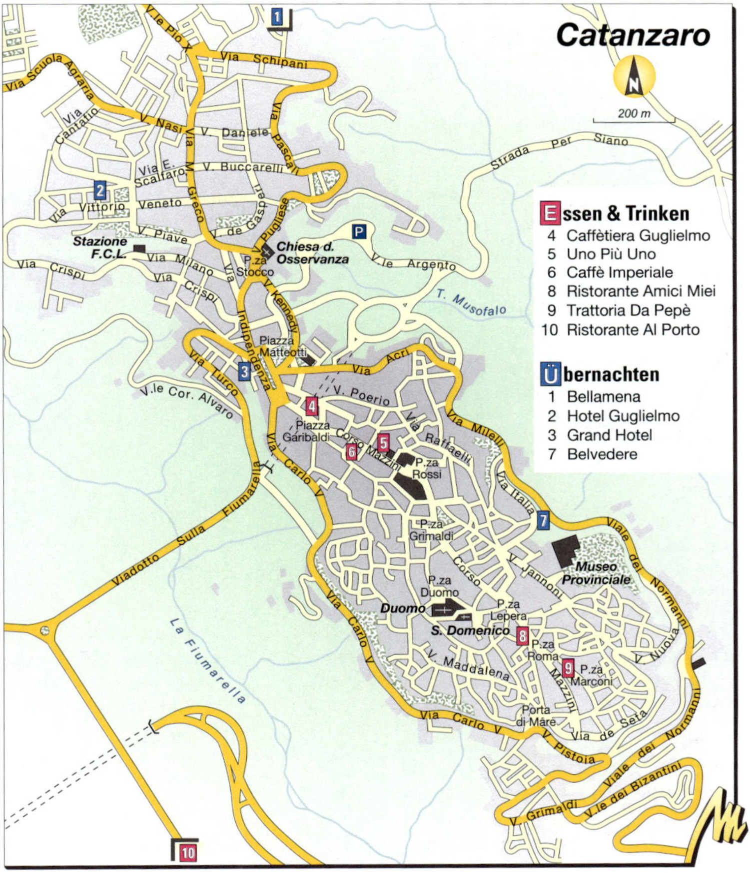

und südlicher Richtung entlang der ionischen Küste nach Taranto bzw. Reggio Calabria abfahren.

Bahnhof der **Funicolare (Drahtseilbahn)** an der Piazza Roma und in Catanzaro Sala.

Innerstädtische **Busverbindungen** der A.M.C. (zentrale Haltestelle an der Piazza Roma). Außerdem Verbindungen in viele kalabrische Orte inner- und außerhalb der Provinz von der Autostazione nahe dem Bahnhof.

• *Information* **APT,** Via Spasari 3 (Galleria Mancuso), ✆ 0961/743901, ℻ 0961/727973.

• *Krankenhaus* **Ospedale Civile Pugliese,** Str. Com. Pontogrande, ✆ 0961/883111.

• *Parken* Bewachter, gebührenpflichtiger **Parkplatz** an der Piazza Matteotti (direkt vor dem Grand Hotel).

Übernachten/Essen und Trinken/Nachtleben

• *Übernachten* *** **Grand Hotel (3),** großes, modernes Hotel im "Hinterhof" der Piazza Matteotti, nicht so schön gelegen, komfortabel, aber dennoch etwas düster. DZ 88–110 €, EZ 62–91 €. Piazza Matteotti, ✆ 0961/701256, ℻ 0961/741621.

**** **Hotel Guglielmo (2),** luxuriöses, freundlich eingerichtetes Hotel nördlich der Altstadt (in der Nähe des Bahnhofs der Ferrovie delle Calabrie). Gilt als bestes Haus am Platz. DZ 135 €, EZ 115. Via A. Tedeschi 1, ✆ 0961/741922, ℻ 0961/722181, www.hotelguglielmo.it

*** **Bellamena (1),** etwas abseits im nördlichen, neuen Teil der Stadt. Modernes, schlicht, aber komfortabel eingerichtetes Haus mit hübscher Gartenterrasse und netter Atmosphäre. DZ 75–104€, EZ 42–78 €. Via F. lli Plutino 14, ✆ 0961/701191, ✆ 0961/744624.

** **Belvedere (7),** kleines, einfaches Haus, knapp die Hälfte der Zimmer ohne eigenes Bad, zentral am Rande der Altstadt (in der Nähe der Villa Trieste). DZ 37–52 €, EZ 18–31 €. Via Italia 33, ✆ 0961/720591, ✆ 0961/727740.

• *Essen und Trinken* **Ristorante Amici Miei (8),** Trattoria mit ortstypischer Küche mitten in der Altstadt. Via Discesa S. Rocchello 4/6, ✆ 0961/712196. So Ruhetag.

Uno Più Uno (5), einer der beliebtesten Treffpunkte im Zentrum von Catanzaro, in dem man italienische Menüs serviert bekommt, aber auch nur bei Kaffee und Kuchen vom Stadtbummel ausruhen kann. Galleria Mancuso, ✆ 0961/741250. So Ruhetag, 10.–20. Aug. geschlossen.

Trattoria Da Pepè (9), wer das catanzaresische Regionalgericht "murseddu", einen auf Brot servierten gehaltvollen Eintopf aus in Rotwein gekochtem Schweine- oder Lammfleisch, Tomaten und Peperoni, kennen lernen möchte, dem sei diese ursprüngliche Altstadttrattoria empfohlen. Darüber hinaus gibt es natürlich noch andere Spezialitäten der Bauernküche, z. B. Kichererbsensuppe oder gefüllte Auberginen. Vico I (nahe der Piazza Roma 6). So Ruhetag.

Caffètiera Guglielmo (4), duftender Kaffee der in der Nähe von Catanzaro angesiedelten Kaffeerösterei Guglielmo, das obligatorische Frühstückscornetto und andere Süßigkeiten in einer gepflegten Bar am nördlichen Corso Mazzini. Sa/So geschlossen.

Caffè Imperiale (6), in oder vor diesem schon von außen sehr sympathischen Lokal in einem alten Palazzo etwa auf der Mitte des Corso Mazzini kann man schon seit 1892 einkehren und sich entweder den variationsreichen verführerischen Süßigkeiten hingeben (darunter viele Sorten Eis) oder herzhafte Kleinigkeiten, etwa ein Stück Artischockentorte, zu sich nehmen. Um die Mittagszeit ist jeder Platz besetzt, und es herrscht eine hektisch-fröhliche Atmosphäre. Corso Mazzini 159, ✆ 0961/743231.

Zum **Fischessen** fährt man am besten an die Strandpromenade von Catanzaro Marina, wo gleich mehrere meist recht gut frequentierte und entsprechend laute Lokale ihre Gerichte anbieten. Darunter sind die direkt am Hafen gelegene **Ristorante-Pizzeria Al Porto (10),** Via Lungomare, ✆ 0961/31562, und das **Ristorante Brace** in Catanzaro Marina, Via Melito Porto Salvo 102/A, ✆ 0961/40131.

• *Nachtleben* **Zula Fashion Café,** junges Publikum bei Cocktails, Jazz und House, manchmal auch live. Juli/Aug. geschlossen. Salita Corso Mazzini 22.

Mallard, Pub in der Via XX Settembre 85/87.

La Forteza, Night-Club in der Via della Stazione 2.

Sehenswertes

Piazza Matteotti: Dieser von großen Bäumen beschattete Platz verbreitet durchaus urbanes Flair. Blickfang ist der mächtige, zu Beginn des 20. Jh. erbaute Palazzo della Giustizia, der in den Vormittagsstunden unablässig äußerst wichtig aussehende, elegant gekleidete oder in schwarze Richterroben gewandete Menschen ausspuckt. Daneben ziehen das Denkmal für die Gefallenen des Ersten Weltkriegs und der die Arbeit und Fruchtbarkeit symbolisierende Brunnen Fontana del Cavatore ("Steinbrecher", "Bergmann") mit einer Bronzestatue des kalabrischen Bildhauers Giuseppe Rito die Aufmerksamkeit auf sich.

Basilica dell'Immaculata: Das dreischiffige Innere der um 1300 von Franziskanern gegründeten, 1765 vollkommen erneuerten und 1892 ein weiteres Mal veränderten Basilika lockt mit einer Reihe künstlerischer Details, darunter mehrere barocke Marmoraltäre in den Seitenschiffen. In unmittelbarer Nähe der Kirche befinden sich drei wichtige Profanbauten: der Palazzo della Posta, der Palazzo del Governo und der Palazzo della Provincia.

Duomo: Der mehrfach restaurierte Dom ist vermutlich mittelalterlichen Ursprungs. Er erhebt sich an der gleichnamigen Piazza, die man vom Corso Mazzini

Die Einheimischen nennen ihn "Paradies": Stadtpark Villa Trieste in Catanzaro

über die Via Minniti erreicht. Sein auffälligstes innenarchitektonisches Stilelement ist eine strahlend blaue Wand im Hintergrund des Altars, sein kostbarster Schatz eine in Gold und Silber gearbeitete Büste des Ortspatrons S. Vitalino.

Ganz in der Nähe ist in der 1499 geweihten **Chiesa del Rosario** eine Vielzahl wertvoller Gemälde aus dem 16.–18. Jh. zu bewundern.

Parkanlage Villa Trieste: Man erreicht den zwischen 1878 und 1880 gestalteten Park, der von den Einheimischen nicht ganz zu Unrecht "Paradies" genannt wird, vom Corso Mazzini aus über die Piazza Pera. Zwischen Beeten, Bäumen und Büschen begegnen einem immer wieder Respekt einflößende Büsten berühmter Kalabresen, und man genießt darüber hinaus einen sehr schönen Ausblick auf das Tal des Flusses Musofalo.

Am Parkeingang befindet sich die imposante Villa Trieste, von der die Anlage ihren Namen hat. Hier wurde 1879 das **Museo Provinciale** eingerichtet. Es präsentiert neben prähistorischen Fundstücken aus ganz Kalabrien eine Münzensammlung, die Objekte aus griechischer, römischer und byzantinischer Zeit vereint.

Ⓞ Di–Fr 10–13.30 u. 15.30.–17.30 Uhr, Sa 10–13, So 9–12 Uhr, Eintritt frei, ✆ 0961/720019.

Lamezia Terme

ca. 70.000 Einwohner

Die Stadt firmiert erst seit 1968 unter dem Namen Lamezia Terme und ist aus einer Fusion der bis dahin selbstständigen Gemeinden Nicastro, Sambiase und Sant'Eufemia Lamezia hervorgegangen.

Alt und geschichtsträchtig ist lediglich **Nicastro,** das auf einer Erhebung die von den beiden neuen Siedlungskernen durchbrochene, intensiv landwirtschaftlich genutzte Ebene dominiert. Der mit 35.000 Einwohnern bevölkerungsreichste Stadtteil ist byzantinischen Ursprungs, erlebte seinen wirtschaftlichen und kulturellen Auf-

Durchaus sehenswert: Centro Storico von Catanzaro

stieg aber erst in normannischer und staufischer Zeit. Nachdem Nicastro 1638 von einem Erdbeben heimgesucht worden war, wurde es in größerem Ausmaß wieder aufgebaut. Die wichtigsten architektonischen Zeugnisse, die diese Phasen der Lokalgeschichte dokumentieren, sind die Ruinen des **normannischen Kastells** über dem Centro Storico, dem pittoresk am Berg klebenden Ortsteil S. Teodoro, und die dort 1640 erbaute **Kathedrale S. Pietro e Paolo.**

Unterhalb von S. Teodoro breitet sich das neuere, recht lebhafte Nicastro in Richtung **Sambiase** aus, dem mit 19.000 Einwohnern zweitgrößten Stadtteil der neu formierten Gemeinde. Auf dessen Territorium sprudeln etwas außerhalb des Zentrums im gleichnamigen Ortsteil die 39 °C heißen **Terme Caronte,** deren schon von den Römern erkannte Heilkraft bei Stoffwechsel-, Haut- und Lungenkrankheiten zur Einrichtung eines Kurbetriebs geführt hat (von Juni bis Dezember).

Vom Bahnhof des modernsten und kleinsten, nur 2 km von der Autobahn entfernten Siedlungskerns, des 4000 Einwohner zählenden Gemeindeteils **S. Eufemia Lamezia** nahe der Küste, fahren Züge nach Norditalien, Südkalabrien, Sizilien und Catanzaro ab, und von seinem Flughafen werden die einzigen direkten Luftbrücken von Kalabrien ins europäische Ausland gebaut.

Bade- und kulturtouristisch ist die aufgrund ihrer landwirtschaftlichen Produktion und günstigen Verkehrsanbindung relativ wohlhabende Gemeinde nicht übermäßig attraktiv. Für Weinkenner ist Lamezia Terme dagegen eine wichtige Adresse, weil sich die lokalen Kellereien Lento, Statti und Christiano mit ihren weißen und roten DOC-Weinen einen internationalen Ruf erworben haben. Eine außerordentlich gute Qualität wird auch dem vor Ort kaltgepressten Olivenöl attestiert, insbesondere einer Sorte namens "Carolea".

• *Verbindungen* Moderner **Bahnhof** in S. Eufemia mit den o. g. Anschlüssen, außerdem Bahnhöfe in Nicastro und Sambiase mit Verbindungen zum Hauptbahnhof und nach Catanzaro. Alle 10 Minuten **Busverbindungen** vom Flughafen zum Bahnhof, nach Sambiase und Nicastro (Multiservizio, orangefarbene Busse); darüber hinaus innerstädtische Linien und Verbindungen nach Salerno, Catanzaro, die ionische Küste und Tropea.

• *Information* **APT,** am Flughafen, ✆ 0968/414111.

• *Einkaufen* Den o. g. **Qualitätswein** gibt es u.a. bei: Cantine Lento, Via del Progresso 1, ✆ 0968/23804; Azienda Agricola Chritiano, Località Angillito, ✆ 0968/21088; Wein und **Öl** bei: Statti cantine e frantoio, Tenuta Lenti, ✆ 0968/456138.

• *Kurbetrieb* **Terme Caronte,** Contrada Caronte, ✆ 0968/437980, 📠 0968/43702.

• *Mietwagen* **Avis u. a. Agenturen** am Flughafen.

• *Übernachten/Essen* *** **Grand Hotel Lamezia,** großes, modernes Mittelklassehotel direkt am Hauptbahnhof. DZ 75 €, EZ 56 €.

Piazza Lamezia, ✆ 0968/53021, ℻ 0968/53024.

*** **Rossini,** rein äußerlich das netteste Hotel, weil es in einem alten Palazzo untergebracht ist. Allerdings hat seine zentrale Lage mitten zwischen dem alten und neuen Nicastro einen Nachteil, denn es ist hier sehr laut. DZ 52 €, EZ 42 €. Via Loriedo 15, ✆ 0968/441207, ℻ 0968/441121.

** **San Carlo,** kleines, sehr einfaches und (obwohl zentral) recht ruhig gelegenes Haus mit Innenhofterrasse in Nicastro. DZ 50 €, EZ 38 €. Corso Nicotera 90, ✆ 0968/22858.

Al Tempo Perso, Restaurant mit Traditionsküche im Centro Storico von Nicastro. Via Antonio D'Ippolito 22, ✆ 0968/25883. So und Aug. geschlossen.

Im landwirtschaftlich genutzten Umland von Lamezia Terme gibt es erwartungsgemäß einige mit eigenen Produkten bekochte **Agriturismi,** darunter zwei auf stimmungsvollen historischen Langütern aus dem 15. bzw. 18. Jh.:

Torre dei Cavalieri di Malta, DZ 30–50 €. Gizzeria, Contrada S. Caterina 16 (an der Landstraße zwischen Sambiase und Gizzeria), ✆ 0968/466208, www.torredeicavalieri.it.

Le Carolee, DZ 35–55 €. Pianopoli (südöstlich von Nicastro), Contrada Gabella, ✆/℻ 0968/35076, www.carolee.it.

Tiriolo

ca. 4.000 Einwohner

Hübsches mittelalterliches Örtchen, das in erster Linie wegen der von dort eröffneten Aussicht auf beide Meere angesteuert wird, die schon den antiken Sagenhelden Odysseus betört haben soll.

Man genießt sie vom burggekrönten 823 m hohen Monte Tiriolo, der genau über der Mitte des sog. "Isthmus von Catanzaro" aufragt, wo Homer nach den jahrzehntelangen und in mehreren Publikationen (siehe Literatur, S. 38) dokumentierten Forschungen der deutschen Brüder Armin und Hans-Helmut Wolf das Land der Phäaken lokalisierte. Die ambitionierten Homer-Kenner, von denen der Erste, ein Architekt, leider verstorben ist und der Zweite, ein Historiker, den Golf von Squillace inzwischen zu seiner temporären Wahlheimat gemacht hat, haben übrigens nachgewiesen, dass der homerische Held entgegen späterer Behauptungen lokaler Hobbyhistoriker keineswegs vor Squillace, sondern vielmehr im Golf von S. Eufemia gestrandet war. Als er sich von dort auf den Fußweg ins Landesinnere gemacht hatte, wurde er am Lamatofluss bei Tiriolo von der Tochter des Phäakenkönigs Alkinoos Nausikaa freundlich empfangen und unter dem tiefen Eindruck des Zweimeeresblicks (ein Denkmal von Maurizio Carnevale an der zentralen Pizza erinnert daran) an den Hof des Vaters geleitet. Nachdem Odysseus dort von seinen Abenteuern erzählt hatte, stach er mit großzügiger Unterstützung der Gastgeber vor Squillace in See, um in seine Heimat im genau östlich gelegenen Ithaka zurückzukehren.

Nach Genuss der mit etwas Wetterglück um den Anblick der Äolischen Inseln "getoppten" Aussicht auf die beiden Meeresflanken empfiehlt sich ein Spaziergang durch die engen und steilen Gassen des malerischen alten Ortes, der wegen seiner textilen Handwerkstradition und insbesondere die dort aus Wolle oder Seide gefertigten schwarz-weißen Schals namens "vancali" bekannt ist.

• *Anfahrt/Verbindungen* Von Catanzaro über die SS 280 (Ausfahrt Sarrottino) oder die kurvenreiche SS 19 zu erreichen. **Busverbindungen** von/nach Catanzaro.

• *Information* **Rathaus (Municipio),** Viale Pitagora 4, ✆ 0961/991747.

• *Übernachten/Essen* *** **Residence Due Mari,** das mit Terrasse ausgestattete Hotel-Restaurant wird ungeachtet seines fantastischen Zweimeeresblicks, der auch von einigen Zimmern (darunter auch Vierbettzimmer und Apartments) zu genießen ist, u. a. wegen seiner gegrillten Brathähnchen gepriesen. Es gibt aber auch viele andere lokale Spezialitäten und abends Pizza. DZ 75–80 €, EZ 47–52 €. Via Seggio 2 – Viale Cavour 46, ✆ 0961/991064, ℻ 0961/990984, www.duemari.com. Das Restaurant ist im Winter montags geschlossen.

Die Schokoladenseite der kalabrischen Ostküste: Golf von Squillace

Golf von Squillace

Zwischen Catanzaro Lido und dem quirligen Badeort Soverato zeigt sich die ionische Küste Kalabriens von ihrer Schokoladenseite mit langen und gepflegten Sandstränden und felsenbegrenzten Buchten an einem blau-türkis glitzernden Meer. Dagegen erreicht man südlich von Soverato gleichsam badetouristisches Entwicklungsland, obgleich auch dort passable Strände und malerisch-verschlafene alte Dörfer wie Badolato locken.

Da das kleine mediterrane Paradies schon lange von Wasserratten und Sonnenanbetern begehrt wird und zudem im Einzugsbereich der Regionalhauptstadt liegt, wurde der hübsche Küstenstreifen in den vergangenen Jahrzehnten mit zahllosen Sommerhäusern und Hotels zugebaut.

Im für kalabrische Verhältnisse mondänen **Copanello,** das zur einige Kilometer höher gelegenen Gemeinde Staletti gehört, reichen die mehrheitlich recht gefälligen Villensiedlungen und Ferienanlagen fast bis zum Wasser. Die Begeisterung darüber erfährt einen Dämpfer, wenn man weiß, dass dort, wo sich heute wohlsituierte Kalabresen aus Catanzaro gemeinsam mit auswärtigen Urlaubern die frische Meeresbrise um die Nase wehen lassen, früher einmal ein Schatten spendender Pinienwald den Strand berührte. Ähnliches gilt für die ebenso badefreundlichen südlichen Nachbargestade von **Caminia,** die wunderschöne Felsenbucht **Lido Pietragrande** und **Montepaone-Lido.**

Doch nicht nur die Natur musste dem Wohlbefinden der Sommerfrischler Tribut zollen, auch archäologisch bedeutsame Zeugnisse der Vergangenheit sind der touristischen Erschließung des Gebiets zum Opfer gefallen. So ist das Grab von Cassiodorus (siehe S. 162), das Archäologen im Jahre 1953 in dieser Gegend entdeckt hatten, im Zuge der regen und häufig nur unzulänglich kontrollierten Bautätigkeit schlichtweg verschwunden, und auch in **Soverato** erinnert nichts mehr daran, dass auf seinem Boden einst die antike Hafenstadt Poliporto lag. Trotz alledem hat der Golf von Squillace mit den eher unspektakulären nördlichen Badeorten **Bottricello, Cropani Marina** und **Sellia Marina,** den reizenden alten Ortskernen von **Squillace** und **Badolato** sowie dem stimmungsvollen archäologischen Park von **Rocceletta di Borgia** auch Bildungsreisenden und Ruhebedürftigen allerhand zu bieten.

• *Verbindungen* **Bahnhöfe** (direkt an der Küstenstraße) Squillace, Montepaone-Montauro oder Soverato mit Verbindungen in Richtung Tarent bzw. Reggio Calabria. **Busverbindungen** entlang der Küste und nach Catanzaro.

• *Übernachten* ****** Hotel Villaggio Guglielmo,** sehr luxuriös, mit gepflegten Gartenanlagen, Pool und allem Schnick und Schnack. DZ 145 €, EZ 109 €. Copanello Lido, ✆ 0961/911321, ✆ 0961/911087.

***** Il Gabbiano,** nicht ganz so groß, nicht ganz so nobel, aber mit großer Terrasse zum Strand, freundlicher Einrichtung und lebhafter Atmosphäre. DZ 62–70 €, EZ 42–50 €. Via Lido 4, Lido di Copanello, Via Lido 6, ✆ 0961/911343, ✆ 0961/911437, www.hotelgabbiano.it.

***** Club Poseidon,** ein weiteres recht hübsches Hotel mit angeschlossenen Ferienapartements (2–4 Bettplätze 210–960 € pro Woche) am Lido von Copanello. HP 40–75 €. ✆ 0961/911252 u. 0961/911270, ✆ 0961/576163.

***** La Giara,** in jeglicher Hinsicht sehr ansprechendes Ambiente. Das in Wohn- und Gastronomiebereich aufgeteilte Haus liegt in einem Obstgarten in einer kleinen felsumrandeten Bucht. DZ 78–125 €, EZ 50–94 €. Località Pietragrande (Montauro), ✆ 0961/576575 u. 0961/576163, ✆ 0961/576163.

***** Hotel-Residence Estella,** gepflegtes Haus in einer ebenso gepflegten Gartenanlage mit Pool, Tennisplatz etc. am Strand von Montepaone. DZ 52–120 €, EZ 26–54 €. Viale delle Province 37, ✆ 0961/576721, ✆ 0961/576615, www.estellaclub.com.

Camping/Villaggio Blanca Cruz, sehr schöner Campingplatz unter Bäumen direkt am Meer. Stellplätze und kleine Ferienwohnungen. Die Anlage liegt zwischen Copanello und Pietragrande am Lido di Caminia. ✆ 0961/911081 u. 0961/745495, ✆ 0961/745567.

Villaggio Turistico Giovanni Aversa, schlichte Ferienhäuschen mit 5–9 Bettplätzen mit angeschlossenem kleinen Laden und Bar, das Ganze unter sympathischer familiärer Regie direkt am Lido di Caminia. Preisbeispiel: Vierbetthäuschen 25–50 € pro Tag. ✆ 0961/911259 (villagio), 0961/911346 (priv.) oder 338/8769439.

Camping/Case Vacanze Lungomare, dieser nette Campingplatz mit angeschlossenen Ferienwohnungen in der Straße nebenan liegt in der Nähe eines sehr schönen Badestrandes im ansonsten nicht sonderlich hervorrstechenden Cropani Marina im Norden der Regionalhauptstadt. Als relativ ruhiger Stützpunkt zur Erkundung der Küste und der Sila, die von dort über den höher gelegenen alten Ortskern mit seinem sehenswerten spätmittelaterlichen Dom gut zu erreichen ist, ist er dennoch zu empfehlen. Eine moderne Ferienwohnung für 4–5 Personen ist dort z. B. schon für relativ günstige 340–810 € pro Woche zu haben. Viale Venezia, ✆/✆ 0961/961167 oder (priv.) 0961/962072, www.campinglungomare.com.

• *Essen und Trinken* Alle Hotels betreiben auch Restaurants mit einer natürlich von Fischgerichten dominierten Speisekarte (oft aber auch Pizza). Bei gutem Wetter wird auf Terrassen oder in Gärten serviert.

La Cabana, die allseits zu Recht empfohlene Adresse fürs stimmungsvolle Fischessen: hervorragende Küche, Blick aufs Meer, überaus freundliche Inhaber. Lido di Caminia, Via del Mare, ✆ 0961/911093. Im Winter nur am Wochenende bekocht.

Il Giardino dei Sensi, nomen es omen. Der "Garten der Sinne" stimuliert dieselben mit appetitlich angerichteten lokalen und internationalen Spezialitäten und einer guten Auswahl italienischer Weine. Montepaone Lido, Via Nazionale 221, ✆ 0967/576670. Im Winter Di Ruhetag.

• *Nachtleben* **Rebus,** große Disko für verschiedene Musikgeschmäcker am Strand von Caminia.

Rotonda, für ein etwas älteres Publikum, mit Panoramablick auf Meer und Berge, an der Piazza Susanna in Copanello.

Ob die überregional bekannte Diskothek **La Scogliera** in der Bucht von Pietragrande 2004 wieder eröffnet, war noch nicht klar.

La Marinella, Disko-Bar. Soverato, Via Lungomare Europa (nur im Sommer).

Squillace

ca. 3.000 Einwohner

Mit dem an den Hängen der Serre 341 m über dem Meer in eine klassische, von Pinien und Olivenhainen dekorierte mediterrane Küstenlandschaft eingebetteten Ort verbinden sich gleich zwei berühmte Namen: Cassiodorus und Odysseus.

Squillaces Ortskern liegt 8 km landeinwärts von der Küstenstraße SS 106 und wartet mit den Resten eines normannischen Kastells, einer mehrmals veränderten, aber wohl schon aus dem 5. oder 6. Jh. stammenden Kathedrale und dem heute als Rathaus fungierenden imposanten Palazzo Pepe auf. Auf dem Gemeindegebiet wurde im Jahre 490 der Staatsmann und Schriftsteller **Flavius Magnus Aurelius Cassiodorus** geboren. Nachdem der Spross einer römischen Adelsfamilie den Rang eines Ministers am Hofe des Gotenkönigs von Ravenna bekleidet hatte, kehrte er wieder nach Kalabrien zurück und betrieb dort Studien über historische und theologische Themen, die in eine Reihe umfangreicher Schriften, darunter eine zwölfbändige Geschichte der Goten, mündeten. Das von ihm in der Nähe von Squillace gegründete, inzwischen jedoch vom Zahn der Zeit zerfressene **Kloster Vivarium** entwickelte sich deshalb zu einem geistig-kulturellen Zentrum, das die wissenschaftliche Arbeit vieler Klöster im näheren und weiteren Umfeld befruchtete. An seinem früheren Standort auf dem Felsvorsprung der Punta Stalettì über den Traumstränden von Copanello und Caminia erhob sich lange Zeit das einzige Hotel der Gegend, in dessen ansprechendes früheres Domizil neuerdings ein naturkundliches Privatmuseum namens **Museo Naturalistico Libero Gatti** eingezogen ist (an der SS 106, aus Richtung Squillace direkt hinter dem Tunnel; Piazzale Elvira Marincola Cattaneo 4, ✆ 0961/911530; 16–19 Uhr, Juli/Aug. bis 23 Uhr, Eintritt 5 €.)

Nach Cassiodorus war die antike, direkt an der Küste verortete Vorgängerstadt von Squillace (griech, Skylletion, röm. Scolacium) von **Odysseus** gegründet worden. Unabhängig davon, ob der nun eine authentische oder fiktive Figur gewesen ist, trat er gemäß der eingehenden Analyse des homerischen Textes durch die Gebrüder Wolf (siehe Tiriolo) vom damaligen Osthafen der Phäaken den Heimweg nach Ithaka an, sodass die phäakische Königstochter Nausikaa ihn dort allenfalls verabschiedet, nicht aber empfangen haben kann.

Mit unstrittigen und felsenfesten historischen Tatsachen hat man es im **Parco Archeologico Rocceletta di Borgia** an der Küstenstraße unterhalb von Squillace zu tun. Dort sind neben der von mehreren Baustilen geprägten, vermutlich aber im 11. Jh. von den Normannen errichteten Kirche Roccelletta del Vescovo di Squillace diverse Mauerreste aus römischer Zeit, darunter Thermalbäder und ein Theater, zu besichtigen. Das malerisch verfallene, fast mystisch anmutende Gotteshaus und die steinernen Spuren der antiken Zivilisation verteilen sich in einem wunderschönen, weitläufigen Olivenhain.

• *Öffnungszeiten* Das **Ausgrabungsgelände** befindet sich direkt neben der Küstenstraße, der Eingang nach ca. 100 m an der von ihr abzweigenden Straße nach Borgia. Geöffnet ist es täglich von 9 Uhr morgens bis zum Sonnenuntergang, der Eintritt ist frei. ✆ 0961/391356.

• *Übernachten/Essen* In der Nähe des archäologischen Parks von Borgia bieten zwei **Agriturismi** Tisch und Bett. Der Erste, in einem Neubau eingerichtet, heißt **Borgo Piazza** und bietet die Aussicht aufs 2,5 km entfernte Meer. Vallo di Borgia, Contrada Piazza, ✆ 0961/391326, www.ponterio.3000.it. DZ 73 €.

Von Squillace genießt man einen Millionärsblick auf den gleichnamigen Golf

Der Zweite namens **L'Ovile** liegt weiter im Landesinneren, versprüht gediegenes historisches Gutshausflair und wartet zudem mit einem Pool auf. DZ 67–101 €. Località Roccelletta di Borgia, ✆ 0961/391418, ℻ 0961/391156.

Camping Calabrisella, schattige Stellplätze und kleine Bungalows am Strand von Squillace Lido (in der Nähe des archäologischen Parks). Von Mitte Juni bis Ende Aug. geöffnet. Località Roccelletta di Bórgia, ✆ 0961/391207, ℻ 0961/391500, www.campingcalabrisell.it.

Castrum, lokaltypisch bekochte Trattoria in der Altstadt von Squillace. Via G. Rhodio 10, ✆ 0961/912588. Mo Ruhetag.

San Luca, Einheimische loben dieses Restaurant in der Nähe von Amaroni (einige Kilometer nördlich von Squillace) im Landesinnern wegen der außergewöhnlichen Küche und des überzeugenden Preis-Leistungs-Verhältnisses. Amaroni, Contrada S. Luca, ✆ 0961/913142. Mo Ruhetag

Soverato

ca. 10.000 Einwohner

Wenn die Einwohnerzahl der seit Mitte des 19. Jh. direkt am Meer gewachsenen, architektonisch unspektakulären Stadt in der Sommersaison explodiert, präsentiert sich das badetouristische Zentrum der Provinz Catanzaro äußerst trubelig bis chaotisch.

Der herausgeputzte, eigentlich durchaus sympathische Lungomare wird dann zur Vergnügungsmeile mit Rummelplatzatmosphäre, und die Straßen des aufgrund einer stattlichen Anzahl von Geschäften ohnehin recht belebten Ortszentrums sind mit Autos verstopft, zumal man in Soverato und Umgebung in einer Reihe von Diskotheken die Sommernacht zum Tage machen kann.

Davon, dass die Häuser des modernen Soverato höchstwahrscheinlich auf dem Boden der antiken Hafenstadt Poliporto hochgezogen wurden, ist heute nichts mehr zu spüren. Die Erkenntnis, dass dort, wo heute Heerscharen von Touristen flanieren, einst in großem Stil Waren für den Transport zwischen Crotone und Locri eingeschifft wurden, ist einem großen Unwetter im Jahre 1929 zu verdanken, das die Reste römischer Magazine zur Zwischenlagerung von Getreide, Öl und Wein am Strand von Soverato freispülte.

- *Verbindungen* Siehe oben unter "Ionische Küstenorte".
- *Information* **Pro Loco,** Via Amedeo.
- *Krankenhaus* **Complesso Ospedaliero Soverato-Chiaravalle,** Via Don Carlo Cardona, ✆ 0967/539111.
- *Übernachten* *** **Hotel S. Domenico,** helle, moderne Architektur, riesige Dachterrasse mit Blick aufs Meer, den kleinen Fischerhafen von Soverato und die schönen Küstenkonturen von Copanello, freundliche Bar direkt am Strand, gut ausgestattete Zimmer zum Meer (etwas teurer) oder zur Straße: Das 80-Zimmer-Haus am nördlichen Ortsausgang ist zweifellos das schönste, natürlich auch entsprechend frequentierte Hotel am Platz. DZ 70–110 €, EZ 40–90 €. Via della Galleria, ✆ 0967/23121, ☏ 0967/521009, www.sandomenicohotel.it. März bis Okt.

*** **Nettuno,** nicht weit vom Meer und standardmäßig ausgestattet. DZ 45–100 €, EZ 52 €. Via Magna Grecia, ✆ 0967/25371, ☏ 0967/25660, www.hotelnettunosoverato.it.

- *Essen und Trinken* In Soverato gibt es erwartungsgemäß eine Menge von Restaurants und Pizzerien (und dazu noch entsprechende Angebote in den Hotels). Sehr einladend ist z. B. ein Lokal mit dem neuitalienischen Namen **Ristorante Palm Beach** am Corso Umberto I 34, ✆ 0967/21888. Darüber hinaus noch zwei weitere Tipps:

La Perla, von Einheimischen empfohlenes Restaurant in Meeresnähe. Via C. Colombo 6, ✆ 0967/25815. Mo Ruhetag.

Osteria Lo Sciamano, kreative lokale Land- und Meeresküche. Via G. Marconi 28, ✆ 0967/522564. Mi Ruhetag.

- *Nachtleben* Am Lungomare von Soverato geht in der Sommersaison in folgenden Lokalen die Post ab: **Gange** (Live-Musik und Bier), **La Marinella** (Diskothek mit mehreren Tanzflächen), **Etnica** (latianamerkanische Musik), **Motoroil Beach** (American Pub).

Badolato (Marina)

ca. 3.500 Einwohner

Die kleine kalabrische Gemeinde in der von sanft ansteigenden Olivenhainen geprägten Küstenlandschaft zu Füßen der bewaldeten Serre hat an Weihnachten 1997 ein spektakuläres Zeichen der Humanität gesetzt und über 400 an ihrer Küste gestrandete kurdische Flüchtlinge aufgenommen. Aus dieser spontanen Geste der Solidarität entwickelte sich ein inzwischen ausgelaufenes, international beachtetes und von der Europäischen Union gefördertes Projekt, das sich als Initialzündung für die "sanfte" Tourismusentwicklung des fast verlassenen Dorfes erweisen sollte.

Der historische Ortskern von Badolato liegt sechs Straßenkilometer vom Meer entfernt in 240 m Höhe über dem Tal des Gallipari. Im Dorf selbst, aber auch unter- und oberhalb davon gibt es eine Reihe von Kirchen und Klöstern, die im Laufe der Jahrhunderte von Basilianern, Franziskanern und Dominikanern errichtet und bewirtschaftet worden sind. Auch die übrigen, zu Beginn des 20. Jh. gut 5000 Bewohner von Badolato sicherten sich mit Landwirtschaft, Vieh- und v. a. Schweinezucht sowie der Verarbeitung von Leder, Holz, Seide, Leinen und Wolle lange Zeit ihr bescheidenes Auskommen, bis ihnen kurz nach dem Zweiten Weltkrieg durch zwei Katastrophen die Lebensgrundlage entrissen wurde: Zunächst wütete ein heftiges Erdbeben, und nur wenig später folgte eine gewaltige Überschwemmung, sodass große Teile des Dorfes zerstörte wurden.

Nicht zuletzt mit Hilfe der Gelder der daraufhin zahlreich ins Ausland emigrierten Dorfbewohner siedelten sich die Verbliebenen seit Mitte der 1950er Jahre an der Küste an, sodass sich der meerzugewandte Teil des Ortes recht schnell zum eigentlichen Zentrum entwickelte und die Einwohnerzahl auf dem Hügel auf 600 Seelen zurückging.

Ein gutes Beispiel für eine nachhaltige Tourismusentwicklung: Badolato

Jahrzehnte später kamen einige Kommunalpolitiker auf eine ungewöhnliche Idee: Im Jahre 1980 erschien in der Lokalpresse die Schlagzeile "Paese in vendità – Dorf zu verkaufen", die weit über Kalabrien hinaus für Aufsehen sorgte und 1987 das letztlich zurückgewiesene Kaufinteresse von Silvio Berlusconi weckte.

Nachdem am 26. Dezember 1997 am Strand von S. Caterina ein mit 800 kurdischen Flüchtlingen überfülltes Schiff namens "Ararat" vor Anker gegangen war, waren diese Pläne vom Tisch, weil sich die Einwohner des Ortes (inklusive Bürgermeister und Gemeinderat) spontan entschieden, etwa die Hälfte der Gestrandeten aufzunehmen und vorübergehend in der ehemaligen Grundschule des mittelalterlichen Ortskerns unterzubringen. Daraus entwickelte sich im Frühjahr 1998 ein von der EU finanziell unterstütztes Pilotprojekt zur Integration von Flüchtlingen und der Entwicklung strukturschwacher europäischer Gebiete, das von in- und ausländischen Flüchtlingssolidaritätskomitees getragen und der "Associazione Internazionale Pro Badolato" vor Ort koordiniert wurde. Die daraus hervorgegangenen Einzelprojekte, darunter ein Eine-Welt-Laden und ein kurdisches Restaurant, sind mit der sukzessiven Abwanderung der meisten Kurden inzwischen wieder eingegangen, und die "Associazione Internazionale Pro Badolato" hat ihre Arbeit eingestellt.

Gleichwohl ist in Badolato nichts mehr wie zuvor. Die zentrale Piazza des Ortes bekam eine neue Pflasterung, und viele historische Wohnhäuser wurden restauriert verkauft, u. a. an reiche Amerikaner. Einer der früheren Aktivisten von "Pro Badolato" hat mit viel persönlichem Engagement und Risiko gemeinsam mit Partnern die Agentur "Costa degli Angeli" gegründet, die ebenfalls alte Häuser aufgekauft und mit Respekt vor lokalen Handwerkstraditionen und viel Gusto zu komfortablen Ferienwohnungen umgebaut hat. Wenngleich unterdessen kommerziell betrieben, steht die Agentur nach wie vor für die Förderung eines nachhaltigen, historisch-kulturell orientierten Tourismus ein und ihren Gästen mit Rat und Tat für die individuelle Entdeckung von Ort und Umgebung zur Seite.

Der meerzugewandte Teil der Gemeinde ist weit weniger eindrucksvoll und aufgrund seiner oben erwähnten Entstehungsgeschichte städtebaulich gesichtslos. Seine recht triste und schmucklose Strandpromenade versprüht allenfalls den wilden Charme eines vom Tourismus noch nicht wachgeküssten süditalienischen Küstenortes. Ganz nett und durchaus badefreundlich sind dagegen seine hellen Kieselstrände, sodass man einen Aufenthalt im alten Badolato durchaus mit Badefreuden kombinieren kann.

• *Verbindungen* **Bahnhof** in Badolato Marina mit Verbindungen zu den nördlichen und südlichen Küstenorten. **Busverbindungen** entlang der Küste bis Catanzaro bzw. Locri.

• *Information/Übernachten* **Costa degli Angeli,** der sympathische Domenico Luzzi, der in Deutschland studiert hat, und sein Team vermieten die oben angepriesenen, insgesamt 7 Wohnungen mit 30 Bettplätzen und liefern darüber hinaus Informationen zu Ort und Umgebung. Ein Zweipersonendomizil kostet je nach Saison von 230 bis 350 € pro Woche. Je nach Auslastung kann man auch nur eine Nacht bleiben, was dann mit 30–40 € pro Nacht zu Buche schlägt. Corso Umberto I (direkt an der Piazza), ✆ 0967/815807 oder 328/1655773, www.costadegliangeli.com, costadegliangeli@virgilio.it.

• *Übernachten/Essen* **Zangarsa (Agriturismo),** in diesem schönen Anwesen etwa auf halber Strecke zwischen dem Meer und dem alten Ortskern von Badolato stimmt alles: gut ausgestattete Zimmer in einem stimmungsvollen historischen Gutshaus, schöner Vorhof mit Blick aufs Meer, leckeres Essen mit selbst produzierten Zutaten und eine reizende Mehrgenerationeninhaberfamilie namens Epifani. DZ und HP 40 €. Auf Vorbestellung auch externes Restaurant. Contrada Zangarsa, ✆ 0967/85043 oder 0967/85226 (privat).

Gocce di Sole (Agriturismo), auf diesem in Familienregie biologisch bewirtschafteten Bauernhof hat die rührige Irene Circosta nach ihrem Studium in Rom die Regie übernommen. Seither gibt es vier Bettplätze und ein lokaltypisch bekochtes Restaurant, das man sich nicht entgehen lassen sollte (Juli/Aug. täglich 19.30–24 Uhr, sonst nur Sa/So). Der Hof liegt in Badolatos südlichem Nachbarort Marina di S. Caterina Ionio in Meeresnähe. DZ 40–44 €. Località Ponzo, ✆ 0967/814032 oder 328/0977813.

Camping L'Oasi, nette Anlage mit Stellplätzen und kleinen Bungalows mit Außenküche. Zwischen Schatten spendenden Bäumen und dekorativen Oleanderbüschen direkt am Meer gelegen. Sympathische Bar (Restaurant) und sehr netter Service. Badolato Marina, Via Bocca Barone, ✆ 0967/814276.

Sila Piccola

Die "Kleine Sila" unterscheidet sich hinsichtlich ihrer Pflanzen- und Tierwelt kaum von ihren nördlichen Schwestern Sila Greca und Sila Grande (siehe S. 145). Ihre touristische Infrastruktur – neben Hotels vornehmlich aus Holz gebaute Ferienhäuser – konzentriert sich auf dem Territorium der 3000-Einwohner-Gemeinde Taverna, wo die Wiege des international bekannten Barockmalers Mattia Preti (1613–1699) stand.

Dessen künstlerische Karriere begann im Jahre 1630, als er seinem älteren Malerbruder Gregorio nach Rom folgte. Später arbeitete er vornehmlich in Neapel, wo er Kirchen und Adelspaläste mit bis heute bewunderten Gemälden ausschmückte. Einen weiteren lokalen Schwerpunkt seines künstlerischen Schaffens bildete die Insel Malta, auf der er u. a. die gewaltige Kuppel der Kathedrale von San Giovanni gestaltete. Auf dem Höhepunkt seines Ruhms kehrte er hin und wieder nach Kalabrien zurück und hinterließ auch dort seine künstlerische Handschrift.

Seine Werke schmücken die beiden Kirchen seines Heimatdorfes – S. Domenico und S. Barbara –, wobei auf dem Gemälde "San Giovanni Battista" (Johannes der Täufer) ein Selbstporträt des zum "Cavaliere di Malta" (Ritter von Malta) ernannten Künstlers integriert ist (9–12.30 Uhr). Ein weiteres Ölgemälde, das ebenfalls dem großen Sohn der Stadt zugeschrieben wird, zählt zu den wichtigsten Exponaten des dortigen **Museo Civico,** das außerdem (neben einer Reihe von Kunstwerken aus dem 18. und 19. Jh.) eine Schaffensprobe seines Bruders Gregorio Preti präsentiert. Das Museum im ehemaligen Konvent S. Domenico ist außer montags täglich von 9 bis 12.30, von April bis Oktober zudem zwischen 16 und 19 Uhr zu besichtigen (Eintritt 1 €, ✆ 0961/924824).

Die relativ behutsam in die Buchen- und Kiefernwälder nördlich von Taverna eingefügten Einfamilienholzdomizile wohlsituierter Catanzaresi, die sich dort schon seit den 1930er Jahren von den hochsommerlichen Hitzewellen an den Küsten erholen, bilden zusammen mit einigen Hotels und Pensionen die Hauptferienorte **Villagio Mancuso** und **Villaggio Racise** auf 1319 bzw. 1277 Höhenmetern. Von dort starten markierte Wanderwege in die nähere und weitere Umgebung, etwa eine zehnstündige Tour nach Tiriolo.

Die Entstehungsgeschichte von Villagio Mancuso ist untrennbar mit der Initiative des inzwischen verstorbenen Eugenio Mancuso verbunden, der 1930 inmitten der heimischen Wälder ein Hotel eröffnete. Das gänzlich aus Holz zusammengezimmerte Traditionshotel "Grande Albergo Parco delle Fate" (zu Deutsch: "Feenpark") ist das auffälligste Gebäude und die größte Sehenswürdigkeit von Villaggio Mancuso. Es erinnert ein wenig an ein weihnachtliches "Knusperhäuschen" und ist in seinem Innern mit handgewebten farbenfrohen Stoffen aus San Giovanni in Fiore dekoriert.

• *Anfahrt/Verbindungen* Über die A 3 (Ausfahrt Lamezia Terme), dann die SS 280 bis Catanzaro, von dort die SS 109. Nächste **Bahnhöfe** in Catanzaro und Catanzaro Marina. Täglich **Busverbindungen** vom und zum Bahnhof der Ferrovie delle Calabrie in Catanzaro.

• *Information* **Comando Forestale "Monaco",** 8–19 Uhr. Contrada Monaco di Villaggio Mancuso, ✆/✉ 0961/922030.

• *Übernachten/Essen* *** **Grande Albergo Parco Delle Fate,** zum bereits oben Geschilderten muss noch hinzugefügt werden, dass das Hotel auch noch mit einem schönen Garten und einem Tennisplatz aufwarten kann. Bis zum Tod des Hotelgründers im Jahr 2002 gehörten Hotel und das typisch silanisch bekochte Restaurant zu den ersten kalabrischen Adressen, was dem Vernehmen nach infolge häufiger Besitzerwechsel danach (u. a. Leserinformation) nicht durchgängig garantiert war/ist. DZ 62–78 €, EZ 42–52 €. Villaggio Mancuso, ✆/✉ 0961/922057.

** **Hotel della Posta,** kleines, gemütliches Haus mit sechs Zimmern, in dessen Restaurant man sich fast wie im Wohnzimmer fühlt. Ganz in der Nähe des "Feenparks". DZ 38–50 €, EZ 22–30 €. Villaggio Mancuso, ✆ 0961/922074.

* **Camping Racise,** einziger Campingplatz in der Gegend. Villaggio Racise, ✆ 0961/922009.

Was haben Sie entdeckt?

Bitte schreiben Sie uns, wenn Sie Anregungen oder Empfehlungen haben. Was war Ihre Lieblingstrattoria, in welchem Hotel haben Sie sich wohl gefühlt, welchen Campingplatz würden Sie wieder besuchen?

Annette Krus-Bonazza
Stichwort "Kalabrien & Basilikata"
c/o Michael Müller Verlag GmbH
Gerberei 19
D-91054 Erlangen
E-Mail: krus.bonazza@michael-mueller-verlag.de

Hier kann man auch Segelyachten chartern: Hafen von Vibo Marina

Provinz Vibo Valentia

Weil sie sich an der Küste zwischen Pizzo und Nicotera und insbesondere am Capo Vaticano mit einigen traumhaften, fast karibisch anmutenden Stränden zum Meer öffnet, schlägt in der Provinz Vibo Valentia das touristische Herz der Region.

Hier, zwischen den mit Zitrusfruchtkulturen, Olivenhainen und Gemüsefeldern bewachsenen Ausläufern des Monte Poro (710 m) und einem kristallklaren, türkisblau leuchtenden Meer, konzentrieren sich wie nirgendwo sonst am südlichsten Ende Italiens Hotels, Campingplätze und Ferienclubs. Begünstigt durch die Nähe zum internationalen Flughafen Lamezia Terme logieren in der Provinz Vibo Valentia wesentlich mehr ausländische Urlauber als anderswo in Kalabrien. Allerdings wissen nur wenige von ihnen, dass ihre gleichnamige Hauptstadt nicht nur wegen ihres (Touristen-)Hafens interessant ist oder dass sich im Hinterland des Sonnen- und Badeparadieses, in den Wäldern der Serre, das etwas geheimnisumwitterte **Kartäuserkloster von Serra San Bruno** versteckt. Auch das kleine **Emigrationsmuseum in Francavilla Angitola** oder das unscheinbare Dörfchen Paravati, das jeder Kalabrese kennt, weil dort die schon zu Lebzeiten als **Heilige verehrte Natuzza** wohnt, tauchen auf der touristischen Landkarte nur selten auf.

Pizzo

ca. 8.500 Einwohner

Der pittoreske Fischerort mit seinen idyllischen schmalen Gassen, die steil und geradewegs vom Stadtzentrum zum Meer führen, hat zweifellos eine Seite im Bilderbuch der mediterranen Welt verdient.

Kommt bereits bei einem Bummel durch die von vielen Obst- und Gemüsegeschäften, Lebensmittel- und Souvenirläden, kleinen Werkstätten, Bars und Restaurants belebte Altstadt südliche Urlaubsstimmung auf, so ist man spätestens bei einem "Tartufo di Pizzo" dem Charme von Pizzo erlegen. Man bekommt die fast schon legendäre handgerollte, in Kakao gewälzte und innen mit einer sämigen Schokoladensoße gefüllte Eisspezialität in fast jedem Café auf der großzügigen, quirlig-fröhlichen **Piazza della Repubblica.** Von der genießt man eine schöne Aussicht auf das Meer und das ihm vorgelagerte **Aragonierkastell,** das einst zum bedeutenden Schauplatz süditalienischer Geschichte wurde: Der Franzose Joachim Murat, dessen Mission es war, den Mezzogiorno von den Bourbonen zu befreien, wurde hier inhaftiert und am 13. Oktober 1815 erschossen. Neben dem im Jahre 1486 auf Geheiß von Friedrich von Aragon auf einem Felsen über dem kleinen Hafen erbauten Schloss, das in Erinnerung an diesen denkwürdigen historischen Tag im Volksmund "Castello Murat" genannt wird, ist die **Cattedrale di S. Giorgo** mit ihrer barocken Fassade aus weißem Marmor aus dem insgesamt gefälligen städtebaulichen Ensemble hervorzuheben.

Als besondere Sehenswürdigkeit gilt jedoch die kleine Grottenkirche **Chiesa Piedigrotta** etwa 2 km nördlich des Stadtzentrums am Strand des Ortsteils Prangi , in deren feuchtem Innern von lokalen Künstlern geformte Tuffsteinskulpturen zu bestaunen sind. Es heißt, dass sich Ende des 17. Jh. eine Gruppe von schiffbrüchigen neapolitanischen Seeleuten auf den Strand von Pizzo rettete und dort aus Dankbarkeit ein Marienbildnis hinterließ, zu dessen Ehren ihre Kollegen vor Ort einen Altar aufstellten. Nachdem das Gemälde wiederholt von Wind und Wellen fortgerissen, aber auch immer wieder zum Ort des Unglücks zurückgespült worden sei, habe man zu seinem Schutz die Chiesa Piedigrotta in den Fels gegraben, wo man der vom Zahn der Zeit und Meersalz angefressenen Madonna bis heute huldigt (9–13 u. 15–17.30 Uhr, im Sommer bis 19.30 Uhr).

• *Verbindungen* **Bahnhof** in Pizzo Marina (ca. 2 km südlich des Ortszentrums, kein Fahrkartenschalter!); von dort Verbindungen nach Lamezia Terme und über Tropea bis Reggio Calabria. Innerstädtische **Busverbindungen** zwischen Ortskern und Bahnhof, außerdem nach Catanzaro (über Flughafen Lamezia Terme), nach Vibo Valentia und zu den südlichen Küstenorten.

• *Information* **Pro Loco,** Castello Aragonese, ✆ 0963/531310, 📠 0963/531551.

• *Übernachten* ***** Hotel Murat,** kleines Stadthotel (14 Zimmer) in einem schönen Palazzo direkt an der Zentralpiazza. DZ 65–78 €, EZ 45–57 €. Piazza della Repubblica, ✆ 0963/534201, 📠 0963/534469.

A Casa Janca (Agriturismo), wegen seiner hoch gelobten Fisch- und Gemüseküche überörtlich bekanntes Landgasthaus in einer umgebauten alten Tonnara der "Thunfisch-Dynastie" Callipo, deren Mitglied Rita Callipo die Seele des Hauses mit Garten ist, in dem 6 Gästezimmer zur Verfügung stehen. Das Ganze liegt nördlich von Pizzo und ist ca. 500 m vom Strand entfernt. DZ ab 40 €. Località Marinella, ✆/📠 0963/264364. Nov.-Jan. geschlossen. Das Restaurant hat Mi Ruhetag.

Casa Armonia (Bed & Breakfast), hier erlebt man Pizzo mit Familienanschluss. Die sympathische Familie Feroleto – das sind die Eltern Franco und Teresa sowie die fast erwachsenen Kinder Giuseppe und Maria-Teresa – wohnt unweit der Piazza Repubblica und bietet ihren (maximal 6) Gästen Gemeinschaftsbäder und einen (Frühstücks-)Balkon mit Meeresblick. DZ 35–50 €, EZ 20–30 €. Via Armonia 9, ✆/📠 0963/533337, www.casaarmonia.com.

Camping Europa, der Platz liegt wie die meisten Hotels im nördlichen Ortsteil Prangi am Meer. SS 522, ✆ 0963/53436.

Villaggio/Camping Pineta Mare, große pinienbeschattete Anlage mit allen Serviceleistungen, direkt von der großen Küstenpiste SS 18 anzufahren, weiter außerhalb in nördlicher Richtung. ✆ 0963/264067.

• *Essen und Trinken* **La Lampara,** Fisch, wohin man schaut, nicht nur auf dem Teller: Die Wände der ansonsten schlicht eingerichteten kleinen Trattoria sind mit Motiven aus dem Fischerleben bemalt, dazwischen dokumentieren Schwarz-Weiß-Fotos das lokale Fischerleben, z. B. den Thunfischfang. Auf der Speisekarte stehen lokale Meeresspezialitäten, z. B. "tonno afumicato" (geräucherter Thunfisch), "pesce spada con melanzane" (Schwertfisch mit Auberginen) oder "filei vongole e fagioli" (hausgemachte Nudeln mit Babymuscheln und grünen Bohnen). Kurzum: ein stilechtes, von Ciccio und Rosa mit Herz geführtes Lokal für das kulinarische Erleben von Pizzo. Via Marcello Salomone 128, ✆ 0963/537296. Mi Ruhetag.

Paninoteca/Pizzeria Il Porticato, wer lieber keinen Fisch oder nur eine Kleinigkeit essen möchte, kann von dieser Pizzeria im Innenhof bzw. dem Treppenaufgang eines alten Palazzos am äußeren Rand der Piazza della Repubblica das pralle Leben aus gebührlicher Entfernung beobachten.

Wer direkt auf der Piazza della Repubblica speisen möchte, kann das z. B. in der **Ristorante-Pizzeria La Ruota** (✆ 0963/3532427, Mi Ruhetag) tun. Außerdem gibt es noch eine Reihe von Restaurants in der Nähe der Grottenkirche, darunter das **Piedigrotta** an der Via Prangi (direkt an der SS 522, ✆ 0963/531667), und das oben bereits empfohlene **A Casa Janca.**

• *Bars/Gelaterie* In jeder Bar-Gelateria an der Piazza della Repubblica gibt es diverse verführerische Eisbecher und natürlich das süße Aushängeschild Pizzos, den Tartufo. Manche sagen, dass er in der **Bar Ercole** am besten sein soll, andere favorisieren das **Dante** schräg gegenüber, während wieder andere meinen, dass es den ultimativen Tartufo in der **Gelateria Enrico** 3 km außerhalb vom Stadtzentrum im Ortsteil Prangi (wenige Meter vom Lido Sirena) gibt.

Das Emigrationsmuseum in Francavilla Angitola

Fast jede kalabrische Familie verfügt über Aus- und Einwanderungserfahrungen: Großvater, Vater oder Sohn, Onkel oder Tante, Kinder oder Enkel leben oder lebten zeitweise im Ausland bzw. haben sich in die norditalienischen Industriestädte aufgemacht, um dort ihr Glück zu suchen. So wunderte es kaum, dass eine 1989 unter der wissenschaftlichen Leitung des Viboneser Anthropologen Franco Vallone zusammengestellte Wanderausstellung mit dem Titel "Il Baule dell'Emigrante" (Der Koffer des Auswanderers) zum Riesenerfolg wurde. Im Laufe der Zeit wuchs der Bestand kontinuierlich an, da viele Besucher weitere Exponate aus ihrem privaten Fundus beisteuerten. Darunter waren alte Koffer und Stoffbündel, Fotografien und Briefe, Schiffsfahrkarten, Formulare von Banküberweisungen und andere amtliche Dokumente, aber auch Erinnerungsstücke, die mit in die Fremde genommen, und Geschenke, die von dort an die Daheimgebliebenen geschickt wurden. Angesichts der Vielzahl der zusammengetragenen Objekte und des enormen Publikumsinteresses entschloss man sich, ein Auswanderungsmuseum aufzubauen, das am 1. März 1995 in Vibo Valentia eröffnet und im Frühjahr 2000 in das kleine Dörfchen Francavilla Angitola in der Nähe des gleichnamigen Sees transferiert wurde.

Seine Bestände dokumentieren den historischen Zeitraum zwischen 1860 und heute, in erster Linie aber die kalabrische Emigration "nelle Americhe" (in die Amerikas).

Francavilla Angitola ist über die A 3 (Ausfahrt Pizzo) zu erreichen. Der Bahnhof der Gemeinde liegt außerhalb des Ortszentrums. Das Museum befindet sich im Palazzo Mannaccio (✆ 347/7617742) und ist Mo–Sa 10–12 und 16–18 Uhr geöffnet. Sollte man es dennoch verschlossen vorfinden, wende man sich an die Gemeinde (✆ 0968/722068, 📠 0968/722326). Informationen über das Projekt erhält man auch bei Franco Vallone (vallone.f@tiscalinet.it).

Der Palazzo Romei: eines der ältesten Häuser Vibo Valentias

Vibo Valentia (Marina)

ca. 35.000 Einwohner

Die Griechen nannten sie "Hipponion", seit der Stauferzeit hieß sie "Monteleone". Nur zur Zeit der römischen Herrschaft trug sie schon einmal ihren heutigen Namen, der ihr erst Jahrhunderte später (1928) wieder zugesprochen wurde. Heute ist Vibo Valentia eine geschäftige Provinzhauptstadt, zu deren Füßen – etwa 500 m tiefer – vor der Kulisse moderner Neubauten und eines riesigen Zementwerks das bunte Leben des Fischerei- und Touristenhafens von Vibo Marina pulsiert.

Ein Spaziergang von der Piazza Martiri d'Ungheria zum normannischen Kastell gleicht einer Zeitreise von der Gegenwart in die Vergangenheit der Stadt. Die Piazza liegt direkt an der Hauptgeschäftsstraße Corso Vittorio Emanuele, die von dort schnurgerade und stetig ansteigend den Berg erklimmt. An ihrem oberen Ende öffnet sich die stark frequentierte Flaniermeile links zur Piazza Razza, wo samstags ein **großer Markt** stattfindet.

Oberhalb der Piazza Razza verlängert sich der Corso Emanuele zur Via Buccarelli, um nach wenigen Metern von der zweiten Arterie des Provinzstadtlebens, dem **Corso Umberto I,** gekreuzt zu werden. Die elegante, von Palmen und Orangenbäumen gesäumte Straße, die die Grenze zwischen der Neustadt und dem Centro Storico markiert, wird mit der Piazza Diaz, der Piazza Garibaldi und der Piazza XXIV Maggio gleich von drei sehenswerten Plätzen flankiert. Sie endet an der **Villa Comunale,** dem von jahrhundertealten Bäumen beschatteten und blumenbepflanzten Stadtpark von Vibo Valentia. Hinter dem Park erhebt sich an der gleichnamigen Piazza die **Kathedrale S. Maria Maggiore e S. Leoluca,** die dem Schutzpatron der Stadt geweiht ist und seit 1680 zum Gebet ruft.

An der Piazza Diaz trifft man auf die **Chiesa di S. Maria La Nova** nebst angeschlossenem Kloster, die 1521 erbaut und seither mehrmals stilistisch modifiziert worden ist. Diejenigen, die sich eher von den steinernen Demonstrationen weltlicher Macht beeindrucken lassen, finden in dem im 19. Jh. erbauten Palazzo Gagliardi an der Piazza Garibaldi, dem Palazzo degli Uffici Finanziari und dem Palazzo della Giustizia auf der direkt dahinter liegenden Piazza XXIV Maggio drei geeignete Besichtigungsobjekte.

Von der Piazza Diaz erreicht man über die Treppen der Salita Cappuccini die Via Cordopatri, in der die **Palazzi Cordopatri und Romei** Aufmerksamkeit verlangen. Während der erste, 1784 erbaut, durch sein Portal und seine schmiedeeisernen Verzierungen beeindruckt, fällt der zweite, der schon aus dem 16. Jh. datiert, wegen seines hübschen Innenhofes ins Auge.

Nach einem weiteren kleinen Aufstieg hat man dann endlich das mächtige, zwischen 1055 und 1057 von Normannen errichtete und späteren Herrscherdynastien erweiterte **Kastell** erklommen. Für dessen Bau sind die Reste antiker Tempel verwendet worden, und man vermutet, dass just an dieser Stelle einst die Akropolis des griechischen Hipponion thronte. Wer mehr darüber erfahren möchte, kann das 1996 im Innern des Schlosses eröffnete **Museo Archeologico Statale "Vito Capialbi"** besuchen, das zahlreiche Exponate aus der griechischen und römischen Vergangenheit der Stadt präsentiert und täglich zwischen 9 und 19 Uhr geöffnet ist (Eintritt 2 €, ✆ 0963/43350).

Vibo Valentia Marina: Nicht nur für diejenigen, die von hier aus einen Ausflug auf die Äolischen Inseln unternehmen wollen, mit der eigenen Yacht unterwegs sind oder hier eine solche chartern möchten, ist der Hafen von Vibo Marina von Interesse. Der Handels-, Industrie-, Fischerei- und Touristenhafen rangiert nach dem von Reggio Calabria an zweiter Stelle auf der regionalen Rangskala, sodass rund um das Hafenbecken und in den umliegenden Straßen – vor allem in den warmen Monaten – rege Geschäftigkeit herrscht. Die erreicht ihren Höhepunkt, wenn am Nachmittag die Fischer ihren Tagesfang an Markthändler und Restaurantbesitzer verkaufen.

• *Verbindungen* **Bahnhof Vibo-Pizzo** an der Fernstrecke Mailand–Reggio Calabria bzw. Brenner–Sizilien; **Bahnhof Vibo Marina** an der Regionalstrecke Lamezia Terme–Reggio Calabria (via Tropea).

Busverbindungen innerhalb der Stadt, zu den Bahnhöfen, zwischen Vibo Valentia und Vibo Marina, zu den benachbarten Küstenorten, nach Reggio Calabria, Lamezia Terme und Catanzaro, im Sommer direkt zum Aquapark Zambrone.

Schiffsverbindungen (nur Mai–September) zu den Äolischen Inseln. Agenzia Foderaro, ✆ 0963/573301.

• *Information* **Pro Loco,** Piazza Diaz 11/12, ✆/℻ 0963/45300; **APT,** Via Forgiari 20, ✆ 0963/42008, ℻ 0963/44318.

• *Krankenhaus* **Ospedale Civile G. Jazzolino,** Piazza Fleming, ✆ 0963/9621.

• *Segeln* In Vibo Marina kann man bei mehreren Agenturen Segeljachten und Katamarane mit und ohne Skipper mieten. Eine Ansprechpartner ist Franco de Santis, Inhaber der Segelschule **Ostro,** deren "Mutterhaus" in Crotone zu kontaktieren ist: Via Reggio 19, ✆/℻ 0962/905526. Übers Handy ist Franco unter 335/7729236 zu erreichen. Detaillierte Infos über Bootstypen, Preise und Serviceleistungen (z. B. Transfer vom Flughafen) gibt es online unter www.ostro.it oder www.seatime.it.

• *Übernachten* ****** La Locanda Palazzo d'Alcontres (4),** gepflegtes kleines Hotel im gediegenen Ambiente eines geschmackvoll restaurierten historischen Stadt-Palazzos. Das hauseigene Restaurant genießt einen guten Ruf. DZ 100 €, EZ 75 €. Corso Umberto I 160, ✆ 0963/472669, ℻ 0963/541025, www.lalocandadaffina.it.

***** Risorgimento (3),** sehr schönes Stadthotel mit Atmosphäre in einem gepflegten alten Palazzo. Zentral gelegen, nahe dem Centro Storico. DZ 75 €, EZ 55 €. Via P. Colletta, ✆/℻ 0963/41125.

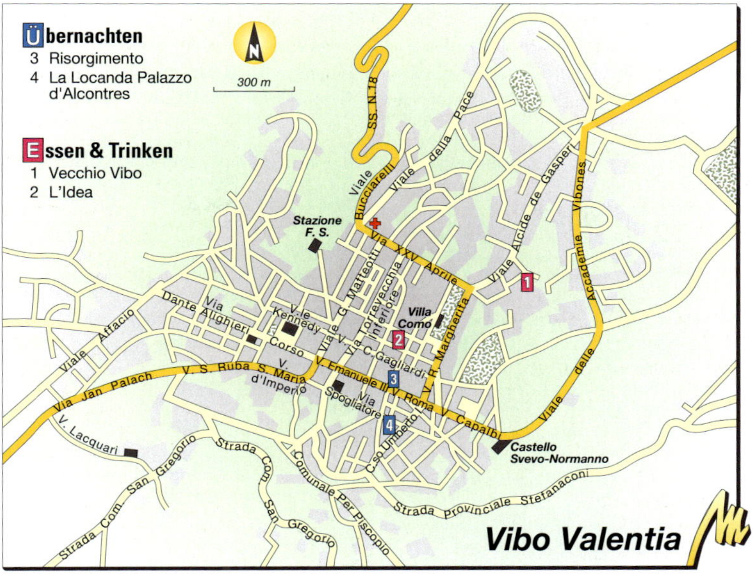

******Cala del Porto,** elegantes, modernes Hotel mit allem Komfort am Hafen von Vibo Marina. Es ist das zweite ökonomische Standbein des Besitzers des benachbarten u. g. Fischrestaurants erster Kategorie. DZ 115 €, EZ 85 €, 2er-Suite 160 €. Via Roma, ✆ 0963/577762, 📠 0963/577763, www.caladelporto.com.

Die nächsten **Campingplätze** liegen auf halber Strecke zwischen Vibo Marina und Briatico am Strand Trainiti (Gemeinde Porto Salvo): **Baia di Trainiti,** ✆ 0963/567217; **Eden Park,** ✆ 0963/567211; **La Zagara,** ✆ 0963/567095.

• *Essen und Trinken* Sowohl in Vibo Valentia als auch in Vibo Marina herrscht kein Mangel an Restaurants und Pizzerien aller Größenordnungen und Kategorien, wobei in der Hafenstadt der Fisch natürlich den kulinarischen Ton angibt. Hier nur eine kleine Auswahl:

Vecchio Vibo (1), das in einem umgebauten Pferdestall aus dem 18. Jh. auftischende Traditionsrestaurant, das abends auch einen Pizzaofen anheizt, gilt als eines der besten der Stadt. Via G. Murat 2, ✆ 0963/43046. Mi Ruhetag.

Osteria L'Idea (2), in dieser hausbackenen kleinen Osteria schräg gegenüber dem Hotel Risorgimento, kann man bei einfachen, aber sehr schmackhaften Gerichten (z. B. "pasta al forno") die Reisekasse entlasten. Via P. Colletta.

L'Approdo, das große, helle und elegante Fischrestaurant am Touristenhafen in Vibo Marina gilt als erste Adresse für den Genuss kulinarisch gelungener, kreativ angerichteter und perfekt servierter Fischspezialitäten. Dazu und danach steht eine große Zahl erlesener Weine und Digestifs zur Auswahl. Via Roma 22, ✆ 0963/572640.

Küste zwischen Vibo Valentia und Tropea

▸ **Briatico:** Abgesehen von der 1496 erbauten und inzwischen zum Nationalmonument erklärten Tonnara Mulino della Rocchetta und dem halbverfallenen Küstenturm Torre La Rocchetta aus dem 16. Jh. hat Briatico architektonisch und atmosphärisch nicht viel zu bieten. Zum Ausgleich ist der 4000-Einwohner-Ort jedoch an einem landschaftlich interessanten Küstenabschnitt gelegen, an dem steil abfallende, wild felsige Ufer mit badefreundlichen Sandstränden wechseln oder kombiniert sind. Sein ursprünglicher Ortskern ist nach dem Erdbeben von 1783 bis auf die Reste eines mittelalterlichen Kastells fast vollständig zerstört worden.

• *Verbindungen* **Bahnhof** im westlichen Ortszentrum an der Strecke Lamezia Terme–Reggio Calabria. **Busverbindungen** nach Pizzo, Vibo Valentia, Zambrone.

Von Mai bis Sept. **Schiffsverbindungen** (Foderaro, Infos siehe Vibo Valentia) vom Hafen Sant'Irene zu den Äolischen Inseln.

• *Übernachten* *** **Hotel Costa Azzurra,** einziges Hotel direkt im Ort. Es liegt an der hoch über einem Felsenstrand verlaufenden (recht schmucklosen) Küstenpromenade, hat also keinen Badestrand unmittelbar vor der Haustür. DZ 49–78 €, EZ 34–52 €. Via Lungomare, ✆ 0963/391062, ℻ 0963/391084.

*** **Hotel/Villaggio Club Baia della Rocchetta,** außerhalb des Ortes in Richtung Vibo Valentia. Riesige, fast schon zu gepflegte Anlage mit großen Rasenflächen zwischen den Gebäuden, repräsentativem Pool und direktem und exklusivem Zugang zu einem von Felsen dekorierten Sandstrand. Von Pauschalreisegruppen frequentiert und deshalb nur mit Vollpension zu buchen. VP im DZ 45–97 €. Località Punta Safò, ✆ 0963/391971, ℻ 0963/391981, http://web.tin.it/rocchetta.

Er hat seine Schuldigkeit getan: Sarazenenturm La Rocchetta

*** **Villaggio Hotel Lido San Giuseppe,** die "Hotelperle" von Briatico! Das kleine, aber feine "Mutterhaus" nebst Restaurant, das allein in einer Bucht und direkt an einem wunderschönen Sandstrand liegt, wurde jüngst um eine geschmackvolle neue Anlage mit luxuriös ausgestatteten Zimmern über der Bucht erweitert. DZ 90–173 €, EZ 56–108 €. Juli und Aug. je nach Auslastung evtl. Pensionspflicht und nur wochenweise Buchung. Die (Familien-)Direktion offeriert in der Saison ein Ausflugs- und Sportangebot (z. B. Tauchen). Località Brace, ✆ 0963/393037 u. 0963/395750, ℻ 0963/395828, www.villaggiosangiuseppe.it.

Villaggio Camping L'Africano, schöne, schattige Anlage am Ortsrand von Briatico. In der Platzmitte stilvoll dekoriert von einem von Bäumen flankierten antiken Säulengang, der zu einem ebenso alten Brunnen führt. Stellplätze und kleine Häuschen, das Ganze in ca. 200 m Entfernung von einer kleinen Felsenbucht. An der SS 522 Richtung Tropea, ✆/℻ 0963/391150, www.villaggiolafricano.it.

Villaggio Camping Dolomiti sul Mare, ebenfalls an der SS 522 in Richtung Tropea, ✆/℻ 0963/393009.

• *Essen und Trinken* Außer den Restaurants der Hotels und Campingplätze gibt es neuerdings das oben bereits erwähnte Fischrestaurant **Il Mulino della Rocchetta,** ein edles Lokal der oberen Preisklasse im stimmungsvollen Ambiente der alten Tonnara, die von bunten Fischerbooten und dem alten Küstenturm pittoresk flankiert wird. Via Marina, Di Ruhetag, Nov. geschlossen. ✆ 0963/391585, www.ilmulinodellarocchetta.com.

▸ **Zambrone:** Auf dem Gemeindegebiet des 200 m über dem Meer postierten 1600-Einwohner-Ortes liegen teilweise sehr schöne Strände. Größte Attraktion der touristischen Infrastruktur ist der **"Acquapark Zambrone"**, der sich insbesondere bei Reisenden und Tagesausflüglern mit erlebnishungrigen Kindern großer Beliebtheit erfreut. Der unmittelbar am Meer gelegene Vergnügungspark bietet diverse Becken, Wasserrutschen, Spielgeräte, Fast-Food-Bars und Restaurants, ist von Mitte Juni bis Mitte September geöffnet und überall bestens ausgeschildert.

• *Verbindungen* **Bahnhof** Zambrone mit Verbindungen nach Lamezia Terme und Reggio Calabria. **Busverbindungen** zu den benachbarten Küstenorten, nach Reggio Calabria und Catanzaro, im Sommer wegen des Acquaparks häufiger.

• *Übernachten/Essen* Es gibt insgesamt neun Campingplätze/Ferienclubs, meist mit kleinen Häuschen oder Wohnungen. In allen Clubs kann man auch essen, sodass man in der Gegend kaum eigenständige Restaurants findet. Zu den Ferienanlagen zählen:

**** **Villaggio Camping Sambalon,** direkt am Meer, Località Marina, ✆ 0963/392828.

*** **Villaggio Camping Albatros**, Località Marina ✆ 0963/392339.

A Pittara (Agriturismo), vier Doppelzimmer und zwei Ferienwohnungen mit 5 bzw. 6 Bettplätzen, eine zünftige, teilweise mit Produkten aus eigener Produktion (abends) bekochte kleine Trattoria auf einem herrlichen, von Olivenhainen und Weinstöcken überzogenen Fleckchen Erde. Das ist im Besitz des sympathischen und englischsprachigen Tropeano Raffaele Vizzone und liegt 3 km über dem Strand von Zambrone. DZ (ohne Frühstück) 35–45 €, Ferienwohnungen 400–700 € pro Woche. Località Qualtride (Zufahrt nach ca. 2 km auf der Straße nach Zambrone Centro), ✆ 0963/600025 oder 337/870825, www.agriturismo-apittara.it.

• *Nachtleben* Abtanzen kann man im Sommer in der **Diskothek Blue Inn.**

"Costa del Tonno" – Thunfischküste

Eigentlich könnte man der Küste zwischen Pizzo und Tropea auch "Costa del Tonno", Thunfischküste, nennen, da sie schon seit der Antike für die gute Qualität des dort gefangenen Thunfisches berühmt ist.

Dass den Fischern von Pizzo und Briatico, Vibo Valentia und Zambrone seit jeher so viele und so schmackhafte Exemplare des beliebten Fisches ins Netz gehen, hat damit zu tun, dass die Thunfische des Tyrrhenischen Meeres ihre Eier am liebsten nahe Sizilien ablegen. Deshalb passieren sie sowohl auf dem Hin- als auch auf dem Rückweg vom Laichen diesen Küstenstreifen. Ein im Sommer 2002 in den Kellergewölben der historischen Tonnara **Mulino della Rocchetta** in Briatico eingerichtetes Museum (während der Öffnungszeiten des unten auf S. 174 erwähnten Restaurants im selben Gebäude zu besichtigen) vermittelt einen Eindruck davon, wie und wo die Vorfahren der heutigen Fischer die Thunfische fingen und verarbeiteten. Heute wird der weißfleischige und äußerst delikate Thunfisch von Pizzo und Umgebung von den modernen Fischfabriken Callipo und Sardanelli in Gläser gefüllt und in Dosen geschweißt, sodass er Kalabrienreisenden in jedem kleinen Lebensmittelgeschäft und Supermarkt begegnet.

▶ **Parghelia:** Weil Parghelia nach diversen Erdbeben seit 1926 neu aufgebaut worden ist, gibt es in dem 7000-Einwohner-Ort keine nennenswerten historischen Monumente zu besichtigen. Gleichwohl präsentiert sich Parghelia, an dessen Ortsstrand sich eine Handvoll gepflegter Hotelanlagen aufreiht, mit seinen vornehmlich rosa gestrichenen Häusern recht hell und sympathisch. Ganz besonders freundlich wirkt eine der Eisenbahnstrecke zugewandte, mit Palmen geschmückte Reihenhaussiedlung aus den 1930er Jahren.

• *Verbindungen* **Bahnhof** an der Küstenstrecke Lamezia Terme–Reggio Calabria. **Busse** in die Nachbarorte.

• *Übernachten/Essen* ***** **Porto Pirgos,** gediegener Hotelkomfort in einem alten Herrenhaus, umgeben von einem wunderschönen Garten, gekrönt von einem atemberaubenden Blick aufs Meer und einem traumhaften Privatstrand. Das Feriendomizil der Spitzenklasse öffnet zwischen dem 15. April und dem 11. Oktober seine Pforten. DZ 242–456 €, EZ 147–253 €. Località Marina di Bordila, ✆ 0963/600351, ✆ 0963/600690, www.portopirgos.com.

****** Hotel Baia Paraelios,** nobel ausgestatteter Ferienclub mit großzügig und geschmackvoll angelegtem Garten und schön eingerichteten Zimmern. Direkt am Strand gelegen. 2er-Apartment pro Woche 609–1582 €. Località Fornaci, ✆ 0963/ 600300, ✆ 0963/600074. Juni-Sept. geöffnet.

**** Hotel Villaggio Sabbie Bianche,** größer, schlichter, in einem etwas bescheideneren Garten, aber auch direkt am Strand. DZ (pro Woche) 427–1.078 €. Località Milio, ✆ 0963/600007. Juni-Sept. geöffnet.

***** Hotel/Residence Tirreno,** moderne, saubere, wenn auch etwas nüchterne Hotel- und Ferienanlage mit Pool, von deren Garten man das 500 m entfernte Meer und die Altstadt von Tropea sieht. Vom 1.5 bis zum 1.10. geöffnet, wobei es im September nur noch Ferienwohnungen gibt. DZ 72–107 €, EZ 43–72 €. Località Cervo, ✆ 0963/ 600080, ✆ 0963/600566, www.tirrenohotel.it.

****** Hotel S. Lucia,** zwischen Bergen und Meer gelegenes, gepflegtes und modernes Hotel mit stilvoller Einrichtung und farbenfrohen Gemälden des italienweit berühmten tropeanischen Malers Albino Lorenzo. Allerdings blickt man über Straße und Eisenbahnlinie auf das Meer, zu dem einen das Hotelpersonal auf Wunsch chauffiert. DZ 70–115 €, EZ 46–75 €. Località S. Nicola, ✆ 0963/600722 u. 0963/600723, ✆ 0963/600653, www.hotel-santalucia.it.

Tropea

ca. 7.000 Einwohner

Abgesehen vom italienischen Hauptferienmonat August, wenn wahre Menschenmassen tagsüber den Strand bevölkern und sich bis tief in die Nacht über die Hauptflaniermeile Corso Vittorio Emanuele schieben, hat das auf einem Tuffsteinfelsen über dem Meer "klebende" Städtchen mit Aussicht auf die rauchende Vulkaninsel Stromboli das Attribut "Perle des Tyrrhenischen Meeres" zweifellos verdient.

Seit dem frühen Mittelalter war Tropea, das vermutlich griechischen Ursprungs ist, ein bedeutender Adels- und Bischofssitz sowie ein anerkanntes geistiges Zentrum der Region. Das dokumentieren die Reste der alten Stadtmauer, mehr als 50 Adelspaläste mit imposanten Portalen und Innenhöfen, der normannische Dom und eine Reihe weiterer Kirchen, Kapellen und Klöster.

Während die Altstadt Tropeas mit ihren engen Gassen und kleinen Plätzen eine malerische, bisweilen geheimnisvolle Atmosphäre ausstrahlt, ist der neue Teil des Ortes nicht sonderlich reizvoll. Hier befinden sich neben modernen Wohnhäusern und einigen kleinen Hotels u. a. Bahnhof, Banken und die Schulen der Gemeinde. Ebenfalls nur mäßig attraktiv ist der kürzlich touristisch aufpolierte Hafen und seine unmittelbare Umgebung, in der traditionell die tropeanischen Fischer zu Hause sind.

Mit den Emigrationswellen der letzten 100 Jahre und dem rasanten Ausbau des Tourismus gingen die landwirtschaftliche Produktion in der Umgebung Tropeas sowie der Fischfang, einstige Haupteinnahmequellen der Bevölkerung, kontinuierlich zurück. Allerdings bilden auch heute noch die Früchte der umliegenden Felder, allen voran die in alle Welt exportierten, milden roten Zwiebeln, sowie die Fische und Schalentiere des Tyrrhenischen Meeres die Grundlage der tropeanischen Küche. Deren Spezialitäten sind, heruntergespült mit süffigen lokalen Weinen in zahlreichen mehrheitlich familiengeführten Restaurants, Pizzerien und Osterien zu zu genießen. Während die meisten von ihnen bis vor zwei Jahren Mitte September ihre Pforten schlossen, hat sich die Saison inzwischen deutlich verlängert, sodass eine wachsende Zahl von Hotels und Restaurants selbst im Winter Tisch und Bett offeriert.

Die sich über gut 3 km erstreckenden ortsnahen Strände am Mar Piccolo, Mar Grande und Mar del Convento sind über Straßen und Treppen von mehreren

Eine der Schönheiten von Tropea: Santa Maria dell'Isola

Punkten des Stadtzentrums in fünf bis zehn Gehminuten zu erreichen. Weißer Sand und kristallklares, blau-türkis schimmerndes Wasser erlauben ungetrübte Badefreuden. Einige Strandbars und -restaurants sorgen während der Saison für das leibliche Wohl der Badegäste, vermieten Sonnenschirme, Liegestühle sowie Tretboote und bieten Tauch-, Surf-, Wasserski- oder Katamarankurse an.

Verbindungen/Information/Diverses

• *Verbindungen* **Bahnhof** in fußläufiger Nähe des Centro Storico (ca. 10 Minuten), von dort regelmäßige Verbindungen nach Lamezia Terme und Reggio Calabria, einmal täglich direkt nach Rom und Mailand.

Innerstädtische **Busverbindungen** von der Altstadt zum Bahnhof und zum Strand, im Sommer mit deutlich höherer Frequenz. Außerdem Busse zu den benachbarten Küstenorten, v. a. zum Capo Vaticano, nach Vibo Valentia, Reggio Calabria und Catanzaro.

Im Sommer **Schiffsrundfahrten** zu den Äolischen Inseln (45 €). Information bei **Tropeamar,** Via Stazione, ✆ 0963/603047, und Corso V. Emanuele 12, ✆ 0963/666098.

> Die Altstadt Tropeas ist im Juli und August für den Autoverkehr gesperrt.

• *Information* **Pro Loco,** 9–13 und 16.30–20 Uhr. Piazza Ercole 29, ✆ 0963/61475.

• *Einkaufen* Jeden Morgen etwa bis 13 Uhr wird auf dem Largo Africano hinter der zentralen Piazza Veneto ein **Fisch-, Obst- und Gemüsemarkt** abgehalten.

Erwartungsgemäß gibt es in der "Hauptstadt des Tourismus" eine stattliche Anzahl von **Boutiquen und Souvenirgeschäften,** die vornehmlich Strandgarderobe, Korallenschmuck oder regionaltypische Keramik in ihrem Sortiment haben.

Interessanter sind die Läden, die **kulinarische Erinnerungen** an den Kalabrienurlaub anbieten: etwa Gewürzmischungen, pikante Zwiebel- oder Auberginenpasten, getrocknete Kräuter, Tomaten, Steinpilze, Peperoni, lokale Wurstspezialitäten und geistige Getränke, z. B. den lokalen "Vecchio Amaro del Capo" (Kräuterlikör) oder einen Likörwein namens "Zibibbo". Ein ganz normaler und überaus sympathischer **Alimen-**

tari befindet sich an der Via Piave (von der Via Libertà kommend, oben links).

Leseratten sei das Schmökern im netten **Buchladen** von Caterina De Maria (Via Roma 27) empfohlen. Neben Belletristik (auch in Deutsch und Englisch) hat sie interessante Literatur über Kalabrien im Programm.

• *Krankenhaus* **Ospedale Civile Toraldo,** Via Provinciale, ✆ 0963/61522.

• *Mietwagen* Fahrbare Untersätze von Autos über Vespas bis hin zu Tandems vermieten: **Agenzia D'Affari Tropea 1,** Via Libertà 69(, ✆ 0963/666831, ℻ 0963/609042, www.tropea1.com; **Francesco Russo "Nuvola"**, Via Libertà, ✆ 0963/666287; **Autonoleggio La Torre**, Via F. Barone, ✆/℻ 0963/61608.

• *Parken* Ein großer Parkplatz befindet sich an der Strandpromenade unterhalb der Isola Bella.

Übernachten

Von Luxus- und Mittelklassehotels über moderne Apartmentanlagen und Privatzimmer bzw. -wohnungen in der Altstadt bis hin zu Campingplätzen sind alle Varianten und Preiskategorien vorhanden. Eine Liste mit den Vermietern von **Privatzimmern und -wohnungen** mit oder ohne Küche erhält man vor Ort bei der Pro Loco. Zwei ganz besonders nette Vermieter, Antonio und Sara La Torre, die Inhaber der Bar al Corso (✆ 0963/666100, 0963/603386 und 389/6726864), und die Familie Saturno in der Pizzeria La Napoli gleich nebenan (✆ 0963/62758 und 347/5365112), seien hier hervorgehoben. Sie vermieten Zimmer und kleine Apartments im Zentrum oder in der Nähe von Tropea, die je nach Saison zwischen 20 und 40 € pro Nacht und Nase kosten.

****** Rocca Nettuno (25),** inzwischen rund ums Jahr mit Pauschaltouristen belegtes, komfortables Hotel am westlichen Ortsrand oberhalb des Strandes und individuell kaum noch zu buchen. Mit Aufzug zum Privatstrand, Schwimmbad, Tennisplatz, Fitnessstudio und Animation. DZ 125–200 €, EZ 90–110 €. Via Annunziata, ✆ 0963/998111, ℻ 0963/603513.

***** Villaggio Hotel Le Roccette Mare (1),** direkt am Strand in einem Garten gelegen.

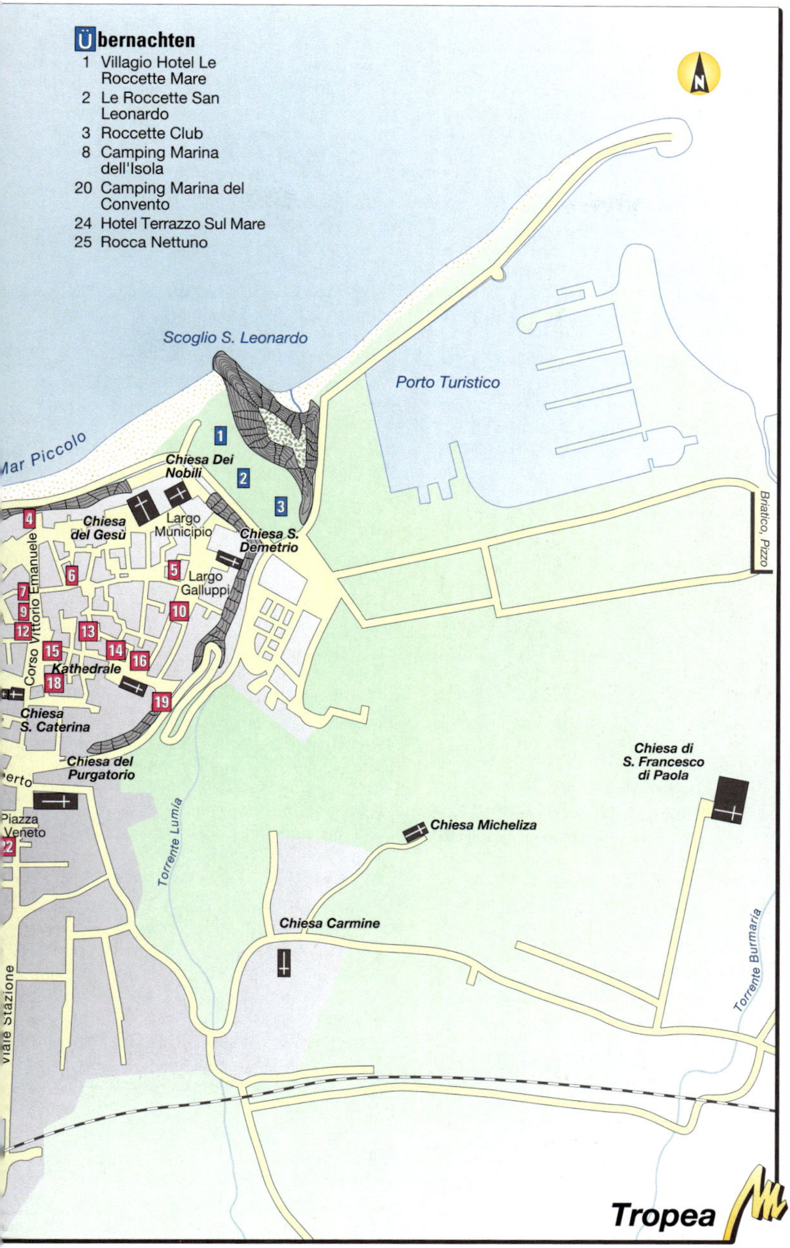
Übernachten
1 Villagio Hotel Le Roccette Mare
2 Le Roccette San Leonardo
3 Roccette Club
8 Camping Marina dell'Isola
20 Camping Marina del Convento
24 Hotel Terrazzo Sul Mare
25 Rocca Nettuno
Scoglio S. Leonardo
Porto Turistico
Mar Piccolo
Chiesa Dei Nobili
Chiesa del Gesù
Largo Municipio
Chiesa S. Demetrio
Largo Galluppi
Corso Vittorio Emanuele
Kathedrale
Chiesa S. Caterina
Chiesa del Purgatorio
Piazza Veneto
Briatico, Pizzo
Chiesa di S. Francesco di Paola
Chiesa Micheliza
Torrente Lumia
Chiesa Carmine
Torrente Burmaria
Viale Stazione
Tropea

Gepflegte Hotel- und Apartmentanlage, in deren Restaurant man unmittelbar am Meer speist. DZ und EZ ab 80 €, in der Saison (1.7.–8.9) keine Einzelzimmer und nur mit HP (80 €). Preisbeispiel Ferienwohnungen: zwei Räume mit drei Schlafplätzen 380–1040 € pro Woche. Via Mare Piccolo, ✆ 0963/61358, ✆ 0963/61450 (Saison), ✆ 0963/62214 (Winter).

*** **Le Roccette San Leonardo (2),** direkt neben dem Hotel Le Roccette Mare, ohne direkten Meerzugang. DZ 52–110 €, EZ 45–70 €, aber v. a. Ferienwohnungen. Preisbeispiel: Zweiraumwohnung 362–1000 € pro Woche. Via Mare Piccolo, ✆ 0963/666177 u. 0963/61461, ✆ 0963/61213.

*** **Le Roccette Club (3),** die dritte Anlage im Bunde, etwas weiter (einige Meter) vom Strand, aber in einem schönen Garten. Preisbeispiel: Zweiraumwohnung 310–1030 €. Via Mare Piccolo, ✆ 0963/61610 u. 0963/61911, ✆ 0963/609245.

** **Hotel Terrazzo Sul Mare (24),** einigermaßen zentral zwischen dem Rand der Altstadt und dem über Treppen erreichbaren Strand, allerdings in einer Straße mit neuerer Wohnbebauung. Vom (guten) Restaurant und der ihm vorgelagerten Terrasse schöner Meerblick. DZ 60–95 €, EZ 45–65 €. Via Libertà (Zona Croce), ✆/✆ 0963/61020 (Saison), 0963/666228 (Winter).

** **Camping Marina dell'Isola (8),** unterhalb der Stadt und direkt am Strand (neben der Insel), mit Stellplätzen und einigen Bungalows. Schattiger Platz mit einfachen, aber akzeptablen Sanitäranlagen, Lebensmittelladen und in der Hauptsaison Bar/Restaurant. ✆ 0963/61970, www.italiaabc.it/a/marinaisola/.

** **Camping Marina del Convento (20),** in unmittelbarer Nachbarschaft des Marina dell'Isola mit ähnlicher Ausstattung. Marina del Convento, ✆ 0963/62501 (Saison), 0963/61320 (Winter).

Essen und Trinken (siehe Karte S. 178/179)

Pimm's (4), für ein Abendessen mit exquisiten Fischspezialitäten in dem Luxusrestaurant mit Millionärsblick muss man schon etwas tiefer in die Tasche greifen. Largo Migliarese 14, ✆ 0963/603018. Mo Ruhetag.

Tre Fontane (18), freundliches kleines Restaurant mittlerer Preislage auf einem Platz am oberen Teil der Hauptstraße, das außer Pasta- und (leckeren) Fischgerichten auch Pizza auf der Speisekarte hat. Corso Vittorio Emanuele, ✆ 0963/61419.

La Bohème (14), Restaurant und Pizzeria direkt am Domplatz, wo man in vergleichsweise ruhiger und beschaulicher Atmosphäre und mit Blick auf die Kathedrale typisch kalabrische Land- und Meeresküche und eine recht gute Pizza bekommt. Via Roma 21.

Osteria del Pescatore (13), die richtige Adresse für Fischliebhaber. Die in einem Keller untergebrachte, einfach eingerichtete Osteria wird von einer reizenden tropeanischen Fischerfamilie betrieben, die fangfrische und delikate Fischgerichte in allen Variationen auf den Tisch bringt. Weil Fisch ja bekanntlich schwimmen muss, gibt es dazu einen recht süffigen Weißwein. Via del Monte, ✆ 0963/3603018. Nov.-März geschlossen.

Vecchio Forno (17), Pizza und Focacce, Paprika, Zwiebeln und Auberginen – gebacken im ehemals zentralen Backofen des Ortes – stehen auf der Speisekarte des rustikalen und preisgünstigen Lokals, das seine Tische in einer engen Altstadtgasse aufgestellt hat. Bei kühleren Temperaturen kann man an einem langen Tisch gegenüber dem Pizzaofen Platz nehmen. Via Caivano. April–Nov. abends geöffnet.

Pizzeria La Napoli (9), wer nicht so großen Hunger oder wenig Zeit hat, ist mit einem Stück Pizza mit Paprika, Kartoffeln oder Zucchini aus dem Backofen der reizenden Familie Saturno direkt an der Hauptflaniermeile gut bedient. Corso Vittorio Emanuele 10, ✆ 0963/62758 und 347/5365112.

Calypso (21), zum Lido Calypso gehöriges Restaurant direkt am Strand des Mare del Convento. Via Marina del Convento.

Lido Alex, gemütliches und gut bekochtes Restaurant mit Bar direkt am Strand, das auch im Winter geöffnet hat. Via Marina del Convento, ✆ 0963/62262.

La Cantina del Principe (10), gediegenes Restaurant in einem Kellergewölbe im ruhigeren Teil der Altstadt. Largo Galluppi 19, ✆ 0963/61400.

Don Rocco (16), lokale Küche, Pizza und Wein, rund ums Jahr gut besucht. Largo Duomo, ✆ 0963/607067.

Da Cecè (5), traditionelle Fischküche in einem schlichten, aber stimmungsvollen Altstadtlokal. Largo Toraldo Grimaldi, ✆ 0963/603219. Mai–Okt.

Sehen und gesehen werden: Corso V. Emanuele

Kulinarische Tipps im Hinterland von Tropea:

La Casareccia Da Franco, wer von der fischlastigen Küstenküche Tropeas genug hat, kann in dieser großen und lauten Trattoria einen feucht-fröhlichen Abend verbringen. Kalabrische Hausmannskost mit üppigen Vorspeisentellern mit lokalen Wurst-, Käse- und Gemüsespezialitäten, rustikalen und schmackhaften Pastagerichten mit Wildschwein- oder Steinpilzsoße und opulenten Fleischplatten vom Lamm, Schwein oder Rind sorgen für die richtige Unterlage. Contrada Pità, Brattirò.

L'Uliveto, etwas kleiner, gemütlicher, enorm preisgünstig und mit ähnlichen kulinarischen Vorzügen wie das Casareccia Da Franco (unbedingt Huhn probieren!). Man kann auch übernachten (DZ 40–50 €, HP 31–38 €). Contrada Catafari, Brattirò, ✆ 0963/68006.

Frammichè, gepflegte kleine Trattoria in einem alten Landhaus mitten im Grünen mit überzeugender, unverfälschter kalabrischer Küche. Der etwas weitere Weg lohnt sich. Man muss einen Tisch reservieren! Contrada Ceraso, Mesiano-Filandari, ✆ 338/8707476.

Bars/Cafés/Nachtleben (siehe Karte S. 178/179)

Sehen und gesehen werden kann man besonders gut und in angenehmer Atmosphäre in der (kulinarisch verführerischen) **Gelateria e Pasticceria Al Corso (7),** in der mit Antonio und Sara "Seelen von Menschen" hinter dem Tresen stehen, in der vornehmlich von Touristen frequentierten Eisdiele **Papillon (12),** deren Inhaber alle gut Deutsch sprechen, und im **Café de Paris (15).** Alle drei sind direkt am Corso aufgereiht.

Die schönste Aussicht genießt man zweifellos in der **Bar dell'Isola (11)** (direkt gegenüber der Insel) unter der Regie des freundlichen Pino Lorenzo.

In der **Tomate (22)** an der Piazza Veneto, der Wine-Bar **La Munizione (19)** am Largo Duomo 12 und dem hübschen Weinlokal **Le Volpi e L'Uva (6)** in der Via Garibaldi 11 (einen Steinwurf vom Corso V. Emanuele) gibt es auch in der Vor- und Nachsaison nach Mitternacht noch etwas zu trinken und Kleinigkeiten zu essen.

In der **Madison Bar (23)** mit **Internet-Café** an der Via Libertà 91/93 kann man bei Eis, Cocktails und Bier rund ums Jahr online gehen.

Von Mitte Juli bis Ende August kann man schließlich in den Diskotheken **Rebus** und **Casablanca** in der Nachbargemeinde S. Domenica von 23 bis 5 Uhr morgens – gegen recht gesalzene Eintritts- und Getränkepreise – unter freiem Himmel abtanzen.

Sehenswertes

Villetta del Borgo: Der Platz, der im Volksmund wegen einer dort platzierten bourbonischen Kanone "Piazza del Cannone" genannt wird, befindet sich oberhalb der vorgelagerten (Halb-)Insel. Von ihm aus eröffnet sich ein eindrucksvoller Blick auf die Küste bis zur "Punta di Riaci" und die Vulkaninsel Stromboli. Bei günstigen Wetterverhältnissen sind zudem fast alle anderen Inseln des Äolischen Archipels zu erkennen und traumhafte Sonnenuntergänge zu erleben.

Corso Vittorio Emanuele: Der Corso V. Emanuele bildet die Fortsetzung der Viale Stazione, die vom Bahnhof in der Neustadt geradewegs ins Centro Storico führt. Er beginnt dort, wo sich einst die Porta Nuova, eines der mittelalterlichen Stadttore, auftat, und endet mit einem "Balkon" über dem Meer. Mit seinen angrenzenden Plätzen, zahlreichen Bars, Restaurants und kleinen Geschäften, die teilweise im Erdgeschoss respektabler Adelspaläste und Bürgerhäuser eingerichtet sind, ist er gewissermaßen die Hauptschlagader des tropeanischen Lebens.

Piazza Ercole: Direkt am Corso Vittorio Emanuele ist die Piazza Ercole von jeher das Herzstück der Küstenstadt. Im "Sedile Portercole", in dem die Repräsentanten des Adels und später auch angesehener Bürgerfamilien bis 1866 die Geschicke Tropeas und der umliegenden Gemeinden lenkten und auch der Gerichtshof seine Entscheidungen fällte, ist heute im Erdgeschoss die Pro Loco, das örtliche Fremdenverkehrsbüro, untergebracht. Neben dem geschichtsträchtigen Gebäude wurde einem der berühmtesten Söhne der Stadt, dem Philosophen Pasquale Galluppi (1770–1846), ein Denkmal gesetzt.

Piazza Duomo: Der romanisch-normannische Dom wurde auf den Ruinen einer byzantinischen Gebetsstätte errichtet und in der zweiten Hälfte des 12. Jh. fertig gestellt. Seither hatte er diverse bauliche Veränderungen erfahren und war v. a. durch barocke Stilelemente ergänzt worden. Nachdem er im Jahre 1905 von einem Erdbeben schwer beschädigt worden war, wurde er in den Jahren 1927 bis 1931 grundlegend restauriert. Dabei hat man versucht, den architektonischen Ausdruck der normannischen Epoche soweit als möglich wiederzubeleben. Das Innere der Kathedrale ist im Stil einer Basilika gestaltet und von zwei Reihen achteckiger Pfeiler in drei Kirchenschiffe unterteilt. Den Hauptaltar ziert ein Bildnis der Madonna von Romania, die Tropea im Jahre 1638 vor den Folgen eines rundum wütenden Erdbebens verschont haben soll (eine Gedenktafel an der Via Roma erinnert daran). Unterhalb des Altars ruhen in einer goldenen Urne Reliquien der hl. Domenica, der Schutzpatronin des Ortes, die der Legende nach in Tropea geboren, wegen ihres christlichen Glaubens verfolgt und im Jahre 303 im Alter von 16 Jahren in Neapel enthauptet worden sein soll. Im rechten Seitenschiff sind die Mitglieder der Familie des Philosophen Galluppi bestattet. In der zweiten Kapelle ist mit dem berühmten, mehr als zwei Meter hohen "Schwarzen Kruzifix" eine Holzschnitzerei aus dem 15. Jh. zu bestaunen.

Ein staufischer Bogengang aus dem 13. Jh. verbindet den Dom mit dem benachbarten (früheren) Bischofssitz, der seit Jahren als Standort für ein Stadtmuseum vorgesehen ist.

Largo Galluppi/Largo S. Francesco: Der rechteckige Platz wird gleich von mehreren Adelspalästen eingerahmt. Darunter der Palazzo Fazzari mit mittelalterlichem Laubengang, der zu Beginn des 19. Jh. teilweise rekonstruierte und deshalb eher patrizisch wirkende Palazzo Toraldo oder der zeitweise als Hospiz genutzte

Palazzo Collareto aus dem 17. Jh. Letzterer ist direkt mit der Fassade der Cappella di San Pietro ad Ripas aus dem 5. Jh. verbunden. Die wurde möglicherweise auf einer Kultstätte für den hl. Demetrio erbaut. Die im Inneren mit gotischen Kreuzgewölben versehene Kapelle ist inzwischen Teil der im 13. Jh. entstandenen und 1661 aufwendig restaurierten Klosterkirche S. Francesco d'Assisi. Als deren wertvollster Einrichtungsgegenstand gilt eine Madonnenstatue aus dem 16. Jh., die wahrscheinlich von dem Bildhauer Giustino d'Alvino stammt.

Largo Municipio: Sehenswert sind hier das ehemalige Jesuiten- und spätere Redemptoristenkloster mit der angeschlossenen Chiesa del Gesu, in das 1867 die Gemeindeverwaltung von Tropea einzog, sowie die Chiesa dei Nobili, die bis zu ihrer Restaurierung seit Ende der 1990er Jahre vier Jahrzehnte lang verschlossen war.

Als Hochzeitskirche begehrt: S. Maria dell'Isola

Santa Maria dell'Isola: Man nimmt an, dass die Isola Bella am Fuße der Altstadt früher tatsächlich einmal gänzlich vom Meer umschlungen war. Heute ist die Landzunge, auf der die zweistöckige, infolge von Erdbeben mehrfach baulich veränderte Wallfahrtskirche S. Maria dell'Isola thront, vom Strand aus über eine steile Treppe zu erklimmen. Wegen des Panoramablicks und eines oben angelegten Mittelmeergartens lohnt sich der Aufstieg nicht nur für kunst- und kirchengeschichtlich Interessierte. Letzteren sei mitgeteilt, dass die Ursprünge der Kirche vermutlich auf eine Gründung der Anhänger des hl. Basilius (330–379) zurückgehen. Nachweislich seit 1066 gehörte sie unter dem Namen S. Maria dell'Isola zur Benediktinerabtei von Montecassino. Zweimal im Jahr, am 15. August und am 8. September, wird die Kirche von Pilgern der benachbarten Küstenorte aufgesucht. Wegen ihrer exponierten Lage ist sie darüber hinaus als Hochzeitskirche sehr begehrt.

Chiesa Michelizia: Die kleine Kirche, die höchstwahrscheinlich Ende des 16. Jh. erbaut wurde, liegt außerhalb des Ortes auf einem Hügel. Sie ist nach dem reichen Kaufmann Michele Milizia benannt. Der ließ sie der Legende nach aus Dankbarkeit für seine Rettung aus Seenot genau an dem Punkt errichten, an dem ihm ein Lichtschein gerade noch rechtzeitig den Weg zur Küste wies. Irgendwo in der Umgebung der Kirche soll das beträchtliche Vermögen des wohlhabenden Mannes vergraben sein. In ihrem Innern befindet sich u. a. eine von dem tropeanischen Maler Giuseppe Grimaldi 1720 auf Leinen gebannte Kreuzigungsszene. Im Sommer werden in der sagenumwobenen Kirche bisweilen klassische Konzerte veranstaltet.

Italienisch lernen und leben in Tropea: Caffè Italiano Club

Antonio Lamantea, der aus einem kleinen Dorf am Rande des Aspromonte stammt und mehr als zehn Jahre in Rom gelebt hat, eröffnete 1993 das Caffè Italiano Club. In der privaten Sprachschule kann man rund ums Jahr in Einzel-, Paar- und Kleingruppenunterricht die italienische Sprache auf allen Leistungsniveaus erlernen und von Frühjahr bis Herbst an einem wöchentlich wechselnden Freizeit- und Ausflugsprogramm teilnehmen. Unter Film-, Musik- und Diskoabenden, gemeinsamen Abendessen, Boots- und Busfahrten in die nähere Umgebung, historischen Stadtrundgängen, Mal- und Keramikworkshops mit lokalen Künstlern und Handwerkern kann sich jeder etwas Passendes aussuchen. Außerdem verleiht die Schule kostenlos Mountainbikes, bietet den Schülern Internet-Arbeitsplätze und kümmert sich um deren Unterbringung in Ein- bis Dreipersonen-Wohnungen im Stadtzentrum. In einer Reihe von Bars, Restaurants und Geschäften Tropeas erhalten die Schüler zehn Prozent Rabatt. Wer nach Abschluss des Kurses zu Hause weiterlernen will, kann das hauseigene E-Learning-Angebot in Anspruch nehmen. Darüber hinaus hat die Schule ein Internet-Portal mit landeskundlichen Informationen über alle italienischen Regionen ins Netz gestellt (www.italianculture.net).

Da sich Schule und Studentenwohnungen mitten in der Altstadt befinden und die meisten Mitarbeiterinnen in Tropea leben, eröffnet ein Sprachkurs im Caffè Italiano Club eine (im Winter besonders) preisgünstige Möglichkeit, Stadt, Land und Leute etwas intensiver kennen zu lernen.

Information: Caffè Italiano Club im Centro di Lingua e Cultura Italiana, Largo Antonio Pandullo 5, 89861 Tropea, ✆/℻ 0963/603284, www.caffeitalianoclub.net, info@caffeitalianoclub.net.

Capo Vaticano (Ricadi)

Da auf dem Capo Vaticano tatsächlich ein Hauch vom Paradies weht, weil sich von dort traumhafte Ausblicke auf ein von Klippen und Felsen bewachtes, grün-blau schimmerndes Meer eröffnen, versteht man durchaus, warum so viele Menschen seine Nähe suchen. Sie bevölkern in den Sommermonaten die nicht minder malerischen Strände in seiner Umgebung, sodass die Konzentration von Hotels, Ferienclubs und Campingplätzen zwischen Tropea und Joppolo kontinuierlich dichter wird.

Von der intensiv ausgebauten touristischen Infrastruktur, die relativ harmonisch in den von Gemüsefeldern, Weinreben und Obstplantagen bewirtschafteten Küstenstreifen eingefügt ist, profitiert in erster Linie die Gemeinde Ricadi. Auf ihrem Territorium reihen sich die begehrten Badebuchten Praia 'i Focu, Baia di Riaci, Formicoli, Torre Ruffa, Grotticelle und Santa Maria aneinander. Ihre einzelnen Siedlungskerne, unter denen das direkt am Meer postierte S. Domenica mit seinen Bars, Restaurants und Diskotheken der lebhafteste ist, kleben im nahen Hinterland an den Hängen des Monte Poro. Von dessen Gipfel kann man aus 710 Höhenmetern Entfernung einen Blick auf das landschaftliche Juwel Kalabriens werfen.

Verbindungen/Information

• *Verbindungen* **Bahnhöfe** an der Küstenstrecke Lamezia Terme–Reggio Calabria in S. Domenica, Ricadi-S. Nicolo und Coccorino. **Busverbindungen** entlang der Küste, im Sommer mit erhöhter Frequenz, v. a. zw. Tropea und den Stränden des Capo Vaticano.

• *Information* **Pro Loco Ricadi,** nur im Sommer aktiv. Via Vaisette 40, ✆ 0963/663119.

Übernachten/Essen und Trinken

Von der Vielzahl von Hotels, Ferienclubs, Campingplätzen, Restaurants und Bars bzw. der Kombination dieser Unterbringungs- und Beköstigungsmöglichkeiten kann hier natürlich nur eine kleine Auswahl präsentiert werden. Zur Orientierung "wandert" die folgende Liste von der Stadtgrenze von Tropea Richtung Süden die Küste bzw. die beliebtesten Strände und Orte entlang, um abschließend als ruhigere Alternativen zwei Agriturismi im Hinterland zu empfehlen.

• *Strandabschnitt Baia di Riaci* *** **Villaggio Turistico Baia di Riaci,** von Pinien, Oliven-, Feigen- und Eukalyptusbäumen beschattete Ferienanlage mit Stellplätzen und Häuschen für 2–4 Personen. Einfache, aber akzeptable Sanitäranlagen. Die Anlage mit Restaurant liegt etwa 40 m über einer kleinen, sympathischen Bucht, die über Treppen zu erreichen ist. Im Angebot u. a. Tauchkurse. Von Anfang Juni bis Ende September geöffnet. Località Baia di Riaci-S. Domenica, ✆ 0963/669056 (Saison), 0963/669091 (Winter).

*** **Hotel Villaggio Stromboli,** ganzjährig geöffnete und auch von Pauschalreisenden frequentierte, moderne und gepflegte Ferienanlage mit Gartenanlagen und Pool über dem Meer. Hier kann man sowohl Hotelservice in Anspruch nehmen als auch Ferienapartments mit Küche mieten. VP 44–90 €. 2-Zimmer-Apartment mit 3 Schlafplätzen 38–95 € pro Tag. S. Domenica di Ricadi, ✆ 0963/669093, 📠 0963/669256, www.hotelstromboli.it.

*** **Residence Agrituristico Le Playe,** das Besondere an dieser kleinen, ruhigen, familiengeführten und blumengeschmückten Ferienhausanlage mit Pool inmitten von Feldern 70 m über dem Meer und 500 m Fußweg vom Strand entfernt ist, dass sich ihre Gäste in dem 10.000 qm großen Garten drum herum selbst bedienen und dort Tomaten, Zwiebeln etc. ernten können. Neuerdings ganzjährig geöffnet. Preisbeispiel: Zweiraumwohnung 200–750 € pro Woche. Contrada Beluscia, S. Domenica di

Im Hochsommer sehr beliebt: der Strand von Santa Maria

Ricadi, ✆ 0963/669573 u. 0963/669151, ℻ 0963/669268, www.leplaye.it.

*** **Villaggio Camping Formicoli,** direkt an einem schönen Sandstrand vor einer Felsenkulisse postierte Anlage mit einräumigen Ferienhäuschen mit Kochecke im Freien und einigen Plätzen für Zelte und Wohnwagen. Von Anfang Juni bis Ende September geöffnet. Località Biluscia, S. Domenica di Ricadi, ✆ 0963/669069 (Saison), 0963/669672 (Winter).

• *Am Strand Torre Ruffa* *** **Villaggio Camping Costa Verde,** sympathische Anlage an einem schönen Sandstrand (ich traf dort höchst zufriedene Leser) mit Bungalows, Stellplätzen, Restaurant und Supermarkt. Mai–Okt. geöffnet. Preisbeispiel: Einraumbungalow mit 2 Bettplätzen 206–830€. S. Nicolò di Ricadi, ✆0963/663090 (Saison), 011/3190080 (Winter), ℻ 0963/663792, www.costaverde.org.

Pensione-Ristorante A Turri, in diese nette und schmackhaft bekochte kleine Trattoria/Pizzeria der sympathischen Familie Girolamo, die nebenan einige ordentliche Zimmer vermietet, schickte mich dankenswerterweise ein Leserpaar aus Brühl. Das Haus liegt zwar nicht unmittelbar, aber in fußläufiger Nähe zum Strand und dem aussichtreichen Kap. Die Übernachtung kostet ca. 15–20 € pro Person, die HP 30–50 €. Contrada Torre (Capo Vaticano), ✆ 0963/663682, 329/4293423, 349/1902242, www.aturri.it. Mai–Okt. geöffnet.

• *Direkt am Capo Vaticano* ** **Camping La Lanterna,** schattiger Nur-Campingplatz, der perspektivisch aber zum Villaggio ausgebaut werden soll. Capo Vaticano, S. Nicolò, ✆ 0963/663412.

*** **Hotel Residence Costa Azzurra,** modernes 32-Zimmer-Haus mit Pool und Garten unweit des Leuchtturms am Belvedere des Capo Vaticano. DZ 70–100 €, EZ 50–65 €. Località Capo Vaticano, ✆ 0963/663109, 0963/663179, ℻ 0963/663956, www.hotelcostaazzurra.com.

Agrituristica al Faro, hier kann man von Mai bis Sept. in unmittelbarer Nähe von Leuchtturm und Aussichtspfad am Capo Vaticano die deftige kalabrische Landküche kennen lernen. Via Giuseppe Berto 1, Località Capo Vaticano, ✆ 0963/663739.

Il Tempio di Nettuno, aussichtsreiche Snackbar, die man über eine Stichstraße vor dem Leuchtturm erreicht. Sie liegt über der schönen Bucht Praia I Focu, die man dort über einen steilen Fußweg, ansonsten nur per Boot erreicht. Im April und Mai nur Sa und So, ab dann – je nach Wetterlage – bis Okt. täglich geöffnet. ✆ 339/7146630.

• *Am Strand Grotticelle* *** **Albergo Incoronato,** sehr gepflegtes, von Bananenstauden umgebenes, trotz Erweiterung um ein zweites Gebäude immer noch kleines Hotel mit einigen Meeres-Balkonzimmern mit jeweils separatem Eingang, Garten und Pool. Unter der Leitung einer äußerst sympathischen Familie, nur wenige Meter vom Strand entfernt. Mai–Okt. geöffnet. DZ 42–58 €. Località Grotticelle, ✆ 0963/663428, ℻ 0963/665928.

*** **Villaggio Camping 4 Scogli,** sehr nette Anlage mit Ferienhäuschen, Stellplätzen, Bar und Restaurant über einem ebenso schönen Strandabschnitt. Preisbeispiel: 2-Bett-Apartment 280–545 €. ✆/℻ 0963/663126 (Saison), ✆ 0963/663115 (Winter). Mai–Okt. geöffnet.

• *Am Strand von Santa Maria* *** **Villaggio Hotel Calispera,** die Anlage liegt hoch über Santa Maria mit Blick auf den Strand von Grotticelle. Preisbeispiel: Zweiraumwohnung 364–1060 €. Località S. Maria, Via Torre S. Maria, ✆ 0963/663183, ℻ 0963/663184.

** **Ciccio sul Mare,** sehr sympathische, blumengeschmückte Anlage mit Zimmern mit separatem Eingang am Strand von Santa Maria. Im auch von Einheimischen der Umgebung frequentierten hauseigenen Restaurant kann man hervorragend Fisch essen. Hotel und Restaurant sind von Mai bis Sept. geöffnet (in der Nebensaison auch nur Übernachtung). DZ 50–83 €, EZ 37–57 €. ✆ 0963/663529 u. 0963/663400, ℻ 0963/663529 (Saison), ✆ 0963/65292 (Winter), www.Cicciosulmare.it.

Ganz in der Nähe des Hotels tischen zwei kleinere Lokale namens **Peppino Il Pescatore** und **Barbone Il Pescatore** ebenfalls fangfrische Spezialitäten auf.

Donna Orsola (Agriturismo), der auf der Basis von Produkten aus biologischem Landbau für Logier- und auswärtige Gäste bekochte Agriturismo ist in einem rustikal-geschmackvoll umgebauten alten Schulgebäude mit Garten im Ortsteil Brivadi im Hinterland des Capo Vaticano untergebracht. Für 36–58 € bekommt man dort HP und ein Bett in 5 ebenerdigen Apartments mit jeweils separatem Eingang und kleiner Terrasse. Brivadi di Ricadi, Via Solis, ✆/℻ 0963/663057, 340/3826643, www.donnaorsola.com. Mitte Jan. bis Mitte März geschlossen.

Ruralia (Agriturismo), gepflegte Gastlichkeit in restaurierten historischen und neu hinzugefügten Gebäuden oberhalb von S. Domenica, dazu ein hervorragendes, auch von Einheimischen frequentiertes Restaurant mit typisch kalabrischer Küche und täglich wechselndem Menü. Pool, Meerblick und Bringdienst zum Strand von Tropea, bereits von Reisveranstaltern entdeckt. Am Abend Vorbestellung erbeten. DZ 55–85 €, Zweizimmerapartment 450–650 € pro Woche. Località Fontanella-Punzolo, ✆/℻ 0963/669633.

• *Nachtleben* Wie schon im Zusammenhang mit Tropea erwähnt, kann man im Juli und August bei S. Domenica gleich in zwei riesengroßen Freiluftdiskotheken tanzen, trinken, gucken und flirten. Die Schauplätze des sommerlichen Vergnügens heißen **Rebus** und **Casablanca.**

Joppolo

ca. 2.500 Einwohner

Ein Geheimtipp für diejenigen, die es ruhiger mögen und denen gute Aussichten, intensive mediterrane Farben und Düfte wichtiger sind als badefreundliche Sandstrände oder eine große Auswahl an Bars und Restaurants unmittelbar vor der Hoteltür.

Das kleine verschlafene Dörfchen Joppolo liegt in 177 m Höhe unmittelbar am Fuße des Monte Poro (710 m), dessen Gipfel man von dort über eine kurvenreiche Straße erreicht. Auf dem Weg dorthin kann man sich in der Wallfahrtskirche **Madonna del Carmine** seinen Segen holen. Der Ort dehnt sich mit einer Gartenlandschaft, in die hier und da eine hübsche Villa oder ein Bauernhaus integriert ist, zum Meer hin aus. Dessen steiniges Ufer wird von einem Pinienwald gesäumt und einem Küstenturm aus dem 16. Jh., der **Torre Parnaso,** bewacht.

• *Verbindungen* **Bahnhof** an der Strecke Lamezia Terme–Reggio Calabria. **Busse** in die Nachbarorte.

• *Übernachten/Essen* *** **Summer-Time-Hotel,** sympathischer Familienbetrieb (18 Zimmer) mitten im Grünen mit Pool und Blick aufs Meer. Die einfachen, aber gepflegten Zimmer haben entweder einen eigenen Balkon oder führen auf eine Panoramaterrasse. Das angeschlossene Restaurant serviert kalabrische Spezialitäten und Pizza. DZ 62–72 €, EZ 31-38 €. Località Correa, ✆/📠 0963/883109.

Nicotera (Marina)

ca. 7.000 Einwohner

Nicoteras gut erhaltener mittelalterlicher Ortskern inklusive imposantem Kastell und ehrwürdiger Kathedrale und seine stimmungsvollen Plätze mit Weitblick auf die Ebene von Gioia Tauro präsentieren sich sehens- und erlebenswert. Die etwas heruntergekommenen Küstenquartiere dagegen sind eher enttäuschend.

Bei einem Spaziergang durch die engen, zwischen alten Bruchsteinhäusern eingeklemmten und bisweilen von steinernen Bögen überspannten (Treppen-)Gässchen fühlt man sich in eine andere Zeit zurückversetzt. Nur selten erinnern eine modern renovierte Fassade, eine unlängst ausgetauschte Haustür oder ein später eingefügter Neubau an das aktuelle Datum.

Auch die wichtigsten Sehenswürdigkeiten des Ortes, das normannisch-staufische **Castello dei Ruffo** und die 1785 rekonstruierte, danach noch diverse Male restaurierte, jedoch nachgewiesenermaßen aus dem Mittelalter stammende **Kathedrale,** haben entsprechend viele Jahre auf dem Buckel. Wer noch weiter in die weltliche und geistliche Vergangenheit des Bischofssitzes eintauchen möchte, kann dem im Kastell untergebrachten **Museo Archeologico** (Okt.–Mai Mo–Sa 8–13, sonst Di–So 9–12 u. 16–20 Uhr, Eintritt 1 €) und dem **Museo Diocesano D'Arte Sacra** im ehemaligen Palazzo Vesovile (Bischofspalast, Via Duomo Nummer 10) einen Besuch abstatten (Mo–Sa 8.30–14.30 Uhr, Spende erbeten). Vor der Piazza Duomo öffnen sich palmenbeschattete Aussichtsbalkone, von denen man Nicotera Marina, den modernen Containerhafen von Gioia Tauro und bei klarem Wetter sogar die Konturen Siziliens erkennt.

Während **Nicotera Marina** aus der Vogelperspektive des alten Ortskerns noch ganz passabel wirkt, entpuppt es sich bei näherer Betrachtung als recht triste Küstensiedlung. Weil sich davor jedoch ein langer und breiter, durchaus badetauglicher Sandstrand erstreckt, haben sich in ihrer unmittelbaren Umgebung mehrere Ferienclubs und Campingplätze angesiedelt.

• *Verbindungen* **Bahnhof** in Nicotera Marina an der Linie Lamezia Terme–Reggio Calabria. **Busverbindungen** ins nahe Inland, nach Reggio Calabria (über Rosarno und Villa S. Giovanni).

• *Information* **Pro Loco** im Castello Ruffo, ✆ 0963/82175.

• *Übernachten* ***** Hotel Villaggio Sayonara,** große, moderne Gartenanlage mit Pool, Tennisplatz und allen Serviceleistungen ca. 500 m südlich von Nicotera Marina. Geboten werden Ferienapartments, auf Wunsch mit Hotelleistungen, und einige wenige Stellplätze. Deutschsprachig besetzte Rezeption, von vielen Familien frequentiert, ein Ort für sich am Sandstrand, wo die meisten wochenweise wohnen. Preisbeispiel: Zweiraumapartment mit 4 Betten 280–1085 €. Località Morteletto, ✆ 0963/81050, 📠 0963/81136, www.sayonaraclub.it.

***** Villaggio Camping Sabbia D'Oro,** einfacher kleiner Platz mit schlichten Ferienhäuschen, Stellplätzen, Bar, Restaurant-Pizzeria, Fahrradverleih, nur von Juni bis September geöffnet. Preisbeispiel. Località Rinazzi, ein wenig südlich bzw. hinter den o. g. Anlagen, ✆/📠 0963/886395 u. 0963/81545 (Saison), ✆ 0966/661912 (Winter).

• *Essen und Trinken* Mehrere Restaurants und Pizzerien nahe der Strandpromenade, in denen man hauptsächlich Fisch bekommt, darunter z. B. das **Gabbiano** Viale Stazione 35, ✆ 0963/81732.

Serra San Bruno

ca. 7.000 Einwohner

Man sagt, dass einer der Piloten, die 1945 Hiroschima mit dem tödlichen radioaktiven Gift bombardierten, sich kurz darauf zur inneren Einkehr in das Kartäuserkloster von Serra San Bruno zurückgezogen habe. Man sagt es, denn genau kennt niemand die Identität der Mönche, die hier nach strengen Ordensregeln und in völliger Abgeschiedenheit leben und arbeiten. Die vom Heiligen Bruno von Köln Ende des 11. Jh. gegründete "Certosa" liegt knapp 50 km östlich des kalabrischen Touristenmekkas in einer von dichten Buchen-, Kastanien-, Eichen-, Kiefern- und Weißtannenwäldern überzogenen Mittelgebirgslandschaft.

Während Männer früher zweimal in der Woche für wenige Stunden in das Innere der Certosa vordringen durften, müssen sich nun Angehörige beiderlei Geschlechts mit dem Besuch des **Museo della Certosa** begnügen. Das vorbildlich konzipierte Museum informiert nicht nur mit recht gut gemachten (leider nur in Italienisch beschrifteten) Schautafeln über die historische Entwicklung und die Anordnung der einzelnen Gebäudeteile, sondern vermittelt mit – teilweise audiovisuellen – musealen Inszenierungen einen sinnlich erfahrbaren Eindruck vom Klosterleben der in die Anonymität abgetauchten Ordensbrüder (Mai–Okt. Di–So 9–13 u. 15–20 Uhr, Nov.–April Di–So 9.30–13 u. 15–18 Uhr, Eintritt 2 €, ✆ 0963/70608).

Erwartungsgemäß ist von der ursprünglichen, von Bruno von Köln als S. Maria del Bosco gegründeten Kirche und dem später angeschlossenen Kloster S. Stefano nichts mehr übrig geblieben. Auch von der im 17. Jh. aufwendig gebauten großen Abtei sind lediglich Fragmente, darunter einige Reste ihrer Außenmauern und Teile der Renaissance-Fassade der Kirche, erhalten geblieben. Die Anlage, in der die Mönche heute beten und landwirtschaftlich, handwerklich und künstlerisch arbeiten, wurde nach dem Erdbeben von 1783 errichtet. Allerdings kann man in einem Wald unweit des Klosters mit der kleinen Kirche S. Maria dell'Eremo und einer nahe gelegenen Erdhöhle die Orte aufsuchen, an denen der von den normannischen Herrschern protegierte Klostergründer betete und schlief, lebte und starb. Einige Schritte davon entfernt befindet sich ein kleiner See (laghetto), in dessen Mitte eine Statue des knienden Heiligen steht. Der Legende nach entsprang die Quelle, die den See mit Wasser speist, erst, als man die dort begrabenen Knochen von S. Bruno aushob, um sie in die Abtei zu überführen, sodass Kranke und Behinderte bisweilen in der Hoffnung auf Heilung in das "Wunderwasser" eingetaucht werden.

Das Landwirtschafts- und Handwerkerstädtchen **Serra San Bruno** hat sich aus einer Wohnsiedlung für die mit dem Bau der verschiedenen Klosterbauten beschäftigten Maurer und Handwerker entwickelt. Die Berufe des Steinmetzes und des Kunstschmiedes haben hier deshalb eine lange Tradition. Ihre Arbeiten haben das spätbarocke architektonische Profil von Serra San Bruno mit seinen kunstvoll behauenen Portalen, schmiedeeisernen Balkonen und Treppengeländern geprägt. Darüber hinaus ziehen die drei zentral und eng beieinander gelegenen barocken Kirchen S. Biagio, Addolorata und Annunziata an der Piazza Barillari die Aufmerksamkeit auf sich. In der erstgenannten dokumentieren vier von dem deutschen Bildhauer David Muller gestaltete Marmorstatuen das Leben des hl. Bruno.

Kulinarische Aufmerksamkeit verlangen die in Stadt und Umgebung servierten Waldpilzgerichte und die lokaltypischen Süßigkeiten wie z. B. die unvergleichlichen Mandelkekse namens "Nzulli".

• *Anfahrt/Verbindungen* Über die A 3 (Ausfahrt Pizzo), dann auf die SS 110. **Busverbindungen** nach Pizzo und Vibo Marina und an die ionische Küste.

• *Übernachten/Essen* ** **Hotel Certosa,** einziges Hotel am Ort, modern und 2002 generalüberholt. Restaurant mit lokaltypischer Küche, nicht besonders schön gelegen (am Ortsrand von Serra San Bruno). DZ 45–60 €. Via A. Scrivo, ✆ 0963/715538, ℻ 0963/72130.

Fondo dei Baroni (Agriturismo), Bauernhof nebst (externem) Restaurant mit lokaltypischer Küche und Gästezimmern (DZ 65 €), nördlich von Serra San Bruno im Grünen gelegen. Località Chiusa, ✆ 0963/71706 und 329/9446539, ℻ 0963/772180, www.fondodeibaroni.com.

Entlang der SS 110 sind in den Wäldern einige Landgasthäuser verstreut, die allesamt "la cucina serrese" auftischen, z. B. das **Ritrovo Santa Maria,** ein zünftiges Holzhaus, in dem es aromatische Pilzgerichte, aber auch kleine Snacks gibt. Località Santa Maria, ✆ 0963/70000. Von Okt. bis Febr. geöffnet, Mo Ruhetag.

Natuzza von Paravati – Hoffnung und Schmerz Kalabriens

Natuzza Evolo, eine einfache Frau aus dem Volk, wurde am 23. August 1924 geboren, heiratete mit 20 einen Tischler, bekam fünf Kinder, ist inzwischen mehrfache Großmutter und verbrachte ihr ganzes Leben als Hausfrau und Mutter in Paravati. Eine ganz normale kalabrische Frauenbiographie also, wenn die inzwischen alte Dame nicht seit vielen Jahren alljährlich zu Ostern blutende Wunden in Form von Figuren und Symbolen bekäme und manches Mal über Stunden klinisch tot gewesen wäre. Ein Vorgang, der durch viele Fotografien dokumentiert ist und für den diverse Ärzte und Wissenschaftler, die sie in den vergangenen Jahren untersucht haben, keinerlei natürliche Erklärung finden. Ihr alljährliches Leiden ist für die meisten Kalabresen – und inzwischen auch für die katholische Kirche – ein Beleg dafür, dass sie den direkten Draht zu Gott hat. Wegen ihrer daraus resultierenden übernatürlichen und seherischen Fähigkeiten – sie soll z. B. trotz nur kurzer Schulbildung bei Bedarf mehrere Fremdsprachen sprechen – haben viele Kalabresen Natuzza bei Krankheit und anderen Lebenskrisen persönlich aufgesucht oder kennen zumindest jemanden, der durch ein Gespräch mit ihr beraten oder von Krankheiten bzw. anderem Unglück befreit worden ist. Fast alle – unabhängig von Alter, Bildungsstand und sozialer Schicht – haben Respekt vor ihr und glauben an das, was sie prophezeit.

"Durch das Blut drückt sich sowohl der Schmerz als auch die Hoffnung aus", erklärt der Anthropologe Luigi M. Lombardi Satriani das "Phänomen Natuzza", das für Kalabrien typisch ist: Die seit Generationen von Armut und Arbeitslosigkeit gepeinigten Kalabresen neigen dazu, im Spannungsfeld zwischen Glauben und Aberglauben, religiösen Riten und heidnischen Bräuchen Erklärungen für ihre Leiden, Trost und Erlösung zu suchen. So werden nicht nur diverse Heilige und Madonnenfiguren um Hilfe angerufen. Darüber hinaus wird einer Reihe von Pflanzen, Tieren und Objekten unheilvolle oder auch heilende und schützende Wirkung – etwa gegen das allseits gefürchtete "malocchio" (böser Blick) – zugeschrieben. Einigen von ihnen, z. B. Amuletten, Kräutersäckchen ("sacchetto di ruta"), ausgestopften Eulen und Ochsenhörnern, werden auch aufmerksamen Kalabrienreisenden immer wieder begegnen.

Wer Natuzzas Aura spüren will, kann in Paravati das Begegnungs- und Gebetszentrum "Cuore Immacolato Di Maria Rifugio delle Anime" besuchen. In dem dort angeschlossenen Altersheim wohnt Natuzza Evolo, zu deren Ehren ganz in der Nähe der Bau einer großen Kirche geplant ist. Paravati befindet sich ganz in der Nähe von Mileto und ist über die A 3 zu erreichen (Ausfahrt Mileto-Dinami).

Steinerne Zeugnisse der gescheiterten Agrarreform

Provinz Crotone

Das von der gleichnamigen Provinzhauptstadt verwaltete Territorium, das im Wesentlichen von dem noch bis zu Beginn der 1950er Jahre als Latifundium bewirtschafteten Marchesato bedeckt wird, ist das wichtigste und bekannteste Weinanbaugebiet der Region. Crotone selbst spielte historische Hauptrollen als Metropole der Magna Graecia und einziger Industriestandort Kalabriens.

Rund um die Gemeinden Cirò, Melissa und Strongoli werden die zu **Qualitätsweinen (D.O.C.)** gekürten und auch ins Ausland exportierten besten Tropfen Kalabriens gekeltert und im südlich anschließenden Val di Neto immerhin noch Weine mit der Schutzmarke IGT (Indicazione Geografica Tipica) produziert. Ansonsten hat der einst für den Getreide-, Gemüse- und Olivenanbau intensiv genutzte Marchesato seit der verspäteten und im Kern gescheiterten Bodenreform zu Beginn der 1950er Jahre an landwirtschaftlicher Potenz eingebüßt. Verlassene Felder und Bauernhäuser dokumentieren diese Entwicklung, die für viele kleine Bauern in die Emigration mündete. So wird vor allem dort, wo sich die Landschaft des Marchesato halbinselförmig ins Ionische Meer wölbt, zunehmend auf den Fremdenverkehr gesetzt. Die von rotgoldenen Sandstränden eingefasste, mal flach ins Wasser auslaufende, mal felsenbegrenzte **Isola Capo Rizzuto** verfügt deshalb über eine recht gut ausgebaute touristische Infrastruktur, zumal vom Flughafen S. Anna mitten auf der Landzunge Luftbrücken nach Rom und Mailand gebaut werden. Denjenigen, die ihren Badeurlaub gerne durch intensive Kultur- und Naturerlebnisse anreichern möchten, sei ein Ausflug ins geschichtsträchtige **Santa Severina** oder die **Sila Piccola** empfohlen, deren Ostflanke gleichsam die "grüne (westliche) Grenze" der Provinz markiert.

Crotones Hausstrand

Crotone

ca. 60.000 Einwohner

Wenngleich die hässlichen Überreste der abgewirtschafteten Industrie das aktuelle Profil der Hafenstadt mit großgriechischer Vergangenheit noch immer prägen, hat sich Crotone seit der Jahrtausendwende durch gezielte Pflege seines glanzvollen kulturellen Erbes und der historischen Bausubstanz der Altstadt einer spürbar freundlicheren Zukunft zugewandt.

Das moderne Museo Archeologico Nazionale gewährt Einblicke in die bedeutende Geschichte Krotons, das Ende des 8. Jh. v. Chr. von Achäern gegründet wurde und sich im Verlauf des 6. und 5 Jh. zur mächtigsten Griechenstadt auf süditalienischem Boden entwickelte. Die brachte berühmte Athleten und Olympiasieger, Ärzte und Wissenschaftler hervor, war Sitz der Schule des später weltbekannten Pythagoras und verschaffte sich – nicht zuletzt unter dem geistigen Einfluss des berühmten Philosophen – durch spektakuläre Eroberungsfeldzüge respektvolle Anerkennung.

Unter dem faschistischen Regime erhielt Crotone erneut eine Sonderstellung unter den Städten des Mezzogiorno, denn seit 1925 wurden hier systematisch Industriebetriebe angesiedelt: zunächst Chemie- und Hüttenwerke der Konzerne Montecatini und Pertusola, dann weitere mittlere und kleinere Chemie- und Pharmazieunternehmen sowie Betriebe der Möbel- und Lebensmittelproduktion. Vor einigen Jahrzehnten geriet die örtliche Industrie allerdings in eine schwere, von mafiösen Machenschaften, Drogen- und Kleinkriminalität begleitete wirtschaftliche Krise, sodass man neuerdings verstärkt auf den Tourismus setzt. Infolgedessen wurden Stadtbild und Image schon deutlich aufpoliert, ein ansehnlicher Yachthafen angelegt und die langen Sandstrände vor den Toren der Stadt mit Strandbars, Hotels und Restaurants gesäumt.

Verbindungen/Information/Diverses

• *Verbindungen* **Bahnhof** außerhalb des Stadtzentrums in der Via M. Nicoletta mit Anschluss an die Züge der Linie Taranto–Catanzaro Lido. Innerstädtische **Busverbindungen** sowie Busse in alle Orte der Provinz, in die Sila, nach Cosenza und Catanzaro z. B. von der Piazza Pitagora (Linea Romeo).

• *Information* **APT,** Via Torino 148, ✆ 0962/23185, 📠 0962/26700.

Area Marina Protetta Capo Rizzuto (Centro Direzionale), hier werden (Mo–Fr 8.30–13.30, 15.30–18 Uhr) nicht nur die Aktivitäten der "Meeressschützer" (siehe S. 201) koordiniert, sondern Touristen kompetent und freundlich informiert und mit nützlichem Informationsmaterial über Meeresschutzgebiet, Stadt und Umgebung ausgestattet. Via Cristoforo Colombo (im Hafenviertel), ✆ 0962/665254, www.riservamarinacaporizzuto.it.

• *Krankenhaus* **Ospedale Civile San Giovanni,** Via XXV Aprile, ✆ 0962/924111.

• *Mietwagen* **Avis,** Via A. Tedeschi 57, ✆ 0962/29102.

• *Segeln* Die auf S. 172 bereits vorgestellte Segelschule **Ostro** mit Dependancen in Vibo Valentia und Le Castella hat in Crotone ihr Hauptquartier. Sie bietet Ausflüge auf Segelyachten an und verchartert welche (mit und ohne Skipper).

Übernachten/Essen und Trinken

• *Übernachten* *** **Capitol (1),** komfortables Hotel in einem respektablen alten Palazzo in zentraler Lage. DZ 65–80 €, EZ 46–60 €. Piazza Umberto I 61, ✆ 0962/24996, 📠 0962/25520.

** **Concordia (4),** stadtältestes Hotel, das die ersten mitteleuropäischen Kalabrienreisenden Gissing, Lenormant und Douglas beherbergte, zwischenzeitlich "Italia" hieß und seit der Grundrenovierung im Sommer 2003 wieder seinen alten Namen angenommen hat. Infolge der Modernisierung ist das Haus zwar komfortabler geworden, hat aber dafür ein wenig vom Charme der vorletzten Jahrhundertwende eingebüßt. Gleichwohl weht deren Geist noch immer durch Empfangshalle, Flure und Zimmer, was nicht zuletzt Inhaber Franceso Antonio

Pezziniti zu verdanken ist, dessen Familie das Haus seit Jahrzehnten führt. DZ 52–60 €, EZ 30–35 € (ohne Frühstück). Piazza Vittoria 12, ✆ 0962/23910, 0962/27129 und 329/4188308.

**** **Hotel-Villaggio Casarossa (12),** große, baumbestandene, aus mehreren rostrot gestrichenen Gebäuden bestehende Hotel- und Ferienanlage mit Pool, Tennisplatz und allem sonstigen Komfort direkt am Strand (an der Straße Richtung Capo Colonna). DZ 100–140 €. Via per Capocolonna, ✆ 0962/934201, ✆ 0962/934200, www.casarossa.it.

*** **Hotel Panoramic (13),** Ferienapartments und einige normale Hotelzimmer, Meerblick, angenehme Atmosphäre und sympathische Geschäftsführerinnen. DZ 55–75 €, EZ 39–45 € (mit Küchenbenutzung etwas teurer). Via per Capocolonna, Loc. S. Leonardo, ✆ 0962/25421 u. 0962/29930, ✆ 0962/27202.

** **Eurocamping (11),** Anlage mit Stellplätzen und Ferienhäuschen in der Nähe der berühmten einzelnen Säule am Capo Colonna. Località Capo Colonna, ✆/✆ 0962/934034.

• *Essen und Trinken* **Casa di Rosa (6),** in Hafennähe. Gilt als eines der besten (Fisch-)Restaurants der Stadt. Viale Cristoforo Colombo 117, ✆ 0962/21946. So Ruhetag.

Sparviero Due (7), weiteres empfehlenswertes Fischlokal in Hafennähe (in einer Parallelstraße des Lungomare C. Colombo). Via Interna Marina 37/39, ✆ 0962/25818.

Ristorante da Ercole (9), bei der Frage nach einem guten Fischrestaurant wird man von vielen Einheimischen "zu Ercole" geschickt, weil der in ganz Kalabrien wegen seiner Kochkünste berühmt ist und ausschließlich lokalen Fisch verwendet. Viale Gramsci 122, ✆ 0962/901425. Mi Ruhetag.

A Quadara (10), Restaurant an der "Touristenmeile" (Straße zum Capo Colonna), das ebenfalls vor allen Dingen nach traditionellen Rezepten zubereitete Fische und Meeresfrüchte serviert. Via per Capocolonna, ✆ 0962/22150.

Ristorante Zio Emilio (2), wer nicht so gern Fisch mag, bekommt in dieser einfachen Trattoria u. a. ortstypische "fleischige" Alternativen. Via M. Nicoletta 79, ✆ 0962/27283. Sept. geschlossen, Mo Ruhetag.

Caffè Italia (3), gepflegtes Café neben dem o. g. Hotel. Piazza Vittoria 14.

Pizzafans seien die **Pizzerien La Gola (5)**, Viale C. Colombo, ✆ 0962/901746, und **La Nuova Scarampola (8)** Via Vecchia Carrara 9/11, ✆ 0962/25818, Di Ruhetag, empfohlen.

Sehenswertes

Um einen Eindruck von der Stadt zu bekommen, empfiehlt sich ein Blick auf das alte und neue **Hafengelände,** die von zahlreichen Bars, Restaurants und Eisdielen gesäumte, quirlige städtische **Strandpromenade** und das **Castello Carlo V,** das die Altstadt zum Meer hin abschirmt. Es beherbergt das **Museo Civico,** das sich seit der Eröffnung des neuen archäologischen Museums im Sommer 2000 auf die Dokumentation der mittelalterlichen und neuzeitlichen Stadtgeschichte konzentriert (9–13.30 u. 15–19 Uhr, im Sommer 16–20 Uhr, So 9–12.30 Uhr). Dort, wo seit dem 16. Jh. die mächtige, vermutlich von Karl V. in Auftrag gegebene Festung mit quadratischem Grundriss und vier klotzigen Wehrtürmen potenziellen Feinden trotzt, soll in der Antike die Akropolis von Kroton gestanden haben.

Hinter dem Kastell erstreckt sich das mittels fortschreitender Restaurierungsarbeiten aufgefrischte Centro Storico mit dem im 16. Jh. erbauten und seither mehrmals veränderten **Dom,** in dessen Inneren u. a. ein im byzantinischen Stil gehaltenes Gemälde der "Madonna di Capo Colonna", der Schutzpatronin der Küstenstadt, aufbewahrt wird. Außer dem Dom sind in der Altstadt noch diverse barocke Paläste zu bestaunen, darunter der Palazzo Barracco (Vico Montalcino) und der Palazzo Albani (Piazza Albani). Hinzu kommt schließlich das bereits erwähnte **Museo Archeologico Nazionale,** das neben prähistorischen Objekten Fundstücke aus griechischer und römischer Zeit präsentiert, darunter einer große Münzen-

Im kollektiven Gedächtnis des Marchesato präsent: die Märtyrer von Melissa

sammlung aus der Epoche der Magna Graecia (täglich 9–19.30 Uhr, jeden ersten und dritten Montag im Monat geschlossen, Eintritt 2 €; Via Risorgimento 53, ✆ 0962/2905625).

Die Alltagsatmosphäre der alten Griechenstadt und jungen Provinzmetropole spürt man am besten bei einem Gang über die lebhafte **Via Vittoria,** hinter deren Arkaden sich die Piazza Mercato öffnet. Dort findet allmorgendlich ein **Fisch-, Obst- und Gemüsemarkt** statt, der zweifellos zu den eindringlichsten Sehenswürdigkeiten der Küstenstadt zählt und für Liebhaber quirliger mediterraner Lebensart einen wahren Augen-, Nasen- und Ohrenschmaus bereithält.

Die benachbarte, mit Palmen und Blumenbeeten geschmückte **Piazza Pitagora** ist das städtbauliche Herz der Stadt und markiert die Grenze zwischen dem alten und neuen Crotone. Sie ist dem 580 v. Chr. auf der Insel Samos geborenen Philosophen und Mathematiker Pythagoras gewidmet, der hier einst eine auch politisch einflussreiche ordensähnliche Denkerschule eröffnete, die u. a. die Ordnung der Welt mit Hilfe der Gesetze der Mathematik erklärte, die Lehre der Reinkarnation verbreitete und asketische Lebensregeln propagierte.

Das bekannteste Besichtigungsobjekt und beliebteste Fotomotiv Crotones liegt jedoch 11 km außerhalb des Stadtzentrums am **Capo Colonna.** Es handelt sich um die Reste des größten und meistverehrten **Tempels der Magna Graecia,** der einst der Hera Lacinia geweiht war. Obwohl nur noch einige Fundamentreste sowie eine einzige Säule verblieben sind und Letztere in Wirklichkeit weitaus zierlicher ist, als ihre zahlreichen Abbildungen glauben machen, vermag die unmittelbar am Meeresufer postierte antike Kultstätte noch immer zu beeindrucken.

Das vom Parkplatz aus nach einem kurzen Spaziergang durch Feigen- und Olivenbäume erreichbare Heiligtum der alten Griechen, das nicht zuletzt wegen der Verwendung seiner Steine für den Ausbau des Hafens und zur Verschönerung des Doms auf seine aktuellen Ausmaße reduziert worden ist, konnte bislang noch nicht eindeutig datiert werden. Es ist aber mindestens 2500 Jahre alt und hat für die Crotonesen bis heute eine große mystisch-religiöse Bedeutung. Da in seiner unmittelbaren Nachbarschaft die kleine **Kirche der Madonna di Capo Colonna** verehrt wird, verschmelzen an diesem Ort gleichsam heidnische und christliche Riten, Gegenwart und Vergangenheit, wobei ein Küstenturm aus dem 16. Jh. und ein moderner Leuchtturm die Szenerie bewachen.

Cirò (Marina)

ca. 5.000 bzw. 14.000 Einwohner

Weinstöcke, wohin das Auge reicht, dazwischen Olivenhaine. 351 m darüber der mittelalterliche Ortskern von Cirò, darunter die seit 1952 selbstständige Gemeinde Cirò Marina, vor der sich recht passable Kieselsandstrände mit bescheidener badetouristischer Infrastruktur erstrecken. Dazu mehrere Möglichkeiten, den wahrscheinlich einzigen über die Grenzen Italiens hinaus bekannten Wein zu verkosten.

Die in Cirò und Umgebung von zahlreichen privaten und genossenschaftlichen Kellereien ("case vinicole") gekelterten, mit "Cirò" etikettierten und zu Qualitätsweinen gekürten Rot-, Weiß- und Roséweine werden von größeren Produzenten in viele europäische Länder und sogar nach Übersee exportiert. Bei der Vermarktung ihrer Produkte können die Weingüter damit werben, dass der rund um das antike Crimisa gereifte Wein schon von den alten Griechen so sehr geschätzt wurde, dass laut zeitgenössischen Chronisten siegreich zurückgekehrte Olympioniken mit einer Auswahl der besten hiesigen Tropfen belohnt wurden.

Außer diversen schriftlichen Quellen dokumentieren die Reste eines dorischen Tempels am Landvorsprung Punta Alice (ca. 5 km nördlich des Stadtzentrums) die antike Vergangenheit von Cirò Marina, das darüber hinaus mit einem bemerkenswerten historischen Monument jüngeren Datums aufwarten kann. Gemeint sind die sog. **Mercati Saraceni,** eine im 15. oder 16. Jh. errichtete Markthallenanlage, die im Sommer die Kulisse für Kunst- und Kulturereignisse abgibt. Ansonsten versprüht die architektonisch vornehmlich von gesichtslosen Neubauten geprägte und von einem eher öden und schmucklosen Lungomare zum Meer hin begrenzte Küstenstadt nicht allzu viel Charme.

Wesentlich stimmungsvoller präsentiert sich **Cirò Superiore,** von dem man das kalabrische Weindorado aus der Vogelperspektive betrachten kann. Das von einem Schloss aus dem 15. Jh. dominierte, von engen Gassen und kleinen Plätzen unterbrochene architektonische Ensemble des im 10. Jh. gegründeten Ortes ist recht gut erhalten, wenn auch ein wenig vernachlässigt und bislang kaum restauriert.

• *Verbindungen* **Bahnhof** in Cirò Marina an der Strecke Taranto–Catanzaro Lido. **Busverbindungen** entlang der Küste und nach Crotone, Catanzaro und Cosenza.

• *Information* **Pro Loco,** Piazza Diaz 1, Palazzo Porti, ✆ 0962/31205 u. 0338/6303656.

• *Einkaufen* Es gibt mehrere Weinkellereien in und um Cirò. Die **Casa Vinicola Librandi** (mit kleinem Verkaufslokal) hat außer mehreren Rot- und Weißweinen auch Grappa, Likörwein und ein hervorragendes Olivenöl im Angebot. Sie befindet sich direkt an der SS 106, nur wenige Kilometer außerhalb des Ortszentrums. Contrada S. Gennaro. Es empfiehlt sich, zwecks Besichtigung vorher anzurufen: ✆ 0962/31518, ✆ 0962/370542.

Weitere gute Tropfen gibt es u. a. bei **Caparra & Siciliani** (Abzweigung zur alten SS 106, ✆ 0962/371435), **Ippolito Vincenzo** (Via Tirone 118, ✆ 0962/31106) und **Enotria** (SS 106 Contrada S.Gennaro, ✆ 0962/371181).

• *Übernachten* *** **Hotel Gabbiano,** moderne Hotelanlage mit Garten und Pool am Strand von Punta Alice. DZ 62–80 €, EZ 39–56 €. Località Punta Alice, ✆ 0962/31338-39-30, ✆ 0962/31338.

*** **Camping Villaggio Torrenova,** sehr sympathischer, von Eukalyptusbäumen und Pappeln beschatteter Campingplatz mit weißen gemauerten Ferienhäuschen im griechischen Stil, Bar und Restaurant direkt an einem schönen Sandstrand. Etwa 2 km südlich des Ortskerns. Mai–Sept. geöffnet. Località Torrenova, ✆ 0962/31482, www.gattei.it/torrenova.

*** **Camping Villaggio Punta Alice,** gepflegte, große Anlage mit Ferienapartments, Bungalows und Stellplätzen. Pool direkt am Meer, außerdem Serviceeinrichtungen wie Bar, Selbstbedienungsrestaurant, Boutique und Wäscherei. Località Punta Alice, ✆/✆ 0962/31160, www.cirol.it/puntalice/.

• *Essen und Trinken* Entsprechend seiner Größe gibt es in Cirò Marina und insbesondere entlang der Strandpromenade eine relativ große Auswahl an Restaurants, die hauptsächlich Fisch anbieten.

In ursprünglicher und sehr freundlicher Dorfatmosphäre kann man in der kleinen Trattoria **La Vecchia Cirò** am Ortseingang von Cirò Superiore in einem Keller mit Bruchsteinwänden die Landküche der Gegend und insbesondere Wildspezialitäten genießen. Außerdem gibt es in der angeschlossenen Pasticceria verführerische Süßigkeiten. Viale Pugliese. Do Ruhetag.

"Die Herren des Weines": Librandi, Ippolito und ...

In den Gemeinden Cirò, Cirò Marina und Melissa, Crucoli und Strongoli haben sich insgesamt 16 Weingüter einen mehr oder minder weit schallenden Ruf erworben. Während einige davon, z. B. Aloisio Nicodemo, Caparra & Siciliani oder Vincenzo Ippolito (Cirò Marina), den Rebensaft schon seit der Mitte des 19. Jh. in Flaschen abfüllen, spezialisierten sich andere (meist Besitzer großer Ländereien) erst im Verlauf des 20. Jh. auf den Anbau und die Produktion von Wein. Zu ihnen gehören die Gebrüder Librandi, die erst seit den 1950er Jahren in großem Stil ins Weingeschäft eingestiegen sind. Das Haus Librandi vermarktet 46,4 % seiner Produkte in Italien, während der Rest in den Verkaufsregalen kleinerer Weingeschäfte in zahlreichen europäischen Ländern, aber auch in den USA und Kanada, Brasilien oder Japan landet. Dabei rangiert Deutschland mit einer Abnahme von 20 % der ins Ausland exportierten Ware an erster Stelle. Von den insgesamt 2000 (!) amtlich registrierten Produzenten der Gegend haben sich einige auch zu Kooperativen zusammengeschlossen, darunter die "Cantina Sociale Torre Melissa" (s. u.) und die "Cantina Sociale Enotria".

Saisonende am Strand von Melissa

(Torre) Melissa

ca. 5.000 Einwohner

Melissa ist in Kalabrien zum Symbol für den durch Landbesetzungen geführten Kampf der kleinen Bauern des Marchesato für die Abschaffung des Latifundiums geworden. Der Grund: Am 29. Oktober 1949 war der kleine Ort Schauplatz eines blutigen Massakers, das eine von den Großgrundbesitzern gerufene Einheit der Polizei unter den Landbesetzern anrichtete. Obwohl inzwischen mehr als 50 Jahre vergangen sind, sind die Geschehnisse dieses Tages in der kollektiven Erinnerung des Dorfes erstaunlich präsent.

Den noch jugendlichen Todesopfern des Polizeiübergriffs, Francesco Nigro, Angelina Mauro und Giovanni Zito, wurde zwischen den Feldern und Olivenhainen von Fragalà, dem Schauplatz des blutigen Geschehens, ein **Denkmal** gesetzt, das bis heute regelmäßig mit roten Nelken geschmückt wird.

Neben dem schlichten Mahnmal steht eine **Holzskulptur** des Milaneser Bildhauers und Malers Ernesto Treccani (geb. 1920), der das Leben und Leiden der "Menschen von Melissa" (Titel eines seiner Bücher) ebenso wie der auch im deutschsprachigen Raum bekannte Schriftsteller Carmine Abate (Wilde Feigen, siehe auch S. 38) zum künstlerischen Sujet erhob. Leider ist das Denkmal von Fragalà sehr schwer zu finden; allerdings stößt man in Melissa immer auf jemanden (z. B. auf der aussichtsreichen "Balkonpiazza" am Rande des alten Ortskerns), der den Weg erklärt oder interessierte Reisende zum Kondolenzbesuch begleitet.

Hinter den neuen Häuserreihen des Küstenquartiers Torre Melissa, das nach einer turmförmigen aragonesischen Festung in Ortsnähe benannt ist, locken recht badefreundliche Kieselsandstrände.

• *Verbindungen* **Bahnhof** in Torre Melissa an der Strecke Taranto–Catanzaro Lido. **Busverbindungen** entlang der Küste und nach Crotone, Catanzaro und Cosenza.

• *Information* **Comune,** sehr freundlich und mit Deutschkenntnissen informiert hier Peppe Mazzoni, ✆ 0962/835014.

• *Einkaufen* Den D.O.C.-Wein von Melissa bekommt man z. B. bei **Cantina Sociale Torre Melissa,** Borgo Colombo, ✆ 0962/865610. Einen biologischen produzierten Wein offeriert die **Azienda Agricola Dattilo** im südlich benachbarten Marina di Strongoli, Contrada Dattilo, ✆/℻ 0962/865613 und ✆ 328/4823088, www.dattilo.it.

• *Übernachten/Essen* *** **La Rotonda,** moderner weißer Rundbau direkt am Ortsstrand von Torre Melissa, allerdings auch ziemlich nah an den Bahnschienen. Ordentliche Zimmer, sympathische Leitung. DZ 44–62 €, EZ 34–44 €. Via Pontino 56, ✆ 0962/865315, ℻ 0962/835461.

*** **Melissa Hotel,** ebenfalls zwischen Eisenbahnlinie und schmalem Strand postiert, mit modernen Balkonzimmern und Garten. DZ 57–62 €, EZ 37–42 €. Via Pontino 40, ✆ 0962/865570, ℻ 0962/865569.

Dattilo (Agriturismo), Apartments in ausgedienten Wirtschaftsgebäuden des o. g. Weinguts. Es verfügt über Pool, Garten und Hofladen, in dem man auch das hervorragende hausgemachte Olivenöl bekommt, und liegt zwischen Torre Melissa und Marina di Strongoli, ca 2 km vom Strand entfernt. Übernachtung 21–26 € pro Person (s.o.)

Im alten Ortskern von Melissa gibt es zwar kein Hotel, aber die Möglichkeit, in **Privatzimmern und -wohnungen** zu logieren. Die vermitteln freundlich und engagiert Anna Filipelli und Ernesto Bossa, die Inhaber des Supermarktes etwas außerhalb des Ortes (an der Straße nach Torre Melissa). ✆ 0962/835080, 0962/835302 o. 0962/88817 (Supermarkt).

Santa Severina

ca. 2.700 Einwohner

Die adrett herausgeputzte Altstadt von Santa Severina ist von nah und fern gleichermaßen beeindruckend. Sie liegt auf einem 326 m hoch emporragenden Kalksteinplateau über dem Neto-Tal und verblüfft die busweise angekarrten Tagestouristen mit einem baugeschichtsträchtigen Kastell, einer barock eingekleideten Kathedrale und dem hübschen Kirchlein Santa Filomena im byzantinischen Stil.

Alle diese Bauwerke erzählen die Geschichte von Santa Severina, dessen Name keineswegs einer kirchenhistorisch nicht nachgewiesenen Heiligen namens Severina huldigt, sondern auf das antike Siberene zurückgeht.

Die historisch lange Liste der Bau- und Schlossherren des **Kastells** beginnt bei den Byzantinern, deren Fresken und Gräber in der Schlosskirche freigelegt wurden, und setzt sich fort mit den Normannen, die vermutlich den vierflügeligen Kernbau konstruierten. Dessen charakteristische Rundtürme wuchsen jedoch erst unter der Herrschaft der Anjou im 14. Jh., die wiederum den Staufern gefolgt waren, deren architektonische Spuren infolge späterer Modifizierungen durch Aragonier und Spanier nahezu gelöscht worden sind. Die letzten wesentlichen Um- und Ausbauten zur militärischen Trutzburg erfolgten unter der Herrschaft der Familie Carafa im Laufe des 16. Jh., während die tonangebenden Adelsgeschlechter des 17. und 18. Jh. ihr Augenmerk auf die repräsentative Ausstattung und üppige Dekoration der Innenräume lenkten. Mit dem Niedergang des Feudalismus wurde das Schloss zu Beginn des 19. Jh. Staats-, dann Privatbesitz, um 1905 von der Gemeinde erworben, zunächst als Büro- und Schulgebäude genutzt und schließlich aufwendig restauriert und zum archäologischen Museum mit baugeschichtlichem Dokumentationszentrum aufgewertet zu werden (April–Okt. 9–13 u. 15–20 Uhr, sonst 9–13 und 15–18 Uhr, Eintritt 2 €).

Größte Attraktion der im 13. Jh. errichteten, der Ortspatronin Santa Anastasia geweihten und zu Beginn des 18. Jh. barockisierten **Kathedrale** ist ihr byzantinisches

Santa Severinas ganzer Stolz: das geschichtsträchtige Kastell

Innenleben, sprich das später mit ihr verbundene, Jahrhunderte vor ihr entstandene byzantinische Baptisterium, das auf das 8. bis 9. Jh. datiert wird.

Geradezu idealtypisch byzantinisch präsentiert sich auch die kleine **Kirche Santa Filomena,** obgleich sie erst in normannischer Zeit und quasi (12. Jh.) zeitgleich mit der Latinisierung erbaut wurde. Das verweist auf den großen und nachhaltigen geistig-kulturellen Einfluss des bis dahin griechisch-byzantinischen Bischofssitzes Santa Severina. Die sakralkünstlerische Dokumentation seiner Geschichte bildet einen Ausstellungsschwerpunkt des örtlichen **Museo Diocesano,** das seit 1998 im früheren erzbischöflichen Palast neben der Kathedrale residiert (April–Okt. 9–13 u. 15–20 Uhr, sonst 9–13 und 15–18 Uhr, Eintritt 2 €).

• *Information* **Aristippo,** die Mitglieder der Kooperative führen durchs Kastell, das Diözesanmuseum und die Altstadt und vermitteln Unterkünfte. Man trifft sie am Eingang des Kastells. ✆/📠 0962/51069 und 339/4051632.

Neophron, die zweite, einem nachhaltigen Tourismus verschriebene örtliche Kooperative organisiert und begleitet im Schulterschluss mit der Umweltorganisation CEA (Centro di Educazione Ambientale del Marchsesato) Ausflüge und Wanderungen in die nähere Umgebung und kümmert sich in ihrem "Gästehaus" Le Grotte auch um das leibliche Wohl ihrer Gäste (s. u.). Via Catona 9, ✆/📠 0962/558804, ✆ 339/5240075, ceadelmarchesato@libero.it.

• *Übernachten/Essen* **Le Grotte**, die o. g. Kooperative betreibt im Kellergeschoss eines renovierten Palazzo im Centro Storico ein kleines Café-Restaurant, in dem auch lokale Produkte aus biologischem Anbau verkostet und gekauft werden können. Darüber befinden sich drei Gästezimmer mit jeweils 4 Betten, in denen man je nach Zimmer, Saison und Aufenthaltsdauer pro Person zwischen 7 und 21 € für Übernachtung mit Frühstück zahlt. Für Familien, die mindestens eine Woche bleiben, gibt es besonders günstige Angebote. Adresse s. o.

Außer einigen Bars an der hübschen Zentralpiazza gibt es im Ort noch ein empfehlenswertes, deftig lokaltypisch bekochtes Restaurant mit Aussichtsterrasse namens **La Locanda del Re** (Via Vittorio Emanuele III, ✆ 0962/51734, Okt. geschlossen, Mo Ruhetag).

Außerhalb der Stadt liegen zwei **Agriturismi,** die Tisch, Bett und Reitmöglichkeiten bieten: **Le Puzzelle,** Località Le Puzzelle, Übernachtung/Frühstück 28–35 €. ✆ 0962/51004, www.lepuzelle.it. **Santa Anastasia,** DZ 55 €, Località Cocina, ✆/℻ 0962/51161.

Die Halbinsel Isola di Capo Rizzuto

Auf der Isola di Capo Rizzuto, mit der sie sich südlich ihrer Hauptstadt ins Ionische Meer stülpt, empfängt die Provinz Crotone die meisten Touristen.

Dabei hat sie weder atmosphärisch unbedingt erlebenswerte Orte noch ein großes Angebot anderweitiger Besichtigungsobjekte zu bieten. Zu erwähnen sind lediglich die dekorativ ins Wasser gebaute Aragonierfestung in Le Castella und eine Kette mehr oder weniger gut erhaltener alter Küstentürme.

Die Anziehungskraft der Isola di Capo Rizzuto, deren 12.000 Einwohner sich auf mehrere meist kleine Siedlungskerne sowie das insgesamt recht unscheinbare gleichnamige Städtchen verteilen, geht allein von ihren feinen, rotgolden schimmernden Sandstränden aus. Weil der Küstenabschnitt zudem mit einer variationsreichen Meeresflora und -fauna gesegnet ist und im Wasser immer wieder Relikte aus der Zeit der Magna Graecia gefunden werden, ist er nicht nur bei Badefans, sondern auch bei passionierten Tauchern sehr beliebt.

1991 wurde rund um die Landzunge die **Riserva Naturale Marina Capo Rizzuto** abgesteckt. Die Verantwortlichen des Meeresschutzgebiets kooperieren mit ortsansässigen Tauch- und Segelschulen, Bootsverleihen und Fischern, mit denen man unter und in See stechen kann, um – im Taucheranzug oder Glasbodenboot – die Unterwasserwelt zu erkunden. Wer nicht unbedingt ins oder aufs Wasser möchte, kann sich in einem Meeresaquarium über das Leben unter Wasser informieren (im Sommer 11–13 u. 17–22 Uhr, sonst 10–13 u. 16–19 Uhr, Capo Rizzuto, Piazza Santuario, ✆ 0962/796029).

Das mal völlig flache, mal sanft hügelige Landesinnere der Isola di Capo Rizzuto ist mit Getreide- und Maisfeldern, Oliven- und Zitrusfruchthainen überzogen. Unterbrochen wird die Monotonie der ausgedehnten Ackerflächen lediglich durch einige kleinere Bauernhöfe und das eine oder andere Gebäudeensemble. Eine beinahe faszinierende Tristesse verbreiten die auf dem Gebiet zwischen Capo Cimiti und Marinella brachliegenden ehemaligen landwirtschaftlichen Nutzflächen mit ihren gleichförmigen kleinen Bauernkaten, die im Zuge der Agrarreform zu Beginn der 1950er Jahre mehreren kleineren Bauern zugeteilt worden waren. Da sie den Menschen längerfristig keine Überlebensperspektive eröffneten, sind die Häuser inzwischen verlassen und einige neuerdings zu Feriendomizilen umgebaut worden. Rund um diese im Sommer sonnenverbrannte gelblich-braune Landschaft setzen das Grün küstensäumender Pinienhaine und ein blau leuchtendes Meer kräftige farbliche Kontraste.

Da die Halbinsel nicht zuletzt von zahlreichen Naherholungssuchenden aus der Provinzhauptstadt frequentiert wird, ist sie von Hotels und Pensionen, vor allem aber großflächigen Campingplätzen umrandet.

▸ **Le Castella:** Der kleine Siedlungskern im Süden der Halbinsel ist das touristische Zentrum der Isola di Capo Rizzuto, weil hier außer attraktiven Stränden mit dem dekorativ vom Meer umspülten Aragonierkastell ein imposantes historisches Monument Langzeiturlauber und Tagesbesucher anlockt (9–13 u. 15–20, im Sommer bis 24 Uhr, Eintritt 1,50 €). Um das auf einer vorgelagerten kleinen (Halb-)Insel

Ende des 15. Jh. auf den Resten antiker Befestigungsanlagen erbaute und einige Jahrzehnte später erweiterte wuchtige Schloss gruppieren sich Ferienwohnungen, Hotels, Restaurants, Bars, Eisdielen und Souvenirgeschäfte. Der Name des bekanntesten Gasthauses am Platz, "Da Annibale", erinnert daran, dass in der Hafenmole von Le Castella einst die Schiffe des berühmten karthagischen Feldherrn Hannibal, der hier seit dem Zweiten Punischen Krieg (208–202 v. Chr.) sein Hauptquartier aufgeschlagen hatte, ein- und ausliefen. Im Verlauf des 16. Jh. wurde der Ort mehrmals von den Türken bzw. Osmanen angegriffen und ausgeraubt, wobei einige seiner Bewohner deportiert wurden. Einer davon war Dionigi Galeni, der 1507 in Le Castella geboren und 1537 von den Türken verschleppt wurde, zum Islam konvertierte und später unter dem Namen "Uccjali" als gefeierter Admiral des osmanischen Herrschers Karriere machte. Sein in Bronze gegossenes, turbanumwickeltes Konterfei ziert heute die kleine, nach ihm benannte Piazza gegenüber dem Schloss.

▶ **Isola di Capo Rizzuto (Stadt):** In dem insgesamt recht ruhigen und eher langweiligen kleinen Städtchen leben die meisten Bewohner der Halbinsel. Sehenswert sind allenfalls die Reste des im 16. Jh. erbauten Schlosses, die alte Stadtmauer und der Dom. Über einem der zwei Stadttore, der Porta Tramontana, zieht ein auffälliger, später hinzugefügter Uhrenturm die Aufmerksamkeit auf sich. Die mit einer byzantinischen Fassade versehene Bischofskirche von Isola di Capo Rizzuto wurde im 16. Jh. außerhalb der alten Stadtmauern auf den Fundamenten eines normannischen Klosters erbaut und birgt das Bildnis der "Madonna Greca", das der Legende nach auf dem Meeresgrund gefunden wurde und vermutlich aus dem 9. Jh. datiert.

Verbindungen/Information

• *Verbindungen* **Bahnhof Crotone** (siehe S. 193) oder **Bahnhof Isola di Capo Rizzuto,** wo allerdings nur wenige Züge halten.

Busverbindungen zwischen den größeren Ortsteilen Isola di Capo Rizzuto, Capo Rizzuto und Le Castella und von dort nach Crotone. Von Isola di Capo Rizzuto und Le Castella auch nach Catanzaro.

Flughafen, Contrada S. Anna, inneritalienische Flugverbindungen.

• *Information* **IAT,** Palazzo Comunale, Via Suggesaro, Isola di Capo Rizzuto, ✆ 0962/797926.

Riserva Naturale Marina Protetta Capo Rizzuto, hier erhält man Infos zum Meeresschutzgebiet, zu Tauchschulen, zum örtlichen "Pescaturismo" (Ausflug mit Fischern) und von der Segelschule Ostro angebotenen Ausflügen mit der Segelyacht "Brezza" oder dem Glasbodenboot "Ogigia". Juni–Sept. 9–14 und 15–18 Uhr. Piazza Ucciali, Le Castella, ✆ 0962/795511, 0962/790000. Man kann sich jedoch auch direkt an die Dependance von **Ostro** (S. 172) wenden, wo es auch die Tickets gibt. Corso Duomo, Le Castella, ✆ 0962/795632.

• *Mietwagen* In Isola di Capo Rizzuto verleiht eine Reihe von Personen Autos; Kontakte über die o. g. Tourismusinformationsbüros sowie die Hotels und Campingplätze.

Übernachten

Eine Auswahl der Unterkünfte – vornehmlich Camping- und Ferienhausplätze – auf der Halbinsel von Nord nach Süd:

• *Marinella* ** **Villaggio Camping Marinella,** von Olivenbäumen beschatteter Platz mit Stellplätzen, kleinen, gemauerten Bungalows und Ferienapartments über einer sehr schönen Sandbadebucht mit Felsenriff. Bar-Restaurant direkt am Meer und Taucherservice, von Juni bis September geöffnet. Località Marinella, ✆ 0962/799810 (Saison), 0962/26020 (Winter).

*** **Villaggio Camping Il Subacqueo,** direkt neben Camping Marinella, ähnlich ausgestattet und von vielen jungen Leuten frequentiert. Ebenfalls mit Taucherservice, von Juni bis Mitte September geöffnet. ✆ 0962/799816 (Saison), 0962/963995 (Winter), www.campingilsubacqueo.com.

Touristenattraktion der Marchesato-Halbinsel: Le Castella

** **Villaggio Camping Le Mimose,** die dritte Anlage im Bunde, die ebenfalls mit Stellplätzen und gemauerten Bungalows aufwartet, ist von Juni bis September geöffnet. ✆ 0962/799811 (Saison), 0962/791865 u. 0962/792091 (Winter).

• *Capo Bianco* *** **Villaggio Camping L'Oasi,** vergleichsweise luxuriöse und gepflegte, schattige Anlage mit Stellplätzen, 25-m²-Bungalows, kleinen Villen mit 36 oder 54 m², Apartments und einem Pool über dem Meer. Direkter Zugang zum Sandstrand und Tauchmöglichkeit. Von Juni bis September geöffnet. Località Fratte, ✆/℻ 0962/791628 u. 0962/791016.

*** **Villaggio Camping Pizzo Greco,** ein für Kalabrien eher ungewöhnliches, von Norditalienern geleitetes, etwas karg ausgestattetes, aber dennoch freundlich wirkendes Nudistencamp über einer sehr schönen, felsenbegrenzten FKK-Sandbadebucht. Man kann zelten, Wohnwagen und Bungalows mieten und konventionelle wie alternative Freizeitangebote wahrnehmen (z. B. reiten und windsurfen, aber auch Möglichkeit zur Teilnahme an Yogakursen). Außerdem gibt es eine sehr nette Bar mit Restaurantbetrieb. Von Mitte April bis Mitte Oktober geöffnet. Località Fratte Vecchie, ✆/℻ 0962/791771, www.krol.it\fiera\pizzogreco, pizzogreco@krol.it.

** **Villaggio Camping I Due Mari,** über eine etwas holprige Zufahrt zu erreichende, recht schöne und schattige Camping- und Bungalowanlage mit einigen Ferienapartments im Zentralgebäude. Direkt über einer netten Sandbucht. Von Juni bis September geöffnet. Località Anastasi, ✆ 0962/791634 u. 0962/791664.

• *Capo Rizzuto* *** **Hotel Baia Blu,** modernes und gepflegtes Hotel-Restaurant unmittelbar am Sandstrand von Capo Rizzuto. DZ ab 80 €. Via Costa Azzurra, ✆ 0962/-796030, ℻ 0962/796032.

** **Pensione I Campanacci,** kleine, sympathische Familienpension mit empfehlenswertem Restaurant, allerdings sehr schlicht ausgestatteten Zimmern und direkt an der Straße (etwas nördlich des etwas größeren Siedlungskerns Capo Rizzuto). DZ 40–90 €, EZ 25–42 €. Via Faro, Capo Rizzuto, ℻ 0962/799214, ✆ 0962/799002.

** **Pensione Florida,** in unmittelbarer Nachbarschaft und mit ähnlichem Standard. DZ 40–80 €, EZ 20–40 €. Via Faro, Capo Rizzuto, ✆ 0962/799070.

Ristorante-Pensione Roberto, sympathischer Familienbetrieb, der seinen Gästen schlichte, saubere Zimmer über einem hervorragend bekochten (Fisch-)Restaurant offeriert. Das Ganze in ruhiger Lage direkt neben einem alten Küstenturm an einem felsigen Strandabschnitt. DZ und EZ 40 € (ohne Frühstück). Capo Rizzuto, ✆ 0962/799284 u. 349/6466842.

* **Pensione La Favorita,** ca. 2 km von der Küste und dem Ortskern Capo Rizzutos entfernt. Freundliche, unlängst ausgebaute Familienpension mit Garten, Ristorante-Pizzeria und einfachen, aber sehr geräumigen Zimmern. DZ 40–50 €, EZ 30 €. Capo Rizzuto, ✆ 0962/792027.

*** **Villaggio Camping La Fattoria,** sehr ansprechender Platz unter Oliven (inmitten von Gärten), allerdings ca. 2 km vom Strand entfernt. Capo Rizzuto, ✆ 0962/791165.

** **Camping Mancuso,** einfacher "Nur-Campingplatz" am äußersten Zipfel des Capo Rizzuto bzw. des gleichnamigen kleinen Ortkerns. Zwar direkt am Meer, aber an einem felsigen, nicht besonders badefreundlichen Küstenabschnitt. Capo Rizzuto, ✆/℻ 0962/799190.

** **Villaggio Camping Il Faro,** von einer sympathischen Familie geleiteter, einfacher, aber freundlicher und sauberer Platz in der Nähe des Leuchtturms mit Stellplätzen und einigen Einraumhäuschen. Auch hier sind die Bademöglichkeiten eher mäßig. Von Mai bis Oktober geöffnet. Capo Rizzuto, ✆/℻ 0962/799073-791006.

• *Capo Piccolo* ** **Residence Cala Greca,** großzügige Apartmentanalge mit Pool am Strand von Capo Piccolo und das richtige Domizil für Taucher und solche, die es werden wollen. Von Juni bis Sept. werden Kurse angeboten, das nötige Equipment kann auch ausgeliehen werden. Unterkunft: 0962/799090, Tauchbasis: ✆ 0962/-797014 und 335/5370150, www.calagreca.it.

*** **Hotel Pension Capo Piccolo,** 2001 aufgepeppte Pension, der eine auch von Einheimischen frequentierte Bar mit Restaurantbetrieb angeschlossen ist. DZ 50–60 €. Capo Piccolo, ✆ 0962/799213.

• *Le Castella* *** **Hotel/Ristorante Da Annibale,** Hannibals Elefanten (der Besitzer heißt mit Vornamen auch Annibale) sind das Markenzeichen des seit über dreißig Jahren bekannten und beliebten, rustikal-elegant eingerichteten Traditionsrestaurants und Hotels mit schönem Innenhofgarten, das lokale Meeresküche und (im Garten) Pizza serviert. DZ 60–85 €, EZ 45–60 €. In einem freundlichen, rosafarben gestrichenen Palazzo im Zentrum von Le Castella. Via Duomo 35, ✆ 0962/795004, ℻ 0962/795384.

*** **Hotel/Ristorante La Calabrese,** stilvoll eingerichtetes zweistöckiges Haus mit schickem Restaurant und komfortablen Zimmern mit und ohne Balkon. DZ 60–80 €, EZ 40–50 €. Via Duomo 11, ✆ 0962/795606, ℻ 0962/795272.

*** **Hotel Il Corsaro,** modernes Hotel mit Pool und Garten. DZ 50–95 €, EZ 30–62 €. Via Volandrino, ✆ 0962/795453, ℻ 0962/795455.

** **Pension/Restaurant Villa Aurora,** ein von innen und außen ansprechendes, mit einer sehr schönen Gartenterrasse ausgestattetes Haus zum Wohlfühlen. Es steht unter der Regie der überaus charmanten Signora Aurora Ranieri und liegt etwas nördlich vom Ortskern von Le Castella (200 m von den Badestränden entfernt). Von April bis Oktober geöffnet. DZ 70–90 €. Via Volandrino, ✆ 0962/795137.

** **Villaggio Camping Il Frutteto,** landschaftlich schön gelegener Campingplatz westlich von Le Castella (ca. 300 m vom Meer, Transportservice zu den Badestränden). Einfache, etwas unpraktischen Holzbungalows unter Oliven- und Obstbäumen. Le Castella, ✆ 0962/795158 (Saison), 0339/1848350 (Winter).

** **Villaggio Camping Dell'Uva,** schlichter Platz unter Eukalyptus, Feigen und Wein direkt hinter dem Camping Il Frutteto. Neben Stellplätzen ebenfalls Bungalows. ✆ 0962/795183 u. 0962/795493.

Essen und Trinken

Außer den o. g. Hotel-Restaurants, die allesamt auch für externe Gäste auftischen, hier eine kleine Auswahl weiterer Lokale in Capo Rizzuto und Le Castella:

Ristorante L'Ancora, hier werden Fischgerichte serviert. Die Spezialität des Hauses sind "Cavatelli con frutti di mare". Mit Blick aufs Meer, neben dem Leuchtturm von Capo Rizzuto. ✆ 0962/799253. Mo Ruhetag. Nov. geschlossen.

Al Minareto, einzige Selfservice-Pizzeria mit Pizza und anderen kleinen Gerichten zum sofortigen Verzehr oder zum Mitnehmen. Via Faro, Capo Rizzuto.

La Scogliera, schmackhafte Fischgerichte auf der Basis des Tagesfangs des Inhabers, die man direkt über einem felsigen Strandabschnitt von Le Castella stilecht genießen kann. März bis Nov. geöffnet. Der Inhaber vermietet auch Apartments mit HP im Restaurant ab 60 € pro Person und nimmt Gäste mit zum Fischen. Via Scogliera, Le Castella, ✆/℻ 0962/795071.

Hier bietet die "Città Futura" alternative Urlaubserlebnisse

Provinz Reggio Calabria

Nirgendwo sonst in Kalabrien liegen Glanz und Elend, unberührte Naturschönheiten und verdreckte Strände, architektonische Kleinode und hässlich verbaute Landstriche, zukunftsweisende kulturelle Initiativen und soziale Probleme so nah beieinander wie in seiner südlichsten, von beiden Meeren umspülten Provinz Reggio Calabria.

Das gilt für ihre gleichnamige Hauptstadt, die mit dem "schönsten Kilometer Italiens" oder den betörenden antiken Astralkörpern der 2500 Jahre alten Bronzekrieger von Riace verblüfft und gleichzeitig als Schaltzentrale der regionalen Mafiavariante Ndrangheta und als Hochburg der Kriminalität verrufen ist. Es trifft zu auf den Südzipfel der Provinz zwischen Reggio Calabria und Brancaleone, wo einerseits graue Neubebauung, verrottete Industrieanlagen und teilweise verkommene Badestrände das Landschaftsbild trüben und sich andererseits glänzende Panoramablicke auf Sizilien, den majestätischen Ätna und den Aspromonte auftun. Und auch die faszinierende, dank rühriger Kooperativen zunehmend wander- und kulturtouristisch erschlossene Gebirgslandschaft des Aspromonte selbst ist immer noch mit dem Stigma behaftet, Unterschlupf und Aktionsfeld vermeintlich überall lauernder brutaler "Mafiosi" zu sein.

Die Westflanke der Provinz Reggio Calabria wartet ebenfalls mit Kontrasten auf. Während sich in der landwirtschaftlich und industriell genutzten Ebene von Gioia Tauro die hässlichen steinernen Spuren einer gescheiterten Industrialisierung verteilen, schließt sich unmittelbar südlich die bilderbuchreife **Costa Viola** an. Recht freundlich und dennoch (für die Einheimischen, nicht für Touristen) problemgeladen zeigen sich auch ihre von gepflegten Palmenpromenaden, kilometerlangen

Diese Straße führt zum schönsten Kilometer Italiens

Stränden und eindrucksvollen Hinterlassenschaften antiker griechischer Zivilisation gesäumten östlichen Gestade, deren Küstengemeinden sich allmählich aus dem entwicklungshemmenden Würgegriff der organisierten Kriminalität befreien.

In ihrem Hinterland "hängen" dagegen einige touristische Aushängeschilder Kalabriens: das wunderhübsche mittelalterliche Städtchen **Gerace,** der moderne Kunstpark **Parco Museo Santa Barabara** in Mammola oder die **byzantinischen Kirche Cattolica** in Stilo.

Reggio Calabria

ca. 180.000 Einwohner

Die größte Stadt Kalabriens musste nach zwei desaströsen Erdbeben in den Jahren 1783 und 1908 zu Beginn des 20. Jh. fast vollständig neu aufgebaut werden, sodass nur wenige architektonische Zeugnisse ihre lange Geschichte dokumentieren. Doch schon allein wegen des Lungomare Matteotti, den der berühmte italienische Dichter Gabriele D'Annunzio als den "schönsten Kilometer Italiens" pries, und des Archäologischen Nationalmuseums, das mit den "Bronzi von Riace" die renommiertesten Besichtigungsobjekte der Region präsentiert, ist das freundlich-mediterrane Stadtzentrum von Reggio eine Reise wert. Seit die gut zehn Jahre andauernden, von Stararchitekt Pier Luigi Nervi architektonisch angeleiteten Bauarbeiten am nördlichen Lungomare mit der feierlichen Enthüllung eines Monuments für die griechische Göttin Athene 2001 ein Ende nahmen, ist die von Palmen, Pinien, Fikusbäumen und Blumenbeeten gesäumte Prachtstraße tatsächlich wieder eine Augenweide. Sie verläuft zwischen der Meerenge von Messina und dem Corso Vittorio Emanuele mit seinen in Pastellfarben gestrichenen, eleganten Jugendstilvillen. Wenn man ihr von Süden nach Norden folgt, passiert man mit den Resten römischer Thermen und griechischer Mauern die wenigen baulichen Hinterlassenschaften der antiken Geschichte der Stadt, die bereits 743 v. Chr. unter dem Namen "Rhegion" gegründet wurde. Später war sie eine der bedeutendsten Städte der Magna Graecia, und auch in römischer Zeit spielte sie eine zentrale Rolle für die Sicherheit des Reiches.

Weiter auf dem Lungomare Matteoti kommt man am Denkmal für die Gefallenen aus dem Ersten Weltkrieg vorbei, das auf einer Art Aussichtsbalkon über dem Lungomare postiert ist. Dann passiert man die Büsten einer Reihe berühmter Persönlichkeiten aus Stadt und Provinz, darunter die der Schriftsteller Giovanni Pascoli und Corrado Alvaro, dem man neben dem **Museo Nazionale Archeologico** (Näheres weiter unten) am nördlichen Ende des Prachtraße ein weiteres Denkmal gesetzt hat.

Der gesamte Spaziergang spielt sich vor der Kulisse Siziliens ab, dessen Häuser sich an heißen und absolut windstillen Sommertagen wie eine Fata Morgana im blauen Meerwasser spiegeln. Buchstäblich versüßt wird der Weg durch eine Rast in einem der wegsäumenden Cafés, in denen man sich an der großen Auswahl gefrorener oder gebackener Dolci laben kann, deretwegen Reggio Calabria einen landesweit schallenden kulinarischen Ruf genießt.

Man bekommt sie natürlich auch auf der lebhaften Hauptgeschäftsstraße **Corso Garibaldi**, die parallel zum "schönsten Kilometer Italiens" verläuft und mit Letzterem über kleinere Stichstraßen verbunden ist. Von dieser Flaniermeile kommt man zur quirligen **Piazza Italia,** die gleich von mehreren wichtigen Gebäuden flankiert wird, darunter der **Palazzo Provincia** und das **Teatro Comunale "Cilea"**.

Einige Straßen darüber wachen die Überreste des **Kastells der Aragonier,** die auch in Reggio Calabria den byzantinischen Herrschern, arabischen Invasoren, normannischen und staufischen Eroberern folgten. Wenn man von dort über die Via Castello und die Via T. Campanella auf den Corso Garibaldi zurückkehrt, überquert man die Piazza Duomo, wo sich die größte **Kathedrale** Kalabriens erhebt. Der leuchtend weiße Bau wurde nach dem Erdbeben von 1908 im romanischen Stil restauriert und birgt in seinem Innern zahlreiche sakrale Kunstwerke, darunter Gemälde bekannter sizilianischer Künstler des 17. Jh.

Verbindungen/Information/Diverses

• *Verbindungen* Vom **Hauptbahnhof** am südlichen Ende des Lungomare Matteotti Fernverbindungen nach Norditalien und nach Sizilien, vom **Bahnhof Reggio Calabria Lido** am nördlichen Ende des Lungomare regionale Verbindungen bis Paola.

Innerstädtischer Busverkehr bis zum Flughafen, Verbindungen nach Gambarie im Aspromonte (ATAM) sowie entlang der ionischen Küste. Zentrale Haltestellen an der Piazza Italia und an der Piazza Garibaldi/Hauptbahnhof.

Vom Hafen **Fähren und Tragflügelboote** nach Messina und zu den Äolischen Inseln. Außerdem Verbindungen nach Malta: Traghetti N.G.I., ✆ 0965/679141; Navette FS, ✆ 0965/758241; Meridiano, ✆ 0965/810414; Caronte, ✆ 0965/793131; SNAV, ✆ 090/662506, www.snavali.com.

Täglich **Flüge** nach Rom und Mailand vom Aeroporto dello Stretto "Tito Minniti" in Ravagnese (5 km südlich der Stadt), ✆ 0965/640517.

• *Information* **APT,** Via Roma 3, ✆ 0965/21171, 0965/892512 u. 0965/24996, ℻ 0965/890947.

APT/IAT, Flughafen, ✆ 0965/643291; Corso Garibaldi 329, ✆ 0965/892012; Hauptbahnhof, Piazza Garibaldi, ✆ 0965/27120. Mo–Sa 8–20 Uhr.

• *Krankenhaus* **Azienda Ospedaleria Branchi-Melacrinò-Morelli,** Via G. Melacrinò, ✆ 0965/397111.

• *Mietwagen* Flughafen Tito Minniti: **Avis,** ✆ 0965/643023; **Maggiore,** ✆ 0965/643148, **Sicily by Car,** ✆ 0965/645422.

• *Parken* Bewachter Parkplatz an der Piazza Garibaldi, Piazza Indipendenza (Lungomare).

• *Taxi* Piazza Garibaldi, ✆ 0965/27450.

Übernachten

****** Grand Hotel Excelsior (6),** elegantes Hotel in einem vierstöckigen Neubau in der Nähe des Nationalmuseums. Im Dachgeschoss befindet sich das Restaurant Gala, von dem man einen schönen Blick auf den Lungomare hat. DZ 175–215 €, EZ 150–195 €. Via Vittorio Veneto 66, ✆ 0965/812211, 📠 0965/893084; www.reggiocalabriahotels.it.

***** Palace (5),** in einem Neubau gleich gegenüber, unter derselben Leitung, aber nicht ganz so nobel. DZ 90–120 €, EZ 65–95 €. Via Vittorio Veneto 95, ✆ 0965/26433, 📠 0965/26436, Internet s. o.

****** Grande Albergo Miramare (11),** auch dieses Hotel in einem schönen alten Palazzo mit Dachterrasse unweit des mittleren Lungomare gehört zu derselben Kette, hat aber weitaus mehr Flair als die beiden erstgenannten Häuser. DZ 130–185 €, EZ 95–140 €. Via Fata Morgana 1, ✆ 0965/812444, 📠 0965/812450; Internet s. o.

***** Lido (4),** ebenfalls in fußläufiger Nähe des Nationalmuseums und des städtischen Badestrandes (Lido Comunale). Mittlerer Standard. DZ 65–80 €, EZ 35–46 €. Via 3 Settembre 6, ✆ 0965/25001-2, 📠 0965/899393.

*****Lungomare (3),** 2002 in einem frisch renovierten Jugendstilpalazzo in der Nähe des Nationalmuseums eröffnetes, stilvolles Hotel mit aussichtsreicher Dachterrasse (zum Meer). DZ 75–85, EZ 65 €. Viale Genovesi Zerbi 13, ✆ 0965/20486, 📠 0965/21439, www.hotellungomare.rc.it.

Essen und Trinken

Baylik (1), das elegante Traditionsrestaurant macht seinem arabischen Namen alle Ehre: "baylik" bedeutet Fisch. Obwohl es außerhalb des Zentrums im nördlichen Stadtteil S. Caterina gelegen ist, handelt es sich um das berühmteste Restaurant Reggio Calabrias. Besonders beliebt sind die Antipasti und Dolci. Do und zwischen dem 10. und 25.8. geschlossen. Via Leone 1, ✆ 0965/48624.

Le Rose nel Bicchiere (9), zu den Spezialitäten der "Rosen im Glas" mitten im Zentrum der Stadt gehören Gemüsesuppen. Via Demetrio Tripepi 118, ✆ 0965/2265.

Bonaccorso (13), beliebtes, zentral gelegenes Haus der oberen Preisklasse. Neben traditioneller kalabrischer Fischküche werden auch einige Fleischgerichte und eine exzellente Auswahl an lokalen Käsesorten gereicht. Fr u 10. bis 25.8. geschlossen. Via Nino Bixio 5, ✆ 0965/896048.

London Bistro (12), freundliches Restaurant mit lokaler Küche in der Nähe der Piazza Italia. Mo Ruhetag, im Aug. geschlossen. Via Osanna 2/F, ✆ 0965/892908.

• <u>*Bars/Konditoreien/Kneipen*</u> Das "süße" Reggio Calabria ist mit Bars, Cafés und Eisdielen übersät, in denen oft auch kleine herzhafte Snacks im Angebot sind und der Kaffee meist außergewöhnlich gut ist. Hier nur eine kleine Auswahl:

Caridi (10), Traditionscafé mit einer Riesenauswahl an seit Generationen handkreierten verführerischen Süßigkeiten. Corso Garibaldi 183, ✆ 0965/892163.

Caffè Matteotti (8), Café mit Außenterrasse am nördlichen Lungomare, in dem es erfrischende Granite und diverse Süßigkeiten gibt. Corso V. Emanuele 39.

Mister Fantasy (7), ebenfalls nah dem Corso V. Emanuele 1/3.

Gran Caffè (2), Bar und Pasticceria mit anerkannt guten Dolci unweit von Museum und Hafen. Via Genoese Zerbi 7.

Gelateria Cesare, im Sommer bis in die Nacht hinein leckeres Eis an der Piazza Indipendenzia. Di Ruhetag.

Sehenswertes im Museo Archeologico Nazionale

Die unzähligen Exponate des Museums informieren in einer didaktisch recht gut aufbereiteten Abteilung im Erdgeschoss über die Ur- und Frühgeschichte, dokumentieren aber in erster Linie die Zeit der griechischen Kolonisation Kalabriens: Zu sehen sind Fundstücke aus Locri (Erdgeschoss), Objekte aus Rhegion, Kaulonia, Medma, Laos und Krimisa (erster Stock) sowie eine Sammlung antiker Münzen, die in einer abgetrennten numismatischen Sektion zu begutachten sind. Mit der Pinakothek, in

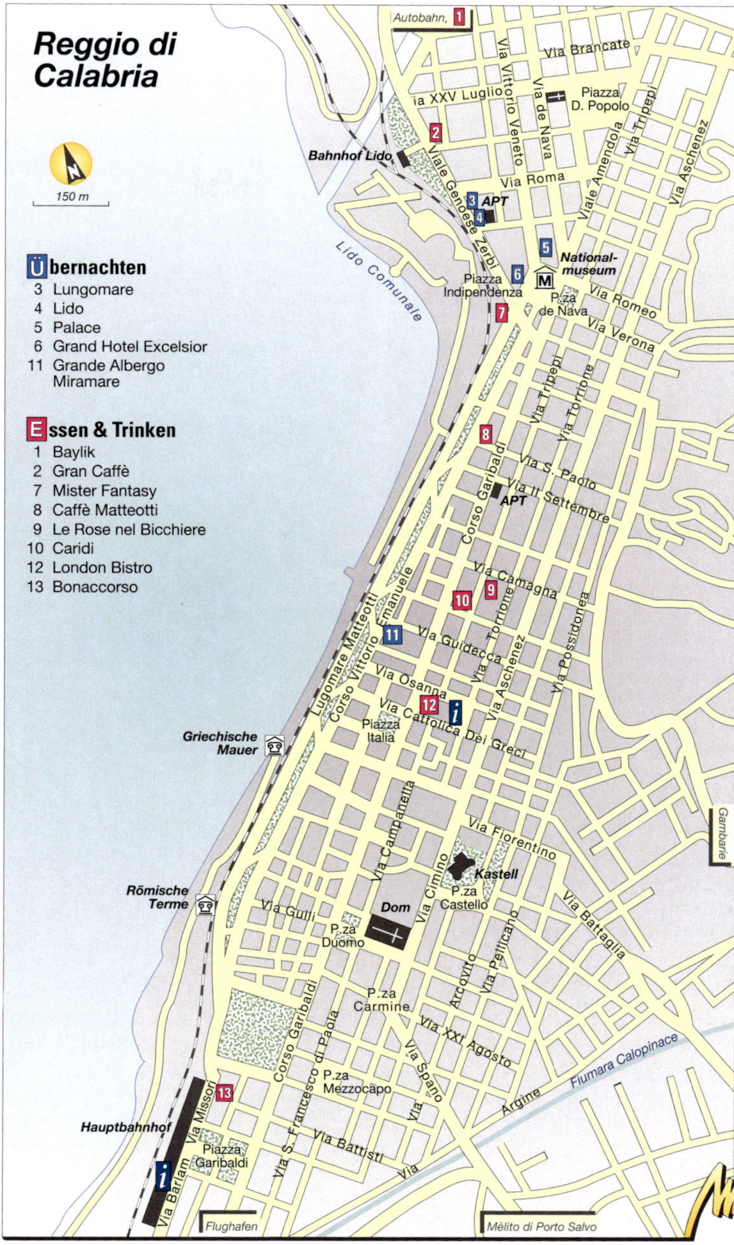

Reggio di Calabria
150 m
Übernachten
3 Lungomare
4 Lido
5 Palace
6 Grand Hotel Excelsior
11 Grande Albergo Miramare
Essen & Trinken
1 Baylik
2 Gran Caffè
7 Mister Fantasy
8 Caffè Matteotti
9 Le Rose nel Bicchiere
10 Caridi
12 London Bistro
13 Bonaccorso
Autobahn
Via Brancate
Via XXV Luglio
Via Vittorio Veneto
Via de Nava
Piazza D. Popolo
Via Tripepi
Via Aschenez
Viale Amendola
Bahnhof Lido
Viale Genoese Zerbi
Via Roma
APT
Lido Comunale
Nationalmuseum
Piazza Indipendenza
P.za de Nava
Via Romeo
Via Verona
Via Torrione
Corso Garibaldi
Via S. Paolo
Via II Settembre
Via Camagna
Lugomare Matteotti
Corso Vittorio Emanuele
Via Guidecca
Via Possidonea
Via Osanna
Via Cattolica Dei Greci
Piazza Italia
Griechische Mauer
Via Campanella
Via Fiorentino
Via Cimino
Kastell
P.za Castello
Via Battaglia
Gambarie
Römische Terme
Via Gulli
Dom
P.za Duomo
Via Pellicano
Arcovito
P.za Carmine
Via XXI Agosto
Via Spano
Via S. Francesco di Paola
P.za Mezzocapo
Fiumara Calopinace
Argine
Via Battisti
Via Missori
Hauptbahnhof
Piazza Garibaldi
Via Barlam
Flughafen
Mèlito di Porto Salvo

Einer der schönsten Männer Kalabriens

der u. a. Werke des berühmtesten kalabrischen Malers Mattia Preti und einige sakrale Kunstobjekte gezeigt werden, macht die museale Präsentation dann einen Zeitsprung in das mittelalterliche und neuzeitliche Kalabrien.

Obgleich es auf den oberen Etagen so viel und durchaus Eindrucksvolles zu entdecken gibt, treibt es die meisten Besucher direkt ins erste Untergeschoss des Museums. Dort warten, integriert in die Abteilung der Unterwasserarchäologie, zwei der ältesten und gleichzeitig schönsten Männer Kalabriens auf ihre Bewunderer(innen). Die Rede ist von den faszinierenden **"Bronzi di Riace"**, fast zwei Meter große, wohlproportionierte, bis zum Verlauf von Muskelsträngen, Adern und Sehnen realitätsgetreu gestaltete Bronzeskulpturen aus dem 5. Jh. v. Chr., die im Jahre 1972 vor der Küste von Riace von römischen Tauchern im Meer entdeckt worden sind. Die stattlichen Bronzekrieger repräsentieren in besonderem Maße die wehmütig bis stolz erinnerte wirtschaftlich und kulturell blühende Vergangenheit der Magna Graecia und sind für die Kalabresen ein Symbol für bessere Zeiten, gleichsam heilig und unantastbar. So unterstützten im Jahr 2003 um die 30.000 Menschen ein Bürgerbegehren gegen die schließlich verworfenen Pläne ihres Regionspräsidenten, Kopien der Bronzi anzufertigen und als Werbeträger Kalabriens in die Welt zu schicken.

Im gleichen Saal sind außerdem noch der aus dem Meer gefischte, ebenfalls aus dem 5. Jh. v. Chr. stammende "Kopf des Philosophen" sowie ein weiterer antiker "Charakterkopf" gleichen Datums zu besichtigen.

⌚ Täglich 9–20 Uhr, am ersten und dritten Montag im Monat geschlossen. Piazza de Nava 26, ✆ 0965/812255, www.museodellacalabria.com, Eintritt 4 €.

Ebene von Gioia Tauro und Costa Viola

In der mit Orangen- und Olivenhainen überzogenen Piana di Gioia Tauro liegt auf dem Territorium der Landwirtschafts- und Handelsstadt Gioia Tauro der flächenmäßig größte Mittelmeerhafen. Südlich davon schließt sich die Costa Viola an, die ihren Namen dem dort (tatsächlich!) violett schimmernden Wasser des Tyrrhenischen Meeres verdankt.

Mit den von hohen Zäunen und streng kontrollierten Zufahrten abgeschirmten modernen Hafenanlagen Gioia Tauros, von denen bislang ausschließlich riesige Container mit internationalen Destinationen verschifft werden, verbinden sich große ökonomischen Hoffnungen, zumal Gioia Tauro vor 30 Jahren als Paradebeispiel einer gescheiterten Industrialisierung negative Schlagzeilen gemacht hatte. In Erwartung eines dort geplanten, letztlich nie realisierten Stahlstandortes, der perspektivisch 7.500 Beschäftigten Arbeit und Brot geben sollte, war es nämlich in den frühen 1970er Jahren zu einer regen, bald wieder gestoppten Bautätigkeit gekommen. Während davon übrig gebliebene Betonskelette das Landschaftsbild der Ebene von Gioia Taura bis heute trüben, schieben sich die Badeorte **Palmi, Bagnara** und **Scilla** pittoresk zwischen die Ausläufer des westlichen Aspromonte und die veilchenfarbene See. Die **Costa Viola** endet an der Meerenge von Messina bzw. in der verkehrstechnisch bedeutenden Industrie- und Handelsstadt **Villa S. Giovanni,** von wo mit Autos und Zügen beladene Fähren nach Sizilien auslaufen. Ab 2011 soll dann der 3370 m lange Ponte sullo Stretto die größte Mittelmeerinsel an das Festland anbinden.

• *Fährverkehr nach Sizilien* Die Hafenanlagen von Villa S. Giovanni, von denen Fähren der FS sowie der privaten Gesellschaft Caronte "starten und landen", sind gut ausgeschildert. Die FS setzt etwa alle 40 Minuten über, Caronte befördert auch nach Salerno. Genaue Fahrplan- und Preisinformationen erhält man bei folgenden Adressen und Telefonnummern: **FS,** Piazza Stazione, ✆ 0965/758241; **Caronte,** Via Marina 30, ✆ 0965/756725.

• *Übernachten* **** **Hotel Altafiumara,** das in eine bourbonische Festung hoch über dem Meer integrierte, aus kleinen modernen Villen komponierte, 2002 eröffnete Luxushotel gilt als eines der ersten Häuser Kalabriens: Komfortable Zimmer und Suiten, hervorragendes Restaurant, Panoramaterrasse etc. DZ ab 175 €. Villa S. Giovanni, Ortsteil Santa Trada di Cannitello, (A3 Ausfahrt Santa Trada) ✆ 0965/759804, ℻ 0965/759566, www.altafiumarahotel.it.

(Marina di) Palmi

ca. 20.000 Einwohner

Palmi liegt am Fuße des 579 m hohen Monte S. Elia, der auch "Balkon des Tyrrhenischen Meeres" genannt wird. Nach den Erdbebenschäden der Jahre 1783 und 1908 quasi komplett neu aufgebaut, ist sein Stadtbild -abgesehen von der zentralen Piazza Amendola mit einigen respektablen Verwaltungsbauten aus den 1920er Jahren – nicht sonderlich attraktiv.

Dass die Stadt dennoch weit mehr als andere Orte der Region von Touristen frequentiert wird, verdankt sie der ca. 1,5 km außerhalb des Zentrums gelegenen **Casa della Cultura** (Mo–Fr 8.30–14, Mo und Do auch 15–17.30 Uhr, Eintritt 1,50 €; Via S. Giorgio, ✆ 0966/262250). In dem modernen Museumskomplex ist mit dem **Museo Civico di Etnografia e Folclore** eines der bedeutendsten Volkskundemuseen Italiens untergebracht. Zu den zahlreichen Exponaten gehören u. a. textiles Kunsthandwerk, Masken, Keramik, Wachsköpfe und -figuren wie z. B. die "Giganti Mata e Grifone", ein meterhohes, in traditionelle Trachten gewandetes kalabrisches Bauernpaar.

Vor oder nach dem Ausflug in die regionale Alltagskultur empfiehlt sich ein Abstecher auf den **Monte S. Elia**. Der Blick vom "Balcone del Tirreno" reicht hinweg über den Hafen von Gioia Tauro bis zum Capo Vaticano und den Äolischen Inseln im Nordwesten und bis Bagnara, Scilla und Messina im Südwesten. Leider ist der aus der Vogelperspektive recht einladend wirkende Lido di Palmi im Küstenquartier Taureana aus der Nähe betrachtet streckenweise stark verbaut und vermüllt.

• *Verbindungen* **Bahnhöfe** Gioia Tauro, Taureana oder Palmi nördlich von Marina di Palmi an der Küste. **Busverbindungen** nach Gioia Tauro und Reggio Calabria.

• *Information* **IAT,** ✆ 0966/22192.

• *Tauchen* In Palmi finden Taucher bei zwei Anbietern ganzjährig Unterstützung und Ausrüstung: **Le Sirene,** Via S. Elia, ✆ 0965/46385 u. 0338/7506229, ℻ 0966/46385; **Le Tonnare**, Località Tonnara di Palmi, ✆ 0360/396813 u. 0966/479570.

• *Übernachten* **** **Hotel Arcobaleno,** modernes Hotel mit Pool und Tennisplatz über dem Lido di Palmi (Taureana). DZ 85 €, EZ 65 €. Via Provinciale Taureana, ✆ 0966/47986 u. 0966/479380, ℻ 0966/479460.

** **Hotel South Paradise,** Hotel mit großer Terrasse unmittelbar am Strand von Pietrenere (zwischen Gioia Tauro und Palmi). In der Nähe befindet sich ein Sarazenenturm. Zimmer mit großen Meeresbalkonen, aber einfach und mit etwas abgeblätterten Möbeln eingerichtet. DZ 47 €, EZ 37 €. Contrada Pietrenere (mit Busverbindungen zum Bahnhof von Gioia Tauro), ✆ 0966/479390, ℻ 0966/479390.

In Pietrenere (zwischen Gioia Tauro und Palmi) gibt es eine ganze Reihe von **Campingplätzen,** allerdings in der Nähe der o. g. etwas ungepflegten Strände; z. B.:

**** **Camping-Villaggio Anna,** recht schöner schattiger Platz mit Pool unter sehr freundlicher familiärer Leitung. Stellplätze, Ferienapartments, Restaurant mit günstigen Tagesmenüs, Bootsfahrten. 350 m vom etwas heruntergekommenen Strand. Località Scinà, Pietrenere di Palmi (ca. 6 km von der Stadt, Busverbindungen), ✆ 0966/479348, 0966/479483, ℻ 0966/479348.

**** **Camping Villaggio La Quiete,** ganz in der Nähe neben einer "Weinplantage". Unmittelbar am Meer an einem etwas gepflegteren Strand. Scinà-Pietrenere, ✆ 0966/479015.

Villaggio Camping Sant'Elia, Campingplatz mit gemauerten Miniapartments, sehr schön und ruhig in einem Waldstück nahe dem Meeresbalkon. Monte S. Elia di Palmi, ✆ 0966/410312 und 360/857888.

• *Essen und Trinken* **De Gustibus,** winziges Lokal mit kreativer Küche. Die mehrheitlich fischigen Gerichte werden ausschließlich auf der Basis lokaler Produkte zubereitet. Außerdem große Auswahl kalabrischer und sizilianischer Weine. Via delle Rimembranze 60, ✆ 0966/25069. Mo Ruhetag, So nur auf Vorbestellung, 1. Septemberhälfte Betriebsferien.

An den Stränden von Palmi mehrere meist einfache Bars, Pizzerien und Trattorien, auf dem Monte S. Elia das Ausflugslokal **Ristorante-Pizzeria Parco Verde.**

Bagnara

ca. 11.000 Einwohner

Das freundliche Bagnara, dessen älterer Teil inmitten terrassierter Weinberge an den Ausläufern des westlichen Aspromonte klebt, zieht sich allmählich zum Meer hinunter, wo sich vor einem halbmondförmigen Sandstrand das neuere Stadtzentrum ausbreitet.

Sein städtebauliches Profil lässt das – inzwischen verflogene – mondäne Flair der vorletzten Jahrhundertwende erahnen, als fünf gediegene Hotels wohlsituierte Badegäste empfingen. Die Markenzeichen der nach den Erdbeben von 1783 und 1908 mit respektablen Palazzi bebauten Stadt sind der Schwertfischfang (siehe Kasten), eine der kühnsten Autobahnbrücken Italiens und eine verführerische Mandel-Honig-Kreation, der **"Torrone di Bagnara".** Mit Letzterer versüßt die örtliche Konditorenzunft seit 200 Jahren das Leben von Italienern und zunehmend auch das von Ausländern, v. a. Amerikanern und Kanadiern. Zwar wird die weiße oder mit Schokolade überzogene, mit Zimt- oder Bergamottearoma veredelte, als mundgerechter Happen oder großer Riegel geformte Köstlichkeit inzwischen nicht mehr per Handarbeit, sondern mit modernen Maschinen hergestellt, aber immer noch greift man auf alte Rezepte und die natürlichen Rohstoffe der Umgebung zurück. So kann man bei einem Besuch in Bagnara gleich die Produkte mehrerer Traditionsbetriebe probieren, darunter die der Familie Cardone, die als dienstälteste in diesem Metier gilt.

Vor dem "süßen" Städtchen erstreckt sich ein schöner Sandstrand, den sich Fischer und Badefreudige teilen. Sommertags kann man von hier zur **Grotta delle Rondini** (Schwalbengrotte) in See stechen.

• *Verbindungen* **Bahnhof** nahe dem Stadtzentrum an der Linie Lamezia Terme–Reggio Calabria. **Busse** nach Reggio Calabria und Gioia Tauro.

• *Information* **Pro Loco,** Via Marconi 3, ✆ 0966/371319.

• *Übernachten* ***__Hotel delle Rose,__** im Stadtzentrum (Parallelstraße zum Lungomare). Modernes Haus mit mittlerem Komfort, von den oberen Zimmern Blick aufs Meer. Nette Atmosphäre. DZ 75–80 €, EZ 46 €. Corso V. Emanuele 35/37, ✆/℻ 0966/371088.

• *Essen und Trinken* **Taverna Kerkira,** kleines, schlicht und geschmackvoll eingerichtetes Restaurant, in dem neben lokalen Spezialitäten (z. B. "Pesce Spada alla Griglia") einige griechische Gerichte serviert werden. Der Grund: Die Köchin und Mutter des Inhabers stammt von der Insel Korfu. Die süßen Kreationen des Hauses obliegen der Schwester des Inhabers und sind eher sizilianisch inspiriert. Mo und Di sowie im August geschlossen, samstags und sonntags muss man einen Tisch vorbestellen. Corso Vittorio Emanuele 217, ✆ 0966/372260.

Ristorante Pizzeria La Torre, kalabrische Hausmannskost, Fischspezialitäten und Pizza. C. Battisti 11.

Caffè Cardone, in diesem äußerst sympathischen Lokal gibt es nicht nur die Traditions-Torroni der Familie Cardoni, die bereits seit 1860 in diesem Geschäft ist, sondern auch eine breite Palette von verführerischen süßen Gebäckspezialitäten, ein leckeres Eis, eine Auswahl an herzhaften Snacks und seit Sommer 2000 auch ein angeschlossenes Restaurant mit lokaler Küche. Corso Vittorio Emanuele 61, ✆ 0966/371372. Mo Ruhetag.

Wer zum Vergleich andere Eis- und Dolci-Varianten ausprobieren möchte, findet u. a. in den Cafés und Pasticcerie der anderen Traditionsbetriebe **Cundari, Careri, Minutolo** und **De Forte** eine ebenfalls reichhaltige Auswahl.

Scilla

ca. 5.000 Einwohner

Das legendenumsponnene, vom Castello dei Ruffo dominierte pittoreske Fischerstädtchen Scilla an der Meerenge von Messina zählt zweifellos zu den attraktivsten kalabrischen Reisezielen, weil es noch in vielerlei Hinsicht den romantischen Idealvorstellungen einer mediterranen Idylle entspricht.

Am Fuße des Felsens, auf dem das klotzige, 1255 von Pietro Ruffo erbaute und 1533 von dessen Nachfahren Paolo Ruffo erweiterte **Castello dei Ruffo** thront, lauerte nach Homers Odyssee das Ungeheuer Skylla. Das verschlang bekanntlich sechs der Gefährten des antiken Helden, als sie betört vom Gesang der Sirenen und bedroht vom Strudel Charybdis vor der Küste Siziliens durch die Meerenge von Mes-

Hausstrand des Fischerstädtchens Scilla: Marina Grande

sina segelten. Diese und manch andere zauberhafte Geschichte, die sich um Scilla rankt, steigern die Aura der hübschen Stadt, die weniger als ihre Nachbarorte unter dem Erdbeben von 1908 zu leiden hatte.

Infolgedessen datiert die Bausubstanz der dreigeteilten Altstadt weitgehend noch aus dem ausgehenden 18. und 19. Jh. Von der Balkonpiazza S. Rocco im Scillas Oberstadt **S. Giorgio** eröffnet sich eine eindrucksvolle Aussicht auf Sizilien und die Küstenquartiere **Marina Grande** und **Chianalea** rechts und links des schlossgekrönten Felsens. Ersteres besticht durch einen wunderschönen langen Sandstrand, der zum Baden animiert, das malerische Fischerviertel Chianalea durch steile und schmale Gässchen, deren unterste Häuserreihen fast das Meer berühren, sodass das Wasser bei entsprechenden Windverhältnissen bis an die Eingangstüren reicht. In seinem kleinen Hafen kann man im Mai und Juni dem imposanten Schauspiel der frühabendlichen Rückkehr der Schwertfischerboote und des Ab- und Verladens der stattlichen Fische beiwohnen, um sie nachher in einem der stimmungsvollen Restaurants variationsreich zubereitet zu verspeisen. Wer sich mit der Geschichte des Schwertfischfangs befassen möchte, findet im Castello dei Ruffo eine Ausstellung zum Thema (Di–So 9.30–12.30 u. 13–18 Uhr, Eintritt 1,50 €).

• *Verbindungen* **Bahnhof** in Marina Grande an der Strecke Lamezia Terme–Reggio Calabria bzw. Sizilien. **Busverbindungen** in die Nachbarorte.

• *Information* **Pro Loco,** Via R. Minasi, ✆ 0965/754003.

• *Tauchen* **Scilla Diving Center**, Via Annunziata 2, ✆ 0965/754585, www.scilladiving.com. Geöffnet vom 1.4. bis 1.11. (auf Anfrage auch außerhalb dieser Periode).

• *Übernachten* ** **Pensione Le Sirene,** kleine Pension unter der herzlichen Leitung einer sympathischen alten Dame namens Domenica Paladino in einer belebten Straße in der Nähe des Bahnhofs und des langen Sandstrandes von Marina Grande. Zwei hübsche Terrassen mit Blick aufs Meer, das man allerdings erst nach Überqueren der Straße erreicht. Sehr einfach eingerichtet, aber mit mediterranem Charme, einige Zimmer mit Blick aufs Meer. DZ 48 €, EZ 30 €. Via Nazionale 57, ✆ 0965/754019 u. 0965/754121, www.svagocalabria.com/pensionelesirene.

**** **U Bais,** im Sommer 2000 eröffnetes komfortables Hotel mit neobarockem Interieur unter der Federführung des Traditionsgastronomen Rocco Giordano. Der Spross einer wohlhabenden lokalen Land- und Immobilienbesitzerfamilie betreibt außerdem zwei gediegene Restaurants (s. u.) und lässt einen Palazzo im Fischerviertel Chianalea zu einem weiteren Viersternehaus umbauen (Eröffnung für 2004 geplant). DZ 120–180 €, EZ 68–100 €. Via Nazionale 65, ✆ 0965/704300, 📠 0965/704298, www.hotelubais.it.

**** **Hotel Villaggio Del Pino,** 600 m über dem Meer im Ortsteil Melia. Ausgestattet mit Garten, Pool, Tennisplatz, Tischtennisplatten etc. Neben Hotelzimmern auch kleine Ferienwohnungen. DZ 65–100 €, EZ 50–75 €. Via Boccata 11, Località Melia, ✆ 0965/755126, 📠 0965/755154, www.villaggiodelpino.it.

Paese Albergo, Vermittlung von Privatzimmern. Im Sommer Infostand am Lungomare von Marina Grande. Das Büro befindet sich im Ortsteil S. Giorgio. Via Roma 5, ✆/📠 0965/754813.

• *Essen und Trinken* **Il Pirata,** romantisches, direkt am Wasser gelegenes Fischrestaurant mitten im Fischerleben von Chianalea. Das Pirata gehört ebenfalls zum "gastronomischen Imperium" von Rocco Giordanao. Im Angebot natürlich Fischspezialitäten, v. a. kulinarische Variationen des "pesce spada". Via Grotte 22, ✆ 0965/704292.

Bleu de Toi, Fischrestaurant in der Nachbarschaft des Pirata und ähnlich romantisch.

Lo Xifia, in diesem einfachen und urigen Lokal oder auf dessen Terrasse neben der Kirche S. Maria di Porto Salvo, das übrigens nach der antiken Bezeichnung des Schwertfisches benannt ist, kann man sich von Juni bis Sept. mit Kleinigkeiten, Pizza oder einfacher kalabrischer Küche stärken. Chianalea, Via Zagari 44–46, ✆ 0965/754248.

Alla Pescatora, Fischrestaurant unmittelbar am Lungomare von Marina Grande, in dem erwartungsgemäß ebenfalls Schwertfisch an erster Stelle der Speisekarte rangiert und ansonsten der Tagesfang das Angebot bestimmt. Mi Ruhetag, 15.12.–15.2. Betriebsferien. Marina Grande 32, ✆ 0965/754147.

Grotta Azzurra, das Traditionsrestaurant unter der Regie des oben vorgestellten Rocco Giordano am Lungomare von Marina Grande wirbt damit, dass hier die Prominenz aus Politik und Kultur einkehrt, um stilecht Fisch zu essen. ✆ 0965/754889. Mo Ruhetag.

Vertigine, für die, die das Meer beim Genuss der lokaltypischen Küche, einer Pizza oder eines Kaffees lieber von oben betrachten. An der Panoramapiazza von S. Giorgio, dem höher gelegenen Teil Scillas. Piazza S. Rocco, ✆ 0965/754015.

Zanzibar, leckeres Eis und erfrischende Granite. Von April bis Okt. am Ende des Lungomare Marina Grande (in der Nähe des Felsens).

Schwertfischfang und Schwertfischliebe

Wer in der Schwertfischsaison im Mai und Juni in Kalabrien ist, hat vor allem in Scilla oder Bagnara, den Zentren des regionalen Schwertfischfangs, die Gelegenheit, die abendliche Rückkehr der speziell ausgerüsteten Fischerboote zu beobachten. In der Mitte der Boote ragt ein meterlanger Mast mit einer Art Ausguckkorb ("coffa") empor, von dem die zuständige "vedetta" (Wache) den Blick über das Meer schweifen lässt. Hat sie einen Schwertfisch gesichtet, informiert sie durch laute Rufe die unten im Boot befindlichen Fischerkollegen und kommandiert das Boot in die Richtung der potenziellen Beute, während sich der "lanciatore", der Harpunier, in Windeseile auf den "pontile a prua", eine ca. 15 m über den Bug hinweglaufende Brücke begibt, um das Tier anzugreifen.

Dass die Fischer meistens zwei Exemplare der riesigen, mit einem langen "Schwert" bewaffneten Fische an Bord haben, ist kein Zufall und spricht für ihre Fachkompetenz bzw. ihr Wissen über das Liebes- und Beziehungsleben der imposanten Meeresbewohner. Da die Schwertfische gewissermaßen in einer festen Zweierbeziehung leben und der "Mann" seiner "Frau", in dem Versuch, ihr zur Hilfe zu eilen, schlimmstenfalls bis in den Tod folgt, bemühen sich die Fischer, immer zuerst das weibliche Tier zu erlegen. Im umgekehrten Fall müssten sie sich nämlich möglicherweise mit der Beute des "Gatten" zufrieden geben, da das Schwertfischweibchen sich nicht so treu ergeben zeigt und beim drohenden Verlust des "Angetrauten" sofort die Flucht ergreift ...

In den sicheren Hafen eingelaufen: Schwertfischer in Scilla

Hässlich, aber schadstoffarm: Die Chemiefabrik ist nie in Betrieb gegangen

Küste zwischen Reggio Calabria und Capo Spartivento

Dass der südlichste Zipfel des italienischen Festlandes gelegentlich wegen der dort kultivierten und verarbeiteten Zitrusfrucht mit dem wohlklingenden Beinamen "Via del Bergamotto" belegt wird, kann nicht darüber hinwegtäuschen, dass sich an diesem Küstenabschnitt die wirtschaftlichen, sozialen und landschaftsästhetischen Probleme der Region konzentrieren.

Schon wenige Kilometer südlich von Reggio Calabria, in **Saline Ioniche,** ist man mit einer monströsen "Kathedrale in der Wüste", sprich einem, in den 1970er Jahren maßgeblich mit öffentlichen Geldern gebauten, niemals in Betrieb gegangenen Chemiewerk konfrontiert. Selbst wenn man weiß, dass die Anlage weder giftige Substanzen ins Meer pumpt noch gefährliche Emissionen aussendet, wird man schnell weiterfahren, um kurz darauf mit dem 11.000-Einwohner-Ort **Melito Porto Salvo** einen geschichtsträchtigen Ort zu erreichen. An einem seiner Strände landeten im Jahre 1860, von Sizilien kommend, Garibaldis "Mille", um von dort ihren Marsch zur Einigung Italiens zu vollenden. Im ehemaligen Palazzo Ramirez auf einer Anhöhe nördlich des Stadtzentrums, in dem Giuseppe Garibaldi seinerzeit logierte und noch heute eine vom Meer abgefeuerte Kanonenkugel seiner bourbonischen Widersacher steckt, ist nun ein Hotel namens "Casina dei Mille" eingerichtet. Von dort schaut man über das Meer auf Sizilien und die Rauchsäulen (bzw. abends gegebenenfalls auch Glutfontänen) des Ätna, während der Blick landeinwärts auf die fünf Felsenfinger hinter dem (ins Griechische übersetzt) gleichnamigen Aspromontedörfchen **Pentidattilo** fällt.

Diese Doppelaussicht auf die größte Mittelmeerinsel nebst ihrem 3350 m in den Himmel strebenden Vulkan auf der See- und den Aspromonte auf der Landseite machen den Reiz dieses Küstenstreifens aus. Als Dauerurlaubsort vermag Melito Porto Salvo ebenso wenig zu überzeugen wie die in östlicher Richtung folgenden Küstengemeinden **Condofuri Marina, Bova Marina** und **Palizzi Marina**, die sich gleichwohl als Ausgangspunkte für eine Erkundung des Aspromonte empfehlen. Zwischen Schnellstraße und Eisenbahnlinie eingeklemmt, ist ihr architektonisches Profil – abgesehen von dem einen oder anderen ganz ansehnlichen Palazzo Nobile

– von gesichtslosen 70er-Jahre-Bauten und grauen Betonskeletten geprägt. Ihre Strandpromenaden, die meist über schmale und holprige Bahnunterführungen anzusteuern sind, versprühen den rauen Charme des "wilden Südens". In kultureller Hinsicht sei schließlich noch auf das Museo Laografico Dell'Area Ellenofona in Bova Marina verwiesen (Piazza Municipio, Mo–Fr 9–12, Di und Do 15–18, Sa 9–12 Uhr, Eintritt frei), in kulinarischer auf überdurchschnittlich viele verführerische Eisdielen und Konditoreien des auch als "La Dolce Via" gepriesenen Küstenstreifens.

Verbindungen/Information/Krankenhaus

• *Verbindungen* **Bahnhöfe** mit Verbindungen nach Reggio Calabria und entlang der ionischen Küste nach Catanzaro-Lido in allen genannten Orten. **Busverbindungen** zu den jeweils benachbarten Küstenorten und in einige Gemeinden des Aspromonte.

• *Information* **Pro Loco,** Melito Porto Salvo, Via Crotone 9, ✆ 0965/781679; **IAT** Bova Marina, Piazza Mercato/Bahnhof, Mo–Sa 9–13, 16–19 Uhr.

• *Krankenhaus* **Ospedale Civile Tiberio Evoli,** Melito Porto Salvo, Via Garibaldi, ✆ 0965/781237.

Übernachten/Essen und Trinken

• *Übernachten/Essen* **Paradiso,** riesiges, aus der gesamten Gegend angefahrenes, von Menschen aller Altersklassen gut frequentiertes und deshalb atmosphärisch etwas hektisches Restaurant an der SS 106 nördlich der rostenden Industriekathedrale von Saline. Die Küche (vornehmlich Fischspezialitäten) ist durchaus überzeugend. In Lazzaro, SS 106, Via Capo D'Armi, ✆ 0965/712212 u. 0965/712386.

***** Hotel Villaggio Stella Marina,** große Anlage mit modernem Hotel, Ferienhäuschen, Zeltstellplätzen, Restaurant und Snack-Bar. Sie liegt unmittelbar am akzeptablen, jedoch ebenfalls mit einer seitlichen Aussicht auf die verhinderte Chemiefabrik "gesegneten" Strand von Annà, einem Ortsteil von Melito Porto Salvo (über die SS 106 zu erreichen). DZ 67–83 €, EZ 47–67 €. ✆/℻ 0965/787001.

Hotel-Ristorante Casina Dei Mille, sowohl als Hotel als auch als Restaurant ist das auf einem Grundstück oberhalb der SS 106 ansprechend gelegene Anwesen das absolute Highlight der ganzen Gegend. Man logiert in geräumigen, gut ausgestatteten Zimmern, teilweise mit Aussicht auf Sizilien und den Ätna. Gemälde und eingerahmte historische Dokumente erinnern erwartungsgemäß an den Nationalhelden Garibaldi. Die Regie haben hier Onkel und Neffe, welcher gleichzeitig als durchaus talentierter Küchenchef fungiert und sich stets persönlich um das kulinarische Wohl der Gäste kümmert. Das Restaurant der etwas gehobenen Preisklasse ist gut besucht und vermag durch diverse Fisch-, Fleisch-, Pasta- und Dessertspezialitäten zu überzeugen. DZ 70 €, EZ 65 €. Via Annà, SS 106, Melito Porto Salvo, ✆/℻ 0965/787434-5.

La Spina Santa (Agriturismo), im hügeligen Hinterland von Bova Marina, ca. 500 m vom Strand entfernt. Mit Pool, Kinderspielplatz, Reitmöglichkeiten. Zu den hauseigenen Produkte, die man hier verkosten kann, gehören neben Würsten und eingelegtem Gemüse auch selbst gemachte Bergamotte- und Zitronenliköre. DZ 40–80 €, EZ 20–40 €. Contrada Spina Santa, ✆ 065/761012 und 335/5289412, www.laspinasanta.com.

Camping Pugliese, kleiner, einfacher Nur-Campingplatz unter freundlicher Leitung des Lehrers Prof. Scordo Antonio nebst Familie. Direkt an der Strandpromenade von Bova Marina. Via D'Andrea 13, Bova Marina, ✆ 0965/761740.

Villaggio Camping La Perla Ionica, ganz netter und recht belebter Platz unter Bäumen. Stellplätze, kleine Holzbungalows und Restaurant. Das Ganze liegt direkt an einem "naturbelassenen" Sandstrand, von dem man auf den Ätna schaut. Località San Pasquale, östlich von Bova Marina, gut ausgeschildert und von der SS 106 durch eine holprige Zufahrt zu erreichen. ✆ 0965/764366, www.campinglaperlajonica.it.

Mediterraneo, Restaurant in Bova Marina, dass lokaltypisch, d. h. maritim und griechisch, bekocht wird. Via Hernanda 26, ✆ 0965/764971.

Villaggio Camping Al Boschetto, Stellplätze und gemauerte Bungalows unter Bäumen, mit Restaurant, kleinem Geschäft etc. Ganz nett, ca. 1 km vom Bahnhof entfernt und direkt am Strand. SS 106, Condofuri Marina, ✆ 0965/784496.

Camping Doccica, teilweise direkt an der Straße, teilweise unmittelbar am Meer, die Bahnlinie ganz in der Nähe und ein felsiges Ufer, das nicht gerade als Badestrand bezeichnet werden kann. Dennoch hat diese schlichte, aber blumengeschmückte Anlage irgendwie Atmosphäre. Die spartanischen Ferienhäuschen stehen direkt über dem Wasser, und in einer zentralen Küche kann man selbst kochen. SS 106, Palizzi Marina, östlich des Zentrums (Richtung Capo Spartivento), ✆ 0964/763742.

• *Einkaufen* In und um Melito Porto Salvo, dem zentralen Anbaugebiet der Bergamottegewächse, bieten sich natürlich die aus ihnen hergestellten Produkte als Reisemitbringsel an. Eine reiche und hübsch dekorierte Auswahl an Bergamotteparfüms, -likören und -süßigkeiten findet man in dem Lädchen **Il Bergamotto di Mary** in Bova Marina, dessen Inhaberin die Tochter eines der führenden Hersteller ist. Deswegen kann sie auf Wunsch auch Besichtigungen der Produktionsanlagen der Firma **Essenze Bova** arrangieren. Via Nazionale (SS 106) 32; die Firma selbst ist unter derselben Adresse zu erreichen. ✆/📠 0965/764744, www.essenzebova.com.

Bergamotto – ein Symbol Kalabriens

"Citrus bergamia" lautet der botanische Name für die recht zierlichen, maximal 3 m hohen Baumpflanzen, die im Frühling kleine weiße Blüten treiben und an denen anschließend eine länglich-ovale, intensiv grüne, später gelbliche Frucht mit einer stark duftenden weichen Schale reift. Da die Bergamotte ausschließlich in Kalabrien so gut gedeiht und Versuche ihrer massenhaften Kultivierung anderswo auf der Welt weitgehend fehlgeschlagen sind, ist die Frucht gewissermaßen zum Symbol Kalabriens geworden. An der gesamten ionischen Küste zwischen Reggio Calabria und Roccella Ionica – schwerpunktmäßig aber auf dem Territorium von Melito Porto Salvo und Bova Marina – hegen, pflegen und verarbeiten 1500 größere und kleinere Privatbetriebe und Kooperativen das wertvolle Kleinod unter den Zitrusfrüchten, das vermutlich Ende des 15. Jh. aus Spanien eingeführt wurde und seit Ende des 18. Jh. von enormer kommerzieller Bedeutung ist. Bergamotteessenzen waren und sind im klassischen Parfümland Frankreich wegen ihres unvergleichlichen Duftes sehr gefragt, werden in Deutschland seit jeher für die Duftkomposition von Kölnisch Wasser verwendet und zeichnen für das spezifische Aroma des Earl-Grey-Tees verantwortlich. Darüber hinaus werden sie zur Aromatisierung von Süßigkeiten und Likören und wegen ihrer antiseptischen Wirkung auch pharmakologisch eingesetzt.

Aspromonte

Aspromonte heißt übersetzt "rauer Berg". Doch wer angesichts dieses Namens an eine ausschließlich karge und öde Gebirgslandschaft denkt, täuscht sich. Tatsächlich präsentiert sich der Aspromonte äußerst kontrastreich, ist teilweise sogar dicht bewaldet und verfügt über eine variationsreiche Flora und Fauna.

So gedeihen an seinen Ausläufern mal dichte Oliven- und Bergamottekulturen, während sich anderswo tiefe, im Sommer ausgetrocknete Flussbetten (fiumare) durch spärlich bewachsene Felsschluchten ihren Weg zur Küstenmündung graben. Dann wiederum bedeckt das üppige Grün ausgedehnter Buchen-, Kastanien- oder Fichtenwälder bisweilen selbst die höchsten Erhebungen, von denen sich – mancherorts in drei Himmelsrichtungen – atemberaubende Aussichten auf das Meer, auf Sizilien und den Äolischen Archipel eröffnen.

Der Aspromonte, der 1994 auf einer Fläche von 76.000 ha zum Nationalpark erklärte wurde, ist jedoch nicht nur ein landschaftliches Faszinosum und Wanderparadies, sondern wegen seiner meist pittoresk postierten Dörfer, darunter eine Reihe (alt)griechischer Sprach- und Kulturinseln, auch kulturgeschichtlich äußerst reizvoll.

Der Aspromonte ist schließlich trotz aller hartnäckig gepflegten Vorurteile kein freiheits- und lebensbedrohliches Terrain, auf dem hinter jedem Baum oder Felsvorsprung ein schwer bewaffneter Mafioso oder potenzieller Entführer lauert. Es ist zwar nicht gänzlich von der Hand zu weisen, dass sich in den unwegsamen Wäldern des Aspromonte tatsächlich einige gesuchte (mafiöse) Kriminelle verbergen oder ihre Entführungsopfer verstecken. Doch sollte man wissen, dass bei den in der Vergangenheit verübten und mittlerweile rückläufigen Verbrechen nicht Touristen, sondern in der Regel in Ungnade Gefallene aus den eigenen Reihen, Repräsentanten der staatlichen Macht oder anderweitig einflussreiche Persönlichkeiten ins Visier genommen worden sind. Wenn dennoch davor gewarnt wird, größere Exkursionen auf eigene Faust oder gar allein zu unternehmen, dann in erster Linie deswegen, weil man sich in der gebietsweise wildromantischen und zivilisationsfreien Gebirgslandschaft leicht verirren kann, und weniger wegen der vermeintlichen Gefahr, überfallen zu werden oder unfreiwillig eine heikle Beobachtung zu machen.

Für in jeglicher Hinsicht ungetrübte Wanderfreuden und Naturerlebnisse sorgen Bedienstete des Nationalparks, regionale und lokale Tourismusorganisationen und einheimische Kooperativen in den Gebirgs- und Küstengemeinden im und um den Aspromonte. Sie offerieren Beratung und Begleitung bei individuell bzw. in Kleingruppen geplanten Exkursionen und kümmern sich um Übernachtung und Verpflegung. Infolge der fortschreitenden wandertouristischen Entdeckung des Aspromonte sind inzwischen auch einige Wanderwege markiert und/oder in begleitendem Kartenmaterial kommentiert, leider auch hier bislang vornehmlich in Italienisch. Die bekanntesten Ausflugsziele im oder am Rande des Aspromonte sind aber auch mit dem Bus oder dem eigenen Fahrzeug zu erreichen, die Qualität der Straßen ist allerdings nicht immer die beste. Zu diesen Zielen gehören das kleine Dörfchen Pentidattilo unweit von Melito Porto Salvo, die Dörfer der griechischen Bevölkerungsminderheit sowie das touristisch recht gut erschlossene Gambarie, von wo man mit dem Montalto den höchsten Gipfel (1955 m) des Aspromonte und mit dem Santuario Madonna di Polsi einen eindrucksvollen Wallfahrtsort ansteuern kann.

• *Exkursionen* Folgende Organisationen in Reggio Calabria stehen für die Planung und Durchführung von Aspromonte-Exkursionen zur Verfügung:

G.E.A. (Gruppo Escursionistico Aspromonte), Via Castello 2, ✆ 0965/332822, www.gambarie.it.

Club Alpino Italiano Sez. Aspromonte, Via Argine Destro Calopinace 3, ✆ 0965/898295, www.caireggio.it.

Mediterranea Trek, ✆ 347/4872105.

Pentidattilo

Die von der Kirche S. Pietro e Paolo bewachten, seit Ende der 1960er Jahre wegen zu großer Erdbeben- und Überschwemmungsgefahr fast gänzlich geräumten Häuser von Pentidattilo bilden ein pittoreskes Ensemble mit einer in den Himmel weisenden felsfingrigen Hand, der das kleine, von fern und nah gleichermaßen imponierende Dorf seinen Namen ("Fünf Finger") verdankt.

Das alte und neue Pentidattilo

Man erreicht es von Melito Porto Salvo aus in einer auf 425 m Höhe ansteigenden Fahrt entlang der Fiumare Annà und S. Elia. Letztere werden von einzelnen Orangen-, Zitronen- und Mandelbäumen sowie Ginsterbüschen und Feigenkakteen gesäumt. Vorbei an den Neubauten der Evakuierten im alten Ortskern angekommen, empfiehlt sich ein Spaziergang durch die engen Gassen mit den halbverfallenen Gemäuern, die eine fast hörbare Stille und geheimnisvolle Atmosphäre umgibt. Dass die fünf Felsenfinger im Rücken des Dorfes manchmal rötlich schimmern, soll der Legende nach daher rühren, dass der damalige Schlossherr Herzog Lorenzo Alberto hier Ostern 1686 ein schreckliches Blutbad anzettelte, um seine Schwester den Armen ihres ungelittenen Geliebten zu entreißen. Als der nämlich mit einer Gruppe von Getreuen das Schloss von Pentidattilo stürmte, um die Angebetete zu entführen, leisteten Albertis Wachen so heftigen Widerstand, dass das Blut in Strömen floss und bis an die fingerförmigen Felsen spritzte, wo man die Reste noch heute sehen und – wenn der Wind bläst – die Schreie der Toten hören soll ...

• *Anfahrt/Verbindungen* Wenn man über die Nationalstraße von Melito Porto Salvo in Richtung Saline Ioniche fährt, führt am Tabakgeschäft in dessen Ortsteil S. Leonardo (gut 2 km nördlich vom Ortszentrum) eine Straße unter der SS 106 hinweg in Richtung Pentidattilo. **Busverbindungen** von Melito Porto Salvo.

• *Übernachten/Essen* **Mille Sapori (Agriturismo),** etwas gesichtsloser Neubau mit akzeptablen Zimmern, aussichtsreicher Terrasse und kleinem Restaurant auf dem Weg von Melito Porto Salvo nach Pentidattilo Nuovo. Übernachtung/Frühstück 20 € pro Person. Via Provinciale Pentedattilo 42, ✆ 0965/787429.

Ostello della Gioventù, auf Anfrage gibt es (von März bis Nov.) für kleine Gruppen Unterbringungsmöglichkeiten in der ehemaligen Volksschule von Pentidattilo Nuovo. Die schlichte Herberge steht unter der Regie der Kooperative "Pro Pentidattilo", die die Gäste auf Wunsch auch bekocht. Übernachtung 6 €, HP 18 € pro Person. Via Crimameno 1, ✆/℻ 0965/787092 oder 0965/771548.

Die griechischen Dörfer – lebendige Zeugnisse der Magna Graecia

Absolventen eines altsprachlichen Gymnasiums werden beim Besuch der Dörfer Pentidattilo, Bova, Condofuri, Roccaforte, Roghudi und Amendolea ihren Ohren nicht trauen, wenn sie hier und da die eine oder andere altgriechische Vokabel aufschnappen. Während man lange Zeit glaubte, dass die griechischen Gemeinden der Provinz Reggio Calabria byzantinischen Ursprungs seien, ist inzwischen mit an Sicherheit grenzender Wahrscheinlichkeit anzunehmen, das man es bei deren Bewohnern sozusagen mit lebendigen Hinterlassenschaften der Magna Graecia zu tun hat. Den Nachweis darüber führte interessanterweise ein deutscher Gelehrter namens Gerhard Rohlfs, der seit 1921 mehr als 50 Jahre lang immer wieder den äußersten Mezzogiorno bereiste, um Studien über kalabrische Dialekte anzustellen, und dabei das einzige kalabrisch-italienische Wörterbuch verfasste, das seitdem immer wieder neu aufgelegt wird.

Heute ist die jüngere Generation der griechischen Bevölkerungsminderheit im Aspromonte natürlich weitgehend italienisiert. Trotzdem trifft man hier immer noch auf zweisprachige Straßen- und Hinweisschilder, und die sprachlichen, religiösen, kulturellen und kulinarischen Traditionen werden weiterhin gepflegt und wissenschaftlich erforscht. Letzteres geschieht v. a. im 1993 gegründeten **Istituto di Studi Ellenofonici in Bova Marina,** das als "natürliches Tor" zur "Area Grecanica" gilt (Piazza Municipio, ✆ 0965/764765). Kulturelles Zentrum des griechischen Kalabrien ist die Gemeinde Bova, sein ursprünglichster Ort das Bergnest Gallicianò auf dem Gemeindegebiet von Condofuri, auf dem darüber hinaus die Ruinen des mittelalterlichen Amendolea ruhen.

Bova

ca. 1.800 Einwohner

Der malerisch auf 915 m Höhe gelegene Ort ist nicht nur wegen seiner intensiv gepflegten griechischen Traditionen, sondern auch als idealer Ausgangspunkt für Exkursionen in den Aspromonte von Interesse, weil hier die rührige Kooperative "San Leo" ortskundige Wanderbegleitung und Unterkünfte anbietet.

Höhepunkt der Traditionspflege ist das von Ende Juli bis in den August in Bova mit großer Publikumsresonanz ausgetragene **Festivale Palearizza,** an dem sich auch die übrigen griechischen Gemeinden beteiligen. Auf dem Programm stehen auf traditionellen Instrumenten intonierte Musikdarbietungen, alte Gesänge und Tänze und die theatralische Rezitation seit Generationen überlieferter Texte. Um den Bogen zur Gegenwart zu spannen, werden aber auch Rockkonzerte veranstaltet, insbesondere unter Beteiligung von (internationalen) Gruppen, die alte und neue Rhythmen miteinander verbinden (www.galareagrecanica.it/paleariza/).

Das mit zahlreichen steil ansteigenden Treppengassen angelegte Centro Storico glänzt mit einer Reihe alter Kirchen und Adelssitze. Hervorgehoben seien die **S. Maria Isodia** geweihte Kathedrale byzantinischen Ursprungs und die 1606 dem Schutzpatron der Gemeinde gewidmete **Chiesa di San Leo** sowie ein ockergelb leuchtender historischer Palazzo, in dem in den 1980er Jahren das **Centro Museale di Paleontologia** eingerichtet wurde (Nov.–März 9–13 u. 15–18, April–Okt. 9–13 u. 16–20 Uhr; Via Rimembranza, Eintritt 1,50 €). Am unteren Ortsrand ist kurioserweise eine riesige, in einem ganztägigen Transport auf den Berg geschaffte alte Dampflokomotive der Ferrovia Calabro-Lucano aufgestellt. Am oberen ruhen die mystisch anmutenden Reste des normannischen **Kastells,** von denen man den Blick über die zauberhafte Bergwelt bis aufs offene Meer schweifen lassen kann.

• *Verbindungen* **Busse** nach Bova Marina, Melito Porto Salvo.

• *Information/Exkursionen/Übernachten* **G.A.L. "Area Grecanica",** Piazza Roma, ✆ 0965/762230, www.galareagrecanica.it.

Die **Cooperativa San Leo** bietet ihre Begleitung bei Wanderungen an. Darüber hinaus organisiert sie (u. a. in Kooperation mit Naturaliter oder ausländischen Veranstaltern wie Wikinger Reisen) mehrtägige Trekkingtouren und vermittelt Unterkünfte im Ort. Via Sant'Antonio, ✆/℻ 0965/762165, ✆ 0965/76165 und 347/3046799.

• *Einkaufen* **Antica Bova,** kleiner Laden der gleichnamigen Kooperative, in dem man kunsthandwerkliche Erinnerungen an den Aspromonte, darunter Schmuck, Körbe und andere Dekorationsobjekte, aber auch allgemeine Informationen zum Aufenthalt in Bova bekommt. Cooperativa Antica Bova, Corso 4 Novembre, ✆ 0965/724349.

Gallicianò und Amendolea

Wenn man sich von der Küste über die Straße nach Condofuri Richtung Gallicianò bewegt, folgt man dem Lauf der Fiumara Amendolea, wobei es sich lohnt, etwa auf halber Strecke auszuscheren und die kleine Ansiedlung **Amendolea** anzusteuern. Oberhalb des von Obst- und Gemüsegärten eingerahmten Ortsteils von Condofuri ruhen nämlich auf knapp 800 m Höhe die von den Resten eines normannischen Kastells dominierten Ruinen des mittelalterlichen Amendolea. Abgesehen von dem imposanten Anblick der auf einem Berg exponierten alten Gemäuer ist es auch hier wieder der traumhafte Blick in die umliegende Landschaft, der die Mühe der etwas anstrengenden, weil steilen und bisweilen holprigen Anfahrt belohnt.

Gallicianò selbst ist ein kleines Bergnest, wo die Straßen Zeus, Penelope und Odysseus heißen, die älteren Leute noch Griechisch sprechen und der Rest der Welt ganz weit weg scheint. Neben der Kirche S. Giovanni Battista, in der bis heute nach griechisch-orthodoxem Ritus gebetet wird, ist eine winzige und gleichzeitig als Lebensmittelgeschäft und "Spielhölle" fungierende Bar der einzige zentrale Treffpunkt des isoliert gelegenen Aspromontedörfchens in 621 m Höhe, das verwaltungsmäßig zum 300 m tiefer gelegenen Condofuri gehört.

• *Anfahrt/Verbindungen* Von der SS 106 geht es östlich von Condofuri Marina in die Berge. Während die Hauptstraßen nach Condofuri und Amendolea zwar steil und kurvenreich und nur langsam, aber gut zu befahren sind, erfordern die Abstecher zu den Ruinen von Amendolea und nach Gallicianò wegen der streckenweise schlechten Straßenqualität schon einiges Fahrgeschick.

Die Alten grüßen sich auf Griechisch

Bahnhof in Condofuri Marina an der Strecke Reggio Calabria–Catanzaro Lido. Seltene **Busverbindungen** in die hinsichtlich der touristischen Infrastruktur schlecht bzw. gar nicht ausgestatteten griechischen Bergdörfer, sodass diese Ziele eigentlich nur für motorisierte Reisende in Frage kommen.

• *Information* **Associazione CUM.EL.CA.,** Kooperative in Gallicianò, die informiert, (als Gruppe) tanzt und möglicherweise in der jüngst abgebrannten **Trattoria Grecanica** wieder kocht. ✆/℻ 0965/727091 und 347/5328566. **Naturaliter**, c/o Il Bergamotto (s. u.), ✆ 328/9094209 (Pasquale La Valle), ✆ 347/3046799 (Andrea Laurenzano), www.naturaliterweb.it.

• *Übernachten/Essen* **Il Bergamotto,** ein herrliches Fleckchen Erde mit großem (Bergamotte-)Garten über der Fiumara Amendolea, auf dem die Vorfahren von Hausherr Ugo Sergi einst Bergamotten ernteten und verarbeiteten. Ersteres ist noch immer der Fall, während der Raum, in dem einst die Essenzen gewonnen wurden, heute als Speise- und Aufenthaltsraum für die in liebevoll-spartanisch eingerichteten Zimmern untergebrachten (Wander-)Gäste dient. Bei schönem Wetter servieren Ugo und seine sympathische Frau Tiziana das mit selbst gemachten Marmeladen angereicherte Frühstück, das leckere Abendessen und den süffigen Hauswein unter einem Maulbeerbaum auf dem hübschen Vorhof des Anwesens. Das Haus ist ein guter Ausgangspunkt für Wanderungen, bei deren Planung Ugo und Tiziana gern behilflich sind. Übernachtung/Frühstück 16 € pro Person, HP 28 €. Nov.–Jan. geschlossen. Condofuri, Contrada Amendolea, ✆/℻ 0965/727213, ugosergi@yahoo.it.

Gambarie

Einziges Touristenzentrum der südkalabrischen Gebirgslandschaft, das für die Versorgung von Sommerfrischlern, Wintersportlern und Wanderern auf 1310 m Höhe mitten im waldreichen Herzen des Aspromonte aus dem Boden gestampft wurde.

Wer im Aspromonte einen ausgesprochenen Wanderurlaub verbringen oder gar Ski fahren möchte, findet in Gambarie, wo die Verwaltung des Nationalparks residiert, die richtige Infrastruktur vor: eine Auswahl passabler Unterkünfte und Restaurants, die nötige Beratung, Unterstützung und Begleitung für Wanderungen und Ausflüge sowie die üblichen Einrichtungen für den Wintersport mit Skilift, Seilbahn etc.

Ein möglicher Ausflug in die mit Buchen-, Pappeln-, Kiefern-, und Tannenwäldern bewachsene Umgebung folgt den Spuren der italienischen Nationalgeschichte und führt zum **Mausoleo di Garibaldi,** das 7 km nördlich von Gambarie gelegen ist. Hier fand am 29. August 1862 eine Schlacht zwischen Garibaldis Rothemden und den piemontesischen Truppen statt, bei der Erstere eine herbe Niederlage erlitten und Garibaldi verletzt wurde.

Wege nach Gambarie

Wie bei fast allen Zielen im Aspromonte ist auch die Anfahrt nach Gambarie landschaftlich äußerst reizvoll, wobei auch das eine oder andere Örtchen auf der Strecke durchaus erwähnenswert ist.

Wenn man das Touristenmekka **von Melito Porto Salvo** aus ansteuert, fährt man entlang der Fiumara di Melito zunächst durch eine recht karge, nur von Gräsern und vereinzelten Olivenbäumen kolorierte Landschaft. Es lohnt sich, nach einigen Kilometern von der Hauptstrecke auszuscheren und in dem hübschen Örtchen **S. Lorenzo** eine kleine Pause einzulegen, und das nicht nur, weil man von dort einen guten Blick aufs Meer und den Ätna hat, sondern auch, weil der Ort mit einer wunderschönen Dorfpiazza aufwarten kann. Die wird nämlich von einer in Süditalien einzigartigen großen Ulme beschattet.

Auf die SS 183 zurückgekehrt, gelangt man durch eine Anhäufung von Olivenhainen nach **Bagaladi,** in dessen Umgebung v. a. alte Olivenmühlen und Bauernhäuser ins Augen stechen und in dem es besonders guten Pecorino und Wein geben soll. Inzwischen auf gut 1000 m Höhe angekommen, wird es mit ansteigender Fahrt immer grüner, bis man durch Kastanien, Eichen- und Steineichenwälder nördlich des Monte S. Angelo eine mit im Frühling bunt blühenden Wiesen und Kornfeldern bedeckte Hochebene erreicht. Noch weiter oben sorgen Kiefern für Abwechslung im Baumbestand, der in Richtung des 1738 m hohen Monte Basilicò nahe Gambarie immer dichter wird und sich zu ausgedehnten Wäldern ausweitet.

Startet man **von Reggio Calabria über Gallico nach Gambarie,** wird man auf den ersten Kilometern vom Anblick und vom Duft von Orangen-, Mandarinen- und Bergamottekulturen begleitet, um dann etwa ab **Laganadi** auch auf dieser Wegstrecke in ein Meer von Oliven einzutauchen. Dass die Oliven das Leben der Menschen in dieser Gegend maßgeblich prägen, wird einem knapp 100 m höher bei der Durchfahrt durch das freundliche Dörfchen **S. Alessio** bewusst, wo großflächige, farbenfrohe "murales" mit Szenen aus der Olivenernte die Aufmerksamkeit auf sich ziehen.

Nach kontinuierlich ansteigender und kurvenreicher Fahrt beeindruckt **S. Stefano in Aspromonte** durch seine traumhafte Panoramalage. In der Gemeinde, auf deren Territorium 10 km weiter östlich und 600 m höher der Zielort Gambarie liegt, wurde im Jahre 1875 Giuseppe Musolino, der "Re dell'Aspromonte" (König des Aspromonte) geboren. Die einen verehren ihn als den letzten Briganten und "Robin Hood" des Aspromonte, andere dagegen erkennen in ihm einen der ersten "Mafiosi" Kalabriens.

Ein landschaftliches Faszinosum: Aspromonte

Von Gambarie nach San Luca

Gut 3 km südlich von Gambarie beginnt die schlecht ausgebaute und für einen normalen PKW herausfordernde, knapp 20 km lange Zufahrt (Straße nach Santa Maria di Polsi-San Luca) zum höchsten Gipfel der Gebirgslandschaft, dem **Montalto** (1955 m), wobei das letzte Stück in einem kurzen, markierten Aufstieg in ca. 30 Minuten zu Fuß zurückzulegen ist. Das Dach des Aspromonte ist von einer bronzenen Erlöserstatue gekrönt und bietet eine herrliche Aussicht, die an klaren Tagen bis zum Ätna reicht.

Wenn man es weiter mit der schlechten Straße aufnimmt, gelangt man zum Wallfahrtort **S. Maria di Polsi** nordöstlich des Montalto, wo sich angeblich auch die "Ehrenwerte Gesellschaft" den Segen für ihre zweifelhaften Aktivitäten abholt. In der letzten Augustwoche machen sich besonders viele Pilger auf den Weg zur heiß geliebten "Madonna della Montagna", zu deren Ehren am 2. September ein archaisch anmutendes Fest veranstaltet wird.

Von der eindrucksvollen Pilgerstätte geht es holprig weiter nach **S. Luca,** das sich nicht nur als Geburtsort des Dichters Corrado Alvaro, sondern v. a. als Zentrum der Ndrangheta, der regionalen Mafiavariante, einen Namen gemacht hat. In dem Geburtshaus des 1895 geborenen Autors von "Gente in Aspromonte" (siehe such S. 38) hat eine ortsansässige Kooperative ein kleines Museum eingerichtet (Via Garibaldi 8, ✆ 0964/61081, www.fondazionecorradoalvaro.it).

Von San Luca aus, das natürlich auch von der ionischen Küste angefahren werden kann, bieten sich (mit Beratung und/oder Begleitung der örtlichen Kooperativen) Wanderungen zur **Pietra Cappa** und zum **Lago Costantino** an.

• *Anfahrt/Verbindungen* Gambarie ist an ein gut ausgebautes Straßennetz angebunden und z. B. auf folgenden Strecken zu erreichen: von Süden/Melito Porto Salvo über die SS 183, von Westen/Gallico (nördlich von Reggio Calabria) über die SS 184 (s. auch den Abschnitt "Wege nach Gambarie"). **Busverbindungen** von und nach Villa S. Giovanni und Reggio Calabria.

• *Information/Exkursionen* **APT/IAT,** Piazza Mangeruca, ✆ 0965/743295. Ganzjährig Mo–Fr 9–13 Uhr geöffnet. Hier gibt es (ebenso wie bei der u. g. Verwaltung des Nationalparks) die nützliche Carta Escursionistica della Calabria "Aspromonte", Maßstab 1:50.000.

Up and Down, Via degli Sci, ✆ 0965/743061, www.gambarie.org.; **Ente Parco Nazionale Dell' Aspromonte**, Mo–Fr 8–14, Di und Do auch 15–18 Uhr, Via Aurora, ✆ 0965/743060, 📠 0965/743026; **Comando Stazione Forestale Aspromonte,** Basilicò-Gambarie (etwas außerhalb des Ortes durch eine wunderschöne Pappelallee zu erreichen), ✆ 0965/743020; **Club Alpino Italiano C.A.I.,** Piazzale dello Stretto, ✆ 0965/743075.

• *Übernachten/Essen* *** **Hotel Centrale,** sympathisches und gepflegtes Hotel mit großen, modern ausgestatteten Zimmern und einem guten Restaurant mit typischer Aspromonteküche. Spezialität ist eine Bohnensuppe mit Steinpilzen. Die Hotelleitung kümmert sich auch um die Organisation von Exkursionen und Wanderungen. Direkt an der Zentralpiazza in Sichtweite des Skilifts. DZ 47–52 €, EZ 36–42 €. Piazza Mangeruca 23, ✆ 0965/743133, 📠 0965/743141.

*** **Hotel Miramonti,** ebenso gepflegtes Haus mit Garten und Restaurant unter derselben Leitung in unmittelbarer Nähe des Lifts. DZ 50–55 €, EZ 36–50 €. Via Degli Sci 10, ✆ 0965/743048, 📠 0965/743190.

Trattoria C.A.I., neben den Restaurants der o. g. Hotels ist das Restaurant des Club Alpino offenbar das "In-Lokal" von Gambarie, weil einem diese kulinarische Adresse von den Einheimischen immer zuerst genannt wird. Piazzale dello Stretto, ✆ 0965/743075.

La Tavernetta, auf die Bedürfnisse des kleinen Hungers hat sich diese Paninoteca und Spaghetteria an der Zentralpiazza spezialisiert. Piazza Mangeruca 2.

Die kalabrische Mafiavariante "Ndrangheta"

Eine im Sommer 2000 erschienene (inzwischen um ein Folgealbum ergänzte) CD mit dem Titel "Il canto di Malavita" ("Der Gesang vom Verbrecherleben"), der große Blätter wie die Frankfurter Rundschau und die Frankfurter Allgemeine Zeitung sogar einen ganzseitigen Artikel widmeten, rückten den Aspromonte und die Ngrangheta auch einmal wieder ins Licht der deutschen Öffentlichkeit. Während Mafia und Camorra sich bereits im Vereinigungsjahrzehnt zwischen 1860 und 1870 konstituierten, betrat die Ndrangheta – der Begriff kommt aus dem Griechischen und heißt etwa "schöner, wertvoller Mann" – erst knapp 20 Jahre später die Bühne der organisierten Kriminalität. Dabei knüpfte sie keineswegs an die Tradition der als Volkshelden verehrten Briganten an, die zwischen 1860 und 1870 – wenn auch teilweise in Allianz mit Kriminellen und äußerst blutrünstig – gegen die Unterdrückung alter und neuer Herren opponierten. Während die Briganten eher spontan und individuell agierten, wurden die Kalabresen erst mit dem Eisenbahnbau bzw. den dort beschäftigten neapolitanischen Arbeitern mit den Denkmodellen einer streng hierarchisch organisierten Kriminalität konfrontiert bzw. infiziert.

Da gleichzeitig von Süden her die sizilianische Mafia entsprechendes Gedankengut importierte, konzentrierte sich die neue Bewegung in der heutigen Provinz Reggio Calabria, wo sie hauptsächlich im ländlichen Raum agierte. Hatte sie zunächst keine besonders ausgeprägte Macht, so kam ihre große Stunde Anfang der 1970er Jahre, als für die wirtschaftliche Strukturförderung Kalabriens bestimmte staatliche Gelder aufgrund verfilzter politischer Strukturen in den Taschen der Ehrenwerten Gesellschaft landeten. Die führenden Familien der Ndrangheta stiegen mit ihrem Kapital in international dimensionierte Geschäftszweige ein, z. B. den Drogenhandel, und kontrollierten fortan die lokale Wirtschaft.

Dass der Aspromonte seit Jahrzehnten und inzwischen mit abnehmender realer Grundlage als Zentrum der "malavita" hochstilisiert wird, liegt nach Meinung vieler sowohl im Interesse der Ndrangheta als auch in dem staatlicher und politischer Instanzen. Durch die Konzentration von Polizeikräften im Aspromonte hätten die teilweise selbst in mafiöse Machenschaften verstrickten politischen Kräfte ihre antimafiöse Schuldigkeit nach außen hin getan, während die wirklichen Drahtzieher anderswo ungestört ihren dunklen Geschäften nachgingen. Allerdings ist für die jüngste Vergangenheit eine leichte Aufweichung dieser kriminellen Strukturen zu vermelden, weil einige Kommunen und Kooperativen, statt vor dem System der "favori" (gegenseitige Gefallen) zu kapitulieren, auf ihre eigenen Potenziale vertrauen.

Costa dei Gelsomini (Jasminküste)/Locride

Von den an sich recht schönen, langen Sandstränden nördlich vom Capo Spartivento aus betrachtet, präsentieren sich die Ausläufer des Aspromonte als karge, aus weißem Ton geformte Hügel, auf denen kaum etwas wächst und die einer versteinerten Dünenlandschaft gleichen. Noch weiter nördlich prägen die bewaldeten Höhen der Serre das Hinterland des ionischen Küstenabschnitts der Provinz Reggio Calabria, deren Ostflanke auch unter dem Namen Locride firmiert.

Die kargen Aspromontehänge bilden die Kulisse für ebenso triste, auch hier oft zwischen Hauptstraße und Bahnlinie eingeklemmte Küstengemeinden, in denen gesichtslose 70er- und 80er-Jahre-Bauten sowie graue Betonskelette das Ortsbild prägen. Die erste größere Ansiedlung ist **Brancaleone,** in das die faschistischen Machthaber im Jahre 1935 den Schriftsteller Cesare Pavese verbannten, woran eine gleichnamige Piazza erinnert. Sehenswert sind dort allenfalls die Ruinen des inzwischen nicht mehr bewohnten alten Ortskerns in Brancaleone Superiore.

Zwischen Brancaleone und **Bianco,** das vor allem wegen seiner recht schweren Prädikatslikörweine "Greco di Bianco" und "Mantonico" bekannt ist, wird der Anblick kaum erfreulicher. Das Bild wir auch hier von einem felsig-dürren Hinterland bestimmt, vor dem einige kleine Siedlungskerne mit trostlosen Wohnhäusern und dazwischen eingestreuten Bauruinen aufgereiht sind.

Der SS 106 weiter in nördlicher Richtung folgend, erreicht man mit **Bovalino Marina** eine der Koordinaten des sog. "schwarzen Vierecks", dessen drei übrige Eckpunkte von dem bereits erwähnten Orten **S. Luca** sowie **Plati** und **Ciminà** weiter im Landesinneren gebildet werden. Es heißt, dass in dieser Gegend überdurchschnittlich viele von der Polizei Gesuchte untergeschlüpft sind. Obgleich unbeteiligte Touristen von diesen Realitäten nicht berührt werden und die Mehrheit der Bewohner natürlich auch in diesen Breiten unbescholtene Menschen sind, laden Brancaleone, Bianco und Bovalino wegen der oben beschriebenen Schönheitsfehler wohl kaum zu einem längeren Aufenthalt ein, zumal nur wenige Kilometer weiter nördlich mit den antiken Ausgrabungsstätten von Locri der kulturgeschichtlich und auch hinsichtlich des Hinterlandes attraktivere Teil der Costa dei Gelsomini beginnt.

• *Verbindungen* **Bahnhöfe** mit Verbindungen nach Reggio Calabria bzw. Catanzaro-Marina in allen drei Küstenorten. **Busverbindungen** entlang der Provinzküste und – allerdings wesentlich seltener – ins Landesinnere.

• *Information* **Pro Loco Bianco,** c/o Municipio, ✆ 0964/911002 u. 0964/992060; **Pro Loco Bovalino,** Via F. Cafapetra.

• *Übernachten/Essen* **** **Altalia,** großes, modernes Hotel mit Pool, Tennisplatz etc., direkt an der SS 106 gelegen (in Strandnähe). DZ 60–90 €, EZ 40–65 €. Via Nazionale 106, Brancaleone, ✆ 0964/933031 u. 0964/933298, ✆ 0964/933992.

*** **Villaggio Eurocamping Costa dei Gelsomini,** recht gepflegte Anlage mit Stellplätzen und kleinen, einfachen Ferienhäuschen. Außerdem Bar, Restaurant, Lebensmittelladen, Sport- und Spielplätze. Durch eine Straße vom Meer getrennt, der Strand ist aber vom Campingplatz durch einen Fußgängertunnel zu erreichen. SS 106 zwischen Bianco und Bovalino, ✆/✆ 0964/911347.

*** **Euro-Hotel,** moderne Hotelanlage mit Tennisplatz und einigen Meerblickzimmern, unweit des ganz schönen Sandstrandes gelegen (zu erreichen ist das Meer über eine über die Bahnlinie gebaute Treppenkonstruktion). DZ 51–76 €, EZ 35–61 €. SS 106, Ardore Marina (einige Kilometer nördlich von Bovalino), ✆ 0964/61024, ✆ 0964/61025.

Locri

ca. 13.000 Einwohner

Wieder einmal ein großer Name der Magna Graecia, deren steinerne Überreste drei Kilometer südlich des modernen, von einem herausgeputzten palmenbestandenen Lungomare begrenzten Stadtzentrums zu bestaunen sind.

Manche Althistoriker vertreten in Anlehnung an Aristoteles und Polibios die bislang weder eindeutig bestätigte noch widerlegte These, dass Lokroi Epizephyrioi, das später der Geburtsort des berühmten antiken Juristen Zaleucos werden sollte (ca. 660 v. Chr.), Ende des 8. Jh. v. Chr. von Frauen aus dem griechischen Lokroi gegründet worden sei. Weil deren Ehemänner sich ausschließlich mit dem Kriegführen beschäftigt hätten, seien die vernachlässigten Gattinnen gemeinsam mit ihren Sklaven in die liebliche, mit Oliven- und Zitrusfruchtkulturen übersäte, sanft hügelige Landschaft zwischen dem Ionischen Meer und den nordöstlichen Ausläufern des Aspromonte geflüchtet, um dort den Grundstein für die später auf 40.000 Einwohner anwachsende Stadt zu legen. Die gründete in der Folgezeit die Subkolonien Hipponion und Medma (heute Vibo Valentia und Rosarno) am Tyrrhenischen Meer und verbündete sich im 5. Jh. v. Chr. zur Abwehr von Angriffen aus Rhegion mit Syrakus. In den Jahren 216 und 215 v. Chr. wurde die Stadt von Hannibal besetzt, büßte nach der Angliederung an das Römische Reich an Macht ein, um dann schließlich im 8. Jh. n. Chr. zermürbt von arabischen Überfällen von der historischen Bühne abzutreten und von ihren Bewohnern verlassen zu werden.

Das moderne Lorci wurde Mitte des 19. Jh. als **"Gerace Marina"** gegründet. Leider gehört(e) die Stadt zu den Hochburgen der Ndrangheta, die hier lange Zeit eine positive wirtschaftliche Entwicklung gebremst hat, weil z. B. mehrere kleinere Betriebe und Arbeitgeber vor ihren Repressalien kapituliert haben. Dank der Initiative eines rührigen und couragierten Bürgermeisters soll die "Ehrenwerte Gesellschaft" in den letzten Jahren allerdings nicht mehr ganz so leichtes Spiel haben. Davon profitiert nicht zuletzt das äußere Erscheinungsbild der Gemeinde mit ihrer von einigen alten Kirchen und ansehnlichen Bürgerpalazzi vom Ende des 19. Jh. geprägten Altstadt zwischen Corso V. Emanuele und Viale Matteotti. So hat man diverse historische Gebäude restauriert und die städtische Strandpromenade aufgefrischt, wodurch auch der dahinter liegende, ohnehin recht badefreundliche, lange und breite Kieselsandstrand aufgewertet worden ist.

• *Verbindungen* **Bahnhof** an der Linie Catanzaro–Reggio Calabria. **Busverbindungen** durchs Landesinnere, entlang der ionischen Küste sowie nach Reggio und Catanzaro.

• *Information* **IAT,** Via Fiume 1, ✆ 0964/29600; Via Raffaele Macrì, ✆ 0964/232760.

• *Krankenhaus* **Ospedale Civile di Locri,** Contrada Verga, ✆ 0964/3991.

• *Übernachten* *** **Hotel Costa Blu,** Familienhotel mit komfortabel ausgestatteten Zimmern und Restaurant am Rande des Ortszentrums. Aus den Balkonzimmern blickt man auf Olivenhaine und das dahinter liegende Meer. DZ 47–73 €, EZ 29–47 €. Contrada Mandorleto 19, ✆ 0964/390106, ✆ 0964/230075.

Bed & Breakfast/Ferienwohnungn sind über www.magnagreciavacanze.it zu buchen.

• *Essen und Trinken* **Ristorante Sans Souci,** *die* Locreser Adresse für Fischliebhaber. Das Lokal befindet sich mitten im Centro Storico. Via Pellico, ✆ 0964/232313.

Pizzeria Mister Fantasy, wem in Locri nach Pizza ist, der geht in dieses mitten im Stadtzentrum gelegene Lokal. Corso Vittorio Emanuele 1, ✆ 0964/22713.

Ristorante Costa Blu, hier bekommt man von Pasta über Fisch und typische kalabrische Vorspeisen bis zur Pizza alles, was man möchte. Im gleichnamigen Hotel.

Bar del Corso, sehr schöne und durch ihren Kaffee und ihre Eis- und Kuchenauswahl überzeugende Bar-Pasticceria mitten im Leben des Corso Vittorio Emanuele 58–62.

Bar Eros, am Lungomare gelegen. Hier gibt es auch kleine Snacks, z. B. leckere Thunfischpanini.

Archäologische Ausgrabungen

Die Mitte des 18. Jh. angelaufenen, seit 1908 von dem Archäologen Paolo Orsi maßgeblich forcierten und bis heute andauernden Ausgrabungen belegen die enormen Ausmaße der einstigen großgriechischen Metropole. So sollen eine 5 km lange Stadtmauer die Stadt geschützt und in ihrem Zentrum u. a. drei Tempel und zwei Theater das zeitgenössische religiöse und kulturelle Leben inspiriert haben. Das, was von den vielen Gebäuden übrig geblieben bzw. bislang freigelegt worden ist, präsentiert sich dem Besucher heute als riesiger archäologischer Park. Dort sieht man neben vielem anderen die Reste der Stadtmauer und einiger Tempel, die Ruinen des Persophene-Heiligtums sowie die eines griechisch-römischen Theaters. In einem als "Centocamere" bezeichneten Grabungsfeld sind außerdem u. a. die Grundmauern von hundert rund um einen hufeisenförmigen Hof angelegten identischen Räumen zum Vorschein gekommen. Neben Gebäuderesten sind natürlich noch zahllose kleinere archäologische Kostbarkeiten ausgegraben worden, darunter z. B. Münzen und Bronzestatuen sowie eine Kollektion locresischer Votivkeramik zu Ehren der Persophene. Diese und ähnliche Stücke wurden auf das **Museo Nazionale Arceologico Locri** im Eingangsbereich des Ausgrabungsgeländes und weitere Museen Kalabriens, insbesondere das Nationalmuseum von Reggio Calabria, verteilt.

Ⓞ Museum und archäologischer Park (Contrada Marasà) sind außer am ersten und dritten Montag im Monat täglich von 9–19 Uhr geöffnet. Eintritt 2 €.

Gerace

ca. 3.000 Einwohner

Sowohl in seiner Gesamtheit als auch im Detail sehens- und erlebenswertes mittelalterliches Städtchen an den nordöstlichen Ausläufern des Aspromonte. Seine malerischen, von kleinen Cafés, Galerien und Lädchen flankierten Gassen und Plätze geben sich je nach Saison und Tageszeit beschaulich bis quirlig belebt.

Das schmucke architektonische Ensemble ist maßgeblich seit der Bergflucht der Locresi vor den Sarazenen im 10. Jh. gewachsen, wenngleich Gerace möglicherweise schon im 8. Jh. von den Byzantinern gegründet worden ist. Es wäre vielleicht nicht so gut erhalten, wenn nicht in der Mitte des 19. Jh. zur Abwicklung der administrativen Alltagsgeschäfte das inzwischen zur eigenständigen und weit größeren Stadt Locri aufgeblähte Küstenquartier Gerace Marina gebaut worden wäre.

Über die SS 111 von Locri kommend, erreicht man zunächst **Gerace Borgo** mit seiner hübschen Piazza della Repubblica, die von der Chiesa S. Maria del Mastro aus

Gerace ist unbedingt einen Besuch wert

dem 12. Jh. flankiert wird. Von dort auf die Hauptstraße zurückgekehrt, führt der Weg nach Gerace Città über den **Borghetto,** von dem man eine weit reichende Aussicht in die umliegende Landschaft genießt (Belvedere Bombarde) und im Sommer alle 10 Minuten ein kleines Elektrobähnchen ("trenino") Richtung Kastell startet.

In **Gerace Città** angelangt, begegnen einem auf Schritt und Tritt imposante weltliche oder sakrale Bauwerke, kunstvoll gestaltete Portale, die charakteristischen, mit kleinen Doppelbögen übermauerten Fenster aus dem 13. Jh. ("finestre bifore"), auffällige Torbögen oder einladende blumengeschmückte Innenhöfe. Man durchschreitet romantisch anmutende Gassen und überquert stimmungsvolle Plätze wie die Piazza delle Tre Chiese, an der sich gleich drei architektonische Kleinode empfehlen: Die **Chiesa del Sacro Cuore** aus dem 19. Jh., die bereits 800 Jahre zuvor errichtete **Chiesa S. Giovanni Crisostomo** (S. Giovanello), in der noch heute griechisch-orthodoxe Gottesdienste zelebriert werden, und die 1252 im gotisch-puristischen Stil erbaute **Chiesa di S. Francesco,** die zum Ausgleich in ihrem Innern einen reich verzierten Barockaltar präsentiert.

Auf der Piazza del Tocco, dem früheren Versammlungsplatz, in den gleich sieben Straßen münden, wurde dagegen über die weltlichen Geschicke des Ortes debattiert und entschieden. Diese Tradition wurde bis in die jüngste Vergangenheit fortgesetzt, denn bis vor kurzem war im dort postierten **Palazzo Grimaldi-Serra** das Rathaus der Gemeinde untergebracht. Der absolute Höhepunkt eines Besuches in Gerace ist jedoch die Besichtigung der im Jahre 1045 eingeweihten normannisch-romanischen **Kathedrale,** bei deren Betreten vermutlich selbst Kunstbanausen und "Gottlose" einmal tief durchatmen müssen, weil der alte Dom eine unwillkürlich ergreifende meditativ-feierliche Atmosphäre ausstrahlt. Hat man sich dann wieder gefangen, stellt man fest, dass die Säulenreihen, die den Innenraum der Kirche in drei Schiffe aufteilen, antiker Herkunft und manchmal sogar aus einzelnen Fragmenten zusammengesetzt sind. Man ahnt – was auch höchstwahrscheinlich stimmt –, dass sie vor vielen Jahrhunderten aus dem griechischen Locri den Berg hinauf geschafft worden sind.

Von der **Piazza del Baglio** am oberen Ortsrand kann man schließlich zu den fast schon obligatorischen Ruinen eines normannischen Kastells aufsteigen und die architektonische Pracht Geraces und die ionische Küste von oben betrachten.

- *Verbindungen* **Bahnhof** in Locri, **Busverbindungen** von/nach Locri.
- *Information* **Club Magna Grecia,** die junge Initiative hat sich der Förderung von Tourismus, Kultur und Sport verschrieben. In ihrem Büro bekommt man – z. B. von der hilfsbereiten Beatrice Marzano – alle nötigen Informationen und eine Reihe von Serviceleistungen, darunter Stadtführungen in mehreren Sprachen, begleitete Exkursionen in die Umgebung bzw. den Aspromonte. Juni–August täglich 9–13 und 16–20 geöffnet. Via Roma 7, ✆ 0964/356859 u. 0964/356111, ℻ 0964/356605.
- *Übernachten/Essen* **La Casa di Gianna,** in diesem im Juni 2000 in einem renovierten alten Palazzo mitten in Gerace eröffneten kleinen Hotel (8 Zimmer und Suiten) gehen Alt und Neu eine stilistisch gelungene Symbiose ein. Das Spitzenrestaurant steht auch externen Gästen offen, und neuerdings gibt es auch ein relativ preisgünstiges Touristenmenü. DZ 90–110 €, EZ 60–100 €, Suite 150–170 €. Via Paolo Frascà 4, ✆ 0964/355024-18, ℻ 0964/355081, www.lacasadigianna.it.

**** **La Casa nel Borgo,** neues, ebenso geschmackvolles und komfortables Hotel unter der Regie der Inhaber der Casa di Gianna. Es liegt im etwas ruhigeren, gleichwohl sympathischen Stadtteil Gerace Borgo und verfügt über eine hauseigene Bar. Viele Zimmer haben kleine Terrassen/Balkone, manche Meeresblick. DZ 70–90, EZ 40–60 €. Via Nazionale 66, ✆ 0964/355150, ℻ 0964/355149, www.lacasanelborgo.it.

Il Giardino di Gerace (Bed & Breakfast), auch über dieses hübsche, freundlich-familiär geführte Haus mit gepflegten Zimmern und romantischer Gartenterrasse kann man ins Schwärmen geraten. Übernachtung/Frühstück 35 € pro Person im DZ, 30 € im Vierbettzimmer. ✆ 0964/356732, 338/4851481, 3280582693, ✆/℻ 0964/20252, www.ilgiardinodigerace.com.

Osteria/Trattoria Lo Sparviero, rundum zu empfehlen: Die hier servierten, übrigens

"Nachhaltiges Bauen": Antike Säulen stützen die normannische Kathedrale

auch von "Slow Food" gelobten, typisch kalabrischen Gerichte schmecken gut, die Portionen sind beachtlich, die Preise günstig, die Atmosphäre ist angenehm und die Bedienung freundlich. Mitten in Gerace Città. Der Inhaber vermietet (in der Vor- und Nachsaison auch kurzfristig und tageweise) Privatzimmer und Miniapartments mitten im Ort. Übernachtung pro Person 15–20 €. Via Luigi Cadorna, ✆ 0964/356826. Via Luigi Cadorna 3, ✆ 0964/356826.

A Squella, typisch kalabrisches Restaurant am Stadtrand (Borghetto). Via Circonvallazione.

Bar Cattedrale, nette Bar mit Terrasse direkt neben dem Dom, in der man gut das bunte Ortsleben auf sich wirken lassen kann und auch kleine Snacks bekommt.

La Dolce Vita (früher Bar Universo), von Einheimischen frequentierte Bar-Gelateria mit leckerem Gebäck an der Piazza del Tocco.

Bar del Tocco, die zweite "süße Station" (v. a. Granite) an der hübschen Piazza del Tocco.

Siderno (Superiore)

ca. 16.000 Einwohner

Geschäftiges Handwerks- und Handelszentrum der Costa dei Gelsomini, das sich seit einigen Jahren zu einem freundlichen modernen Küstenstädtchen mausert und seinen Gästen in fünf Kilometern Entfernung einen stimmungsvollen alten Ortskern offeriert.

Auch in Siderno, dem in den vergangenen Jahrzehnten einige große Firmen den Rücken gekehrt hatten, herrscht seit geraumer Zeit eine antimafiöse Aufbruchstimmung, die ebenso wie in Locri einem engagierten Bürgermeister gutgeschrieben wird. Dass sich etwas getan hat, bemerkt man als Touristen auf der frisch herausgeputzten und bepflanzten Strandpromenade und im mittlerweile recht gepflegt wirkenden Centro Storico. Dort hat man bereits mehrere Straßen neu gepflastert, die nette Panoramapiazza S. Nicola stimmungsvoll beleuchtet und mit Blumenschmuck versehen und einige der respektablen historischen Adelsdomizile restauriert. Darüber hinaus werden alte Handwerkstraditionen, etwa die Seidenweberei, unter der Regie junger Kooperativen und mit kommunaler Unterstützung gezielt wiederbelebt. Abgerundet wird das insgesamt sympathische Ortsbild am Dorfausgang, wo die Ruinen der Chiesa del Rosario und die vom Zahn der Zeit angenagten Mauern des ehemaligen Klosters S. Domenico aus der ersten Hälfte des 17. Jh. zu sehen sind. Von hier man eine schöne Aussicht auf einen kleinen See inmitten olivenbaumbestandener Hügel.

• *Verbindungen* **Bahnhof** an der Linie Catanzaro–Reggio Calabria. **Busse** in die Nachbarorte.

• *Information* **Pro Loco,** Via Lungomare, ✆ 0964/342689.

• *Übernachten* *** **Hotel Efgal,** ca. 300 m vom Strand entfernt gelegenes Mittelklassehotel. DZ 35–60 €, EZ 25–45 €. Via Amendola, ✆ 0964/342266, ℻ 0964/381053.

**** **Grand Hotel President,** recht große und komfortable Anlage mit Garten, Pool und "Amphitheater" für sommerliche Spektakel (von hier Blick auf die Berge und Gerace). Durch einen kurzen Fußweg vom Strand getrennt. Vornehmlich von Reisegruppen frequentiert. DZ 80–95 €, EZ 50–60 €. Südlich von Siderno, SS 106, ✆ 0964/343191, ℻ 0964/342746, www.Grandhotelpresident.com.

** **Camping Caravan Sud,** sehr kleiner und äußerst bescheiden ausgestatteter Platz unter Bäumen und mit Meerblick, zwischen Straße und Bahnlinie sehr ungünstig platziert. SS 106, südlich des Ortes (nahe dem Hotel President), ✆ 0964/342767.

• *Essen* **Trattoria Zio Salvatore,** hier kann man, noch dazu in ursprünglicher und familiärer Atmosphäre, in der Altstadt an der hübschen Piazza S. Nicola die Köstlichkeiten der kalabrischen Landküche kennen lernen. Bestellen kann man u. a. gebratene Zucchiniblüten und Blumenkohlomelett (fritelle), Pasta mit Ziegenragout oder gerösteten Tomaten, Lammbraten oder lokale Ziegenwurstspezialitäten. ✆ 0964/385330. Di Ruhetag.

La Buona Forchetta, von diesem auf Fischgerichte spezialisierten Restaurant schwärmen unsere Leser Annette und Dieter Kraus

Siderno Superiore: Der alte Ortskern ist herausgeputzt

in den höchsten Tönen. Die Pizza Tropea mit Thunfisch und roten Zwiebeln bezeichnen sie als "einfach unerreicht". Praktisch ist zudem, dass der Wirt sehr gut Deutsch spricht. Corso Garibaldi 126/128, ✆ 0964/380182.

La Vecchia Hostaria, ortstypische Küche im neuen Siderno. Via Matteotti 5, ✆ 0964/388880.

(Marina di) Gioiosa Ionica

ca. 7.000 Einwohner

Die neuen Küstenquartiere der ebenfalls zweigeteilten Gemeinde wirken noch recht grau und trist und sind weit weniger anziehend als ihr 116 m über dem Meer gelegenes malerisches Centro Storico. Dennoch ist auch diese Stadt mit ihrem ansehnlichen Lungomare, der einen ebenso passablen feinen Kieselstrand säumt, ähnlich wie die Nachbarorte in Aufbruchstimmung.

In der schmalen und steilen Altstadtgassen, die zum Teil von blühenden Topfpflanzen bunt gesäumt werden und mit einigen Palazzi Nobili durchsetzt sind, trifft man auf die **Chiesa Addolorata** mit einer imposanten Orgel und üppigen Stuckverzierungen. Darüber liegt ein dekorativ verfallenes mittelalterliches Kastell, und, etwas außerhalb des Ortkerns inmitten von Oliven- und Orangenhainen, stößt man auf Spuren spätrömischer Zivilisation in Gestalt einer Villa mit Mosaikfußböden und den unterirdischen Resten einer Thermalanlage. Außerdem präsentiert ein kleines Museum namens **Museo d'Arte Naturale** in dem schon an sich sehenswerten **Palazzo Amaduri** mit seinem wunderschönen lichten Innenhof ein kurioses Sammelsurium von Exponaten. Darunter sind ein wertvolles Gemälde des berühmten Mattia Preti, eine von der lokalen Tonkünstlerin Donna Gemma gefertigte mediterrane Bauernkrippe mit unzähligen bunten Figürchen, Häuschen und Tierchen und eine ebenso farbenfrohe naturkundliche Abteilung, in der die Fauna der Umgebung anschaulich erklärt wird (Mo–Fr 8–13.30 und 15–19.30 Uhr).

Anschauliche Demonstration kalabrischen Landlebens: Bauernkrippe

• *Verbindungen* **Bahnhof** an der Linie Catanzaro–Reggio Calabria. **Busse** in die Nachbarorte.

• *Information* **Pro Loco/Regionalbibliothek,** Largo dei Cinque Martiri.

• *Übernachten/Essen* ****** Hotel Ristorante Miramare,** modernes, sauberes und komfortables Hotel direkt am recht schönen Lungomare von Gioiosa Marina, hinter dem sich ein badefreundlicher Strand erstreckt. DZ 60–108 €, EZ 39–73 €. Via C. Colombo 2 a, ✆/℻ 0964/415342.

***** Hotel Ristorante Sabbia D'Oro,** ganz in der Nähe und mit ähnlichem Standard, große Sonnenterrasse für alle Gäste. DZ 62–120 €, EZ 45–96 €. Via C. Colombo, ✆ 0964/415296 u. 0964/416461, www.hotelsabbiadoro.it

Gambero Rosso, elegantes Fischrestaurant, das die traditionelle Küche kreativ abwandelt. Via Montezemolo 63, ✆ 0964/415806. Mo Ruhetag.

Mammola

ca. 4.000 Einwohner

Obwohl Mammola ein ganz nettes Örtchen ist, zieht es auswärtige Besucher aus anderen Gründen hierher. Fast alle kommen wegen des Malers und Bildhauers Nik Spatari, der, nachdem er viele Jahre im Norden Italiens und auch im Ausland gelebt und gearbeitet hatte, am Rande seines Heimatdorfes vor 30 Jahren ein in Kalabrien einmaliges künstlerisches Projekt auf den Weg brachte.

Wenn man sich auf der Straße zwischen den beiden Meeren, der SS 281, von Gioisa Ionica aus in Richtung Inland bewegt, sieht man nach etwa 20 km unter einem auf einer Anhöhe gelegenen alten Kloster inmitten von Olivenhainen, Obst- und Gemüsegärten eigenwillige Skulpturen in den Himmel ragen. Bei dem imposanten Ensemble geschichtsträchtiger Gemäuer, moderner Kunst und mediterraner Vegetation handelt es sich um den **Parco Museo Santa Barbara,** der 1970 von der "Santa Barbara Art Foundation", hinter der sich das Künstlerpaar Nik Spatari und Hiske Maas verbirgt, gegründet wurde.

Nik Spatari (geb.1929) begann seine künstlerische Karriere als Maler, Bildhauer und Architekt in Paris, wo er u. a. mit Le Corbusier zusammenarbeitete. Später ging er nach Mailand und kehrte 1970 gemeinsam mit seiner Lebensgefährtin, der niederländischen Designerin und in Mammola als Projektmanagerin fungierenden Hiske Maas, nach Kalabrien zurück. Dort machte er sich daran, das in der Nähe seines Heimatortes gelegene 50.000 qm große Grundstück mit den Ruinen und Mauerresten eines Klosters aus dem 12. Jh. in ein Laboratorium und Freilichtmuseum für moderne Kunst zu verwandeln. Dabei hatte er alle nur erdenklichen Schwierigkeiten zu überwinden: angefangen von bürokratischen Hürden über Anschläge auf die Museumseinrichtungen bis hin zu Leib und Leben bedrohenden Attentatsversuchen. Trotzdem gelang es dem Künstlerpaar, die Klosterruine zu einem Museum umzubauen, auf dem Gelände ein Wohnhaus und mehrere kleine Ateliers für künstlerische Workshops zu errichten und Gärten anzulegen. Unterstützt wurden sie dabei von Kunst- und Architekturstudenten und interessierten Freiwilligen aus aller Welt, wobei neben Spatari selbst namhafte internationale Künstler zeitweise in Mammola lebten und arbeiteten und die dort ausgestellten Gemälde, Skulpturen und Environments schufen.

Nur eine von vielen Skulpturen im Museumspark Santa Barbara

Spektakulärstes Exponat des **Parco Museo Santa Barbara** ist ein riesiges Deckengemälde im Klostergebäude, mit dem sich Nik Spatari einen Lebenstraum erfüllte. Die zwischen 1991 und 1995 entstandene Arbeit mit dem Titel "Jakobs Traum" erzählt auf 240 farbenfroh bemalten Quadratmetern der alten Klosterkuppel die Vita der biblischen Figur.

• *Anfahrt/Verbindungen* Über die A 3 (Ausfahrt Rosarno), dann auf die Straßen zwischen den beiden Meeren (SS 281 zwischen Rosarno und Gioiosa Ionica), die natürlich auch von der ionischen Seite angefahren werden kann. **Bahnhöfe** an der ionischen Küste oder in Rosarno, von dort **Busverbindungen** nach Mammola.

Natürlicher Schattenspender auf der Piazza San Vittorio

• *Museumsbesichtigung* Der **Parco Museo Santa Barbara** ist zwischen April und Oktober täglich von 9 bis 18 (15.7.–15.9. bis 21) Uhr und in den übrigen Monaten von 9 bis 13 Uhr nach telefonischer oder schriftlicher Voranmeldung gegen 4 € Eintritt zu besichtigen. Infos über Workshops (Hiske Maas spricht Englisch) gibt es ebenfalls über die folgende Adresse: 89045 Mammola (Reggio Calabria), ✆/℻ 0964/414220, www.musaba.org, info@musaba.org.

Roccella Ionica

ca. 7.000 Einwohner

Lebendiges, nicht aus dem Boden gestampftes, sondern gewachsenes und deshalb von alter und neuer Bausubstanz durchsetztes Mittelmeerstädtchen. Das gefällige Ortsbild wird durch die fast von jedem Punkt des Zentrums sichtbaren Ruinen eines mittelalterlichen Kastells und einiger dekorativ zusammengefallener alter Gemäuer oberhalb der Stadt bereichert.

Wenn man in einer der Bars auf der von riesigen Fikusbaumdächern beschatteten und mehreren Geschäften umrahmten zentral gelegenen Piazza S. Vittorio das quirlige süditalienische Kleinstadtleben vor der Kulisse der alten Steine pulsieren sieht, kann man sich ganz gut vorstellen, dass gerade in diesem Ort das kulturelle Herz der "Locride" schlägt. Die in Roccella angesiedelte "Associazione Culturale Ionica" hat hier nämlich in den letzten Jahren einiges auf die Beine gestellt. Einer ihrer größten Erfolge ist das alljährlich in der letzten Augustwoche veranstaltete **Jazzfestival "Rumori Mediterranei"** (www.roccellajazz.it), das inzwischen einen überregionalen Ruf genießt. Ein weiteres Vorzeigeobjekt der Stadt ist der vor einem Pinienhain in ansprechendem natürlichen Ambiente gelegene **Yacht- und Freizeithafen.**

• *Verbindungen* **Bahnhof** an der Linie Catanzaro–Reggio Calabria. **Busse** in die Nachbarorte.

• *Information* **Comune,** Via Colombo, ✆ 0964/84227 u. 0964/84228.

• *ÜbernachtenEssen* *** **Mediterraneo,** zentral gelegenes Stadthotel mittleren

Standards, akzeptabel, aber ohne besondere Atmosphäre. Unweit von Lungomare und Strand. DZ 45–60 €, EZ 30–45 €. Via XXV Aprile, ✆ 0964/863388 u. 0964/863138, ✆ 0964/863440.

** **Miramare,** einfache, aber sehr sympathische Familienpension im Stadtzentrum, von deren Balkonen man einen schönen Blick auf die alten Gemäuer hat. Im angeschlossenen Restaurant können auch auswärtige Gäste gut essen. DZ 35–40 €. Via Roma 103, ✆ 0964/84243, ✆ 0964/83114.

*** **Kennedy,** recht komfortables Hotel mit Garten, Pool und Tennisplatz etwas außerhalb des Stadtzentrums. DZ 35–60 €, EZ 25–45 €. SS 106, Contrada da Lacchi, ✆ 0964/863394, ✆ 0964/863384.

*** **Camping Afrodite,** direkt an der etwas schmucklosen Strandpromenade von Caulonia Marina (einige Kilometer nördlich von Roccella). Der Platz selbst – unter Bäumen und Oleander und nur für Zelte und Wohnwagen – wird von einer netten Kooperative betrieben. Die Sanitäranlagen sind sehr spartanisch (französische Klos), die Duschen werden mit Sonnenenergie betrieben. Es gibt eine Pizzeria mit Barbetrieb, im Sommer spielen ab und zu regionale Rockgruppen auf. Via Lungomare, Marina di Caulonia, ✆ 0964/82451.

*** **Villaggio Camping Calypso,** gepflegte Anlage neben einem Orangenhain (direkt am Strand von Caulonia). Stellplätze, aber auch nette kleine Ferienhäuschen. ✆/✆ 0964/82028 (Saison), 0964/82454 (Winter).

Le Giare (Agriturismo), kleine Gästehäuser einige Kilometer südlich der Stadt unter Olivenbäumen, Produkte aus eigenem Anbau, durch eine Unterführung geht es zu einem schönen Sandstrand. Unsere Leser Josefa Haselboeck und Norbert Habelt aus Wien waren begeistert! DZ 60–100 €. SS 106, ✆ 0964/485170, ✆ 0964/863115, www.agriclublegiare.it.

Il Gatto e La Volpe, Trattoria mit lokaltypischer Küche am Rande des Stadtzentrums. Via Orlando, ✆ 0964/84764.

Altamarea, Fischrestaurant direkt an der Strandpromenade, Via Lungomare. ✆ 347/2641433.

La Cascina, von Einheimischen empfohlenes Lokal etwas außerhalb des Ortes (an der SS 106 in Richtung Gioiosa Ionica).

Il Veliero, einfaches Restaurant mit regionaler Küche (v. a. Pastagerichte), die man auf einer schönen Gartenterrasse zu sich nehmen kann. Lungomare.

Il Ritrovo, den eher kleinen Hunger stillt diese freundliche Spaghetteria und Paninoteca im Stadtzentrum. Via Roma.

Riace (Marina)

ca. 1.700 Einwohner

Am badefreundlichen Sandstrand von Riace Marina wurden vor gut dreißig Jahren die berühmten Bronzekrieger von Riace geborgen. Dass die schönen alten Männer just hier aus dem Meer gezogen wurden, wäre das Einzige, was es über Riace zu berichten gäbe, wenn nicht 1998 im 330 m höher gelegenen alten Ortskern ein bemerkenswertes, sozial ambitioniertes Projekt zum Ausbau eines nachhaltigen Tourismus entstanden wäre.

Inspiriert von der inzwischen aufgelösten Initiative "Pro Badolato" in der Nachbarprovinz Catanzaro verfolgte die **Associazione Città Futura G. Puglisi** bei ihrer Gründung gleich mehrere ehrgeizige Ziele: Man bemühte sich um die Integration der kurdischen Flüchtlinge, die hier am 1. Juli 1998 an Land gegangenen waren, wollte die durch Emigration halb verlassene Gemeinde mittelalterlichen Ursprungs und ihre handwerklichen Traditionen wiederbeleben, durch den Ausbau eines sanften Tourismus die Zukunft des Dorfes sichern und für sich selbst Arbeitsplätze schaffen. Nachdem die meisten Kurden Riace inzwischen wieder verlassen haben, wird die Initiative, die im ansehnlichen Palazzo Pinnarò mitten im Zentrum Quartier bezogen und ein kleines Volkskundemuseum eingerichtet hat, von jungen Kalabresen und sporadisch oder dauerhaft vor Ort lebenden Flüchtlingen aus aller Herren Länder getragen. Sie hat inzwischen mehrere historische Wohnhäuser restauriert und in Ferienwohnungen umgewandelt, eine Weberei aufgebaut, in der nach alter Mütter Sitte Wolle und Ginster verwoben werden, und produziert in ver-

Die Ausgrabungen sind noch im Gange: der dorische Tempel von Caulonia

schiedenen traditionell betriebenen Werkstätten gemeinsam mit interessierten Gästen Olivenöl, Schafs- und Ziegenkäse, Brot und Marmelade. Die ihnen assoziierte Kooperative "Il Borgo e il Cielo" tischt in der gemütlichen Taverna Donna Rosa deftige lokaltypische Gerichte auf.

Nicht zuletzt weil die meisten Ferienhäuser Meeresblick und/oder einen Garten haben und der sehr schöne weiße Kieselsandstrand vom Dorf aus durch eine 6 km kurze Auto- oder Busfahrt bequem zu erreichen ist, eignet sich der Urlaub in der "Zukunftsstadt" durchaus auch für Familien mit Kindern. Besonders spannend ist übrigens ein Besuch zwischen dem 27. und 29. September, wenn Tausende von Menschen aus Riace und Umgebung in der rund um die Uhr geöffneten Kirche den Ortspatronen Cosma und Damiano huldigen, während in den Straßen rundherum musiziert und Karussell gefahren, gegessen, getrunken, gesungen und getanzt wird. Am Ende des Festes werden die beiden Heiligen dann in einer feierlichen Prozession durch den Ort getragen.

• *Verbindungen* **Bahnhof** Roccella Ioniche, weil der Zug im Bahnhof von Riace Marina nur selten hält. Von dort Busse nach Riace.

• *Information* **Associazione Città Futura G. Puglisi,** die Aktiven der "Zukunftsstadt" sind Mo–Sa von 8.30 bis 12.30 u. von 15 bis 19 Uhr im Palazzo Pinnarò zu erreichen. Sollte man außerhalb dieser Zeiten ankommen, in der Taverna Donna Rosa nachfragen. ✆/℻ 0964/778008.

Aktuelles Informationsmaterial erhält man unter folgender Adresse: Città Futura, Via Pinnarò 20, 89040 Riace, città.futura@tiscalnet.it

• *Übernachten* Die Initiative bietet mehrere im alten Ortskern verteilte, unterschiedlich große Häuser mit Küche und Bad und insgesamt 100 Schlafplätzen an. Jedes Haus hat einen Namen, z. B. Casa Donna Rosa oder Casa Kurdistan. In der Via S. Anna stehen vier Häuser der Initiative nebeneinander, sodass hier auch eine Gruppe von 15–18 Leuten logieren kann. Auf Wunsch gibt es auch Frühstück, Halb- oder Vollpension. Übernachtung 16 € pro Person und Nacht, mit Frühstück 18 €, Halbpension 28 €, Vollpension 35 €. Kinder- und Gruppenermäßigung, für Erwachsene Preisnachlass bei längerem Aufenthalt.

*** **Federica,** das kleine Hotel hat nur 14 Zimmer, die aber sehr schön und geschmackvoll eingerichtet sind. Nette Außenanlagen, direkt am schönen Strand von Riace Marina. DZ 65–85 €, EZ 55 €. ✆ SS 106 Nr. 182, Riace Marina, ✆ 0964/771302, ℻ 0964/771305, www.bagetur.it.

• *Essen und Trinken* Außer der zünftigen **Taverna Donna Rosa** kann man in Riace Marina zur Abwechslung Fisch essen, z. B. bei **Lido Giovanna,** Via Nazionale 50, ✆ 0964/771001 (Mo Ruhetag), oder von Juni bis Sept. im **Stella Marina** in der Nachbarschaft (✆/℻ 0964/771013). Der sympathische Sohn des letztgenannten Hauses hat nebenan ein gleichnamiges modernes **Hotel** eröffnet. Das liegt zwar nett direkt am Strand, ist aber architektonisch und hinsichtlich der Ausstattung leider nicht so gelungen. DZ 60 € (✆ und ℻ wie Stella Marina).

Monasterace (Marina) — ca. 3.000 Einwohner

Die kleine Küstenansiedlung hat einen auffällig gepflegten Lungomare, hinter dem ein ebenso attraktiver Strand lockt. Der kaum größere Hauptort mit mittelalterlichem Kastell ist gut 100 m höher postiert. Monasterace liegt in der Nähe der direkt am Strand zu Tage geförderten Grundmauern eines dorischen Tempels des antiken Caulonia. Die immer noch kräftig beackerte Ausgrabungsstätte befindet sich unterhalb der SS 106 etwas südlich von Monasterace Marina an der SS 110. Auf der landzugewandten Straßenseite steht vis-à-vis der moderne (im Herbst 2003 bis auf ein einziges Säulenfragment noch gänzlich leere) Museumsneubau des **Museo Archeologico di Caulonia,** in dem besondere Fundstücke präsentiert werden sollen (Infos zum Stand der Dinge im Museum unter ✆ 0964/735154).

• *Verbindungen* **Bahnhof** Monasterace-Stilo an der Linie Catanzaro–Reggio Calabria. **Busse** in die Nachbarorte.

• *Information* **Pro Loco Il Tempio,** Monasterace Marina, von Juni bis August Informationskiosk auf der Piazza Porto Salvo im Ortskern.

• *Übernachten/Essen* **Camping Villaggio Punta Stilo,** nur mittelmäßiger Platz direkt am Meer. Via Lungomare 2, ✆ 0964/732139.

Stilo und Umgebung — ca. 3.000 Einwohner

In der landschaftlich schön gelegenen Gemeinde ist mit der zierlichen, aber deshalb nicht minder eindrucksvollen byzantinischen Kirche Cattolica eines der kulturgeschichtlichen Wahrzeichen Kalabriens zu bewundern.

Die im 10. Jh. erbaute Cattolica liegt am Fuße des Monte Consolino in den südöstlichen Ausläufern der Serre. Von der Kirche hat man einen schönen Blick auf den alten Ortskern von Stilo und die tief ins Gebirge eingegrabene, nur spärlich bewachsene Schlucht Fiumara Stilare. Die Cattolica ist eines der besterhaltenen baulichen Zeugnisse aus byzantinischer Zeit. Der auf einer Fläche von nur 36 m^2 aus rot-braunen Ziegelsteinen errichtete Bau hat einen quadratischen Grundriss und verfügt über fünf zylinderförmige Kuppeln. Sein schlichter Innenraum ist lediglich mit einigen verblassten Fresken verziert (Sept.–April 7–19, sonst 8–20 Uhr geöffnet).

Sehenswert sind aber auch die übrigen Sakralbauten des Städtchens: der mittelalterliche **Dom,** die **Barockkirche S. Domenico** und die **Chiesa S. Francesco** aus dem 17. Jh. Außerdem kann man zu den Ruinen eines normannischen **Kastells** oberhalb der Cattolica aufsteigen und in einem insgesamt sehr stimmungsvollen Centro Storico umherflanieren. Auf der zentralen Piazza erinnert ein Denkmal daran, dass im nahen Stignano im Jahre 1568 der berühmte Philosoph Tommaso Campanella geboren wurde.

Auf einem Bergrücken zwischen den Flüssen Stilaro und Assi, nahe Bivongi, dem westlichen Nachbarort von Stilo, lebt und betet in den Ruinen des ehemals bedeutendsten basilianischen Klosters Südkalabriens **San Giovanni Thèrestis** aus dem 11. Jh. nach gut 900 Jahren erstmals wieder ein griechisch-orthodoxer Mönch. Der wechselte 1995 vom berühmten Berg Athos in Griechenland in die kalabrische Einöde. Wer die meditative Stille des Ortes für eine Weile mit ihm teilen möchte, kann zu eingeschränkten "Störzeiten" (Juli–Sept. 17 Uhr bis Sonnenuntergang, sonst nur Sa/So 10–12 und 15–17 Uhr) in Kloster und Kirche vordringen.

Kleinod byzantinischer Baukunst: Cattolica in Stilo

Wegen der Eisenerzvorkommen rund um Stilo finden sich in seiner Umgebung aber auch eine Reihe von Sehenswürdigkeiten profaner Art. Gemeint sind historische Anlagen der hier von der griechischen Antike bis zur Einigung Italiens blühenden Eisenerzförderung und -verarbeitung, die die Besichtigungsstationen des jüngst abgesteckten **Ecomuseo delle Ferriere e Fonderie di Calabria** markieren. Das Gelände des industriearchäologischen Parks reicht von Monasterace bzw. dem antiken Kaulon über das Territorium von Stilo, Bivongi und Pazzano bis nach Mongiana in der Provinz Vibo Valentia, in dessen in den 1780er Jahren gegründeten und rudimentär noch vorhandenen Eisenhütten bis zu ihrer Schließung im Jahre 1860 2500 Menschen beschäftigt waren. Eindrucksvollstes Exponat des grünen Freilichtmuseums ist die im 18. Jh. errichtete, nach Ferdinand II. benannte, im Wald von Stilo (Bosco di Stilo) versteckte bourbonische Waffenschmiede **Ferdinandea,** die im 19. Jh. nach modernsten Verfahren und auf Hochtouren produzierte. In der Nähe der Ferdinandea tost der Wasserfall **Cascata del Marmàrico,** der von dort (oder alternativ von Bivongi) über einen markierten Wanderweg zu erreichen ist.

• *Verbindungen* **Bahnhof** Monasterace Stilo. **Busverbindungen** an die ionische Küste und nach Rosarno.

• *Information* **GAL "Alta Locride",** Via Roma 2, ✆ 0964/775144, www.galatalocride.it.

• *Übernachten/Essen* *** **Città del Sole,** modernes Hotel in zentraler Lage. DZ 60–80 €, EZ 45 €. Viale Roma, ✆ 0964/775588, 📠 0964/775700, www.bagetur.it.

** **San Giorgio,** kleines, im Palazzo Lamberti aus dem 18. Jh. untergebrachtes Hotel in einer Altstadtgasse, einige antik eingerichtete Zimmer, stimmungsvolle Bar-Restaurant-Terrasse, Garten, Pool und Panoramablick. Mit Atmosphäre, auch wenn eine Renovierung nicht schaden könnte. DZ 75 €, EZ 45 €. Via Citarelli 8, ✆/℡ 0964/775047. Mai–Sept. geöffnet.

Villa Vittoria (Agriturismo), sehr schöner Agriturismo in einem Anwesen aus dem 19. Jh. inmitten von Palmen und Orangen über der Fiumara Assi. Das atmosphärisch herzliche Domizil liegt schon auf dem Territorium der Provinz Catanzaro an der Straße nach Guardavalle, in die man von der SS 110 von der Küste Richtung Stilo abbiegen muss. Pro Person und Nacht 20 €, man kann selbst kochen oder HP (35 €) in Anspruch nehmen. Contrada Batteria (Guardavalle), ✆ 0967/86751 u. 347/3015903, ℡ 0967/816823, www.villavittoria.it.

Franco (Bed & Breakfast), freundliche Zimmer mit Gemeinschaftsbädern und Familienanschluss am Ortsrand von Bivongi. Übernachtung/Frühstück 20 € pro Nase. Via XXIV Maggio, ✆ 0964/731176.

La Buca del Re, stimmungsvoll-elegantes Altstadtlokal in Stilo mit ortstypischer Küche (auch Wild) auf gehobenem Preisniveau. Via XXI Aprile, ✆ 333/7205618.

Fra Tommaso, Pizza und Snacks im Zentrum von Stilo. Via Roma/Piazza Carnavale, ✆ 0964/775017. Nur abends, Mo Ruhetag.

La Trattoria Miniera, der heiße Tipp der Einheimischen für den preisgünstigen Genuss deftiger und schmackhafter Lokalküche im Grünen. Bivongi, Contrada Perrocali, ✆ 0964/731869. Mo Ruhetag.

Tommaso Campanellas "Città del Sole"

Tommaso Campanella, 1568 als Sohn armer Bauern in Stignano bei Stilo geboren, trat als Jugendlicher in einen Dominikanerorden ein, beschäftigte sich später in Neapel mit der Kunst der Magie, worauf er wegen seiner angeblich häretischen Lehren mehrmals inhaftiert und in Padua und Rom sogar gefoltert wurde. Als er 1598 nach Kalabrien zurückkehrte, erregte er erneut Anstoß, weil er die ungerechten Besitzverhältnisse in seiner Heimat anprangerte und obendrein die Idee eines friedlichen Zusammenlebens aller Völker ohne Rücksicht auf Rasse und Religion propagierte. Aus diesem Grund wurde er 1599 erneut in Gewahrsam genommen.

Nach seiner Entlassung zwei Jahre später in Neapel zu lebenslanger Kerkerhaft verurteilt, begann er im Gefängnis die Arbeit an seiner bis heute viel beachteten Schrift "Città del Sole" (Stadt der Sonne), die er, nachdem er 20 Jahre später begnadigt worden war, im Jahre 1623 erstmals publizierte. Campanella entwarf darin gewissermaßen eine frühkommunistische Utopie, denn alle Bewohner seiner Phantasiestadt sollten dasselbe besitzen, dieselbe Erziehung genießen und die Arbeit gerecht aufteilen. Darüber hinaus sollte sich diese Gemeinschaft in einer naturbelassenen und gesunden Umgebung ansiedeln und seine Häuser in spitz zulaufenden konzentrischen Kreisen um einen Hügel gruppieren. Campanella wollte mit dieser Architektur, bei deren Entwurf er sich vermutlich an der nordkalabrischen Stadt Morano orientierte, die Harmonie mit der Konstellation der Gestirne gewahrt wissen.

Campanella genießt Jahrhunderte über seinen Tod im Jahre 1639 hinaus in Kalabrien große Wertschätzung, sodass regionsweit Plätze und Straßen nach ihm benannt sind.

Etwas Italienisch

Aussprache

Einige Abweichungen von der deutschen Aussprache:

c: vor e und i immer *"tsch"* wie in *rutschen*, z. B. *centro* (Zentrum) = *"tschentro"*. Sonst wie *"k"*, z. B. *cannelloni* = *"kannelloni"*.

cc: gleiche Ausspracheregeln wie beim einfachen **c**, nur betonter: *faccio* (ich mache) = *"fatscho"*; *boccone* (Imbiss) = *"bokkone"*.

ch: wie *"k"*, *chiuso* (geschlossen) = *"kiuso"*.

cch: immer wie ein hartes *"k"*, *spicchio* (Scheibe) = *"spikkio"*.

g: vor e und i *"dsch"* wie in *Django*, vor a, o, u als *"g"* wie in *gehen*; wenn es trotz eines nachfolgenden dunklen Vokals als *"dsch"* gesprochen werden soll, wird ein i eingefügt, das nicht mitgesprochen wird, z. B. in *Giacomo* = *"Dschakomo"*.

gh: immer als *"g"* gesprochen.

gi: wie in *giorno* (Tag) = *"dschorno"*, immer weich gesprochen.

gl: wird zu einem Laut, der wie *"lj"* klingt, z. B. in *moglie* (Ehefrau) = *"mollje"*.

gn: ein Laut, der hinten in der Kehle produziert wird, z. B. in *bagno* (Bad) = *"bannjo"*.

h: wird am Wortanfang nicht mitgesprochen, z. B. *hanno* (sie haben) = *"anno"*. Sonst nur als Hilfszeichen verwendet, um c und g vor den Konsonanten i und e hart auszusprechen.

qu: im Gegensatz zum Deutschen ist das u mitzusprechen, z. B. *acqua* (Wasser) = *"akua"* oder *quando* (wann) = *"kuando"*.

r: wird kräftig gerollt!

rr: wird noch kräftiger gerollt!

sp und **st**: gut norddeutsch zu sprechen, z. B. *specchio* (Spiegel) = *"s-pekkio"* (nicht *schpekkio*), *stella* (Stern) = *"s-tella"* (nicht *"schtella"*).

v: wie *"w"*.

z: immer weich sprechen wie in *Sahne*, z. B. *zucchero* (Zucker) = *"sukkero"*.

Die Betonung liegt meistens auf der vorletzten Silbe eines Wortes. Im Schriftbild wird sie bei der großen Mehrzahl der Wörter nicht markiert. Es gibt allerdings Fälle, bei denen die italienischen Rechtschreibregeln Akzente als Betonungszeichen vorsehen, z. B. bei mehrsilbigen Wörtern mit Endbetonung wie *perché* (= weil, warum).

Elementares

Frau …	*Signora*
Herr …	*Signor(e)*
Guten Tag, Morgen	*Buon giorno*
Guten Abend (ab nachmittags!)	*Buona sera*
Guten Abend/ gute Nacht (ab Einbruch der Dunkelheit)	*Buona notte*
Auf Wiedersehen	*Arrivederci*
Hallo/Tschüss	*Ciao*
Wie geht es Ihnen?	*Come sta?/ Come va?*
Wie geht es dir?	*Come stai?*
Danke, gut.	*Molto bene, grazie/ Benissimo, grazie*
Danke!	*Grazie/Mille grazie/ Grazie tanto*
Entschuldigen Sie	*(Mi) scusi*
Entschuldige	*Scusami/Scusa*
Entschuldigung, können Sie mir sagen ...?	*Scusi, sa dirmi ...?*
Entschuldigung, könnten Sie mich durchlassen/ mir erlauben ...	*Permesso ...*
ja	*si*
nein	*no*
Ich bedaure, tut mir leid	*Mi dispiace*
Macht nichts	*Non fa niente*
Bitte! (im Sinne von *gern geschehen*)	*Prego!*

Bitte (als Einleitung zu einer Frage oder Bestellung)	*Per favore ...*
Sprechen Sie Englisch/Deutsch/Französisch?	*Parla inglese/tedescso/francese?*
Ich spreche kein Italienisch	*Non parlo italiano*
Ich verstehe nichts	*Non capisco niente*
Könnten Sie etwas langsamer sprechen?	*Puo parlare un po` più lentamente?*
Ich suche nach ...	*Cerco ...*
Okay, geht in Ordnung	*va bene*
Ich möchte/Ich hätte gern	*Vorrei*
Warte/ Warten Sie!	*Aspetta/ Aspetti!*
groß/klein	*grande/piccolo*
Es ist heiß	*Fa caldo*
Es ist kalt	*Fa freddo*
Geld	*i soldi*
Ich brauche ...	*Ho bisogno ...*
Ich muss ...	*Devo ...*
in Ordnung	*d'accordo*
Ist es möglich, dass ...	*È possibile ...*
mit/ohne	*con/senza*
offen/geschlossen	*aperto/chiuso*
Toilette	*gabinetto*
verboten	*vietato*
Was bedeutet das?	*Che cosa significa?*
Wie heißt das?	*Come si chiama?*
zahlen	*pagare*
Ich möchte gern zahlen	*Il conto, per favore*

Fragen/Smalltalk/Orientierung

Gibt es/Haben Sie ...?	*C'è ...?*
Was kostet das?	*Quanto costa?*
Gibt es (mehrere)	*Ci sono?*
Wann?	*Quando?*
Wo? Wo ist?	*Dove?/ Dov'è?*
Wie?/Wie bitte?	*Come?*
Wieviel?	*Quanto?*
Warum?	*Perché?*
Ich heiße ...	*Mi chiamo ...*
Wie heißt du?	*Come ti chiami?*
Wie alt bist du?	*Quanti anni hai?*
Das ist aber schön hier	*Meraviglioso!/Che bello!/Bellissimo!*
Von woher kommst du?	*Di dove sei tu?*
Ich bin aus München/Hamburg	*Sono di Monaco/ di Amburgo*
Bis später	*A più tardi!*
Wo ist bitte ...?	*Per favore, dov'è ..?*
... die Bushaltestelle	*... la fermata*
... der Bahnhof	*... la stazione*
Stadtplan	*la pianta della città*
rechts	*a destra*
links	*a sinistra*
immer geradeaus	*sempre diritto*
Können Sie mir den Weg nach ... zeigen?	*Sa indicarmi la direzione per ...?*
Ist es weit?	*È lontano?*
Nein, es ist nah	*No, è vicino*

Bus/Zug/Fähre

Fahrkarte	*biglietto*
Stadtbus	*bus*
Überlandbus	*pullman*
Zug	*treno*
hin und zurück	*andata e ritorno*
Ein Ticket von X nach Y	*un biglietto da X a Y*
Wann fährt der nächste?	*Quando parte il prossimo?*
... der letzte?	*... l'ultimo?*
Abfahrt	*partenza*
Ankunft	*arrivo*
Gleis	*binario*
Verspätung	*ritardo*
aussteigen	*scendere*
Ausgang	*uscita*
Eingang	*entrata*
Wochentag	*giorno feriale*
Feiertag	*giorno festivo*

Auto/Motorrad

Auto	*macchina*
Motorrad	*moto*
Tankstelle	*distributore*
Volltanken!	*Il pieno, per favore!*
Bleifrei	*benzina senza piombo*
Diesel	*gasolio*
Panne	*guasto*
Unfall	*incidente*
Bremsen	*freni*
Reifen	*gomme*
Kupplung	*frizione*
Lichtmaschine	*dinamo*
Zündung	*accensione*
Vergaser	*carburatore*
Mechaniker	*meccanico*
Werkstatt	*officina*
funktioniert nicht	*non funziona*

Baden

See	*lago*
Strand	*spiaggia*
Stein	*pietra*
Kies	*ghiaia*
schmutzig	*sporco*
sauber	*pulito/netto*
tief	*profondo*
Ich gehe schwimmen	*Faccio il bagno*
braungebrannt	*abbronzata (f)/ abbronzato (m)*

Bank/Post/Telefon

Geldwechsel	*cambio*
Wo ist eine Bank?	*Dove c' è una banca*
Ich möchte wechseln	*Vorrei cambiare*
Ich möchte Reiseschecks einlösen	*Vorrei cambiare dei traveller cheques*
Postamt	*ufficio postale*
ein Telegramm aufgeben	*spedire un telegramma*
Postkarte	*cartolina*
Brief	*lettera*
Briefpapier	*carta da lettere*
Briefkasten	*buca (delle lettere)*
Briefmarke(n)	*francobollo/francobolli*
Wo ist das Telefon?	*Dov' è il telefono?*
Ferngespräch	*communicazione interurbana*

Camping/Hotel

Haben Sie ein Einzel-/Doppelzimmer?	*C'è una camera singola/doppia?*
Können Sie mir ein Zimmer zeigen?	*Può mostrarmi una camera?*
Ich nehme es/wir nehmen es	*La prendo/ la prendiamo*
Zelt	*tenda*
kleines Zelt	*canadese*
Schatten	*ombra*
Schlafsack	*sacco a pelo*
warme Duschen	*docce calde*
Gibt es warmes Wasser?	*C'è l'acqua calda?*
mit Dusche/Bad	*con doccia/ bagno*
ein ruhiges Zimmer	*una camera tranquilla*
Wir haben reserviert	*Abbiamo prenotato*
Schlüssel	*la chiave*
Vollpension	*pensione (completa)*
Halbpension	*mezza pensione*
Frühstück	*prima colazione*
Hochsaison	*alta stagione*
Nebensaison	*bassa stagione*
Haben Sie nichts Billigeres?	*Non ha niente che costa di meno?*

Zahlen

der erste	*il primo*
zweite	*il secondo*
dritte	*il terzo*
einmal	*una volta*
zweimal	*due volte*
halb	*mezzo*
ein Viertel	*un quarto di*
ein Paar	*un paio di*
einige	*alcuni*

0	*zero*
1	*uno*
2	*due*
3	*tre*
4	*quattro*
5	*cinque*
6	*sei*
7	*sette*
8	*otto*
9	*nove*
10	*dieci*
11	*undici*
12	*dodici*
13	*tredici*
14	*quattordici*
15	*quindici*
16	*sedici*
17	*diciassette*
18	*diciotto*
19	*diciannove*
20	*venti*
21	*ventuno*
22	*ventidue*
30	*trenta*
40	*quaranta*
50	*cinquanta*
60	*sessanta*
70	*settanta*
80	*ottanta*
90	*novanta*
100	*cento*
101	*centuno*
102	*cento e due*
200	*duecento*
1.000	*mille*

Uhr & Kalender

Uhrzeit

Wie spät ist es?	*Che ore sono?*
mittags	*mezzogiorno* (für 12 Uhr gebräuchlich)
Mitternacht	*mezzanotte*
viertel nach	*... e un quarto*
viertel vor	*... meno un quarto*
halbe Stunde	*mezz'ora*

Tage/Monate/Jahreszeit

Tag	*giorno*
Woche	*settimana*
Monat	*mese*
Jahr	*anno*
halbes Jahr	*mezz'anno*
Frühling	*primavera*
Sommer	*estate*
Herbst	*autunno*
Winter	*inverno*

Wochentage

Montag	*lunedì*
Dienstag	*martedì*
Mittwoch	*mercoledì*
Donnerstag	*giovedì*
Freitag	*venerdì*
Samstag	*sabato*
Sonntag	*domenica*

Monate

Januar	*gennaio*
Februar	*febbraio*
März	*marzo*
April	*aprile*
Mai	*maggio*
Juni	*giugno*
Juli	*luglio*
August	*agosto*
September	*settembre*
Oktober	*ottobre*
November	*novembre*
Dezember	*dicembre*

Gestern, heute, morgen

heute	*oggi*
morgen	*domani*

übermorgen	*dopodomani*
gestern	*ieri*
vorgestern	*l'altro ieri*
sofort	*subito*
später	*più tardi*
jetzt	*adesso*
der Morgen	*la mattina*
der Nachmittag	*il pomeriggio*
der Abend	*la sera*
die Nacht	*la notte*

Maße & Gewichte

ein Liter	*un litro*
ein halber Liter	*un mezzo litro*
ein Viertelliter	*un quarto di un litro*
ein Gramm	*un grammo*
100 Gramm	*un etto*
200 Gramm	*due etti*
Kilo	*un chilo, due chili*

Einkaufen

Haben Sie ...	*Ha ...?*
Ich hätte gern ...	*Vorrei ...*
etwas davon	*un poco di questo*
dieses hier	*questo qua*
dieses da, dort	*questo là*
Was kostet das?	*Quanto costa questo?*

Geschäfte

Apotheke	*farmacia*
Bäckerei	*panetteria*
Buchhandlung	*libreria*
Fischhandlung	*pescheria*
Laden, Geschäft	*negozio*
Metzgerei	*macelleria*
Reinigung (chemische)	*lavanderia/ lavasecco*
Reisebüro	*agenzia viaggi*
Touristen-information	*informazioni turistiche*
Schreibwarenladen	*cartoleria*
Supermarkt	*alimentari, supermercato*

Drogerie/Apotheke

Seife	*sapone*
Tampons	*tamponi, o.b.*
Binden	*assorbenti*
Waschmittel	*detersivo*
Shampoo	*shampoo*
Toilettenpapier	*carta igienica*
Zahnpasta	*pasta dentifricia*
Schmerztabletten	*qualcosa contro il dolore*
Kopfschmerzen	*mal di testa*
Abführmittel	*lassativo*
Sonnenmilch	*crema solare*
Pflaster	*cerotto*

Arzt/Krankenhaus

Ich brauche einen Arzt	*Ho bisogno di un medico*
Hilfe!	*Aiuto!*
Erste Hilfe	*pronto soccorso*
Krankenhaus	*ospedale*
Schmerzen	*dolori*
Ich bin krank	*sono malato*
Biss/Stich	*puntura*
Fieber	*febbre*
Durchfall	*diarrea*
Erkältung	*raffreddore*
Halsschmerzen	*mal di gola*
Magenschmerzen	*mal di stomaco*
Zahnweh	*mal di denti*
Zahnarzt	*dentista*
verstaucht	*lussato*

Im Restaurant

Haben Sie einen Tisch für x Personen?	*C'è uno tavolo per x persone?*
Die Speisekarte, bitte	*Il menu/la lista, per favore*
Was kostet das Tagesmenü?	*Quanto costa il piatto del giorno?*
Ich möchte gern zahlen	*Il conto, per favore*
Gabel	*forchetta*
Messer	*coltello*
Löffel	*cucchiaio*
Aschenbecher	*portacenere*
Mittagessen	*pranzo*
Abendessen	*cena*
Eine Quittung, bitte	*Vorrei la ricevuta, per favore*
Es war sehr gut	*Era buonissimo*

Speisekarte

Extra-Zahlung für Gedeck, Service und Brot	*coperto/pane e servizio*
Vorspeise	*antipasto*
erster Gang	*primo piatto*
zweiter Gang	*secondo piatto*
Beilagen zum zweiten Gang	*contorni*
Nachspeise (Süßes)	*dolci*
Obst	*frutta*
Käse	*formaggio*

Getränke

Wasser	*acqua*
Mineralwasser	*acqua minerale*
mit Kohlensäure	*con gas (frizzante)*
ohne Kohlensäure	*senza gas*
Wein	*vino*
weiß	*bianco*
rosé	*rosato*
rot	*rosso*
Bier	*birra*
hell/dunkel	*chiara/scura*
vom Fass	*alla spina*
Saft	*succo di ...*
Milch	*latte*
heiß	*caldo*
kalt	*freddo*
(einen) Kaffee (das bedeutet Espresso)	*un caffè*
(einen) Cappuccino (mit aufgeschäumter Milch, niemals mit Sahne!)	*un cappuccino*
(einen) Kaffee mit wenig Milch	*un latte macchiato*
(einen) Eiskaffee	*un caffè freddo*
(einen) Tee	*un tè*
mit Zitrone	*con limone*
Cola	*coca*
Milkshake	*frappè*
(ein) Glas	*un bicchiere di ...*
(eine) Flasche	*una bottiglia*

Alimentari/Diversi – Lebensmittel, Verschiedenes

aceto	*Essig*
brodo	*Brühe*
burro	*Butter*
marmellata	*Marmelade*
minestra/zuppa	*Suppe*
minestrone	*Gemüsesuppe*
olio	*Öl*
olive	*Oliven*
pane	*Brot*
panino	*Brötchen*
saccarina	*Süßstoff*
salame	*Salami*
salsiccia	*Frischwurst*
l'uovo/le uova	*Ei/Eier*
zabaione	*Wein-Eier-Creme*
zucchero	*Zucker*

Erbe – Gewürze

aglio	*Knoblauch*
alloro	*Lorbeer*
basilico	*Basilikum*
capperi	*Kapern*
origano	*Oregano*
pepe	*Pfeffer*
peperoni	*Paprika*
prezzemolo	*Petersilie*
rosmarino	*Rosmarin*
sale	*Salz*
salvia	*Salbei*
senape	*Senf*
timo	*Thymian*

Preparazione – Zubereitung

affumicato	*geräuchert*
ai ferri	*gegrillt*
al forno	*überbacken*
alla griglia	*über Holzkohlefeuer*
con panna	*mit Sahne*
alla pizzaiola	*Tomaten/Knobl.*
allo spiedo	*am Spieß*
al pomodoro	*mit Tomatensauce*
arrosto	*gebraten/geröstet*
bollito	*gekocht/gedünstet*
alla casalinga	*hausgemacht*
frutta cotta	*Kompott*
cotto	*gekocht*
duro	*hart/zäh*
fresco	*frisch*
fritto	*frittiert*
grasso	*fett*
in umido	*im Saft geschmort*
lesso	*gekocht/gedünstet*
morbido	*weich*
piccante	*scharf*
tenero	*zart*

Contorni – Beilagen

asparago	*Spargel*
broccoletti	*wilder Blumenkohl*
carciofo	*Artischocke*
carote	*Karotten*
cavolfiore	*Blumenkohl*
cavolo	*Kohl*
cetriolo	*Gurke*
cicoria	*Chicoree*
cipolla	*Zwiebel*
fagiolini	*grüne Bohnen*
fagioli	*Bohnen*
funghi	*Pilze*
finocchio	*Fenchel*
insalata	*allg. Salat*
lattuga	*Kopfsalat*
lenticchie	*Linsen*
melanzane	*Auberginen*
patate	*Kartoffeln*
piselli	*Erbsen*
polenta	*Maisbrei*
pomodori	*Tomaten*
riso	*Reis*
spinaci	*Spinat*
zucchini	*Zucchini*

Pasta – Nudeln

cannelloni	*gefüllte Teigrollen*
farfalle	*Schleifchen*
fettuccine	*Bandnudeln*
fiselli	*kleine Nudeln*

lasagne	*Schicht-Nudeln*	tortellini	*gefüllte Teigtaschen*
maccheroni	*Makkaroni*	tortelloni	*große Tortellini*
pasta	*allg. Nudeln*	vermicelli	*Fadennudeln*
penne	*Röhrennudeln*	gnocchi	*(Kartoffel-) Klößchen*
tagliatelle	*Bandnudeln*		

Pesce e frutti di mare – Fisch & Meeresgetier

aragosta	*Languste*	polpo	*Krake*
aringhe	*Heringe*	razza	*Rochen*
baccalà	*Stockfisch*	salmone	*Lachs*
calamari	*Tintenfische*	sardine	*Sardinen*
cozze	*Miesmuscheln*	seppia/totano	*großer Tintenfisch*
gamberi	*Garnelen*	sgombro	*Makrele*
merluzzo	*Schellfisch*	sogliola	*Seezunge*
muggine	*Meeräsche*	tonno	*Thunfisch*
nasello	*Seehecht*	triglia	*Barbe*
orata	*Goldbrasse*	trota	*Forelle*
pesce spada	*Schwertfisch*	vongole	*Muscheln*

Carne – Fleisch

agnello	*Lamm*	lingua	*Zunge*
anatra	*Ente*	lombatina	*Lendenstück*
bistecca	*Beafsteak*	maiale	*Schwein*
capretto	*Zicklein*	maialetto	*Ferkel*
cinghiale	*Wildschwein*	manzo	*Rind*
coniglio	*Kaninchen*	pollo	*Huhn*
fagiano	*Fasan*	polpette	*Fleischklöße*
fegato	*Leber*	trippa	*Kutteln*
lepre	*Hase*	vitello	*Kalb*

Frutta – Obst

albicocca	*Aprikose*	lamponi	*Himbeeren*
ananas	*Ananas*	limone	*Zitrone*
arancia	*Orange*	mandarino	*Mandarine*
banana	*Banane*	mela	*Apfel*
ciliegia	*Kirsche*	melone	*Honigmelone*
cocomero	*Wassermelone*	pera	*Birne*
dattero	*Dattel*	pesca	*Pfirsich*
fichi	*Feigen*	pompelmo	*Grapefruit*
fragole	*Erdbeeren*	uva	*Weintrauben*

Wir möchten Sie gern kennen lernen ...

... um unsere Reisehandbücher noch besser auf Ihre Bedürfnisse abstimmen zu können. Deshalb auf dieser Doppelseite ein kurzer Fragebogen zu Ihrer letzten Reise mit einem unserer Handbücher.

Als Belohnung winken ...

... natürlich Reisehandbücher. Jeweils zum Jahresende verlost der Michael Müller Verlag unter allen Einsendern des Fragebogens 50-mal je ein Reisehandbuch Ihrer Wahl aus unserem Programm.
(Der Rechtsweg ist ausgeschlossen)

Es bleibt natürlich alles unter uns ...

... Selbstverständlich garantieren wir absoluten Datenschutz und geben keine Adressen weiter. Versprochen!
Vielen Dank für ihre Mitarbeit und ... viel Glück!

Fragebogen

Ihre Reise

1) Mit welchem unserer Bücher waren Sie unterwegs? ....
Und wann (Monat/Jahr)? ....
2) Mit wie vielen Personen reisten Sie? Bitte kreuzen Sie an: ....
☐ allein ☐ zu zweit ☐ drei Personen oder mehr ....
Mit Kindern? ☐ Nein ☐ Ja (Alter? ...... Jahre)
4) Wie lange dauerte Ihre Reise?
☐ bis 1 Woche ☐ bis 2 Wochen ☐ bis 3 Wochen ☐ über 3 Wochen
5) Hatten Sie Unterkunft und Anreise als Kombination bereits vorgebucht?
☐ Ja ☐ Nein
6) Welche/s Verkehrsmittel benutzten Sie zur Anreise? (Mehrfachnennungen möglich)
☐ Bahn ☐ Bus ☐ Flug ☐ Auto/Motorrad ☐ Fähre
☐ Sonstiges, nämlich
7) Mit welchem(n) Verkehrsmittel(n) waren Sie im Zielgebiet überwiegend unterwegs (Mehrfachnennungen möglich)?
☐ Bahn ☐ Bus ☐ eigenes Auto/Motorrad ☐ Mietfahrzeug ☐ Fähre
☐ anderes Verkehrsmittel, nämlich ....
☐ gar nicht, blieb an einem Ort
8) Wo übernachteten Sie vorwiegend?
☐ Gehobene Hotels ☐ Mittelklassehotels ☐ Landestypische Pensionen
☐ Privatzimmer ☐ Camping ☐ andere Unterkunft, nämlich ....
9) War es Ihre einzige Urlaubsreise in diesem Jahr?
☐ Ja ☐ Nein, ich verreise öfter mal für 1 Woche oder mehr, nämlich pro Jahr:
☐ 2x ☐ 3x ☐ 4x oder mehr;
und dann meist ins: ☐ Inland ☐ Ausland

Ihr Reisehandbuch vom Michael Müller Verlag

1) Sind Sie das erste Mal mit einem unserer Reisehandbücher unterwegs gewesen?

....

☐ Ja ☐ Nein, vorher schon (Titel): ....

2) Wie lernten Sie unseren Verlag kennen?

☐ Empfehlung vom Buchhändler☐ Empfehlung von Bekannten

☐ Habe das Buch zufällig im Buchhändlerregal entdeckt

☐ Über eine Anzeige in .... ☐ anders, nämlich ....

3) Insgesamt gesehen, waren Sie mit diesem Reisehandbuch

☐ nicht zufrieden ☐ zufrieden

4) Wir würden gerne wissen, wo wir in unseren Reisehandbüchern etwas verbessern können. Bitte geben sie deshalb den einzelnen Komponenten dieses Buches "Schulnoten" von 1 bis 6 und begründen Sie bitte Ihre Benotung.

	Note	Grund
Prakt. Informationen vor der Reise		
Geschichte		
Landeskundliches		
Orte und Regionen		
Sehenswürdigkeiten		
Prakt. Informationen unterwegs		

5) Was hat Ihnen an diesem Reisehandbuch besonders gefallen?

☐ Nichts Spezielles ☐ Doch, und zwar ....

6) Und was hat Sie am meisten gestört?

☐ Nichts Spezielles ☐ Doch, und zwar ....

7) Worüber hätten Sie gern mehr erfahren?

☐ Über ....

☐ Alle Informationen waren ausreichend

8) Unser Verlagsprogramm finden Sie auf den nächsten Seiten. Welche(s) Ziel(e) innerhalb Europas und des Mittelmeerraumes fehlt bzw. fehlen Ihnen in diesem Programm?

☐ Kein Ziel ☐ Doch, nämlich ....

9) Welches Reisehandbuch aus unserem Programm möchten Sie gewinnen?

....

Nun würden wir Ihnen gerne noch einige Fragen zu Ihren persönlichen Daten stellen (Datenschutz ist selbstverständlich gewährleistet)

Alter: .... Jahre

Familienstand: ☐ ledig ☐ verheiratet ☐ Kinder

Schulabschluss: ☐ Hauptschule ☐ Realschule ☐ Abitur

☐ Studium ☐ Beruf: ....

Fragebogen ausschneiden und an unsere Verlagsanschrift schicken (siehe unten). Bitte vergessen Sie nicht, für die Gewinnbenachrichtigung Ihren Namen und Adresse zu notieren.

Name: ....

Straße: ....

PLZ/Ort: ....

Michael Müller Verlag GmbH, Gerberei 19, 91054 Erlangen, Fax: 09131/207541

Vielen Dank thank you merci efcharistó gracias grazie tesekkür dekuji köszönõm

Verlagsprogramm

Deutschland
- Allgäu
- Altmühltal
- Berlin & Umgebung
- *MM-City* Berlin
- Bodensee
- Franken
- Fränkische Schweiz
- Mainfranken
- Nürnberg, Fürth, Erlangen
- Ostseeküste – von Lübeck bis Kiel
- Schwäbische Alb

Niederlande
- *MM-City* Amsterdam
- Niederlande
- Nordholland – Küste, IJsselmeer, Amsterdam

Nord(west)europa
- England
- Südengland
- *MM-City* London
- Schottland
- Irland
- Island
- Norwegen
- Südnorwegen
- Südschweden

Osteuropa
- Baltische Länder
- Polen
- Polnische Ostseeküste
- *MM-City* Prag
- Westböhmen & Bäderdreieck
- Ungarn

Balkan
- Mittel- und Süddalmatien
- Kroatische Inseln & Küste
- Nordkroatien – Kvarner Bucht
- Slowenien & Istrien

Griechenland
- Amorgos & Kleine Ostkykladen
- Athen & Attika
- Chalkidiki
- Griechenland
- Griechische Inseln
- Karpathos
- Kefalonia & Ithaka
- Korfu
- Kos
- Kreta
- Kreta – der Osten
- Kreta – der Westen
- Kykladen
- Lesbos
- Naxos
- Nord- u. Mittelgriechenland
- Paros/Antiparos
- Peloponnes
- Rhodos
- Samos
- Santorini
- Skiathos, Skopelos, Alonnisos, Skyros – Nördl. Sporaden
- Thassos, Samothraki
- Zakynthos

Türkei
- *MM-City* Istanbul
- Türkei – gesamt
- Türkei – Mittelmeerküste
- Türkei – Südküste
- Türkei – Westküste
- Türkische Riviera – Kappadokien

Frankreich
- Bretagne
- Côte d'Azur
- Elsass
- Haute-Provence
- Korsika
- Languedoc-Roussillon
- *MM-City* Paris
- Provence & Côte d'Azur
- Südfrankreich
- Südwestfrankreich

Italien
- Apulien
- Chianti – Florenz, Siena
- Dolomiten – Südtirol Ost
- Elba
- Gardasee
- Golf von Neapel
- Italien
- Italienische Riviera & Cinque Terre
- Kalabrien & Basilikata
- Liparische Inseln
- Marken
- Oberitalien
- Oberitalienische Seen
- *MM-City* Rom
- Rom & Latium
- Sardinien
- Sizilien
- Südtirol
- Südtoscana
- Toscana
- Umbrien
- *MM-City* Venedig
- Venetien & Friaul

Nordafrika u. Vorderer Orient
- Sinai & Rotes Meer
- Tunesien

Spanien
- Andalusien
- *MM-City* Barcelona
- Costa Brava
- Costa de la Luz
- Ibiza
- Katalonien
- Madrid & Umgebung
- Mallorca
- Nordspanien
- Spanien

Kanarische Inseln
- Gomera
- Gran Canaria
- *MM-Touring* Gran Canaria
- Lanzarote
- La Palma
- *MM-Touring* La Palma
- Teneriffa
- *MM-Touring* Teneriffa

Portugal
- Algarve
- Azoren
- Madeira
- *MM-City* Lissabon
- Lissabon & Umgebung
- Portugal

Lateinamerika
- Dominikanische Republik
- Ecuador

Österreich
- *MM-City* Wien

Schweiz
- Genferseeregion
- Tessin

Malta
- Malta, Gozo, Comino

Zypern
- Zypern

Aktuelle Informationen zu allen Reiseführern finden Sie im Internet unter www.michael-mueller-verlag.de

Gerne schicken wir Ihnen auch das aktuelle Verlagsprogramm zu.

Michael Müller Verlag GmbH, Gerberei 19, 91054 Erlangen, Tel. 0 91 31 / 81 28 08-0; Fax 0 91 31 / 20 75 41; E-Mail: mmv@michael-mueller-verlag.de

Sach- und Personenregister